Hubertus Rödlich · Spuren eines Lebens

Hubertus Rödlich

Spuren eines Lebens

Eine Lebensgeschichte
zwischen Deutschland und dem Fernen Osten

Erster Teil

Literareon

alle Bilder aus Privatbesitz, außer:
Wikimedia Commons (S. 87, S. 140, S. 276)
Deutsches Bundesarchiv/Wikimedia Commons (S. 274)

FSC
www.fsc.org
MIX
Papier aus ver-
antwortungsvollen
Quellen
FSC® C083411

„Dieses Softcover wurde
auf FSC-zertifiziertem
Papier gedruckt. FSC (Forest
Stewardship Council)
ist eine nichtstaatliche,
gemeinnützige
Organisation, die sich
für eine ökologische und
sozialverantwortliche
Nutzung der Wälder
unserer Erde einsetzt."

Bibliografische Information der Deutschen Nationalbibliothek:
Die Deutsche Nationalbibliothek verzeichnet diese Publikation
in der Deutschen Nationalbibliografie.
Detaillierte bibliografische Daten sind im Internet
über http://dnb.d-nb.de abrufbar.

© 2009 Hubertus Rödlich

Gestaltung und Satz: Martin Heise

Printed in Germany
Literareon im Herbert Utz Verlag GmbH
Tel. 089 – 30 77 96 93 | www.literareon.de

ISBN 978-3-8316-1436-3

Inhalt

Wem Gott will rechte Gunst erweisen,
Den schickt er in die weite Welt,
Dem will er seine Wunder weisen ...
(Joseph von Eichendorff)

Für ihr unermüdliches Engagement bei der Erstellung dieses Buches danke ich meiner lieben Frau Gabriele. Ihr organisatorisches Talent war für die Arbeit ebenso unverzichtbar wie ihre wiederholt vorgeschlagenen Textkorrekturen.

Dank möchte ich ebenfalls meinen Geschwistern und allen Kindern der Familie sagen, die mich immer wieder zum Schreiben ermunterten. Sohn Christian sei wegen seiner treffenden Kommentare ebenso genannt wie Schwiegersohn Dirk Wasmuth, der als aufmerksamer Zuhörer meiner Erzählungen das allgemeine Interesse für ein solches Buch frühzeitig erkannte und dieses kategorisch forderte.

Meinen Eltern sei an dieser Stelle besonders für ihre christlich orientierte, weltoffene Erziehung gedankt. Sie haben mir Kraft und Mut gegeben und mir ermöglicht, den Menschen fremder Kulturen, anderer Lebensgewohnheiten und Geisteshaltungen mit Vertrauen und Verständnis zu begegnen.

Die familiären Wurzeln

Riga

Als fünftes Kind des Lehrers Hubertus Johannes Rödlich und seiner
Ehefrau Doris, geb. Schulze, wurde ich am 28. März 1929 geboren.
Die ersten acht Jahre meines Daseins verbrachte ich in Dortmund.
Trotz all der Sorgen und Nöte, die in einer materiell bescheiden aus-
gestatteten Familie anzutreffen sind, waren wir eine sehr glückliche
Gemeinschaft.

Unser Zuhause befand sich nahe beim Dortmunder Ostfriedhof
in der Melanchthonstraße. Sie war schon zu jener Zeit, wie auch die
umliegenden Straßen, glatt asphaltiert und bot daher eine geradezu
ideale Voraussetzung für unseren mit Eifer ausgeübten Rollschuh-
sport, der damals – heute kaum denkbar – durch nahezu keinerlei Au-
toverkehr gestört wurde. Meine älteren Brüder Fritz und Hans waren
hier für mich Vorbild, war Fritz doch schon als Neunjähriger in der
Lage, rückwärts auf einem Bein zu fahren und dann auch noch einen
»Flieger« zu machen! Hans übte sich daneben mit seinen Freunden –
er war ja immerhin gute fünf Jahre älter als ich – auch mit Begeisterung im Fußballspiel und sonstigen Sportarten.

Die acht und zehn Jahre älteren Schwestern hatten natürlich längst
andere Interessen, fühlten sich aber auf ihre Art bemüßigt, bei der Er-

11

ziehung der jüngeren Brüder ihren Teil beizutragen. Noch heute, gut sechzig Jahre später, scheut sich meine ältere Schwester Hilde nicht, mich vor einem gemeinsamen Essen mit der Familie, sogar in Anwesenheit hochrangiger Gäste, zu fragen, ob ich mir schon die Hände gewaschen habe (!).

Hätten sich unsere Eltern nicht unter ungewöhnlichen Umständen kennengelernt, dann wären sie vermutlich bei den damals herrschenden gesellschaftlichen Zwängen gar nicht zusammengekommen. Vater war zu Beginn des Ersten Weltkriegs als junger Leutnant an der Ostfront eingesetzt. Er nahm 1914 zunächst an der Schlacht bei Tannenberg in Ostpreußen teil und wurde 1915 in Russland schwer verwundet. Mutter wurde, wie sich dies für höhere Töchter damals geziemte, Krankenschwester und tat in den Feldlazaretten hinter der Front ihren Dienst, so am Isonzo in Italien, aber auch in Russland.

Aus ihren Erzählungen ist mir noch erinnerlich, dass sie als junge 23-jährige Frau oftmals bis zur Erschöpfung, vor allem nach den Gefechten der feindlichen Parteien, mit Hingabe versucht hat, die oft zu Dutzenden eingelieferten und zum Teil fürchterlich verletzten und extrem leidenden Verwundeten, ungeachtet ihrer Nationalität, zu versorgen, soweit dies die Umstände in solcher Lage zuließen.

An einem dieser Gefechtstage wurde auch der junge Leutnant Rödlich schwer verwundet ins Lazarett gebracht. Wer ihn bei diesem unbeschreiblichen Durcheinander zuerst versorgt hat, konnte nicht mehr herausgefunden werden. Eine Kugel, offenbar eine Art Dumdumgeschoss, hatte seinen linken Arm bis hinauf zur Schulter regelrecht zerschmettert. Der ihn an der Front behandelnde Arzt muss wohl ein verantwortungsvoller und besonders kunstfertiger Mann gewesen sein – so die Aussagen der später nachsorgenden Mediziner – weil ihm dieser Kollege trotz extremer zeitlicher Belastung den Arm zusammengeflickt und somit erhalten hat. Sehr viel mühevolle Kleinarbeit war erforderlich, aber eine Amputation wurde auf diese Weise glücklich vermieden.

Vaters Verlegung in ein von der Front entfernter liegendes Lazarett in Riga führte zu einer entscheidenden Begegnung. Die ihn betreuende Krankenschwester, Doris Schulze, war ebenfalls dorthin versetzt worden. Sie war eine junge Frau, die ihn ob ihrer schwesterlichen Umsicht und aufopfernden Betreuung sehr beeindruckte. Obgleich das Pflegepersonal auf Grund der zahllosen Verwundeten permanent überfordert war, ergab sich für den jungen Leutnant doch die Gelegenheit, mit »Schwester Dore« das ein oder andere persönliche Gespräch zu führen.

Bereits vor dem Krieg hatte Hubertus Johannes Rödlich eine pädagogische Ausbildung erhalten und wusste durchaus geschickt mit Menschen umzugehen. Er war ein ausgesprochener Feingeist, der trotz oder gerade wegen seiner streng katholischen Erziehung ein hohes Maß an Verständnis und Toleranz für Andersdenkende aufbrachte. Es muss wohl diese Geisteshaltung gewesen sein, die auch Schwester Dore dermaßen beeindruckte, dass sie religiöse und gesellschaftliche Vorbehalte dieser wilhelminisch geprägten Zeit, in der noch stark an Standesunterschieden festgehalten wurde, weitgehend ablegte.

Die Begegnung mit dem jungen Leutnant wurde für sie eine echte Faszination. Schon als junge Frau war sie von der deutschen Klassik begeistert, und dieser junge Mann war in der Lage, ihr Verständnis hierfür wesentlich zu vertiefen.

Doris Rödlich　　　　*Hubert Rödlich sen.*

13

Die Familien

Unsere Mutter war in wohlhabenden, großbürgerlichen, protestantischen Verhältnissen aufgewachsen. Ihre Familie, der unter anderem Juristen, Staatsbeamte und Industrielle angehörten, besaß ein mittleres Industrie-Imperium und bestimmte vor und nach der Wende vom 19. zum 20. Jahrhundert weitgehend das wirtschaftliche und gesellschaftliche Geschehen in der Lausitz. Die Gruppe wirkte vorwiegend in den Städten Guben, Cottbus und Forste (Familien Köhler/Papierfabrik, Wolff/Brauerei und Maschinenfabrik, Wuttke/Hutfabrik, Schulze/Textilfabrik sowie verwandte Familien Spoerl, Wedemann, Kegel, Apotheker Tschirch u.a.).

Urgroßvater Schulze war bereits im Jahre 1840 Landgerichtsrat. Großvater Otto Schulze erwarb für seinen Sohn Martin 1910 den Grundbesitz »Engelmanns Berg« samt Hotel und weiteren Gebäuden. Er bezahlte hierfür den damals horrenden Preis von einhunderttausend Goldmark. Seinerzeit war dies ein großzügiges und beliebtes Ausflugsziel in der Region. Das Otto-Schulze-Haus in der Klosterstraße 5 sowie ein weiteres Haus mit dreimal neun Zimmern in der Stadtschmidt-Straße gehörten ebenso zu den Immobilien der Familie

Die Großeltern mütterlicherseits: Ehepaar Schulze aus Guben

14

Villa der Familie Schulze

wie die von Familie Schulze bewohnte Villa in der Kleine-Neiße-Straße Nr. 13.

Ein weiterer Besitz war die mit Erfolg betriebene Gubener Tuchfabrik, die jedoch einmal einem Brand zum Opfer fiel. Aus Guben stammte im Übrigen auch Wilhelm Pieck, der Mitbegründer der Sozialistischen Einheitspartei Deutschlands (SED) in der ehemaligen Deutschen Demokratischen Republik (DDR) 1946.

Die Großeltern väterlicherseits:
Julius Rödlich und Ehefrau Maria,
geb. Berendes (königlich-preußischer
Revierförster)

15

Hubertus Rödlich vor Schlaun-Denkmal in Nörde

Im Gegensatz hierzu entstammte der junge Leutnant Hubert Rödlich einer eher gutbürgerlichen, bescheidenen, aber sehr geachteten Revierförsterfamilie aus Nörde bei Warburg. Über seine Mutter Maria, geb. Berendes, war Hubert Rödlich weitläufig mit dem bekannten und ebenfalls aus Nörde stammenden Barockbaumeister Konrad Schlaun verwandt.

Liebesheirat

Wer Kenntnisse über die damaligen Verhältnisse besitzt, kann ermessen, was es aus Sicht dieser jungen Leute bedeutete, sich über die Grenzen der starren Gesellschaftsordnung vor allem während einer Zeit hinwegzusetzen, in welcher man auf die wilhelminischen Regeln – gleiche Herkunft, selbe Konfession – noch höchsten Wert legte. Leutnant Rödlich und Krankenschwester Dore verliebten sich also, gaben sich 1917 heimlich im Rahmen einer standesamtlichen Kriegstrauung das Jawort und warfen somit nach all den Kriegserlebnissen mutig den gesellschaftlichen Ballast über Bord. Erst nach Kriegsende, im Frühjahr 1919, haben sich beide – unsere Mutter war inzwischen zum katholischen Glauben konvertiert – kirchlich trauen lassen.

Sie hüteten ihre während des Krieges stattgefundene Ersttrauung wie ein Geheimnis. Wir alle glaubten daher immer, unsere älteste Schwester Hildegard sei ein »Kind der Liebe«, geboren im August 1919. »Gottlob« hatte jedoch alles seine Richtigkeit!

Als Krankenschwester hat Mutter den Ersten Weltkrieg nicht ganz unversehrt überstanden. Sie geriet während der heftigen Kämpfe in einen Gasangriff und erblindete, zunächst nicht ahnend, ob für immer, aber glücklicherweise nur für eine kurze Zeit. Ihr Augenlicht wurde allerdings so in Mitleidenschaft gezogen, dass sie für den Rest ihres Lebens auf einem Auge einen dauerhaften Schaden davongetragen hat, der aber zum Glück äußerlich kaum sichtbar war.

Der Krieg ging verloren. Was gestern noch Bestand hatte, war auf einmal nicht mehr gültig. Trotz aller Wirrnisse, sozialer Härten, trotz Inflation und geringer Zukunftsperspektiven bekam dieses Paar zwischen 1919 und 1929 fünf Kinder. Vor dem Ersten Weltkrieg hatte unser Vater ein Grundstudium absolviert und wurde Lehrer. Viel Geld verdiente er als solcher sicherlich nicht, aber man kam einigermaßen über die Runden. Ein zusätzlich absolviertes Psychologiestudium während der 20er Jahre in Münster half ihm, die Familienkasse etwas aufzubessern. Es war überhaupt eine unerhörte Leistung, diese Stu-

Familie Rödlich in Dortmund

17

dien für eine Höherqualifizierung neben den Berufs- und Familienpflichten zu vollenden.

Seine ausgesprochene Liebe zur Musik war für ihn bei der Überwindung schwieriger Zeiten eine gern geübte Quelle für Frohsinn und Nachdenklichkeit. Über viele Jahre spielte er nicht nur die Kirchenorgel, sondern widmete sich in Dortmund auch dem Gesangsstudium. Mit seiner Bassbariton Stimme war er ein gefragter Sänger, der im Reinoldi in Dortmund immer wieder um Auftritte gebeten wurde. Schallplatten, die angeblich zu jener Zeit aufgenommen wurden, gingen leider verloren. Eine heimtückische Krankheit – es muss wohl Diphtherie gewesen sein – hat Vaters schöne Gesangsstimme jedoch nachhaltig zerstört.

Forsthaus

Die Ferien verbrachten wir Jahr für Jahr im Winter, zu Ostern, in Sommer und Herbst stets bei den Großeltern im idyllisch gelegenen Forsthaus »Jägerpfad«. Das damals völlig einsam gelegene Anwesen in der Nähe von Scherfede bei Warburg bewohnte zunächst der aus dem preußischen Schlesien etwa 1880 nach Westfalen versetzte »königlich

Forsthaus Jägerpfad um 1910

18

preußische Revierförster« Julius Rödlich mit seiner Frau Maria, geb. Berendes, und seinen vier Kindern. Von hier aus leitete er das Revier im Warburger Wald und erläuterte den dortigen »Waldnern« seine Vorstellungen von Forstwirtschaft.

Seine ersten Jahre beruflicher Tätigkeit verbrachte unser Großvater Julius in Nörde. Großmutter Maria Berendes stammte aus einem angesehenen, nahegelegenen Bauernhof in Ossendorf (das einstige Haus der Familie Berendes steht heute im Heimatmuseum Detmold). Die liebevolle und mit strengem Sinn für Gerechtigkeit ausgestattete Frau verstand es durchaus, ihren Kindern und Enkelkindern das Bewusstsein für christliche Pflicht und Disziplin zu vermitteln. Später war es ihr Schwiegersohn, mein Onkel und Revierförster Josef Pennekamp, der die Revierleitung übernahm und Johanna Rödlich, die jüngere Schwester meines Vaters, heiratete.

Vor allem dieser Tante Hanna gebührt ein großer Dank für die sicherlich nicht selbstverständliche Bereitschaft, alle Familien, also auch die Familien der Geschwister meines Vaters, immer während der Ferienzeit aufzunehmen. Der Jägerpfad war ein Paradies. Stets bewohnten dieses recht geräumige Forsthaus während der Ferien elf bis zwölf Geschwister, Vettern und Cousinen, gelegentlich ein oder zwei zusätzliche Freunde, eine Hausangestellte sowie die drei Elternpaare der Kinder. Aber auch die Forsteleven, die hier ihre erste Ausbildung erfuhren, waren ständig anwesend.

Alles in allem war dies eine sehr illustre, aber pflichtbewusste Gesellschaft, die Humor besaß, den Kindern Vorbild war und in welcher ein guter Geist herrschte. Mehrere Hunde sowie andere Tiere (domestizierte Rehe und Wildschweine) waren uns Kindern stetige Freunde. Auch die an das Forsthaus angegliederte kleine Landwirtschaft hat uns eine starke Verbundenheit mit der Tierwelt vermittelt.

Eine zahme Hirschkuh namens Hansi fühlte sich der gütigen Tante Hanna derart verbunden, dass sie ihr sogar eines Sonntags unversehens in die Kirche zum Gottesdienst nachlief und sich nicht davon abhalten ließ, den heiligen Raum zu betreten.

Nikolaus

Eines der unvergesslichsten Erlebnisse unserer Kinderzeit, die es verdienen, erzählt zu werden, war der Besuch vom Nikolaus. Es muss etwa 1934 oder 1935 gewesen sein. Am 6. Dezember, einem eiskalten Wintertag, hatte sich über Täler und Hügel eine weiße Decke gelegt. Die Äste der Tannen bogen sich unter der Schneelast und auf dem mit Schotter befestigten Weg, der von dem einsam gelegenen Forsthaus in den Wald führte und während der Zeit des Holzeinschlages von den Bauern mit ihren Holzfuhrwerken benutzt wurde, verschluckte der Schnee jedes Geräusch.

Das Forsthaus besaß einen schönen und geräumigen Wintergarten, von dem aus dieser Waldweg auf ungefähr 300 Meter einzusehen war. Draußen war es stockfinster. Wir Kinder standen in angespannter Haltung in dem nur durch zwei Kerzen erleuchteten Wintergarten und schauten erwartungsvoll in Richtung des tief verschneiten, finsteren Waldes. Von dort aus sollten der Nikolaus und sein Knecht Ruprecht kommen. Die Erwachsenen hatten uns schon vorher auf den heiligen Besuch eingestimmt, indem uns von Engeln und anderen himmlischen Wesen geheimnisvolle Geschichten erzählt wurden, die unsere kindliche Phantasie zusätzlich anregten.

Danach haben die Kinder gemeinsam gebetet. Die Spannung war fast unerträglich. Im flackernden Schein der Kerzen hielten wir uns an Hand und Rock der Mutter fest.

Plötzlich sahen wir in der Ferne ein kleines Licht am Waldrand aufblinken. Das Licht wurde langsam größer und bewegte sich leicht tänzelnd anscheinend auf der Straße. Noch konnten wir nichts weiter erkennen. Erst als das Licht nur noch hundert Meter vom Forsthaus entfernt war, sahen wir die Umrisse eines großen, von einem Pferd gezogenen Schlittens. Bald darauf erkannten wir den in rot und weiß gekleideten Nikolaus, der zusammen mit dem eher düster gekleideten Knecht Ruprecht, halbwegs in Decken gehüllt im Schlitten saß. Die am Schlitten befestigte Laterne erleuchtete das Umfeld nur schwach,

Der Wintergarten am Forsthaus Jägerpfad um 1935

ansonsten war vor dem Haus alles menschenleer und stockdunkel. Wir Kinder erschauderten ehrfürchtig!

Aus der Einsamkeit des verschneiten Waldes kam der Schlitten immer näher, bis er schließlich vor dem Haus anhielt und wir Nikolaus und Knecht Ruprecht in ihrer ganzen Pracht erkannten. Beide entstiegen diesem Gefährt mit angemessen langsamen Bewegungen und betraten in feierlicher Haltung das Haus. Gebannt standen wir in Reih und Glied, als Nikolaus und Knecht Ruprecht sich schließlich in wenigen Metern Entfernung vor uns postierten.

Der Nikolaus, mit einer weiß umrandeten, bis zum Boden reichenden roten Robe und einem langen weißen Bart, stand als außerordentlich imponierende Erscheinung vor uns. Auf dem Kopf trug er eine rote, vorn mit einem weißen Kreuz versehene »Mitra« und in der Hand hielt er einen langen Stab, der einem Bischofsstab ähnelte. Knecht Ruprecht machte dagegen schon einen mehr verwegenen Eindruck. Mit einer dunklen, etwas ungepflegten Jacke und ebensolcher Hose, einer undefinierbaren Kopfbedeckung sowie einem langen schwarzen Bart machte er eher den Eindruck eines finsteren Landstreichers. Auf dem Rücken trug er einen großen Sack, in welchem – wie sich später herausstellte – die Geschenke verborgen waren. Alles in allem ein für Kinderaugen beeindruckender Auftritt!

Nach einigen einleitenden Worten begann die Lesung des Nikolaus, der Lob und Tadel überzeugend vortrug und auch dem Ruprecht gelegentlich Anweisung zu Drohgebärden gab. Treffliche Worte wurden jedem zuteil, auch die Erwachsenen wurden nicht von Kritik verschont. Die ganze Vorstellung vermittelte uns Kindern eine Art Himmelsfeier. So stellten wir uns die Schule des lieben Gottes vor!

Natürlich ahnten wir zu diesem Zeitpunkt noch nicht, dass sich hinter dem Nikolaus unser Vater und hinter Knecht Ruprecht sein Bruder, Onkel Fritz, verbargen. Vater hatte seine ohnehin tiefe Bassbariton-Stimme in Richtung Bass mutiert. Dass dieser Nikolaus erstaunlicherweise Vaters Stiefel trug, wurde ob der Anspannung von uns gar nicht wahrgenommen.

Auch Onkel Fritz wurde von uns überhaupt nicht erkannt. Er hat allerdings auch nicht viel sagen dürfen. Es war eines unserer tiefgreifendsten Kindheitserlebnisse und sagt eigentlich alles über das aus, was eine in Harmonie lebende Großfamilie auszeichnet.

Onkel Fritz

Onkel Fritz, der ältere Bruder unseres Vaters, war Ingenieur und hatte auch bereits am Ersten Weltkrieg teilgenommen. Er war mit dem EK I (Eisernes Kreuz 1. Klasse) ausgezeichnet worden und als junger Leutnant in russische Gefangenschaft geraten. Fast fünf Jahre musste er in den Lagern Sibiriens verbringen. Nach Kriegsende hatte er zunächst keine Chance zur Rückkehr in die ersehnte Heimat. Erst viel später, etwa 1920, legte er in einer ungeheuren Leistung zusammen mit einigen anderen Gefährten den Marsch von Sibirien nach Wladiwostok zurück.

In dem beeindruckenden Buch des daran beteiligten Arztes Dr. Burghard Breitner, »Unverwundet Gefangen. Aus meinem sibirischen Tagebuch«, wird eindringlich beschrieben, welchen Strapazen und Gefahrenmomenten diese Gruppe ausgesetzt war, bis sie schließlich Wladiwostok erreichte und nach weiteren Abenteuern auf einem aus-

Onkel Fritz,

Bruder von Hubertus Rödlich sen.,

in Russland, 1942

gedienten Frachter endlich über Japan, Singapur, Indischen Ozean, Suezkanal, das Mittelmeer und durch die Straße von Gibraltar am Ende in Hamburg einlief. Burghard Breitner (1957 Kandidat für das Bundespräsidentenamt in Österreich) beschreibt so die Szene des Abschieds: »Ich müsste Worte finden für Leutnant Rödlichs prachtvolle Männlichkeit. Was bleibt mir als ein Händedruck, der allen Dank sagen muss, den ich für immer empfinde«*. Es waren wahrscheinlich die letzten Gefangenen, die sich in den Wirren der damaligen Zeit aus Russland absetzen konnten.

Onkel Fritz Rödlich hatte ungewöhnliche Härten des Lebens erfahren. Sein Wesen jedoch war geprägt von einer christlichen Grundhaltung und seine angenehme und unterhaltsame Art hatte er beibehalten. Als Mann war er vor allem auch bei den jungen Damen außerordentlich gefragt. Noch einmal wurde er während des Zweiten Weltkriegs als Major nach Russland geschickt, hatte aber das Glück, nicht mehr in Gefangenschaft zu geraten.

Viele Jahre später, etwa um 1950, wurde ich in Rheine, wo ich mit meinem Bruder Fritz meine Praktikantenzeit absolvierte, einer etwas älteren Dame der örtlichen »besseren Gesellschaft« anlässlich einer

---

* Zitat aus: Dr. Burghard Breitner: Unverwundet Gefangen. Aus meinem sibirischen Tagebuch, Wien 1921.

Veranstaltung im Tennisclub vorgestellt. Auch Onkel Fritz war während der 20er Jahre einige Zeit in Rheine tätig gewesen (er hatte dort den Bahnhof gebaut). Der Name Rödlich hat die Dame offenbar derartig elektrisiert, dass wir für den Rest des Abends von ihr in Beschlag genommen wurden und alles, was immer wir über Onkel Fritz zu berichten wussten, von ihr begierig aufgenommen wurde. Ihre Augen glänzten und die angesprochene Vergangenheit übte offenbar auf sie eine faszinierende Wirkung aus, sie schwelgte im Paradies der Erinnerung an diesen phantastischen Mann.

Soweit zu Onkel Fritz, dem ich zwanzig Jahre später nach meinen eigenen vielen Reisen erzählen konnte, dass ich, wie auch er, in Singapur auf der von ihm beschriebenen berühmten Bank an der Strandpromenade gesessen hatte, von welcher man bei gutem Wetter die Küsten Sumatras sehen kann.

Onkel Fritz verheiratete sich letztlich mit Tante Gustel, die ihre Tochter Irene mit in die Ehe brachte. Irene war für uns jüngere Kinder eine bemerkenswerte junge Dame, die allerdings zu meiner Kinderzeit natürlich schon andere Interessen verfolgte.

Vettern und Cousinen

Die gesamte Familie Kämmerling war für uns Kinder im Jägerpfad ebenfalls eine feste Größe. Die älteste Schwester meines Vaters, unsere Tante Maria, eine Seele von Mensch, hatte Alex Kämmerling geheiratet. Auch er gehörte der Generation des Ersten Weltkriegs an und überlebte, wie durch ein Wunder unverletzt, die grausame Materialschlacht von Verdun. Dieser aufrechte Mann war für uns Kinder stets eine Institution. Seine Geradlinigkeit, seine immer wieder auch mit Humor vorgetragenen Geschichten haben uns stets fasziniert, und in seiner Nähe spürte man die von ihm ausgehende Sicherheit und, bei aller Strenge, auch sein Verständnis für den Nächsten.

Als Fahrsteiger unter Tage im Kohlebergwerk »Viktoria« in Lünen hat er Jahrzehnte Großes geleistet und war zu jener Zeit im Revier einer der namhaften Kohle- und Bergwerksfachleute schlechthin. Seine Söhne, meine Vettern Bertel und Klaus, waren natürlich bei uns Kindern stets mit von der Partie, sie gehörten sozusagen zum »harten Kern«. Und Tante Maria konnte die besten Bratkartoffeln der Welt herstellen!

Während des Zweiten Weltkriegs wurden auch Bertel und Klaus noch Soldaten bzw. Luftwaffenhelfer. Bertel kämpfte zunächst in Monte Cassino/Italien, erkrankte an Malaria und erlitt später bei Gumbinnen in Ostpreußen 1945 einen Bauchdurchschuss durch Granatsplitter. Oftmals erzählte er später von jenem »barmherzigen Samariter«, der ihn, noch ein Lebenszeichen von ihm erkennend, vom Straßenrand, wo man ihn liegen gelassen hatte, auflas und über eine weite Strecke zum nächsten Verbandsplatz geschleppt hat. Das war in dieser Situation ein unerhört hohes Maß an Opferbereitschaft und Nächstenliebe, zumal sich dieser unbekannte Soldat in der bestehenden Situation selbst erheblich gefährdete. Der Mann (so Bertel) muss »ein Engel« gewesen sein. Bertel wurde im Feldlazarett provisorisch versorgt und zunächst weitergeleitet. Er verpasste in Danzig – eine weitere glückliche Fügung – das Lazarettschiff Gustloff, welches auf dramatische Weise dem Untergang anheimfiel, und wurde auf dem nächsten Dampfer nach Stettin gebracht.

Bertel hat seinen Lebensretter nie wieder getroffen. Nach seiner Genesung wanderte er nach dem Kriegsende bis zum Jägerpfad, wurde dort Forsteleve und wirkte in den späteren Jahren als bekannter Forstamtmann in Niederntudorf bei Paderborn.

Sein Bruder Klaus, später Baudirektor der Stadt Duisburg, ist ein Mann mit großem Durchsetzungsvermögen und hat in all den Jahren seiner Tätigkeit in Duisburg viel bewegt. Cousine Ruth, die älteste der Geschwister Kämmerling, hatte natürlich andere Steckenpferde als wir Burschen und orientierte sich mehr an meinen älteren Schwestern. Sie studierte später Chemie.

Bis heute zählt auch Heinz Piepenbrink zur Familie, der als junger Mann im Jägerpfad aufgenommen wurde. Auch er gehörte zur Kriegsgeneration und erlitt ein hartes Schicksal. Am 25. Oktober

1944 wurde er während der Kämpfe bei Bergen op Zoom an der hol-
ländisch-belgischen Grenze schwer verwundet, so schwer, dass er für
tot gehalten wurde, man ihm seine »Hundemarke« von seinem Hals
löste, die Brieftasche abnahm und ihn als »gefallen« meldete. Während
der Kämpfe rückten die Kanadier nach. Heinz hatte sich mit letzter
Kraft in ein Erdloch geschleppt. Offenbar war es ein kanadischer Soldat, der seinem Ruf »Help me, I'm wounded« kaum trauen wollte, als
er den Verletzten entdeckte. Er schlug erst prüfend mit seinem Stiefel
an Heinz' Schuhsohlen, um festzustellen, ob noch Leben in ihm war.

Heinz wurde in einem kanadischen Lazarett ein halbes Jahr lang
gesund gepflegt und bei Kriegsende endlich entlassen. Zur besonderen
Tragik seiner Geschichte gehört es, dass sein eigener Vater zwei Tage
vor seiner glücklichen Rückkehr verstorben war und das Wunder der
Wiederkehr seines Sohnes nicht mehr erleben durfte. Auch im Jägerpfad konnte das Geschehen keiner fassen. Heinz war sozusagen
von den Toten auferstanden, die Überraschung war überwältigend. Er
gehört zu den wenigen Menschen, die zu Lebzeiten ihre eigene Todesanzeige in Händen hielten.

Es waren Josef und Hubert Pennekamp, Kinder von Onkel Josef und Tante Johanna, der Schwester meines Vaters, mit denen ich
vorzugsweise im Jägerpfad spielte und Streiche aussheckte. Ihr Bruder
Alex war erheblich jünger und konnte noch nicht mithalten. Josef entwickelte sich als junger Bursche zum Hobbyfunker, hatte viele Ideen
und war überhaupt ein Typ, mit dem man Pferde stehlen konnte. Viel
später wurde er Diplomingenieur und leitete für den Siemenskonzern
ein Profitcenter im Bereich Montanunion, Aufzugstechnik und Tü-
renantriebe. Sein Bruder Hubert wurde, der Familientradition folgend,
Revierförster. Er war ein gewissenhafter und geduldiger Mensch, der
leider viel zu früh verstarb.

Josef Pennekamp sen. hatte eine Schwester. Es war die uns Kinder
besonders beeindruckende Tante Ellen. Diese unterhaltsame Frau trat
sehr selbstbewusst auf; sie war in der Tat eine imponierende und attraktive Erscheinung. Während der 30er Jahre war sie mit der Familie
des Industriehauses Warburg eng verbunden und blieb dieser jüdischen

Tante Ellen

Familie auch während der Zeit des Nationalsozialismus und in der Kriegszeit treu. Sie bewies eine bemerkenswerte Haltung. Trotz großer Widrigkeiten und persönlicher Gefahren verwaltete sie einen Teil der noch vorhandenen Besitzungen der Familie Warburg in Hamburg.

Auf das bescheidene Forsthaus Jägerpfad fiel stets ein Abglanz von ungewohntem Luxus, wenn sie in einer großen Horch-Limousine vorfuhr. Für uns Kinder war es seinerzeit eine echte Auszeichnung, an der Reinigung ihres Autos mitwirken zu dürfen. Außerdem konnte sie ihre brennende Zigarette von einem Mundwinkel in den anderen rollen. Das imponierte uns ungemein!

Walter Rödlich

Onkel Walter, Vetter der Brüder Friedrich und Hubertus Rödlich sen., ewar ebenfalls ein beliebter Gast im Forsthaus. Auch er war während des Ersten Weltkrieges junger Leutnant und wurde später, nachdem der Krieg verloren war, in das Hunderttausend-Mann-Heer übernommen, welches im Versailler Vertrag vom Jahre 1919 dem Deutschen Reich von den Siegermächten zugestanden wurde. Walter machte Karriere als Offizier. Zu Beginn des Zweiten Weltkriegs brachte er es bis zum Oberst und wurde bereits 1940 als Kommandeur eines Panzerregiments mit dem Ritterkreuz ausgezeichnet. Im Jahr 1942 hat er in Russland sein Leben verloren.

Bis heute hat sich ein Gerücht gehalten, wonach Walter Rödlich nicht gefallen, sondern »auf andere Weise« ums Leben gekommen sei. Obgleich er für besondere Verdienste zur zusätzlichen Auszeichnung, dem »Eichenlaub zum Ritterkreuz«, vorgeschlagen war, hat ihm seine gegen das nationalsozialistische Regime gerichtete Gesinnung diese Ehrung verwehrt und sein Schicksal wurde in unsoldatischer Weise besiegelt. Zuviel hatte er offenbar in Russland erlebt. Unter furchtbaren Eindrücken stehend, hatte er dort als Frontsoldat offenbar Befehle verweigert, die mit seinem Gewissen nicht zu vereinbaren waren.

Bemerkenswert ist der Umstand, dass seine Grabstätte nicht mehr genannt wurde, obgleich sich zum Zeitpunkt seines Todes die deut-

v. l. n. r.: die Brüder Fritz und Hubertus Rödlich sen., ihr Vetter Walter Rödlich

Ehrenwache am Totenbett von Generalfeldmarschall
von Hindenburg, rechts vorne Walter Rödlich

sche Wehrmacht im Vormarsch befand und selbst einfache gefallene
Soldaten hinsichtlich ihrer Grabstätte registriert wurden. Unsere
Nachforschungen haben ergeben, dass »… Oberst Walter Rödlich in
Russland einen Autounfall hatte und durch den Schreck einen Herz-
infarkt bekam …«! Seltsam, dies zu erfahren, denn Walter Rödlich
war bekanntermaßen kerngesund gewesen. Die genannte Todesursache hinterlässt erhebliche Zweifel.

Bemerkenswert war ein Anruf, welchen ich im Jahre 2001, zur
Zeit der Wanderausstellung »Verbrechen der Wehrmacht«, von einem
Anrufer aus Hamburg, der nicht genannt sein wollte, erhielt. Er be-

*Antwort der Deutschen Dienststelle Berlin vom 20. April 2004 auf die
Frage nach dem Verbleib bzw. der Todesursache von Walter Rödlich*

fragte mich nach meinem Verwandtschaftsgrad zu Walter Rödlich,
um dann im weiteren Verlauf des Gesprächs heftige Kritik an dieser
Wehrmachtsausstellung zu üben. Er hob Beispiele wie Walter Rödlich hervor, die mit ihrer »heldenhaften und vor allem menschlichen«
Haltung zu Unrecht keinerlei Würdigung in dieser Ausstellung erfahren haben. Der Anrufer hatte unter Walter Rödlich gedient.

Die früheren Generationen der Familie Rödlich hatten ihren Sitz
ursprünglich in Mähren und Schlesien. Einer ihrer Vorfahren, Hieronymus Franz Seraph Rödlich (geb. 1767), brachte es während der

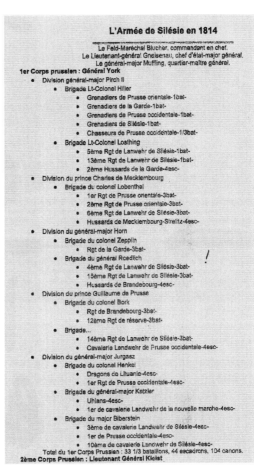

Brigadegeneral Rödlich – Schlesische Armee von 1814

Freiheitskriege gegen Napoleon unter Feldmarschall von Blücher und General York in der preußischen Armee bis zum Brigadegeneral. Er kämpfte 1813 in der Völkerschlacht bei Leipzig, bei Ligny und bei anderen Begegnungen gegen Napoleon und trug 1815 in der Schlacht von Waterloo mit seinen schlesischen Regimentern und Husaren dazu bei, den Ausgang dieser Auseinandersetzung gegen den französischen Kaiser zu beeinflussen. Er gehörte zu jener kämpfenden Truppe Blüchers, die der englischen, bereits wankenden Armee unter General Wellington in buchstäblich letzter und entscheidender

31

Stunde zu Hilfe kam und damit die Schlacht bei Waterloo zugunsten der preußisch-englischen Allianz schicksalhaft entschied.

Leider fehlen uns Bilder von diesem wackeren Mann. In der Befreiungshalle in Kehlheim werden auch die Taten des General York, dessen schlesische Regimenter Rödlich befehligte, gewürdigt*. Im Zentrum des Fußbodenmosaiks der Halle befindet sich eine von König Ludwig I. entworfene Inschrift, auf der zu lesen ist: »Moechten die Teutschen nie vergessen, was den Befreiungskampf notwendig machte und wodurch sie gesiegt«. Diese Inschrift hat heute – so möchte ich meinen – gleichermaßen für die europäischen Staaten und den europäischen Einheitsgedanken Gültigkeit. Alleingänge zeitgenössischer europäischer Politiker sollten mit Blick auf die leidvolle Geschichte der letzten zweihundert Jahre besser unterbleiben.

Onkel Arnold Fulda und seine Frau, Tante Martha, eine Schwester meiner Mutter, waren unsere Verwandten in Münster. Sie hatten zwei Töchter, die allerdings um einiges älter waren als unsere Gruppe. Der Kontakt bestand daher seitens der Kinder eigentlich vorzugsweise zwischen den jungen Damen beider Familien. Ich persönlich besuchte Onkel und Tante trotzdem immer sehr gern, wurde ich dort doch mit vielen Dingen in einem Maße verwöhnt, wie es mir zu Hause als fünftem Kind und bei der steten Vielzahl der anwesenden Personen nicht vergönnt war.

Später habe ich während meiner Praktikantenzeit sogar einige Monate im Hause Fulda gelebt. Dr. jur. Arnold Fulda war zweiter Beigeordneter der Stadt Münster. Als anerkannter und nicht parteigebundener Verwaltungsexperte hat er für die Stadt während der ersten Hälfte des letzten Jahrhunderts sehr segensreich gewirkt.

---

* Siehe Anhang 1: Bestätigungsschreiben des Militärgeschichtlichen Forschungsamtes vom 23. November 2004

Hieronymus Franz Seraph Roedlich (1767–1833)

Die wohlhabende bürgerliche mährische Familie Roedlich konnte dem jungen Franciscus eine gute Privatbildung im elterlichen Hause angedeihen lassen – er sollte Beamter werden, tritt aber nach kurzzeitiger Tätigkeit bei einer Domänenverwaltung mit 18 Jahren als Kadett in das Kaiserliche Österreichische Dragonerregiment Nr. 4, das neuformierte Kosakenkorps, ein und nimmt am Feldzug gegen die Türken 1788/89 als Unterleutnant teil.

Schon in diesen ersten Dienstjahren erfüllte Roedlich Aufklärungs- und Kurieraufträge für den kommandierenden General in Galizien und war an Landvermessungen als Kalkulator beteiligt. In den folgenden Jahren diente er in den verschiedensten Stäben in der Türkei und in Russland und wurde 1796 offiziell zum Hauptmann im Generalstabe ernannt. In den Feldzügen Österreichs gegen Napoleon nahm er u.a. an den Schlachten von Arcole, Rivoli teil, gehörte zur Verhandlungsdelegation in Napoleons Hauptquartier von Monte Bello 1797, diente im Auftrage des österreichischen Kaisers 1798 im neapolitanischen Heer bis zu dessen Zerschlagung durch Napoleon, war ab 1799 in vielfältigen Stabs- und Truppenkommandos in Österreich, Deutschland, Italien eingesetzt und erhielt schließlich 1805 ein Angebot zum Übertritt in preußische Dienste, das aber erst nach dem Tilsiter Frieden 1807 realisiert wurde, an dessen Zustandekommen Roedlich als Geheimkurier zwischen Wien und Memel Anteil hatte.

Als preußischer Oberstleutnant leistete Roedlich zwischen 1807 und 1813 offene und konspirative diplomatische Dienste, war Verbindungsoffizier zu den in Preußen und Polen stationierten französischen Truppen und wurde 1813 als Oberst in den Stab von General Blücher versetzt, wo er u.a. mit Rühle von Lilienstern und Krauseneck zusammenarbeitete und zum Kommandanten von Frankfurt/Main ernannt wurde. 1814 erhielt er das Offizierskreuz der französischen Ehrenlegion. Nach dem Sieg über Napoleon 1815 war Roedlich zum Generalmajor befördert worden, im Kommando am Rhein angestellt, zum Landwehrinspekteur nach Ostpreußen und 1817 nach Düsseldorf versetzt worden. Zwischen 1807 und 1830 wurde Roedlich in der preußischen Armee durch eine Anzahl technischer Erfindungen bekannt wie auch durch Publikationen zu Fragen der Militärtechnik, der Kartographie, der Kriegsgeschichte, der Geographie und des Transportwesens.

Sein Grab auf dem Offizierskirchhof ist nicht mehr erhalten.

Hilde

Wir fünf Kinder der Familie Hubertus Rödlich dominierten rein zahlenmäßig, waren aber auch sonst im wahrsten Sinne des Wortes nicht von schlechten Eltern. Die älteste Tochter Hildegard entwickelte sich zu einer sehr attraktiven und viel gefragten jungen Dame. Ihr musikalisches Talent hat sie wohl vom Großvater und von unserem Vater geerbt. Er gab uns Kindern mit mehr, aber manchmal auch (bei mir) mit weniger Erfolg Klavierunterricht.

Die Leidenschaft für Musik ließ Hilde immer wieder für ähnlich begabte junge Männer schwärmen. Nach dem Abitur 1938 arbeitete sie nacheinander beim Dampfkesselüberwachungsverein, bei einer Versicherung und dann in einem Büro der Dortmunder Union Brückenbau. Im Kriegsjahr 1940 bewarb sie sich bei der deutschen Abwehr unter Admiral Canaris und erhielt dort über einige Beziehungen – vor allem wegen ihrer tadellosen Erscheinung und der guten Französischkenntnisse – eine Anstellung. Nach dem Frankreichfeldzug wurde sie nach Paris versetzt und erlebte vieles hautnah, was heute noch in dokumentarischen Aufzeichnungen zu finden ist. Ein

Hildegard Buschmann,
geb. Rödlich

Dr.-Ing. Engelbert Buschmann

Beispiel sind hierzu Film und Buch »Die Katze« (»La Chatte«) von Michael Graf Soltikow*.

Die reichlich vorhandenen Verehrer unserer großen Schwester betrachteten wir selbstredend aus einem anderen Blickwinkel, als sie selbst es tat. Einem der Herren, der ein begnadeter Pianist war, erwiesen wir keineswegs den nötigen Respekt. Als er, mit dem obligatorischen Blumenstrauß in der Hand, vor unserer Haustüre stand, um Hilde seine Aufwartung zu machen, ließen wir vom darüberliegenden Fenster eine mit Wucht geworfene Knallerbse auf seinem spärlich behaarten Kopf zerplatzen. Von einem anderen dachte ich, er müsse Hilde unbedingt heiraten, nachdem er mir die ungeheure Summe von fünf Mark geschenkt hatte. Dies schien mir der rechte Schwager zu sein!

1942 heiratete sie jedoch den ebenso musisch wie technisch hochbegabten jungen Major Dr.-Ing. Engelbert Buschmann. Er war bis in die siebziger Jahre Direktor bei den Vereinigten österreichischen Stahlwerken (Voest) in Linz und wurde während seiner aktiven Zeit weltweit einer der bekanntesten Stahlwerks- und Anlagenbauer. Noch

---

* Michael Graf Soltikow: Die Katze, Wien

Trauerrede anlässlich des Todes von Dr.-Ing. Engelbert Buschmann

nach seiner Pensionierung war er als Berater sechs Jahre lang für die Vereinten Nationen in Brasilien tätig.

Ein weiteres Talent machte diesen vielseitigen Mann zum ersten Geiger im Linzer Konzertverein. Nach seinem Tode wurde anlässlich seiner Beisetzung vom Vorstand der Voest ein Nachruf veröffentlicht, der in besonderer Weise die Nachhaltigkeit seiner Verdienste hervorhob.

Bertl Buschmann blieb trotz der vielen ihm zuteilgewordenen Ehrungen stets ein bescheidener Mann. Das Ehepaar Buschmann war fruchtbar und brachte vier ebenfalls talentierte Kinder zur Welt, die im Beruf beachtenswerte Karrieren machten. Inge und Elisabeth machten ihren Magister der Philosophie in Germanistik bzw. Anglistik und Sport und verheirateten sich mit beeindruckenden Männern. Friederike, bescheiden in ihrer Art, wurde Lehrerin, arbeitet aber seit Jahren bei der Lufthansa in Frankfurt am Main.

Sohn Hans, dessen Pate ich bin, sollte nach den Vorstellungen seines Vaters als Ingenieur in seine Fußstapfen treten. Er schickte ihn zum Studium der Verkehrstechnik nach Wien. Obgleich ebenfalls hochbegabt, hatte Hans jedoch nicht die rechte Lust an diesen technischen Fächern. Er nutzte vielmehr seine ausgeprägte musische Begabung, um in den Nachtclubs von Wien das einschlägige Publikum mit dem Piano zu amüsieren – vielleicht auch durch sentimentale Songs zu animieren.

Diese Lebensphase wurde jedoch nach zwei Jahren jäh beendet. Den Ernst des Daseins wohl erkennend, widmete sich Hans schließlich dem Studium der Wirtschaftslehre und wurde später leitender Direktor der Alpen-Treuhand (heute KPMG), der bedeutendsten österreichischen Wirtschaftsprüfungs- und Steuerberatungsgesellschaft. Er erreichte also eine Position, die ihn zu hohem Ansehen führte und welche durchaus mit der seines Vaters vergleichbar war. In seiner liebenswerten Frau Susanne, einer Geschichtslehrerin, hat er eine nicht zu unterschätzende Stütze.

Hilde hingegen nimmt ihren Einfluss als Mutter und Großmutter nach wie vor gerne wahr, umsorgt den Clan und beobachtet wohlwollend, inwieweit ihre elf vielversprechenden Enkel den Vorbildern ihrer Elterngeneration nacheifern.

Liesl

Meine zweite Schwester Elisabeth, 1921 geboren, war eine liebenswerte Sonderausführung. Ihr ungestümes Naturell ließ sie begeistert an den Spielen der Knaben im Jägerpfad teilnehmen, wobei das Reiten auf Schweinen nur eine ihrer tollkühnen Beschäftigungen war.

In namenlose Angst und Schrecken versetzte sie die ganze Familie, als sie mit knapp fünf Jahren eines Nachmittags im Wald verlorenging. Wohl in träumerischem Dahingehen hatte sie die falsche Richtung eingeschlagen und sich völlig vom Haus entfernt und verlaufen. Erst am nächsten Morgen fand sie der alte Waldarbeiter Hildebrandt auf seinem Weg zur Arbeit an den drei Kilometer entfernten Fischteichen mitten im Wald schlafend im Gras liegen.

In jungen Jahren, etwa 1927, traf sie leider das Schicksal einer durchlittenen Kinderlähmung. Auch für die Eltern wurde dies eine schwere Belastung. Nur durch ungeheure Energie und Opferbereitschaft gelang es ihnen letztendlich, den zunächst halbseitig gelähmten Körper des Mädchens durch ein ärztlich verordnetes, über lange Zeit alle vier Stunden zu wiederholendes Bad in heißem Sand wieder zu stabilisieren. Dem behandelnden Mediziner, Dr. Keiner aus Dortmund, gebührt noch heute größtes Lob, weil die von ihm damals empfohlene, nicht unumstrittene Methode, zusammen mit anderen flankierenden Maßnahmen, nach etwa einem Jahr tatsächlich Wirkung zeigte. Liesl konnte wieder laufen und wurde vollständig gesund. Nur der rechte Arm blieb gelähmt, womit sie jedoch im Leben recht gut fertigwurde.

Nach dem Abitur studierte sie trotz aller Kriegswirren in Mün-

Selbstbildnis Elisabeth (Liesl) Rödlich

chen, Wien und Göttingen, wo sie dann 1942 den jungen Physiker Martin Merz kennen und lieben lernte. Die Zuneigung beruhte auf Gegenseitigkeit.

Dem Zeitzwang folgend, wurde er Soldat. Er erhielt wegen seiner Verdienste hohe Auszeichnungen und wurde schließlich Leutnant. Noch im Februar 1945 fand sein junges Leben an der Ostfront ein jähes Ende. Wenige Tage zuvor noch hatte ich Martin getroffen, der auf seiner Durchreise zur Front unsere Eltern in Bad Oeynhausen besuchte. Er hielt bei den Eltern um Liesls Hand an und plante gemeinsam mit ihr, sofort nach seiner Rückkehr zu heiraten. Ich brachte ihn noch zum Bahnhof, wir wünschten uns beide alles Gute. Es war ein endgültiger Abschied.

Für Schwester Elisabeth war die Nachricht von Martins Tod ein sehr schlimmer Schicksalsschlag, weil die geistige und menschliche Haltung dieses jungen Mannes mit der ihren in vollkommenem Gleichklang stand. Der Verlust dieses Menschen wog besonders schwer, da sie sich von ihm trotz ihrer körperlichen Behinderung vollwertig angenommen fühlte und dieses Angenommensein für sie eine wesentliche Voraussetzung partnerschaftlichen Vertrauens war.

Liesl war den Menschen sehr zugewandt, konnte gut singen und war immer begierig, Neues und Unterhaltsames zu erleben. Ihrer Art gemäß studierte sie so allerlei verschiedenes, unter anderem Kunstgeschichte und Biologie. Später verlegte sie ihren Schwerpunkt auf Pädagogik und wurde Lehrerin. Sie unterrichtete viele Jahre an den deutschen Schulen des Goethe-Instituts in Italien und Spanien. Studiendirektor Dr. Franz-Josef Kresing aus Münster wurde 1970 ihr Ehemann. Seine erste Frau war verstorben, er brachte gleich drei halbwüchsige Kinder mit in die Ehe und Liesl bemühte sich viele Jahre, das schaukelnde Schiff dieser turbulenten Verbindung in ruhige Gewässer zu führen. Nach dem Tod ihres Mannes frönte sie vor allem ihren kulturellen Interessen und ihrer Reiselust und führte ein weiterhin durchaus abwechslungsreiches Leben.

Hans

Mein ältester Bruder Johannes, genannt Hans, war während seiner Jugend ein ausgezeichneter Sportler und gewissenhafter Schüler. Nach dem Abitur wurde er 1942 zur Wehrmacht eingezogen. Schon zuvor hatte er seine Leidenschaft für die Fliegerei entdeckt, und so wurde er nach zweijähriger Ausbildung Leutnant und Jagdflieger im Jagdgeschwader 27. Dieses Geschwader bestand als eine Art Elite-Einheit aus einigen hoch dekorierten Fliegeroffizieren des Ersten Weltkriegs, wie Manfred von Richthofen, und solchen aus dem Zweiten Weltkrieg, wie Hauptmann Marseille, Oberst Mölders und anderen.

Am 24. Mai 1944, bei schweren Luftkämpfen über Berlin, wurde mein Bruder Hans von amerikanischen Fliegern tödlich getroffen und stürzte ab. Bei verschiedenen anderen Luftkämpfen während der Reichsverteidigung war es ihm zuvor gelungen zu überleben. Einmal konnte er aus seiner schwer getroffenen, brennenden Maschine – eine ME 109 – aussteigen und sich mit dem Fallschirm retten. Einmal gelang eine Notlandung, ein weiteres Mal kollidierte er mit einem anderen Flieger, konnte sich jedoch auch dann per Fallschirm retten. Er war erst zwanzig Jahre alt.

Jagdflieger Hans Rödlich

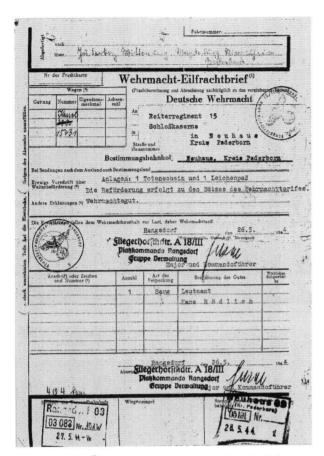

Frachtbrief der Überführung von Leutnant Hans Rödlich an seinen Heimatort Neuhaus bei Paderborn

Sein Leichnam wurde in seine geliebte Heimat Schloss Neuhaus bei Paderborn überführt und dort mit allen militärischen Ehren beigesetzt. Er war ein stattlicher, hochgewachsener, charakterlich schon sehr ausgereifter junger Mann gewesen, voller Optimismus und vieler Zukunftspläne. Wie die teilweise noch erhaltene Korrespondenz, Bilder und seine Tagebuchauszüge belegen, schwärmten offenbar auch die jungen Damen sehr für ihn.

41

Leutnant Hans Rödlich

Hans ist am 24. Mai 1944 gefallen

Fritz

Bruder Friedrich, genannt Fritz, der 1926 geborene zweite Sohn und
das vierte Kind der Familie, war nicht nur ein ausgezeichneter Roll-
schuhfahrer, sondern gleichzeitig mein Aufpasser. Besonders interessant waren für mich seine Freunde, denn sie besaßen vielfach Spielzeuge, die unsere Eltern natürlich für uns nicht anschaffen konnten,
wie z.B. elektrische Eisenbahnen. Nie durfte jedoch Fritz allein seine
Freunde besuchen, immer war ich, sein kleiner Bruder, vom vierten

v. l. n. r.: Fritz, Hubert und Hans Rödlich

Lebensjahr an mit von der Partie. Mit anderen Worten, wir waren stets zusammen.

Einmal in jener Zeit im Winter, es war bereits dunkel und wir passierten auf dem Heimweg von einem Einkauf den Ostfriedhof, wurde ich von einem Sittenstrolch mit sehr einfachen, aber zur damaligen Zeit enorm begehrenswerten Süßigkeiten angelockt. Vertrauensselig setzte ich mich auf dessen Fahrrad und wäre um ein Haar von dem Mann entführt worden.

Bruder Fritz hat die Situation jedoch unverzüglich erkannt und die Verfolgung sofort aufgenommen. Das bereits verhältnismäßig schnell mit mir entschwindende Rad hat er noch am Gepäckträger zu fassen bekommen und zu halten versucht, was ihm natürlich nicht gelang. Durch sein lautes Schreien wurden einige Passanten trotz des schwachen Laternenlichtes auf den Vorgang aufmerksam. Der Mann musste daher fürchten, gefasst zu werden. Er stieß mich vom Fahrrad und suchte das Weite. Trotz Fahndung konnte er jedoch nicht ermittelt werden.

Auch Fritz war ein durchaus guter Schüler, was sich vorübergehend allerdings änderte, als die Mädchen begannen, ihm den Kopf zu verdrehen. Mit elterlicher Unterstützung und seinem Schulwechsel nach Eisenach, wo Schwester Hilde seinerzeit mit ihrer ältesten

Tochter Friederike allein wohnte und Schutz benötigte, wurden seine Leistungen jedoch wieder bestens stabilisiert.

Von der Schule wurde Fritz 1944 zunächst zum Arbeitsdienst und anschließend zum Militärdienst eingezogen. Er war noch nicht 18 Jahre alt, als er zur Front in den Westen geschickt wurde. Bereits nach sechsmonatigem schwerem Einsatz wurde er den Eltern als »vermisst« gemeldet. Diese Nachricht war umso erschütternder, als sie nur wenige Monate nach dem Tod des ersten Sohnes eintraf. Wer solche Nachrichten oder Schicksale aus eigenem Erleben kennt, weiß um die tiefe, unfassbare Trauer, welche von Eltern in dieser Zeit ertragen werden musste. Der Zustand des Hoffens und der Ungewissheit dauerte lange, viel zu lange. Eigentlich waren die Aussichten, auf ein Wunder hoffen zu dürfen, aussichtslos. Als vermisst zu gelten, bedeutete mit hoher Wahrscheinlichkeit, dass mit dem Tod des Betreffenden gerechnet werden musste.

In ihrer Verzweiflung und Not haben die Eltern diesen Sohn buchstäblich wieder herbeigebetet. Unbeschreiblich war die Überraschung und Freude, als sie etwa eineinhalb Jahre später, der Krieg war längst vorüber, über das Rote Kreuz die Nachricht erhielten, dass ihr Sohn Fritz noch am Leben war und sich in französischer Gefangenschaft befand. Ganze viereinhalb Jahre seiner Jugend musste er dort zubringen und unter erheblich erschwerten Lebensbedingungen arbeiten und ausharren.

Glücklich zurückgekehrt, hat er nochmals die Schulbank gedrückt und erhielt nach seiner Praktikantenzeit die Sondergenehmigung, ein Studium der Textilchemie an der Hochschule Niederrhein zu beginnen, welches er mit einem ausgezeichneten Examen zum Abschluss brachte. Als bekannter Verfahrenstechniker trug er erheblich dazu bei, die gewonnenen Erkenntnisse der damaligen Textilchemie in die Praxis umzusetzen.

Die im Rahmen seiner Diplomarbeit erarbeiteten Ergebnisse wurden in drei Patenten festgehalten und von der Firma Benkiser, in deren Namen er tätig war, für ihre bekannten Produkte genutzt. Später hat er sich den Studien der textilen Hochveredelung und Fragen des Umweltschutzes* gewidmet, nochmals an der Universität Münster seinen Drang nach mehr Wissen befriedigt und dies mit einer Doktorarbeit »magna cum laude« abgeschlossen.

Mit seiner Frau Hedda, einer höchst kunstfertigen Porzellanmalerin, entwickelte er eine gelungene Familie mit drei tüchtigen Kindern, Anja, Axel und Eva, die in ihrem beruflichen Streben den Eltern erfolgreich nacheifern. Fünf Enkel sorgen dafür, dass belebende Elemente auf lange Sicht nicht zu kurz kommen werden.

Melanchthonstraße

Der Ernst meines eigenen Lebens begann mit dem Eintritt in die Volksschule im Jahre 1935. Schule und Spiel waren zunächst die Maximen, welche das Leben prägten. Teure Spielzeuge gab es natürlich nicht, aber sensationell war die von Vater betriebene Spielzeugdampfmaschine, mit welcher wir kleine, aus dem Elektro- und Märklinbaukasten zusammengefügte Geräte betrieben und erste physikalische Erkenntnisse bestaunten.

Die Dortmunder Melanchthonstraße Nr. 7 war zunächst das Zentrum meiner Kindheit. Wir wurden bei Gott nicht verwöhnt, aber geliebt, und wir lebten sehr gesund. Viele Früchte des vor allem vom Vater und von uns Kindern bewirtschafteten Gartens wurden geboten. Teures Fleisch stand selten auf dem Speisezettel. Weihnachten gab es eine Weihnachtsgans, die uns Großvater Julius stiftete, und an Sonn- und Feiertagen wurde ein Schweinebraten oder gar für acht Leute ein (!) gebratener Hahn serviert. Auch sind mir die häufigen Fischgerichte erinnerlich; zu jener Zeit besonders preisgünstig war z.B. Schellfisch für etwa eine Reichsmark pro Kilogramm. Mutter hat ihn immer sehr schmackhaft zubereitet. Aus dieser Zeit stammt auch meine Vorliebe für Eintopfgerichte, unter anderem Erbsen- und

---

* Der Autor empfiehlt hierzu das Buch: Friedrich H. Rödlich: Von der Bleicherei zur Textilchemie, Frankfurt am Main 1998.

Huberts erster Schultag

Bohnensuppen, eine für kinderreiche Familien geradezu ideale Verpflegung. Noch heute ist dies für mich ein besonderes Essen, welches zur Perfektion entwickelt wurde und nach so vielen Jahren selbst von kulinarisch verwöhnten Freunden, wie z. B. von keinem geringeren als Wilhelm Vorwerk, stets als Besonderheit meiner in jungen Jahren entwickelten Kochkunst geschätzt wird.

Als Siebenjähriger erlebte ich damals einen schweren und gottlob einzigen Autounfall. Ein damaliger Freund meiner Schwester Hilde, Karl Dienstüler, unternahm zusammen mit einer weiteren Freundin, Hilde und mir mit dem großen, modernen Mercedes seines Vaters einen Ausflug. Die Fahrt war für mich natürlich eine Sensation, zumal ich auf dem Schoß meiner Schwester auf dem Beifahrersitz vorne sitzen durfte. Jedenfalls die ersten zwei Stunden. Dann allerdings wechselte Hilde mit mir auf den Rücksitz, sehr zu meinem Missfallen, aber mein Protest gegen die zehn Jahre ältere Schwester wirkte nicht.

Der Platztausch erwies sich jedoch als glückliche Fügung des Schicksals. Denn kurze Zeit danach nahm unser junger Fahrer an einem Kreuzverkehr einem daherbrausenden schweren Laster die Vorfahrt. Unser Auto wurde von rechts erfasst, überschlug sich und wurde noch ein zweites Mal von dem Anhänger des Lkws getroffen, da dieser beim versuchten Ausweichmanöver ins Schleudern geraten war. Wir überschlugen uns abermals. Es war eine Sache von Sekunden. Glücklicherweise geriet der Wagen nicht in Brand.

Hilde und ich waren die einzigen, die aus dem völlig zerstörten, auf der Seite liegenden Auto unverletzt herausklettern konnten. Der Vordersitz der bedauernswerten Beifahrerin, auf dem wir kurz zuvor noch gesessen hatten, war völlig zerstört, sie selbst schwerverletzt. Unserer Mutter, die ahnungslos auf unser Kommen wartete, durfte ich auf Hildes Anweisung hin kein Sterbenswort verraten, um sie nicht zu ängstigen. Trotz meiner sonstigen Mitteilungsfreude habe ich mich brav an die Anweisung gehalten.

Die Eltern hatten viele gute Freunde. In Erinnerung sind mir noch Pater Candidus, ein Franziskanerpater, der stets gut gelaunt viele Geschichten und Witze zu erzählen wusste und gerne Zigarren rauchte. Er wurde später Patenonkel meines Bruders Fritz. Unser Vater, ein zutiefst vom christlichen Glauben geprägter Mann, gab in den 20er Jahren an einer Schule in Herne Unterricht in Rechnen und Mathematik. Dort traf er den jungen Religionslehrer und Kaplan Lorenz Jäger. Auch dieser freundliche Mann wurde ein gern gesehener Gast unserer Familie, der mit uns Kindern die Bratkartoffeln teilte.

Später stieg dieser Kaplan in der kirchlichen Hierarchie auf, bis ihm zuletzt die Kardinalswürde verliehen wurde. Als Kardinal Jäger wirkte er von 1941 bis 1973 am Erzbistum in Paderborn.

Inzwischen hatten die Nationalsozialisten seit Jahren die Macht inne. Es war für einen verbeamteten, katholischen Lehrer zu jener Zeit nicht einfach, sich dem Einfluss der Partei zu entziehen, wenn er nicht erhebliche Nachteile für sich und seine Familie in Kauf zu nehmen bereit war. Durch Mutters soziales Engagement im Rahmen der Caritas und als ehemalige Mitglieder der Zentrumspartei hatten die Eltern im Laufe der Jahre immer häufiger zu politischen Fragen Stellung zu beziehen. Vater ließ sich schließlich vom Schuldienst suspendieren und bei der im Aufbau begriffenen und noch nicht erkennbar politisierten Wehrmacht 1937 reaktivieren. Die Familie zog nach Neuhaus bei Paderborn, wo Vater Aufgaben im nahegelegenen Truppenübungsplatz Sennelager übernahm.

Obgleich die Eltern sicherlich keine Verfechter nationalsozialistischer Ideen waren, möchte ich nicht ausschließen, dass auch sie nach dem bedrückenden Friedensvertrag von Versailles von der Wiederherstellung des nationalen Ansehens des Deutschen Reiches während der ersten Hälfte der 30er Jahre angetan waren, umso mehr, als auch die wirtschaftliche Entwicklung in Deutschland nach all den Jahren des Elends bei der Mehrzahl der Menschen neue Hoffnungen weckte.

Besonders erinnerlich ist mir die vom Beginn des Zweiten Weltkriegs 1939 ausgelöste Betroffenheit der Eltern, die in leidvollen Erinnerungen die schrecklichen Bilder des Ersten Weltkrieges wieder durchlebten.

Schloss Neuhaus

Wir Kinder fühlten uns bald sehr wohl in Schloss Neuhaus und fanden hier unsere eigentliche Heimat. Die Schule war für mich zunächst keine Hauptbeschäftigung, hielt aber stets zu den notwendigen Zeiten entsprechende Lernperioden für mich bereit, denen ich mich fügte, um weiterzukommen.

Mit meinen Freunden heckte ich Streiche aller Art aus. Ob es sich darum handelte, die Haustür des ortsansässigen Apothekers zuzumauern oder den Pfarrunterricht der erwachsenen Mädchen durch einen selbst gebastelten und besonders laut explodierenden Knallkörper jäh zu beenden, immer wieder fiel uns etwas Unakzeptables ein.

Besonders markant war mein Tränengaseinsatz im Reismann-Gymnasium in Paderborn. Mein Bruder Fritz besaß einen Chemiebaukasten, mit welchem sich allerlei spannende Experimente durchführen ließen. Irgendwie, ich war damals etwa zwölf Jahre alt, fand ich das Rezept zur Herstellung von Tränengas heraus. Es ließ sich mit

Lieber Hannes,
schon wieder einmal schreibe ich Dir aus Neuhaus. Meine Enten legen
schon vier Eier pro Tag, eine sehr hohe Leistung. Hast Du schon Finchen
Gockel geschrieben? Du kriegst von der bestimmt ein paar Kuchenmarken.
Frau Schmidt, die kriegt schon wieder ein Junges, vielleicht auch Zwillinge,
sie hat nämlich einen ziemlichen Umfang. Morgen hat Mutter
Kaffeeklatsch. Du bekommst auch einen Riecher davon. Der Alte "Bock"
kommt auch. Ich gehe nicht rein. Heute haben wir Deinen Brief bekommen.
Du hast einen Nachtflug gemacht? Ich glaube, das Herz saß Dir wohl in der
Hose. Kennst Du in Paderborn die Hilde ... den Hausnamen habe ich
vergessen. Sie kann gut turnen. Sie war schon in Spanien. Sie fragte nach
Dir. Du schreibst, an Urlaub wäre nicht zu denken; das ist aber schade. Du
hast doch den Zeitungsabschnitt bekommen. Ich schicke Dir noch einen
zweiten von Dr. Bock, Die Rede. Was macht denn in Berlin die Frau?
Hoffentlich machst Du gute Fortschritte. Am 23. März kommt Liesl.
Hoffentlich erscheinst Du zur selben Zeit.
Am 8. März kriegt unser Kaninchen Junge. Herzlichen Gruß Dein B.
Hubert

Feldpostkarte von Hubert, dreizehn Jahre alt, an Bruder Hans 1943. Neuhaus/
Paderborn war der ländliche Wohnort der Familie. Dr. Bock war Direktor des
Reismann-Gymnasiums in Paderborn, Frau Schmidt die Frau des dortigen
Landarztes.

den im Baukasten verfügbaren Chemikalien einfach zusammenstel-
len. Ein kleines Medizinfläschchen wurde halb gefüllt, gut verschlossen und am nächsten Tag mit zur Schule genommen.

Um der von uns nicht sonderlich geschätzten Englischlehrerin ein
paar Tränen in die Augen zu treiben, habe ich dann das im erhöhten
Katheder eingelassene Tintenfass mit ein wenig der aggressiven Flüssigkeit gefüllt.

Natürlich hatte ich die Wirkung des von mir hergestellten Pro-
duktes völlig unterschätzt. Auch meine Klassenkameraden kannten
sich überhaupt nicht aus. Es dauerte nicht lange, der Unterricht hatte
bereits begonnen, als das Gas die Augen und Atmungsorgane aller
Anwesenden dermaßen reizte, dass auch das Öffnen der Fenster an
diesem ziemlich windstillen Tage kaum Linderung brachte. Die Tür
des Klassenzimmers wurde schließlich geöffnet, um Durchzug zu entwickeln. Dies hatte jedoch zur Folge, dass auch die Gänge und andere
Klassenräume durch das Tränengas beeinträchtigt wurden. Schließlich war der gesamte Nebentrakt des Schulgebäudes in relativ kurzer
Zeit »verseucht«. Für diesen Tag war der Unterricht gelaufen.

Die allgemeine Unruhe während der Räumung der Klassenzimmer hatte ich in Windeseile genutzt, um inzwischen den verbliebenen Rest der Flüssigkeit wieder in mein Fläschchen umzufüllen und das Tintenfass im Pult zu säubern, so dass nicht mehr festzustellen war, woher das Gas kam.

Man hat natürlich versucht, den Missetäter herauszufinden, aber keiner meiner Kameraden hat mich verraten. Mich aus lauter Ehrgefühl zu melden und damit meinen Schulverbleib zu riskieren, erschien mir dann doch zu selbstmörderisch. Meine beiden Brüder befanden sich außerdem in höheren Klassen derselben Schule. Auch ihnen gegenüber glaubte ich es schuldig zu sein, dass der Frevler geheim blieb. Ich gebe zu, dieser Streich, der eigentlich keiner war, hat mich erheblich geläutert.

Pimpf

Unvergessliche Ereignisse während der Jugend bestimmten in hohem Maße meine zukünftigen Handlungen. Prägend war vor allem meine Erfahrung, die ich im Zeltlager der Hitler-Jugend (»HJ«) sammeln konnte. Kein Knabe zwischen zehn und vierzehn Jahren konnte sich während der Zeit der Nationalsozialisten der Rekrutierung als sogenannter »Pimpf« entziehen.

Während der großen Ferien wurden alle zu einem »Bann« – vergleichbar einem Landkreis – gehörenden Pimpfe zusammengefasst und in ein vier- bis fünfwöchiges Sommerlager geschickt. Ein Lager bestand aus ca. sechshundert Pimpfen. Untergebracht waren wir in mit Stroh ausgelegten runden Zelten, einem indianischen Wigwam nicht unähnlich. Jeweils zwölf Burschen hatten sich den kreisförmigen Innenraum von etwa vier Metern Durchmesser zu teilen. Geschlafen wurde sternförmig, d.h. Füße in Richtung des im Zentrum befindlichen Zeltmastes. Am Kopfende stand jedem also ein Bogenmaß von ca. einem Meter zur Verfügung. Zur Mitte hin verjüngte sich die dem Einzelnen verfügbare Fläche erheblich. Wegen unserer in diesem Alter noch relativ schmächtigen Körpergröße kam es jedoch zu keinen »Rangeleien«.

In einem solchen Lager wurde selbstredend äußerste Disziplin gefordert. Und die wurde nach dem Muster des militärischen Drills durchgesetzt. Jeder Bursche musste sich zu exakt festgelegten Zeiten zur Ruhe begeben, immer um 6 Uhr morgens aufstehen und sämtliche Übungen und Befehlsvorgaben für die geplanten Tagesaktivitäten präzise befolgen. Allein das Antreten um 7 Uhr, nach Morgentoilette, »Donnerbalkenbesuch« sowie Abprüfen der durchgeführten Waschungen, Fingernagelkontrollen etc. durch »Vorgesetzte« sowie das vorschriftsmäßige Ausrichten des Schlafplatzes haben meine Begeisterung für das Frischlufterlebnis Zeltlager sehr in Grenzen gehalten.

Es gelang mir einfach nicht, das Bodenstroh und die Schlafstätte mit der geforderten Akkuratesse zu richten, und so hatte ich natürlich unter den Missfallensbekundungen der »Obrigkeit« besonders zu leiden.

Wurde ich schon in einer kinderreichen Familie stets darauf getrimmt, weitgehend Ordnung zu halten, so empfand ich diese zusätzliche Maßregelung in einem solchen Lager nicht als erstrebenswertes Ferienerlebnis, sondern als Eingriff in meine persönliche Freiheit. Dies umso mehr, weil nur um wenige Jahre ältere, für meine Begriffe schwachsinnige und machtbesessene Burschen die Kontrollen durchführten. (Schon meinen älteren Brüdern, die sich erdreisteten, auf mich im schulischen, aber auch im familiären Bereich Zwang auszuüben, setzte ich, so weit es mir als Jüngstem möglich war, Widerstand entgegen.)

Die Zeltlager waren zwar für die geplagten Eltern wegen der Abwesenheit ihrer erziehungsresistenten Kinder durchaus eine große Erleichterung, für mich jedoch eine zusätzliche disziplinarische Übung und eine als übergroß empfundene Belastung. Mein persönliches Bedürfnis nach Eigenständigkeit wurde stark eingeschränkt und Disziplin war eine Übung, die ich nicht nur als außerordentlich lästig, sondern auch als anmaßend empfand. Die überstrengen Lagerleiter waren für mich keine Vorbilder.

Diese Einstellung habe ich als Jugendlicher noch lange beibehalten, da ich den Sinn und Zweck des Sich-fügen-Müssens nicht einsehen konnte. Mit zunehmenden Jahren wurde jedoch mein Denken von der Einsicht abgelöst, dass gutes Verhalten am Ende doch mehr Freiraum ermöglicht, nicht nur innerhalb der Familie sondern auch in jeder Gemeinschaft.

Es reifte in mir die Erkenntnis, dass Freiheit in unserem Sinn ohne Disziplin gar nicht möglich ist. Freiheit heißt, sich selbst kontrollieren, ungeachtet ob zugunsten von Schule, Studium oder im Beruf. Mutig sein, wenn es die Situation erfordert, Habgier überwinden, Toleranz und Nächstenliebe üben, auch das ist Freiheit. Ehrlichkeit und Kameradschaftlichkeit stärken das Selbstbewusstsein, formen die Persönlichkeit und bringen Zufriedenheit. Je ausgeprägter all diese Tugenden sind, desto mehr ist eine Freiheit des Handelns möglich.

Vergleichbar mit dem Straßenverkehr ist eine Reise bis ans Ende der Welt kollisionsfrei nur dann erlebbar, wenn man Verkehrsregeln einhält. Ein mutwilliges Missachten der Regeln führt zu einem abrupten Ende, schlimmstenfalls dem endgültigen!

Zurück zum Zeltlager: Trotz der erworbenen Kenntnisse war mein Bedürfnis nach Urlaub im Zelt durch das Erleben im HJ-Lager für alle Zukunft erloschen. Ich glaube, dass ich schon damals beschlossen habe, überzeugter Zivilist zu werden und es zu bleiben. Zelten hatte für mich immer etwas mit Zwang und Einschränkung zu tun, obgleich dies sicherlich bei den vielen Menschen, welche dieser Ferienlust folgen, in keiner Weise zutrifft.

Kriegsjahre

Gefallen

Wir bewohnten in Neuhaus ein älteres, aber sehr schönes zu einer Mühle gehörendes Fachwerkhaus, zu dem ein außerordentlich großer, wertvoller, mit vielen Obstbäumen und Beerensträuchern ausgestatteter Garten gehörte. Er sicherte den vegetabilischen Nahrungsbedarf der gesamten Familie mit ihrem Anhang, machte jedoch den Arbeitseinsatz aller männlichen Familienmitglieder erforderlich. Damals war dies für mich natürlich eine besonders »reizvolle« Aufgabe, der ich mich, wann immer möglich, mit wechselndem Erfolg zu entziehen verstand.

Erinnerlich ist mir, dass mein Vater aus dem nahegelegenen Gefangenen-Sammellager in der Senne bei Paderborn – es muss wohl 1941/42 gewesen sein – eine Gruppe Russen besorgte, welche dann den Vorzug hatten, in unserem Garten – zwar unter Bewachung, aber mit uns gemeinsam – zu arbeiten. Diese Situation hatte unser Vater bewusst herbeigeführt, um unser Verständnis für Mitmenschen zu fördern. Für die Gefangenen war es ein unerhörter Glücksfall, wurden sie doch bei uns bestens verpflegt und menschlich behandelt. Unsere Mutter war durch ihren langen Aufenthalt in Russland außerdem in der Lage, mit diesen jungen Russen in ihrer Landessprache zu parlieren, was diese Burschen total beglückte. Als Mutter schließlich für die ausgehungerten Gefangenen wiederholt Borschtsch und andere russische Gerichte kochte, wurde sie geradezu angehimmelt und wie ein Engel verehrt.

Zu unser aller Bedauern war das Gastspiel der geschickten und fleißigen Gefangenen nur von kurzer Dauer. Nach Ablauf von etwa sechs Wochen bestand keine Möglichkeit mehr, diese jungen Kerle weiter zu beschäftigen. Wir waren ja kein kriegswichtiger Betrieb und sie mussten in anderen Bereichen Dienst tun.

Bis 1943 war Vater als Major im nahegelegenen Sennelager für eine Reihe von Verwaltungsaufgaben zuständig. Ein nochmaliger Fronteinsatz war für ihn wohl schon wegen seiner schweren Verwundung aus dem Ersten Weltkrieg nicht mehr möglich. Ende 1943 wurde er zur Weserhütte in der Nähe von Bad Oeynhausen versetzt, um den Werks- und Abwehrschutz dieses damals schätzungsweise zehntausend Mann starken Rüstungsunternehmens zu organisieren.

Seine Tätigkeit beinhaltete eine enorme Verantwortung und auch Belastung. Auch die Auslösung der häufigen Fliegeralarme gehörte zu seinen Aufgaben. Der Werksalarm musste unabhängig vom Stadtalarm individuell gegeben werden und setzte eine präzise Auswertung der eingehenden Meldungen über die Flugbewegungen der Feindflugzeuge voraus. Jede Arbeitsminute war von Bedeutung. Ein zu früh ausgelöster Alarm grenzte an Sabotage, ein zu später Alarm konnte tödlich sein. In der Weserhütte wurden Mannschaftspanzerwagen und Flakgeschütze produziert. Es war überhaupt verwunderlich, dass dieses große Werk nicht schon längst bombardiert worden war. Es blieb aber intakt und zumindest bis kurz vor Ende des Krieges auch ruhig.

Es war am Abend des 25. Mai 1944, als Vater sich bemühte, meine Kenntnisse in der Mathematik – seinem Lieblingsfach – zu vertiefen. Überhaupt war er in der Lage, Dinge so zu erklären, dass ich sie stets nicht nur auf Anhieb begriff, sondern mir auch gern aneignete und stolz auf mein erworbenes Wissen war. Vor Klassenarbeiten war es daher gewohnte Praxis, dass ich seine Erklärungen suchte, um so die vorher nicht immer richtig erkannten Hürden mit Leichtigkeit zu überwinden.

An diesem Abend schellte, wie häufig üblich, das Telefon; mein Vater nahm den Hörer ab, es konnte ja nur das Werk sein. Diesmal meldete sich jedoch die NS-Kreisleitung. Nachdem das relativ kurze Gespräch beendet war, hatte ich sofort den Eindruck, dass etwas Ungewöhnliches passiert war und Vater wohl eine erschütternde Nachricht erhalten hatte.

Er wurde ganz blass, setzte sich auf einen im großen Flur stehenden Stuhl und versuchte mit brüchiger Stimme seine Frau Dore zu rufen, aber seine Stimme versagte. Mutter hielt sich in der Küche auf und bereitete das Abendessen. Ich holte sie rasch herbei. Inzwischen durchgeatmet, nahm Vater sie an die Hand und in den Arm und erklärte, dass Sohn Hans am Tage zuvor im Luftkampf über Berlin abgeschossen worden und dabei gefallen war.

Der Schock war groß, keiner sagte ein Wort, das Ereignis war unfassbar. Kurze Zeit später wurden beide von der Nachricht förmlich überwältigt und weinten bitterlich.

Sohn Hans war junger Fliegerleutnant, prachtvoll in seiner Art, und so voller Hoffnung und Optimismus gewesen. Es war für diese jungen Leute kaum zu erkennen, zu welchen Zwecken man ihren Einsatzwillen und ihren Mut missbrauchte. Sie glaubten ebenso wie die amerikanischen oder englischen Kriegsflieger, und wie viele der übrigen Soldaten, an die gute Sache.

Hier einige Auszüge aus seinen Briefen, welche den begeisterten Opferwillen dieser fehlgeleiteten jungen Menschen bekunden:

»23.4.1944: Ich ging bis auf 50 Meter, auf Rammnähe heran und schoss einen Bomber ab und erhielt für rücksichtslosen Einsatz mit gleichzeitigem Erfolg das EK II.«

»29.4.1944: Wer wagt, gewinnt, und ich will gewinnen ...«

»13.5.1944: Wir griffen von vorn an, Schnauze auf Schnauze. Ich schoss aus allen Rohren, brachte eine Reihe Treffer an und passierte den feindlichen Verband in fünf bis zehn Meter Überhöhung. Bei drei Feindeinsätzen zwei Abschüsse und einen Wundschuss ...«

Beerdigung Hans Rödlich
»Im Frieden begraben Söhne ihre Väter – im Krieg Väter ihre Söhne.« (Herodot)

56

Bruder Hans hat weitere Einsätze geflogen. Bereits am 24. Mai 1944 wurde es dann sein letzter.

Über den Verlust dieses Sohnes sind die Eltern nie hinweggekommen*.

Täglich wurden Meldungen über Gefallene veröffentlicht; wenn es jedoch die eigene Familie trifft, wird einem erst die Grausamkeit, Wucht und verbrecherische Sinnlosigkeit dieses Krieges ganz bewusst. Bruder Hans war schon einmal abgeschossen worden, konnte aber mit seiner Maschine auf einem Acker notlanden. Nach der Landung versuchte er unter Beschuss von Feindjägern in einen nahegelegenen Wald zu entkommen, was ihm auch gelang. Bei einem weiteren Absturz war er im allgemeinen Luftgetümmel von einem anderen Flieger gerammt worden, konnte sich aber durch einen Fallschirmabsprung retten.

Die folgenden Tage waren durch Vorbereitungen für die Beerdigung ausgefüllt. Hans war mit seiner Maschine vor den Toren Berlins niedergegangen, und seine sterblichen Überreste wurden in seine Heimat, nach Schloss Neuhaus, überführt, wo der Tote zunächst im Innenhof des Schlosses aufgebahrt und durch eine aus vier Fliegern bestehende Ehrenwache gewürdigt wurde. Vom Schloss aus setzte sich die versammelte Trauergemeinde in Bewegung, angeführt von einer Luftwaffenehrenkompanie.

Die Todesanzeige hatte Vater nach zwei Tagen im Lokalanzeiger der Stadt veröffentlicht. Hier fand nun etwas statt, was ebenso spektakulär wie waghalsig war. Zu jener Zeit war es üblich und ein ungeschriebenes Gesetz, die Todesanzeige der Gefallenen mit den Worten beginnen zu lassen: »Er starb für Führer, Volk und Vaterland, für seine Lieben … etc.«. Unseres Vaters Grundhaltung war bekannt, er ließ sich nicht verbiegen, sondern schrieb: »Im freudigen, rücksichtslosen Einsatz für Volk und Vaterland, im Glauben an Gott und im steten Gedenken an seine Heimat und seine Lieben … etc.«.

---

* Der Autor empfiehlt hierzu das Buch: Julius Meimberg: Feindberührung. Erinnerungen 1939–1945, Moosburg 2002. Insbesondere die Beschreibung des Kampfeinsatzes auf Seite 267.

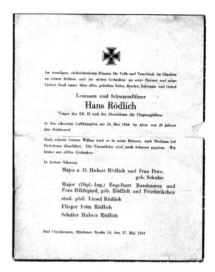

Anzeige in den Westfälischen Neuesten Nachrichten

In jener Zeit eine solche Haltung nach außen hin zu dokumentieren, war nicht nur sehr mutig, sondern auch gefährlich; es konnte für unseren Vater in seiner Position zu nicht überschaubaren Konsequenzen führen, was ihm durchaus bewusst war. Wer die damaligen Zeiten in Deutschland erlebt hat, weiß, wie eine so offen bekundete Gesinnung geahndet werden konnte.

Viele der heutigen Kritiker, die das sogenannte »Mitläufer-Verhalten« der damals lebenden Menschen besserwisserisch verurteilen, wären zu einer solchen Haltung gar nicht fähig gewesen. Ich selbst hatte auf Grund meiner Jugend überhaupt noch nicht begriffen, worauf sich unser Vater hier eingelassen hatte. Er war ein sehr besonnener und tief denkender Mensch, der sich auch keine Illusionen über die Gefahren solchen Handelns machte.

Schulgleiter der Segelflieger

Wehrertüchtigung

Inzwischen war ich fünfzehn Jahre alt und in der zehnten Klasse. Ich hatte mich, um der für meine Begriffe langweiligen Zwangsmitgliedschaft in der allgemeinen Hitlerjugend (HJ) zu entgehen, 1944 zur Flieger-HJ gemeldet. Nach einer ersten Untersuchung wurde ich glücklich zur Segelfliegerschulung zugelassen. Die Segelfliegerei war ein interessanter Sport, den wir jungen Burschen mit Begeisterung betrieben.

Die damaligen Segler waren mit den heutigen Maschinen natürlich noch nicht vergleichbar. Die ersten »Trockenübungen« auf einem sogenannten »Schulgleiter« und den theoretischen Unterricht hatten wir bald hinter uns, die A- und B-Prüfung mit dem SG 38 Segelflugzeug wurde in Abständen von wenigen Wochen absolviert. Auch die Schulung zur C-Prüfung hatte gerade begonnen, als ich zu meinem Leidwesen in ein Wehrertüchtigungslager abberufen wurde. Es befand sich in einem abgeschieden gelegenen Schloss, wo etwa sechshundert bis achthundert junge Leute meines Alters untergebracht waren.

Nach sechswöchiger Ausbildung sollten wir als wehrhafte Vater-

59

landsverteidiger in der Lage sein, das Kriegsgeschehen noch entscheidend zu Deutschlands Gunsten zu verändern – und irgendwie glaubten wir sogar daran.

Ich hatte allerdings während dieser Zeit der Wehrertüchtigung den Eindruck, dass ich mehr einen Kampf mit meinem Feldbett ausfocht, als mich mit dem Feindbild auseinanderzusetzen, denn ausgerechnet mein Feldbett wurde fast jeden Morgen zusammen mit zwei oder drei anderen Betten während des Stubenappells vom ausbildenden Unteroffizier durcheinandergewirbelt. Mir war es eben nicht gegeben, Decken und Bettlaken in der vorgeschriebenen Rechteckform völlig faltenfrei zu präsentieren! Im Übrigen wurden wir mit dem Karabiner 98 und dem Maschinengewehr MG 42 vertraut gemacht. Ich habe jedoch, Gott sei Dank, mit diesen Waffen nie im Einsatz schießen müssen.

Das Leben in dem Lager war spartanisch. Jeden Morgen bekamen wir in Blechgeschirr dünnen Malzkaffee serviert und auf einem ebensolchen Teller lag eine dicke Scheibe trockenen Brotes mit einem Stück absolut schnittfester Marmelade. Butter gab es selbstredend keine. Vor diesem frugalen Mahl mussten wir uns jedes Mal um den Tisch aufstellen und im Chor den albernen Spruch rufen: »Wie der Adler aus den Lüften stürzen wir uns auf die Kniften.« Woraufhin der Vorgesetzte mit »Alle Mann, haut ran!« das Frühstück zum Essen freigab.

Bei der Ausbildung wurden wir dann regelrecht »geschliffen«. Ich erinnere mich an ein Ereignis, als unser Vorgesetzter, ein bereits im Krieg schwer verwundeter Jugendführer im Range eines Leutnants, uns antreten ließ und durch zwei Unteroffiziere auf dem nächstliegenden Acker unsere sportlichen Fähigkeiten auf den Prüfstand stellte. »Hinlegen, marsch, marsch!«, »Auf, marsch, marsch!«, »Hinlegen, marsch, marsch!«, »Auf ... usw.«.

Dies setzte sich eine geraume Weile fort. Es war November, der Acker war nass, die Erde haftete in schweren Klumpen an unserer Kleidung. Es war wahrlich kein Platz zum Ausruhen. Nach dem Antreten erging der Befehl: »Alle Schüler vortreten! Beim Leutnant melden!«. Wir waren zwanzig oder dreißig Burschen. Jeder Einzelne musste nun vor dem Leutnant strammstehen und bekam eine Frage gestellt, von deren Beantwortung es abhing, ob man auf dem Acker eine weitere »Ehrenrunde« drehen musste oder eben nicht.

Ich wurde gefragt, wie viele Beine der Brahmaputra habe. Natürlich war mir der Brahmaputra kein Begriff, ich wusste überhaupt nicht, um welches Tier es sich handeln sollte. Auch nach der ersten Runde fiel es mir nicht ein, so dass ich die zweite Runde zu durchlaufen hatte. Niemand konnte mir während meines Rundlaufs die Frage beantworten; auch nicht die übrigen zehn Jungen, die mein Schicksal teilten. Nach erneuter Meldung beim Leutnant und wiederholter Fragestellung wurde mir Runde drei aufgezwungen. Obgleich ich Gelegenheit hatte, auch während dieses Laufes einige andere zu befragen, wusste keiner die richtige Antwort.

Als ich nach dieser Runde völlig erschöpft erneut vor dem Leutnant stand, erfuhr ich die Auflösung des Rätsels: »Der Brahmaputra, du Zinnsoldat, ist kein Tier, sondern ein Nebenfluss des Ganges! Abtreten!«. Zu diesem Zeitpunkt konnte ich natürlich noch nicht mein indisches Engagement erahnen, welches viele Jahre später einen großen Teil meiner beruflichen Zeit in Anspruch nehmen würde. Den Brahmaputra habe ich später mit dem Flugzeug häufig überflogen und nie wieder vergessen!

Mit meinen Klassenkameraden wurde ich nach dieser vormilitärischen Ausbildung zum Arbeitseinsatz in das Werk Weserhütte befohlen. Während der Morgenstunden wurde neben der Arbeit Schulunterricht in den Hauptfächern erteilt, natürlich kein Religionsunterricht. Der Werkseinsatz, dessen Sinngehalt mir auch damals nicht klar war, dauerte circa drei bis vier Monate. Meine Aufgabe war es unter anderem, Abschlepphaken an die vorgezeichneten Stellen der Panzerfahrzeuge anzuschrauben.

Durch Vaters Versetzung waren die Eltern in den Außenbezirk von Bad Oeynhausen in die Mindener Straße umgezogen. Die Weserhütte lag nur einen Steinwurf weit daneben, und so konnte ich wenigstens wieder für einige Monate zu Hause sein.

Sabotage

An einem der Spätherbstabende 1944 kam mein Vater sehr spät und ziemlich aufgeregt und verstört nach Hause. Auf den dem Werk angeschlossenen Gleisanlagen hatte man zwei französische Kriegsgefangene ertappt, wie sie sich im Schutz der Dunkelheit zwischen den dort abgestellten Waggons zu schaffen machten und einen zwischen diesen Wagen befindlichen Verbindungsschlauch bzw. Bremsschlauch abschnitten, um sich hieraus Schuhsohlen herzustellen.

Die Tragweite ihrer Handlung hatten diese jungen Kerle überhaupt nicht begriffen. So etwas wurde als Sabotage ausgelegt und war höchst gefährlich; schon geringere Delikte konnten mit dem Tode bestraft werden.

Der Zufall wollte es, dass ein Wehrwirtschaftsführer, ein bekanntermaßen fanatischer Nationalsozialist, also ein »großes Tier«, zuständig für die Weserhütte, an diesem Abend mit seinem Gefolge zufällig an jener Wachstube vorbeikam, in der diese beiden gefassten Pechvögel saßen. Er wollte eigentlich nur telefonieren und ließ sich nebenbei von dem Führer der Wache Meldung machen und den Vorfall schildern. Dabei hat er sich über den Tathergang derartig erregt, dass er sofort zwei Männer aus seiner Begleitung veranlasste, den beiden Franzosen eine »Lehre« zu erteilen. Ein Wachmann, der meinem Vater zugeordnet war, hatte das Geschehen verfolgt und nutzte in einem Nebenzimmer die Gelegenheit, ihn telefonisch darüber zu unterrichten. Das Vergehen der Gefangenen fiel in die Zuständigkeit meines Vaters. Er eilte, so schnell er konnte, zum besagten Wachhaus, und es gehört nicht viel Phantasie dazu, sich vorzustellen, welche Auseinandersetzung sich zwischen dem Wehrwirtschaftsführer und meinem Vater entwickelte, als dieser die beiden halbtot geprügelten Franzosen sah und versuchte, sie der Gewalt der Schergen zu entziehen.

Das Ganze gipfelte für meinen Vater in der Androhung, ihn in ein Sonderlager, gemeint war ein Konzentrationslager, abzutransportieren. Seine freie Gesinnung, die schon in der Todesanzeige seines Sohnes deutlich geworden war, ist ja bereits bekannt gewesen, und so war er in besonderem Maße dem Argwohn und der Willkür dieser Leute ausgeliefert. Wenn auch die herrschenden Zustände in solchen Lagern damals im Einzelnen nicht bekannt waren, so wusste man doch immerhin, dass die Einweisung zu einer solchen »Sonderbehandlung« kein Erholungsurlaub war.

Noch musste wohl die Zugehörigkeit zur Wehrmacht, in der mein Vater auch gute Freunde hatte, eine Rolle gespielt haben, denn es blieb bei der Androhung. Die beiden Franzosen wurden jedenfalls in das dem Gefangenenlager zugeordnete Krankenrevier gebracht und wieder gesund gepflegt.

Dieser Vorgang, aber auch verschiedene andere Ereignisse, die meines Vaters Haltung bekundeten, haben ihn immer wieder gefährdet. Eigentlich war es Glücksache, dass ihm doch nichts geschah. Das Ereignis mit den beiden Franzosen hat später maßgeblich den Entschluss des nach dem Krieg in Rastatt 1946 tagenden französischen Kriegsverbrechertribunals beeinflusst, meinen Vater vorab im Weserhütte-Prozess von jeder Schuld freizusprechen. Aus welcher fürsprechenden Quelle das Gericht die für meinen Vater entlastenden Informationen bekam, war leider nicht mehr zu erfahren.

Die betroffene Generation unserer Eltern hat in diesen Jahren Leid und Belastungen in einem kaum zu steigernden Maße erfahren. Auch in unserem Haus beherrschten die Gedanken an den Tod von Hans und die Ungewissheit über das Schicksal von Bruder Fritz die Familie. Das Weihnachtsfest des Jahres 1944 verlief für die Familie sehr bedrückend und nur das Gebet hat den Eltern Trost gespendet.

Noch nicht ganz sechzehn Jahre alt, wurde dann letztlich auch ich zum Schanzeinsatz nach Westen beordert. Nur noch der Rhein trennte die Kriegsparteien voneinander. Die Fahrt dorthin wurde für mich und meine Kameraden zu einem einschneidenden Erlebnis.

Schanzeinsatz

Zusammen mit meinen Klassenkameraden und anderen jungen Burschen wurde ich in einen Güterwagen verfrachtet und einem nach Osnabrück fahrenden Transport angehängt. Es war im Januar 1945, und die Eisenbahnen konnten – sofern die Strecken befahrbar waren – ungestört nur noch im Schutz der Dunkelheit fahren. Tagsüber lauerten feindliche Flugzeuge überall. Von Osnabrück aus sollten wir mit einem anderen, weiterführenden Transport unsere Reise Richtung Wesel fortsetzen.

Unmittelbar nach Ankunft in Osnabrück, es war stockfinster, gab es gegen 22 Uhr Fliegeralarm. So schnell es ging, sind wir in einen sich in der Nähe des Bahnhofs befindenden Großbunker geleitet worden, und es dauerte nicht lange, bis das laute Dröhnen der Motoren eines Flugzeugverbandes zu hören war und auch schon die ersten Bomben fielen.

Ausgerechnet Osnabrück wurde in dieser Nacht während unseres kurzen Aufenthaltes bombardiert. Obgleich kein schwerer Angriff, war der Lärm der in unserer Nähe explodierenden Bomben beängstigend. Wir fühlten uns in dem mehrstöckigen Bunker zwar ziemlich sicher, waren aber keineswegs komfortabel untergebracht. Viele Frauen, teils mit Kindern, alte Männer, Soldaten auf der Reise mit Rucksack und Gewehr, Jugendliche aller Schattierungen, Rotkreuzschwestern und viele andere Menschen saßen oder standen dichtgedrängt in diesen nur sehr schwach beleuchteten Bunkerräumen.

Es waren immer wieder die Angst um ihr Leben und die Sorge um ihre Kinder und Wohnungen, welche die Menschen peinigten. Wimmern und Kindergeschrei, Beten und Stöhnen waren die unverkennbaren und wahrnehmbaren Geräusche in dieser immer wieder vom Bombenlärm zerrissenen Situation. Viele der älteren Generation haben solche Angriffe schon erlebt und kennen das erschreckend vibrierende Geräusch der zitternden Luft, wenn Scharen von Bomben fallen.

In kurzen Abständen von wenigen Minuten hatten die Flieger all ihre Bomben abgeworfen, es war ungeheuer nervenaufreibend.

Nach einer halben Stunde war alles vorbei – Entwarnung! Wir verließen den Bunker und sahen überall Brandherde und gespenstisch anmutende, rauchende Ruinen. Innerhalb dieser Stunde hatte sich das gesamte Umfeld verändert. Unsere Gruppe wurde mit anderen zusammengefasst, und schon kurz darauf marschierten wir – es war bitterkalt – in westlicher Richtung. Inzwischen war es wohl Mitternacht, und nach eineinhalbstündigem Fußmarsch auf einer Straße entlang der Bahngleise sahen wir auf freier Strecke die Schatten eines bereitstehenden Personenzuges. Uns wurden zwei Waggons zugewiesen, die natürlich ungeheizt waren und die anstelle normaler Fenster Bretterverschläge besaßen.

Drinnen kauerten wir uns auf die Holzbänke, in mitgebrachte Decken eingewickelt, und waren froh, etwas Ruhe zu haben. Wir waren todmüde. Der Zug wartete. Es waren etwa fünfzehn Minuten vergangen, als wir plötzlich vor dem Zug Frauenstimmen hörten. Eine ganze Einheit Wehrmachtshelferinnen, junge Frauen zwischen zwanzig und dreißig Jahren, die in einem Vorort Osnabrücks gewartet hatten, wurde unserem Waggon zugewiesen. Im trüben Kerzenlicht erkannten die jungen Frauen bald die Situation und versuchten unter lautem Gekreische einen »Platz an der Sonne« bei den jungen, gänzlich unerfahrenen, wohl auch verstörten Burschen zu ergattern. So saßen plötzlich auch neben und auf mir und meinen vier Kameraden ebenso viele junge Frauen, die sich schon aus Gründen des geringen verfügbaren Platzes und der herrschenden Dunkelheit und Kälte eng anschmiegten und uns regelrecht vereinnahmten.

Der Zug war inzwischen abgefahren und wir versuchten es uns so bequem wie möglich zu machen. Natürlich hatten alle Burschen und natürlich auch ich Hemmungen und waren den Avancen dieser »reifen« Damen in keiner Weise gewachsen. Es war mein erster hautenger Kontakt mit einer Frau, deren Gesicht ich im Kerzenlicht nur schemenhaft erkennen konnte. Sie mochte etwas über zwanzig Jahre alt sein und damit wesentlich älter als ich. Von der Kälte war nach kurzer

Zeit nichts mehr zu spüren, und soweit ich mich erinnere, offenbarte die mich »betreuende« Frau einen großen Nachholbedarf. Sie wurde sentimental, versuchte nach einer gewissen Zeit des Anwärmens mich zu küssen, öffnete unter der Decke ihren Mantel, die Jacke und ihre Bluse und führte meine inzwischen warm gewordene Hand zu ihrem für meine Begriffe wohlgeformten Busen.

In diesem Augenblick war ich von meiner Männlichkeit überzeugt, die jedoch auf Grund des geringen Platzangebotes bei allem guten Willen nicht voll genutzt werden konnte. Meine Müdigkeit war wie weggeflogen! Das Spiel setzte sich fort.

Nach einigen Stunden Fahrt, irgendwo auf der Strecke, ruckelte der Zug plötzlich. Dies war das sichere Zeichen, dass er in Kürze halten würde. So war es leider! Die Frauen mussten den Zug verlassen, was ihnen in keiner Weise behagte; auch mir nicht und auch nicht meiner Betreuerin. Irgendwie hatte ich einen ersten Hauch intensiver Erotik in einer zwar hierfür nicht alltäglichen Umgebung erlebt, aber es reichte aus, um meine Neugier in Zukunft wachzuhalten.

Ramsdorf

Am frühen Morgen, es war noch dunkel, erreichten wir, inzwischen völlig verschlafen und übermüdet, unseren Zielort. Die einzelnen Gruppen sammelten sich und in Marschordnung bewegten wir uns auf die nahegelegene Siedlung Ramsdorf zu, einige Kilometer von Wesel entfernt. Ein großer, ungeheizter Saal, gleich einer Turnhalle, der mit altem Stroh ausgelegt war, wurde für die nächsten drei Monate unsere Unterkunft. Jeder hatte etwa sechzig Zentimeter Platz in der Breite und zwei Meter in der Länge zur Verfügung. Vor uns sollen hier gefangene Russen gelegen haben.

Einige Stunden durften wir ausruhen, dann wurden wir in unsere Aufgaben eingewiesen. An einem Waldrand entlang der westlichen Dorfgrenze sollte der Bau von Schützengräben fortgesetzt werden, der schon von unseren Vorgängern begonnen worden war. Tag für Tag schaufelten wir uns im Zickzack weiter in die Äcker hinein. Wir besorgten uns aus den nahen Wäldern bereits vorbereitete Hölzer, welche der Befestigung der Seitenwände der Gräben und für den Bau von Unterständen dienten. Diese eigentlich völlig sinnlose Tätigkeit war zwar ziemlich anstrengend, wir Jugendliche empfanden sie jedoch als durchaus erträglich. Als »Deutschlands Zukunft« wurden wir bestens verpflegt, soweit die Verpflegung in jener Zeit überhaupt noch als gut zu bezeichnen war, das heißt: Wir wurden satt!

Der Schanzeinsatz wurde bald zur Routine. Das Wichtigste dabei war, nach den ständig lauernden Tieffliegern Ausschau zu halten; auf freiem Feld war man doch eine markante Zielscheibe und so mancher stürzte sich in letzter Sekunde in einen vorhandenen Graben, um dem plötzlichen Beschuss zu entgehen.

Unser Einsatz wurde am 24. März 1945 nachts um 23 Uhr jäh beendet. Schon Stunden vorher war in Richtung Wesel ständiger Kanonendonner zu hören. Müde von des Tages Arbeit lagen wir in tiefstem Schlaf, als uns plötzlich Trillerpfeifen weckten und ein sich überschlagendes Gebrüll der Unteroffiziere uns befahl, sofort unsere Habseligkeiten zu packen und auf dem Vorplatz anzutreten.

Was war geschehen? Wir erfuhren, dass bei Wesel, nur wenige Kilometer von uns entfernt, die Alliierten im Begriff waren, den Rhein zu überwinden, um nunmehr ins Landesinnere vorzustoßen. Gleichzeitig waren alliierte Flugzeuge und Artillerie dabei, die Stadt Wesel in Schutt und Asche zu legen. Der Kanonendonner war jetzt noch intensiver geworden und kam näher, bedenklich näher[*]. Unser Abmarsch fand in aller Eile statt, es war eigentlich ein geordnetes Durcheinander, welches sich beim Aufbruch der zusammengewürfelten Kolonnen entwickelte. Meine Klassenkameraden, Jürgen Dreyer, Klaus Hartmann, und ich blieben zusammen, was in dem sich entwickelnden Chaos ohnehin ein Kunststück war.

In dieser ersten Nacht marschierten wir im Schutz der Wälder und

---

[*] Siehe hierzu auch: Werner Niehaus: 1945. Entscheidung zwischen Rhein und Weser, Stuttgart 1995 (Seite 15 und 17).

der Dunkelheit ostwärts, den Kanonendonner fortwährend im Ohr. Nach etwa dreißig Kilometern gelangten wir völlig erschöpft zu einem im Dämmerlicht erkennbaren Bauerngehöft am Waldrand, welches als Ruhestation freigegeben war. Jeder suchte sich in einem der Ställe, im Wohnhaus, in den umliegenden Scheunen einen Platz.

Nur endlich Ruhe, ausruhen und schlafen! Ich lag mit vielen anderen Kameraden im Kuhstall, wo an die dreißig Tiere eine angenehme Wärme verbreiteten. Man muss sich vorstellen, dass diese Bauernfamilie ohne Vorwarnung plötzlich von drei- bis vierhundert Männern, alt und jung, vereinnahmt wurde. Bitten um Schonung verschiedener Einrichtungen gingen völlig unter. Jeder wollte nur liegen und ausruhen. Wir überfielen die Bauernfamilie gleich einem plötzlich auftretendem Heuschreckenschwarm. Auf jedem verfügbaren Meter lag ein Mann. Der Spuk war allerdings für diese Familie nach sechs oder sieben Stunden so schnell beendet, wie er begonnen hatte.

Mittlerweile war es bereits Nachmittag, als wir von den begleitenden Vorgesetzten aufgescheucht und zum sofortigen Abmarsch aufgefordert wurden. Inzwischen hatten Engländer und Amerikaner den Rhein überwunden und bewegten sich bereits landeinwärts. Eile war geboten. Nach fünf Stunden Fußmarsch, wieder durch Wälder, über uns ständig feindliche Flugzeuge, ging der Weg in der bereits angebrochenen Dunkelheit weiter, immer weiter und, soweit ich erinnere, durch das brennende Dorsten. Wir durchliefen schwarzdunkle Wald- und Wiesenbereiche und erreichten kurz nach Mitternacht einen Dorfbahnhof. War es Laggendorf? Dort standen mehrere Güterwagen mit einer unter Dampf stehenden Lokomotive für unseren Transport bereit. In kürzester Zeit besetzten wir die Waggons. Jeder versuchte bei dem knappen Raumangebot einen günstigen Platz zu ergattern. Eng zusammengepfercht ließ ich mich mit meinen Freunden neben der Schiebetür nieder. In den ungeheizten Waggons war es lausig kalt.

Wir hatten zu diesem Zeitpunkt noch keine Ahnung, wohin man uns zu transportieren gedachte. Auf alle Fälle gehörten wir zum letzten Aufgebot. Erst als sich der Zug nur wenig später in Bewegung setzte, wurde über das Ziel allgemein spekuliert und als das wahrscheinlichste die Porta Westfalica, das Tor nach Mitteldeutschland, ausgemacht, was sich später als richtig herausstellte*.

---

* Auszug aus dem Artikel in der Süddeutschen Zeitung vom 24. März 2005: »24./25. März 1945 ›Operation Varsity‹: ... ›Und sind wir erst einmal jenseits des Rheins, werden wir wie ein Unwetter über die Norddeutsche Tiefebene dahinbrausen und den Feind vor uns herjagen, dass ihm Hören und Sehen vergeht.‹ Diesen Tagesbefehl gibt der Oberbefehlshaber der britischen Truppen, Bernard Montgomery, am 23. März aus. Einen Tag später überquert die 21. Armeegruppe der Briten den Niederrhein wenige Kilometer westlich des Ruhrgebietes, nahe der Stadt Wesel (›Operation Plunder‹). Gleichzeitig beginnt das vermutlich größte anglo-amerikanische Luftlandeunternehmen des gesamten Krieges, die ›Operation Varsity‹: Mehr als 5900 Flugzeuge und Lastensegler der britischen 6. und 17. US-Luftlandedivision, die in England, Frankreich und Italien gestartet sind, setzen zehntausende Soldaten per Fallschirm hinter den deutschen Linien im Gebiet um Lippstadt ab. ... Auch die Briten haben nun – wie die US-Armee weiter südlich – ein ›Sprungbrett‹ für den weiteren Vorstoß ins Innere Deutschlands. Am 25. März erlässt Montgomery ein Fraternisierungsverbot für seine Truppen mit den Deutschen in den besetzten Gebieten. (rop)«
Auszug aus dem Artikel in der Süddeutschen Zeitung vom 27. August 2005 von Robert Probst: »›Quartett mit eingebauten Schwächen‹. Vor 60 Jahren übernahm der Alliierte Kontrollrat die Regierung im besiegten Deutschland. Nach der bedingungslosen Kapitulation des NS-Regimes waren sich die Alliierten einig: ›Es gibt in Deutschland keine zentrale Regierung oder Behörde, die fähig wäre, die Verantwortung für die Aufrechterhaltung der Ordnung, für die Verwaltung des Landes und für die Ausführung der Forderungen der siegreichen Mächte zu übernehmen‹, erklärten sie im Juni 1945. Am 30. August vor 60 Jahren stellten die vier Besatzungsmächte den besiegten Deutschen in der ›Proklamation Nr. 1‹ ihre neue Regierung vor: Ein Alliierter Kontrollrat werde künftig als oberstes Regierungs-, Kontroll- und Verwaltungsorgan über die ›Angelegenheiten, die Deutschland als Ganzes betreffen‹, befinden. Als die Protagonisten kaum drei Jahre später für immer auseinander gingen, war Deutschland allerdings der Teilung ein großes Stück näher gekommen ... Den Kontrollrat bildeten die vier Oberkommandierenden, zunächst Dwight D. Eisenhower (USA), Bernard Montgomery (Großbritannien), Georgi Schukow (UdSSR) und Pierre Koenig (Frankreich) ... Da außerdem keiner der vier eine Teilung Deutschlands wirklich ausschloss, war das Quartett von Anfang an nur eine Verlegenheitslösung ... Der Ausschuss hob diverse NS-Gesetze auf, schaffte das Land Preußen ab, bestimmte über die Ausführung des Potsdamer Abkommens, mit dem die Umsiedlung von

Deserteure

Der Zug fuhr verhältnismäßig langsam ohne Aufenthalt durch die auf dem Weg liegenden Ortschaften. Nach etwa vier Stunden Fahrzeit erkannte mein Freund Klaus Hartmann durch einen Schlitz in der Waggonwand trotz der noch herrschenden Dunkelheit plötzlich ein Ortsschild, welches ihm unverzüglich signalisierte, dass wir uns kurz vor dem Verschiebebahnhof Löhne befanden. Löhne! Er war sofort wie elektrisiert, wohnten doch seine Eltern nur vier Kilometer hiervon entfernt in einem kleinen Flecken, der Mennighüffen hieß. Sein Vater war dort Landarzt. Spontan trafen wir eine eigentlich lebensrettende Entscheidung. Wir verabredeten uns, die Waggontür im geeigneten Moment einen ausreichend breiten Spalt zu öffnen, aus dem fahrenden Zug zu springen und zu fliehen. Zum Glück musste der Zug im Gewirr der teilweise zerstörten Gleise die Geschwindigkeit erheblich drosseln, so dass uns der Absprung risikofrei erschien.

Uns blieben nur noch wenige Sekunden. Es gelang uns, die Tür mit vereinten Kräften aufzuschieben und mit unseren Tornistern rasch hintereinander abzuspringen. Die plötzlich geöffnete Tür und der kühle Luftzug haben natürlich sofort im Waggon Unruhe gestiftet und vor allem die Aufmerksamkeit des begleitenden Unteroffiziers hervorgerufen. Unmittelbar nach unserer Flucht wurde dann auch bereits »Stehen bleiben!« geschrieen, dann gepfiffen und gerufen. Die Dunkelheit war uns aber gnädig, so dass auch das Zugbegleitpersonal nicht mehr gezielt schießen konnte. Wir liefen, so schnell wir konnten, über das Schienengewirr und erreichten schließlich über eine Böschung eine parallel zu den Gleisen verlaufende Straße. Der Zug

---

Millionen Deutscher aus der Tschechoslowakei und Polen sanktioniert wurde, und regelte sogar ›Merkmale der Sportboote‹. Im Bezug auf eine politische und wirtschaftliche Einheit blieb er aber handlungsunfähig. Am 20. März 1948 verließ der sowjetische Vertreter aus Protest gegen die geplante Währungsreform in den Westzonen den Kontrollrat. Dies war das Ende der Bemühung um ›Deutschland als Ganzes‹ …«

besaß keine Notbremsen, er fuhr ohne anzuhalten weiter, wir wähnten uns in Sicherheit.

Mein Freund Klaus war ortskundig, und wir machten uns unverzüglich auf den Weg zu seinen Eltern. Es muss wohl 4 oder 5 Uhr morgens gewesen sein, als wir dort ankamen, mehrmals schellten und uns endlich eine große, stattliche Frau im Morgenmantel öffnete. Sie war nicht wenig überrascht, ihren Sohn Klaus zu erblicken, der in Begleitung von zwei drillichbekleideten und völlig verschmutzten Burschen vor der Tür stand. Natürlich war die Freude übergroß. Auch der für uns ältere Herr Dr. Hartmann erschien kurz darauf und war sehr glücklich, seinen einzigen Sohn wiederzuhaben. Er konnte unsere Anwesenheit kaum begreifen.

Zunächst mussten wir erzählen, baden und frühstücken: Wurst, Brot, Eier und Malzkaffee, es war eine Wohltat! Nur wenig später fielen wir in drei frisch überzogenen Betten in einen Tiefschlaf, der mindestens zehn Stunden dauerte. Unsere Drillichkleidung mussten wir nicht wieder anziehen. Mutter Hartmann überließ auch uns einige Sachen von Freund Klaus. Übrigens beeindruckte es mich, dass Frau Hartmann Zigarren rauchte. Dies hatte ich bis dahin bei einer Dame noch nie gesehen.

Wir wagten es nicht, aus dem Haus zu treten. Keinesfalls wollten wir uns der Gefahr aussetzen, erkannt und aufgegriffen zu werden. Zu jener Zeit brachten wir durch unsere Flucht nicht nur uns selbst, sondern auch die Familie Hartmann in höchste Gefahr. Andererseits war auch kaum zu erwarten, dass in diesen Tagen, in denen allgemeines Chaos herrschte, unsere Namen und Adressen noch zur Fahndung ausgeschrieben wurden.

Nach zwei Tagen Erholungszeit war jedoch das Bedürfnis, ebenfalls nach Hause zur eigenen Familie zu kommen, so stark, dass Freund Jürgen und ich uns am nächsten Morgen sehr früh auf den Weg zu dem nicht weit entfernten Bad Oeynhausen machten. Nach einiger Zeit trennten wir uns, jeder ging auf den ihm jeweils bekannten Nebenwegen nach Haus.

In der Mindener Straße, neben dem großen Rüstungswerk, bewohnten meine Eltern in einem auch zur Weserhütte gehörenden Haus eine Wohnung im zweiten Stockwerk. Als ich vor dem Haus stand, sah alles noch so aus, wie ich es vor wenigen Monaten verlassen hatte. Die Haustür stand offen, ich eilte hinauf und läutete; es war Nachmittag und ich hörte meine Mutter zur Tür kommen.

Ihre Freude war kaum zu beschreiben, als sie mich plötzlich im Hausflur stehen sah; es wurde auch gar nicht gefragt, wo ich so plötzlich herkam. Mein Vater, der in der Weserhütte Dienst tat, wurde sogleich benachrichtigt. Natürlich wusste er, dass meine plötzliche Anwesenheit nicht bekannt werden durfte. Ich als Sechzehnjähriger musste dem Volkssturm oder irgendeiner anderen Einheit zugeordnet sein und durfte diese selbstverständlich nicht verlassen. Unabhängig davon herrschte jedoch zunächst eitel Freude darüber, dass ich unversehrt zurück war.

Angriff

Die Freude war nur von kurzer Dauer. Kaum einen Tag zu Haus, wurde die Weserhütte am Karfreitag 1945 bombardiert. Es war dies in all den Jahren zuvor aus eigentlich unverständlichen Gründen nicht geschehen, denn auf dem Werksgelände standen immer Dutzende für die Front bestimmte, neue Mannschaftspanzerwagen und 8,8 cm-Geschütze.

Der Verlauf des feindlichen Angriffs brannte sich fest in meinem Gedächtnis ein. Längst war überall in den Nachbarorten Fliegeralarm gegeben worden; wir warteten jedoch routinemäßig erst auf den Werksalarm, welcher für uns das Signal zum unverzüglichen Aufsuchen des Kleinbunkers war. Dieser rechteckige Schutzraum war für etwa zwanzig Menschen ausgelegt und befand sich hinter dem Haus.

Als jedoch die ersten Sirenentöne des Werksalarms zu hören waren, fielen auch schon die ersten Bomben in unmittelbarer Nähe, denn der Alarm kam zu spät. Der auf uns gerichtete Fliegerverband war nicht rechtzeitig gemeldet worden!

Noch war ich mit meiner Mutter in der Wohnung, wo sie in der Küche zur Feier meiner Rückkehr einen Kuchen anrührte; wir beeilten uns, die Treppe aus dem zweiten Stock abwärts zu überwinden. Flurfenster und Wohnungstüren zerbarsten. Durch den Luftdruck wurden wir gegen die Wand gepresst, hasteten weiter und erreichten endlich den Hinterhof, als ein etwa halbmeterdicker Stahlblock durch die Luft sauste und genau zwischen meiner Mutter und mir – wir liefen etwa im Abstand von drei Metern – in die mächtige, etwa zehn Meter entfernte Begrenzungsmauer unseres Hofes ein riesiges Loch schlug und hinter der Mauer liegen blieb.

Es waren nur noch wenige Meter zu überwinden, der ungeheure Bombenlärm betäubte unsere Ohren. Überall flogen Gegenstände durch die Luft, Steine prasselten auf die Erde und in buchstäblich letzter Sekunde erreichten wir den Bunker. Er war verschlossen!

Wir kauerten uns auf die nach unten führende Treppe, konnten aber die von innen verschlossene Stahltür nicht öffnen. So mussten wir den ersten Angriff außerhalb des Bunkers erleben und ungeschützt warten. Der Lärm der explodierenden Bomben war unbeschreiblich, allerlei lose Teile und Erdbrocken flogen uns um die Ohren. Bloß nicht getroffen werden!

Die erste Welle des Angriffs war nach einigen Minuten vorüber, auf unser heftiges Klopfen hin wurde die Bunkertür schließlich geöffnet und wir erhielten trotz der Überfüllung doch noch einen Platz in unserem eigenen Schutzraum. Dicht gedrängt und in einer Ecke kauernd, hörten wir erneut das dröhnende, sich unheimlich verstärkende Motorengeräusch der Flieger, welches den zweiten Angriff der – wie später bestätigt – 88 amerikanischen B 26-Marauder-Bomber ankündigte. Das kompakte Dröhnen des tief über uns und im Pulk fliegenden Verbandes verbreitete einen höllischen Lärm. Es dauerte nur Sekunden, bis die erneut in Mengen ausgeklinkten Bomben die Luft zunehmend erzittern und ein ungeheuerlich sich verstärkendes Rauschen den unmittelbar bevorstehenden Einschlag des Bombenteppichs erwarten ließen. Die Erde schien zu beben.

In diesen Momenten rechnete wohl jeder in diesem Bunker mit

dem letzten Augenblick seines Lebens, wenn er überhaupt noch eines Gedankens fähig war; das Geräusch der wiederum in unmittelbarer Nähe explodierenden Bomben war unerträglich. Unser kleiner Bunker wurde zwar beschädigt und, wie bei einem starken Erdbeben, unheimlich geschüttelt, aber er hielt stand und bekam keinen Volltreffer, obgleich der Abstand der Einschläge manchmal nur wenige Meter betrug. Der Bombenteppich wälzte sich durch unseren Vorgarten, zerstörte entlang der Hauptstraße eine Menge Wohnhäuser, bis ihm auch noch die an der Straße gelegenen Werkshallen zum Opfer fielen.

Als dieser Angriff vorüber war, lechzten wir alle nach Frischluft, und durch die für einen kurzen Augenblick geöffnete Bunkertür hatte ich Gelegenheit festzustellen, dass unser Haus immer noch stand. Eine riesige Staubwolke machte jedoch das Erkennen des Umfelds nahezu unmöglich. Wieder vergingen einige bange Minuten. Derselbe Verband – oder war es ein weiterer? – hatte erneut eingeschwenkt und schickte sich offenbar an, das gleiche Spiel zu wiederholen. Tatsächlich verstärkte sich das Motorengeräusch in gleicher Weise. Hatten wir das erste und zweite Mal Glück, so konnten wir kaum hoffen, dass sich dieses Glück wiederholen würde, und unsere Todesangst, die nun schon über zwanzig Minuten andauerte, lähmte uns wie zuvor.

Auch beim dritten Angriff erzitterte die Luft. Das Rauschen der abgeworfenen Bomben war stark, aber seltsam anders als bei den beiden ersten Angriffen. Explosionen waren diesmal keine zu hören – die Flieger hatten Brandbomben abgeworfen!

Wir waren uns sicher, unser Haus nicht unversehrt vorzufinden, denn hunderte von Stabbrandbomben hatten die Werkshallen, alle umliegenden Wohnhäuser und auch unseren Garten getroffen. Alles war in Brand gesetzt. Nur unser Haus war auf wundersame Weise als einziges in diesem Inferno ausgespart geblieben. Es war unbegreiflich.

Noch war aber der Angriff nicht vorüber, inzwischen vermischte sich die riesige Staubwolke mit Rauch, die gesamte Gegend war völlig vernebelt. Wieder machte der Fliegerverband eine Wende und setzte zum vierten Anlauf an. Das Motorengeräusch verstärkte sich aufs Neue bis zur Schmerzgrenze. Etliche Menschen in unserem kleinen Bunker drehten durch, einige wurden hysterisch, jeder in seiner Art war unerhört angespannt. Wimmern, Schreien, Beten, Kreischen, Weinen und Röcheln erfüllte den Raum. Einzelne waren in resignierter Haltung zusammengesunken, anderen war die wortlose Anspannung ins bleiche Gesicht geschrieben. Aus Berichten war bekannt, dass nach solchen Brandbombenabwürfen erneut ein Sprengbombenangriff erfolgte. So war es auch diesmal. Das Ganze dauerte nun schon so lang. Eine weitere Orgie brutaler Zerstörung war zu erwarten, niemand wusste, ob sein Lebenslicht nun doch noch ausgeblasen würde.

Mutter kauerte neben mir und hielt mich fest, unfähig etwas zu sagen. Es war absolut dunkel, die Luft war verbraucht. Auch sie hatte offenbar mit dem Leben abgeschlossen. Dies sind die Augenblicke, in denen Menschen Gelübde ablegen. Ich weiß nur noch, dass ich nicht glauben wollte, dass dies die Wirklichkeit war und der liebe Gott unser Leben so früh und in dieser Form enden ließ. Jetzt, so stellte ich mir vor, muss das Ende unweigerlich stattfinden und der Schutzraum wird zerrissen. Sekunden später wieder das Nerven zerreißende Zittern der Luft und das sich ins Extreme steigernde Rauschen, unmittelbar danach der ohrenbetäubende Lärm durch in Massen abgeworfene Sprengbomben.

Die fürchterlichen Schreie im Bunker gingen im Lärm unter. Die Apokalypse steigerte sich zum Wahnsinn, die erste Bombengruppe dieses Angriffs schlug ein, die Explosionen vermittelten den Eindruck eines Weltuntergangs. Der Angriff dauerte an, und immer weitere Bomben pflügten das gesamte Werksgelände samt dem Umfeld um. Es grenzte geradezu an ein Wunder, dass unser Bunker, von Bombentrichtern dicht umgeben, nicht direkt getroffen wurde.

Endlich drehten die Flieger ab. Endgültig. Verstört, erstarrt, total erschöpft und doch innerlich das eigene pochende Leben noch wahrnehmend, blickten die Menschen um sich.

Viele standen unter Schock. Ein solches Ereignis lässt Menschen in kurzer Zeit altern. Von da an konnte ich mir vorstellen, dass ein

Mensch innerhalb einer Stunde graue Haare bekommen kann. Angst und innere Verkrampfung steigern sich unvorstellbar. Warum tun sich Menschen dies überhaupt an?

Das Empfinden, noch einmal davongekommen zu sein, war nicht zu beschreiben. Der Bunker wurde mühsam geöffnet, Schutt und vielerlei Gegenstände versperrten den Eingang. Mutter sah sehr mitgenommen aus, sie war jedoch bewundernswert gefasst und froh, dass ich noch lebte und sie mit mir. Wie durch ein Wunder stand unser Haus immer noch. Zwar völlig ramponiert, immer noch in eine riesige Staubwolke gehüllt, ohne Fensterscheiben und -rahmen, keine Türen, über und über mit Splittern übersäht, die Decken zum Teil herabgefallen. Aber das solide gebaute Haus stand!

Und vor und hinter dem Haus ein Bombentrichter neben dem anderen. Alle, buchstäblich alle Nachbarhäuser und der gesamte Stadtteil entlang der Mindener Straße sowie die Werkshallen lagen in Schutt und Asche. Die Straßen umgewühlt, überall Brandherde, zahllose Tote und Verletzte, ein Bild des Grauens. Die Bomben hatten die unzähligen in ihrer Not zu den Gräben und Schutzräumen fliehenden Menschen getroffen. Die ausgedehnten Fabrikanlagen waren jetzt bis auf wenige Reste und bis auf einen kleinen Teil des Verwaltungsgebäudes völlig zerstört. Auch die noch neuen Panzerwagen und Geschütze waren zum großen Teil zertrümmert.

Überlebt

Unsere erste Sorge nach dem Angriff galt unserem Vater. Die Wahrscheinlichkeit seines Überlebens war gering, eigentlich war die Chance gleich Null. Nachdem wir aus dem Bunker geklettert waren, half ich Mutter, sich auf die Eingangsstufen des Hauses zu setzen. Sie atmete tief durch und war bemüht, ihre Fassung zu bewahren. Dann machte ich mich auf die Suche nach Vater. An schreienden Menschen und brennenden Häusern vorbei, lief ich über die Trümmer zum etwa hundert Meter entfernt liegenden Haupttor der Weserhütte. Dort stand bisher der Befehlsbunker, ein Spitzbunker, in dem alle eingehenden Meldungen über Flugbewegungen registriert wurden. Hier hatte mein Vater während der Alarme Dienst zu tun.

Ich war geschockt, als ich sah, dass der Bunker offenbar im Eingang einen Volltreffer erhalten hatte. Der ganze Bunker war geborsten. Menschen lagen tot und teils grässlich verstümmelt über den zerstörten Möbeln. Ich versuchte meinen Vater an seiner Kleidung auszumachen, denn die Menschen waren bis zur Unkenntlichkeit entstellt. Ich konnte ihn nicht finden. Ich lief weiter über das Werksgelände, verzweifelt und auf ein Wunder hoffend. Überall auf dem Gelände lagen Hunderte von Toten und auch viele Verletzte, fürchterlich zugerichtete Menschen. Viele schrieen wie überall um Hilfe. Was von den Werkshallen übriggeblieben war, brannte. Es war infernalisch.

Da geschah das Wunder. Ich erkannte plötzlich unseren Vater. Staubbedeckt stand er inmitten einer Gruppe von Menschen, die scheinbar wahllos nach etwas suchten. Es waren Franzosen, Russen und deutsche Arbeiter, verstört auf Weisung wartend. Ich drängte mich zu ihm durch.

Als er mich ebenfalls erkannte, war er von seinen Gefühlen überwältigt. Überrascht, froh und zugleich dankbar rang er nach Fassung. Er umarmte mich und ich konnte ihm zu allererst mitteilen, dass Mutter ebenfalls lebte, nicht verletzt war und dass das Haus stand. Er war tief bewegt. Wie durch eine Eingebung geleitet, hatte er seinen Bunker eine Minute vor dem Angriff verlassen, um die vielen Arbeiter, Gefangenen und anderes Hüttenpersonal zur Eile anzutreiben und die Splittergräben schnell aufzusuchen.

Mit einem Sprung in einen solchen Graben und mit ungeheuerlich viel Glück hatte Vater die erste Bombardierung überstanden. Er hatte sich zunächst in dem relativ flachen Graben ins Erdreich gekrallt und war dann in einen bereits geschlagenen Bombentrichter übergewechselt. Dort harrte er die Angriffe aus, damit rechnend, dass die Wahrscheinlichkeit, dass eine zweite Bombe genau in denselben Trichter fallen würde, eher gering ist. So schnell ich konnte, lief ich zurück, um auch Mutter die gute Nachricht von Vaters Überleben zu melden. Sie war total erschüttert. Erschöpft, aber dankbar saß sie inzwischen wieder in der Küche unserer verwüsteten Wohnung.

Alliierte Besatzung

Der Krieg hatte uns in diesem März 1945 noch einmal mit voller Wucht erwischt, und dass wir lebten und gesund waren, grenzte schon an ein Wunder. Das kultivierte Innere unseres Wohnhauses war allerdings zum Trümmerhaufen geworden. Am nächsten Tag wies man uns eine kleine Werkswohnung zu, die im entfernt gelegenen Stadtbezirk von Bad Oeynhausen lag. Die Gebrauchsmöbel und das von Mutter so gehegte, von ihrer Großmutter vererbte Biedermeierzimmer habe ich zwei Tage später mit Freunden in das neue, wesentlich kleinere Domizil geschafft. Die Möbel waren total verdreckt, aber, wie sich herausstellte, in einem besseren Zustand, als zunächst vermutet. Wir konnten uns einrichten.

Zum Glück rückten die Alliierten näher, schneller als erwartet. Keinesfalls sollte mich jetzt noch jemand erwischen und in den aufgestellten Volkssturm stecken. Mein Stellungsbefehl hierfür lag schon seit Tagen vor, aber ich habe ihn, auch auf Weisung meiner Mutter hin, nicht befolgt. Vorsicht war geboten, denn überall lauerten die berüchtigten »Kettenhunde«, Feldpolizei in Uniform, deren überdimensionale Dienstgradabzeichen an einer schweren Kette vom Hals herabhingen. Alle flüchtigen Personen, ob Soldaten oder Zivilisten, waren ihrer Willkür ausgeliefert und mussten schlimmstenfalls mit sofortiger Verhaftung, der Überstellung an ein Standgericht und auch mit der Exekution rechnen.

Ich muss gestehen, dass wir uns regelrecht befreit fühlten, als im April 1945 amerikanische Soldaten die Stadt besetzten. Erst jetzt, als ich an der nächsten Hausecke einen amerikanischen Panzer stehen sah, fühlte ich mich – so eigenartig es klingt – sicher. Nur noch wenige Wochen dauerte es, bis am 7. Mai 1945 der Krieg endgültig beendet war.

Natürlich konnten wir noch nicht erahnen, was die Zeit nach diesem Zusammenbruch von uns forderte. Zumindest die ständige Lebensgefahr war endlich vorüber. Die bald etablierte provisorische Militärverwaltung hatte noch keinerlei Kenntnis von den Verhältnissen, die in den Städten und Gemeinden herrschten, und wie diese zu berücksichtigen waren. Die Menschen kämpften ums Überleben, plünderten Lebensmittellager oder andere meistens für das Militär angelegte Versorgungsstätten, soweit diese noch verfügbar waren und solange keine Ausgangssperre bestand. Auch ich habe mitgeplündert, um für die Familie das Nötigste zu beschaffen – Rosinenkisten, Mehl, Schuhe, Stoff – alles, was brauchbar war.

Vierzehn Tage später überraschte uns ein Jeep mit einem amerikanischen Offizier in Begleitung zweier Soldaten. Er stoppte vor der Haustür und holte zu unserer Verwunderung und unserem Erschrecken Vater ab.

Ausgerechnet dieser Ehrenmann, der sich für so viele Menschen, ob Deutsche oder Gefangene, auch unter Inkaufnahme von Repressalien, in all den Jahren vehement für deren Rechte eingesetzt hatte, wurde in Haft genommen[*]. Dieser Mann, dessen vorbildliche Haltung von Würde und Glauben geprägt war, musste sich vorne auf den Kühler des Jeeps setzen. In der Kühlermitte war ein stabiler Stab angebracht, an dem er sich festhalten konnte. Man brachte ihn zunächst ins Gefängnis der Stadt. Vier Wochen in Ungewissheit musste er dort ausharren, bevor es unserer Mutter mit Hilfe von Freunden gelang, ihn aus dieser Zwangslage zu befreien.

---

[*] Auszug aus einem Brief des Vorsitzenden des Vorstandes der Eisenwerk Weserhütte AG vom 19.9.1950 an Hubert Rödlich sen.: »Sehr geehrter Herr Rödlich ... möchte ich Ihnen angesichts unseres gemeinsamen Tuns in den schweren Jahren, die das Unternehmen während und nach dem Kriege durchzustehen hatte und in deren Verlauf Sie in Bezug auf Honorigkeit und Anständigkeit nichts zu wünschen übrig ließen, als Hilfe DM ... etc. zukommen lassen ... und bin mit freundlichen Grüßen und dem Wunsch für gutes Wohlergehen in Ihrer neuen Heimat für Sie und Ihre Familie Ihr ergebener ... (Dr. Heinz Hoeschen)«

In den Wochen nach Kriegsende haben die Besatzer erst einmal alle führenden Leute der Weserhütte verhaftet. Wer eben auf der Liste stand, hatte Pech.

Die dramatischen Zeiten waren aber noch nicht beendet. Nur kurze Zeit nach der erfreulichen Wiederkehr unseres Vaters erhielten alle Einwohner der gesamten Stadt Bad Oeynhausen den Befehl, innerhalb von drei Tagen die Stadt zu räumen. Nur die Mitnahme persönlicher Sachen, wie Dokumente, Kleidung, Haustiere etc., war erlaubt. Alle übrigen Habseligkeiten wie Möbel oder andere Einrichtungsgegenstände und alles Sonstige musste unter Androhung der Todesstrafe zurückgelassen werden.

Die Stadt war von der britischen Rheinarmee unter ihrem Befehlshaber, Feldmarschall B.L. Montgomery (genannt Monty), zum Hauptquartier erwählt worden. Die Stadtbewohner, im allgemeinen Frauen, Kinder und ältere Leute, wurden zu Flüchtlingen und hatten natürlich keinerlei Ausweichmöglichkeiten. Darauf aber wurde selbstverständlich keine Rücksicht genommen. Das Ganze war ein kaum zu verkraftendes Ereignis. Die ungeheuerlich strapazierten Menschen verteilten sich auf die umliegenden Ortschaften, die ohnehin durch Kriegseinwirkungen oder durch die vielen bereits vorhandenen Flüchtlinge vielfach völlig überfüllt waren. Die geöffneten Ausgänge der Stadt wurden streng bewacht, es war nicht möglich, unbemerkt Gegenstände hinaus oder herein zu schmuggeln.

Die Menschen, die darüber hinaus keinerlei Verpflegung erhielten, trugen eine schwere Last.

Sklavenarbeit

Wir besannen uns wieder auf unsere außerhalb der Stadt gelegene, stark beschädigte Wohnung und richteten diese so gut es ging wieder her. Mit zwei weiteren Parteien, die beim Aufräumen mithalfen, haben wir uns dann die verbliebenen Räume geteilt. Es gehörte wohl zu meinen ersten Überzeugungskünsten, dass es mir gelang, einen englischen Posten an einem der nahegelegenen bewachten, kleineren Stadtausgänge für meine Zwecke zu gewinnen.

Durch eine auf beiden Seiten mit vorgebauten Mauern gegen Bombensplitter gesicherte Eisenbahnunterführung galt es eine Ladung Möbel herauszubringen. Der Mann sollte bei unserem unerlaubten Transport zwei Augen zudrücken, obgleich dies für ihn schlimme Folgen haben konnte. Es handelte sich um das von Mutter so geliebte, kostbare Biedermeierzimmer. Obwohl sie mich bis zuletzt beschwor, den Transport zu unterlassen, konnte ich es ihr einfach nicht antun, den Versuch einer Rettung der schönen Möbel zu unterlassen. Der gutmütige Posten konnte tatsächlich dazu gebracht werden, mir seinen Wachturnus mitzuteilen. Mit zwei Freunden holte ich auf diese Weise das doch sehr sperrige Mobiliar mit einigem Geschick, unter Ausnutzung von Deckung und Tarnung, innerhalb von zwei Tagen Stück für Stück vollständig aus der Stadt heraus. Wir betrachteten dies als Meisterstück, denn nur Minuten nach einem unserer Durchgänge erschien die kontrollierende Militärpolizei.

Insgesamt stand der Gewinn unserer Tat in keinem Verhältnis zum eingegangenen Risiko. Wir hatten beschlagnahmtes, dadurch jetzt im Besitz der Armee befindliches Material entwendet; darauf stand damals die Todesstrafe oder zumindest, als mildere Version, verschärftes Arbeitslager für zwei Jahre. Die Besatzungsmacht war ausgesprochen rigoros. Dies alles war uns bekannt, aber als Jugendliche hatten wir nun schon einiges hinter uns, unser Verhältnis zur Gefahr war daher abgestumpft.

Mutter war überglücklich und wir mit ihr. Das Schicksal des Biedermeierzimmers lag Mutter auch weiterhin sehr am Herzen und sie verfügte daher – aus für sie guten Gründen – dass dieses komplette Mobiliar ihres Nachlasses in der nachfolgenden Generation ihrer Enkelin Friederike zukommen sollte.

Später habe ich den jungen Soldaten, der uns die ganze Aktion ermöglichte, mehrfach wieder getroffen. Dankerfüllt haben wir uns noch oft über das Gelingen der Tat gewundert, aber auch amüsiert. Er war ein sehr humorvoller und christlich geprägter junger Mann.

Nur kurze Zeit später wurde ein weiterer Befehl der englischen Besatzungsmacht herausgegeben, der alle Männer zwischen sechzehn und sechzig Jahren zum unverzüglichen Arbeitseinsatz verpflichtete, natürlich unentgeltlich. Unser Vater musste diesen Dienst nicht antreten, er war schwer kriegsbeschädigt. Ich dagegen war angesprochen, und so begann im Mai 1945 eine neue »Karriere« für mich, die mir zwar viel Lebenserfahrung vermittelte, aber auch große Strapazen mit sich brachte.

Täglich in neue Gruppen eingeteilt, wurden wir zu schweren Arbeiten herangezogen. Ich wurde Kohlenschaufler und Kohlenschlepper, Kanalarbeiter, Möbeltransporteur, Müllfahrer, Straßenfeger und schließlich Eisenbahnrottenarbeiter in Löhne. Damals war die Mehrzahl der einfachen englischen Soldaten noch stark gegen alles Deutsche eingenommen. Jeder von uns war in ihren Augen ein potentieller Kriegsverbrecher. Entsprechend war auch das drastische Verhalten der Aufseher und ebenso unsere Behandlung. Immer wieder zur Arbeit angetrieben, auch mit Fußtritten, mit nicht ausreichendem oder manchmal auch gar keinem Essen, wurde jeder Tag für uns zur Qual, bis man vor Erschöpfung buchstäblich umfiel. »Come on, get cracking you bloody Gerry, you cock sucking bastard, son of a bitch!« war eine beliebte verbale Demütigung, die wir klaglos erdulden mussten. In der Gemeinschaft Jugendlicher ließ sich diese Tortur erstaunlich gut ertragen; für die älteren Männer war es jedoch ein schweres Los.

Aufstieg

Nach fünf Monaten »Sklavenarbeit« – ich war gerade Rottenarbeiter auf dem zerstörten Verschiebebahnhof Löhne, meinem Schicksalsbahnhof, – übernahm ein uns zugeteilter Posten, ein junger englischer Soldat, die Bewachung unserer Arbeit. Sein Name war Stuart Crease, er war 23 Jahre alt, äußerst objektiv in seiner Denkart und sprach als Germanistikstudent schon etwas Deutsch. Auch konnte ich mich mit ihm leidlich englisch verständigen. Diesem Mann war es zwar nicht gegeben, unser aller Schicksal zu verändern, aber er brachte jeden Tag für unsere Gruppe etwas Essbares mit.

Für uns ausgehungerte Gestalten schien er ein Engel des Herrn zu sein. Es traf sich gut, dass er offenbar einen sehr guten Draht zur Küchenverwaltung hatte, denn ich hoffte Aussichten zu haben, mit seiner Unterstützung in einer Küche Dienst zu tun. Zur gleichen Zeit wurde bekannt (wie ich später von Mutter hörte, die inzwischen einen amerikanischen Mittelsmann aktiviert hatte), dass für die Küche des Hotels Königshof in Bad Oeynhausen ein junger, einwandfreier und unbelasteter Bursche gesucht wurde, der Handlangerdienste zu erledigen hatte und eine Art Kochlehrling sein sollte.

Selbstredend war nach meiner Überzeugung niemand anderer ein besserer Kochlehrling als ich!

Tatsächlich gelang es mir, über diese beiden Verbindungen die Stelle zu ergattern. Der junge Soldat Crease hielt noch lange danach treuen Kontakt zu meinen Eltern und freundete sich mit unserer Familie an. Schon während der Zeit des Fraternisierungsverbots 1945 war er ein regelmäßiger Gast in unserem Hause und blieb uns stets verbunden*. Nach Beendigung seines Studiums nahm er Jahre später eine hohe Beamtenstelle in London ein.

Man darf nicht übersehen, dass das Hotel Königshof in Bad Oeynhausen damals die entscheidende Zentrale des englischen Hauptquartiers unter Feldmarschall Montgomery war. Jeder Deutsche, der in diesem streng bewachten Komplex arbeitete, wurde daher auf Herz und Nieren geprüft, war doch der vermeintliche deutsche Werwolf allerorts vorhanden.

Hier wurde trotz aller Widrigkeiten der Grundstein für meine Laufbahn als Koch gelegt. Sie begann zunächst damit, lauter gleichgroße Kartoffeln aus einem im Hotelkeller eingelagerten Kartoffelberg herauszuklauben. Auch mussten andere Gemüsesorten herangekarrt und geputzt werden, die von den Meisterköchen für die verschiedens-

---

* Siehe Anhang 2: Brief vom 18. Februar 1952 von Stuart Crease an unsere Mutter

ten Gerichte der damals als »Highlights« betrachteten Speisen benötigt wurden. Schließlich war die zu verpflegende Offiziersgilde der eigentliche Kern der siegreichen englisch/amerikanischen Armee und genoss Verpflegung auf höchstem Niveau. Alle anwesenden Ränge unterhalb desjenigen eines Oberst bzw. Colonels waren bestenfalls Ordonnanzen oder Adjutanten. Ein solches Hauptquartier ist eine riesengroße Organisation.

Meine Aufgaben waren also in allen Bereichen verpflichtend. Wie auch immer, ich bekam Gott sei Dank wieder etwas zu essen, und das in einer Qualität, wie ich sie bisher nicht erlebt hatte und wie sie eben nur der englischen Generalität vorbehalten war. Das Kochen selbst, geschweige denn eine Annäherung an die gehüteten Vorräte, war für mich natürlich zunächst reine Illusion. Das Herausschmuggeln irgendwelcher Lebensmittel war an dieser Stelle und draußen an den Stadtausgängen völlig ausgeschlossen.

Ein einziges Mal gelang mir dies dennoch in Form einer flachen Packung Pflanzenfett, allerdings nicht ohne das Innere meiner schwarzen Militärjacke, bedingt durch meine Körperwärme, gehörig einzufetten. Derartige Handlungen waren jedoch viel zu gefährlich, riskierte ich doch damit meinen mit List und Tücke erworbenen Sonderposten.

Durch die Tätigkeit nahe dem Küchenbereich bot sich mir aber kurz darauf die Chance, mit einer Tellerwäscherstelle in einer Sergeanten-Messe zu tauschen. Dieses Angebot nahm ich natürlich mit Begeisterung an, denn hier war die Überwachung nur spärlich, und es gelang mir, für die Eltern und die zwischenzeitlich eingetroffene Schwester Hilde mit ihren Kindern Friederike und Hans erste dringend erforderliche Lebensmittel zu »besorgen«. Sergeant (Oberfeldwebel) Harry Garner, der Küchenchef, saß sozusagen direkt an der Quelle und erwies sich bald als außerordentlich hilfreiche Person. Er unterstützte nicht nur meine Leute, sondern stellte auch für viele Freunde und Bedürftige Verpflegung zur Verfügung.

Dieser Mann wurde nach kurzer Zeit zum Chef einer der großen Mannschaftsküchen befördert, wo nunmehr viel umfangreichere, für

Fronttruppen vorgesehene Lebensmittelrationen vorhanden waren. Er erfüllte meine Bitte, ebenfalls in diesen Bereich versetzt zu werden. Dort kam ich mit drei anderen Männern zunächst erneut als Teller- und Geschirrwäscher zum Einsatz. Während meiner dreimonatigen Tätigkeit in dieser Funktion habe ich – so meine heute mit Stolz vorgetragene Rechnung – wohl mehr Teller gespült, als es je die Mutter einer mehrköpfigen Familie während ihres gesamten Lebens tut.

Es wurden in dieser Küche dreitausend Soldaten verpflegt, die zum Frühstück je einen, zum Lunch zwei, zur »Tea time« einen und zum Dinner je zwei Teller erhielten. Das bedeutete, dass in der Früh- und in der Spätschicht neben Töpfen und Pfannen je neuntausend Teller gespült werden mussten. Über die Methoden und Geschwindigkeiten des Geschirrwaschens möchte ich nicht weiter berichten, würden sie doch den heutigen Hygieneanforderungen vielleicht nicht mehr ganz entsprechen.

Nach der Tellerwäscherei wurde ich zum Gemüseputzer befördert. Diese Aufgabe brachte mich der eigentlichen Küche wieder einen Schritt näher und wurde daher mit großem Eifer erfüllt. Noch heute beherrsche ich das Zwiebel- und Gurkenschneiden ähnlich perfekt, wie es eine Maschine oder ein automatischer Hobel zu tun in der Lage ist. Schließlich gelang es mir, endlich in der ersehnten Funktion als Hilfskoch eingesetzt zu werden. Ein englischer Küchenmeister war aus Krankheitsgründen ausgefallen. Später wurde ich sogar als vollwertiger Armeekoch geführt, eine unerhörte Ausnahme! Diese Stelle eröffnete mir endlich die vielen Möglichkeiten der damals so wichtigen Verpflegungsdisposition.*

---

* »An die zuständige Stelle: Hubert Rödlich hat die letzten 12 Monate als Kochlehrling unter meiner Aufsicht gearbeitet. Ich habe ihn als absolut zuverlässigen und vertrauenswürdigen Deutschen kennengelernt, der über solide Kenntnisse über das Kochen für die Offiziersränge der Britischen Armee verfügt. Meine Dienstzeit bei der Britischen Armee ist nunmehr beendet (12 Jahre als Koch erster Klasse); daher untersteht der oben genannte Deutsche nicht länger meiner Aufsicht. Ich wünsche ihm für seine nächste Stellung viel Erfolg. Wenn man ihm eine reelle Chance gibt, wird aus ihm bestimmt auch ein erstklassiger Koch wer-

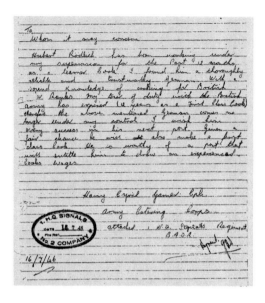

Mein Kochzeugnis

1945 bis 1948 waren allgemein schwere Hungerjahre in Deutschland. Wer Hunger kennt, der kann ermessen, welchen Stellenwert die Fleischtöpfe Ägyptens nicht nur für mich besaßen. Es war mir ein besonderes Anliegen, nicht nur meiner Familie Hunger zu ersparen, sondern auch meine Freunde und die ebenfalls zum Arbeitseinsatz eingeteilten Klassenkameraden, aber auch ältere dienstverpflichtete Männer »illegal« zu verpflegen.

In einer der den Abwaschräumen angeschlossenen Baracken waren es anfangs fünfzehn bis zwanzig junge und ältere Männer, die täglich zum unerlaubten Essensempfang erschienen; die Zahl erhöhte sich in kurzer Zeit auf etwa siebzig Personen. Der gesamte militärische Bereich des Hauptquartiers war natürlich bewacht und mit Stacheldraht umgeben. Der Obersergeant und Küchenchef duldete jedoch mein Tun stillschweigend.

---

den. Er verdient es, eine Stellung zu bekommen, in der er den Lohn eines erfahrenen Kochs bezieht. Harry Cyril Garner, Corporal, Armee-Verpflegungskorps des 1. H.Q. Fernmelderegiments B.A O.R. 16.7.46.«

Montgomery

Im Spätsommer 1945 verließ Feldmarschall Montgomery seine Armee, mit welcher er unter anderem in Afrika gegen den deutschen Feldmarschall Rommel bei El Alamein (1942) so erfolgreich gewesen war. Anlässlich der Verabschiedungsparade zogen zwei Gruppen hoher englischer Offiziere ein Armeefahrzeug an zwei vorne am Auto angebrachten Seilen durch die Straße des Hauptquartiers. Montgomery stand hoch aufgerichtet in diesem Wagen und winkte seinen zu Tausenden sich am Straßenrand drängenden und überschwänglich jubelnden Soldaten zu. Das ganze spielte sich im Sperrkreis der Stadt Bad Oeynhausen ab, wo auch ich zu arbeiten hatte.

Dieses Spektakel wollte ich nicht verpassen. Als Zivilist und Dienstverpflichteter konnte ich mich jedoch schlecht ebenfalls zu den Soldaten an den Straßenrand stellen. So stieg ich auf das Flachdach der dreistöckigen Sergeanten-Messe, an welcher Montgomerys Weg vorbeiführte. An diesem sehr warmen Tag herrschte herrliches Wetter, und ich stand daher mit freiem Oberkörper, nur mit Arbeitshose bekleidet, ganz allein auf dem Dach und erwartete das Herannahen des Marschalls.

Endlich näherte sich das Auto mit Montgomery meinem Stand-

Feldmarschall Bernard Montgomery

ort, als er plötzlich den Kopf über die lärmende Menge hob und mich auf dem Dach erblickte. In einer großzügigen Geste erwies er mir grüßend seine Reverenz. Den Gruß habe ich gleichermaßen würdevoll, mit einem für einen Soldaten vielleicht etwas zu lässigem Winken erwidert. Einige der Soldaten, die am Straßenrand standen und mich kannten, haben den Vorgang beobachtet und noch Wochen später amüsiert davon erzählt.

Zu diesem Zeitpunkt muss ich wohl der einzige Deutsche gewesen sein, von dem sich Montgomery so respektvoll verabschiedet hat.*

Jagdgesellschaften

Irgendwann während dieser Zeit bei der englischen Armee war ich zufällig bei einer Plauderei junger Soldaten anwesend, die sich in der Küche über die Jagd im Allgemeinen und Jagderlebnisse im Beson-

---

* Auszug aus Artikel in der Süddeutschen Zeitung vom 24. März 2005 von Tanjev Schultz: »Ein Held, den sie Monty nannten – Der Oberbefehlshaber der Briten, Bernard Montgomery, begründete seinen Ruhm in Afrika. ... Es ist die Nacht zum 24. März 1945, Feldmarschall Bernard Law Montgomery, Oberbefehlshaber der Briten, gibt den Befehl zur ›Operation Plunder‹. Am Rhein haben sich die Alliierten aufgebaut, jetzt stoßen sie vor ins Land der Feinde. ›Die vollständige Niederlage der Deutschen ist sicher‹, gibt sich Montgomery siegesgewiss. Zu dem Zeitpunkt ist Montgomery, dessen 8. Armee das Afrika-Korps des deutschen Feldmarschalls Erwin Rommel besiegte, bereits ein Held, den sie Monty nennen. ... Während des Krieges gab es oft Krach zwischen Montgomery und dem Oberkommandierenden der Alliierten, US-General Dwight D. Eisenhower. Der Brite rieb sich an vielen Entscheidungen des ›Yankees‹; ... Je näher die Alliierten ihrem Sieg kamen, desto mehr trat nicht nur die Rivalität ihrer Generäle hervor. Briten und Amerikaner hatten die Nachkriegsordnung im Blick und fürchteten den Machtgewinn der Sowjets. Als Montgomery seine Truppen über den Rhein geführt hatte, trieb er sie mit Hochdruck Richtung Norden. Anfang Mai 1945 eroberten die Briten den Zugang zur Ostsee. Am 4. Mai ergaben sich die Deutschen im Norden und Westen des Landes – die Londoner Zeitung New Chronicle titelte: ›Monty's job done‹.«

deren unterhielten. Es schien, als verstünden die offenbar aus begüterten Familien stammenden Männer einiges von diesem Metier. Ich mischte mich in das Gespräch ein, diskutierte eifrig mit und schlug vor, doch über einen der verantwortlichen Offiziere eine Jagdgesellschaft zu organisieren. Unser Forsthaus Jägerpfad schien mir die ideale Basis für ein Jagdwochenende zu sein. Hier garantierten obendrein ausgezeichnete Fachleute und Förster den Erfolg eines weidmännischen Vergnügens.

Die Soldaten und unser Küchenchef fanden die Idee großartig und informierten sogleich die Offiziere im Hauptquartier, Captain Tim Freeman und Major Manning, beide leidenschaftliche Jäger. Die Jagdgesellschaft war auf diese Weise rasch und begeistert gegründet und wurde im Laufe der Monate für die Offiziere des Hauptquartiers, aber auch für ausgesuchte Damen der englischen Armee und für bevorzugte Soldaten eine feste, jeweils am Wochenende stattfindende Einrichtung.

Dies alles begann Ende 1945 und die Anwesenheit hoher Offiziere der »British Army« im Jägerpfad hat meinen mir eng verbundenen Verwandten so manchen Vorteil bei der damals von den Engländern kontrollierten Forstverwaltung der Warburger Behörden verschafft, vielleicht auch manche Repressalien verhindert.

Durch diese Jagdgesellschaft entwickelte sich nicht nur im Forsthaus Jägerpfad, sondern auch für mich eine Art Freundschaft auf »hoher Ebene«, die zu jener Zeit unbezahlbar war.

Volksküche

Es gelang mir auch, Captain Freeman zu bewegen, eine persönliche Einladung meiner Eltern anzunehmen. Meine Mutter war in Bad Oeynhausen Leiterin des Roten Kreuzes und der Caritas. Sie sprach einigermaßen englisch und nutzte die Gelegenheit, um auf die unvorstellbare Not der Menschen hinzuweisen. Dabei stellte sie eindringlich die Notwendigkeit einer zentralen Verpflegungsstelle dar. Dies ließ Captain Freeman nicht unbeeindruckt, und so wurde dieser Besuch zur Geburtsstunde der Volksküche Bad Oeynhausen.

Tim Freeman war ein außerordentlich feiner und charaktervoller Mensch, der selbst die Zeichen der Zeit durchaus erkannte. Er sprach den leitenden Offizier der Armeeküchenverwaltung an und bewegte ihn dazu, mit dem Roten Kreuz in Bad Oeynhausen Kontakt aufzunehmen. Es wurde vereinbart, die nicht benötigten Überschüsse an Nahrungsmitteln aus der Küche an die von meiner Mutter eingerichtete Ausgabestelle zu liefern und somit dazu beizutragen, die größte Not der Bevölkerung zu lindern*.

Auch unser Küchenchef Ober-Sergeant Harry Garner beteiligte sich an der Aktion und hat dieser Volksküche erhebliche Mengen an guter Verpflegung zur Verfügung gestellt. Darüber hinaus hat dieser Mann ein unglaubliches Meisterstück zuwege gebracht. Er hatte eine Französin zur Frau, und es gelang uns doch tatsächlich, ihn dazu zu überreden, anlässlich seines Frankreichurlaubs meinen Bruder Fritz in einem französischen Gefangenenlager aufzusuchen und zwei Koffer, gefüllt mit bester Verpflegung, dort abzugeben!

Dies spielte sich im Jahre 1946 ab, und wir hatten inzwischen von

---

* Brief von Captain Tim Freeman, 4, St. John's Estate, ABERFORD, Leeds, Yorkshire, U.K., vom 27. Februar 1947 an Hubert Rödlich, Übersetzung aus dem Englischen:
Lieber Hubert, Du musst gedacht haben, dass ich nie mehr schreiben würde, – es ist viele Monate her, seit ich Deutschland verließ; habe aber während dieser Zeit sehr hart gearbeitet. Die vergangenen fünf Monate waren sehr unschön – tiefer Schnee, Frost und Nebel. Wart ihr kürzlich in Westheim? Von Major Manning erhielt ich einen Brief, in welchem er mir bestätigte, dass ihr offenbar einige gute Jagderlebnisse hattet. Die einzigen Tiere, die ich erlegt habe, waren Kaninchen und Tauben in meinem Garten. Nur wenige Bäume standen noch in meinem Garten, es waren meine Apfelbäume, die ich jedoch fällen musste, um fehlenden Brennstoff zu ersetzen. ›Alles ist kaputt!‹ Wie geht es Deiner Mutter und Deinem Vater und wie geht es Hildegard? Und ihren beiden Kindern? Bitte grüße sie alle von mir. Mit allen guten Wünschen und herzlichen Grüßen. Euer Tim Freeman
P.S. Wie gehen die Unterrichtsstunden mit der Deutsch-Lehrerin weiter, von der Du mir berichtet hast? Auf Wiedersehen, Tim.

der Existenz meines Bruders Nachricht erhalten. Das Lager, in welchem Fritz gefangen war, zu finden, war ein einzigartiger Vorgang. Fritz selbst hatte jedoch schließlich am wenigsten von dieser unerwarteten Überraschung aus dem Schlaraffenland, er konnte ja seine vielen Mitgefangenen nicht vom Segen ausschließen.

Die Einrichtung der Volksküche hat unsere Mutter in uneigennützigem Einsatz mit viel christlichem Engagement und Organisationstalent nicht nur ins Leben gerufen, sondern auch »zur Blüte« geführt.

Stadtanzeiger Münster zum 75. Geburtstag von Doris Rödlich

CDU-Mitgliedsausweis

91

Einer sehr großen Zahl Menschen konnte auf diese Weise geholfen werden. Überflüssig zu erzählen, welche Haltung, welcher Zeitaufwand und welche persönliche Stärke erforderlich sind, in einer so harten Zeit Nächstenliebe im wahrsten Sinne des Wortes zu praktizieren, vor allem dann, wenn es den Helfern selbst am Nötigsten fehlt. Mir ist noch in Erinnerung, dass auch der damalige Bürgermeister der Stadt Bad Oeynhausen, Dr. Kronheim, sehr viel Unterstützung bot.

Umso bitterer war es für meine Mutter und mich, Jahre danach zu erfahren, dass ein anderes Rotkreuzmitglied, eine Frau Neuheuser, als »Gründerin« dieser Volksküche geehrt wurde und hierfür später sogar das Bundesverdienstkreuz erhielt. Ohne die mir nicht bekannten Verdienste dieser Frau schmälern zu wollen, muss hier wohl eine Fehlinformation vorgelegen haben, denn eindeutig hatte unsere Mutter diese karitative Einrichtung ins Leben gerufen.

Ebenfalls in das Jahr 1946 fiel der Beginn des parteipolitischen Engagements unserer Mutter. Sie war Mitglied Nummer 52 des neu gegründeten Landesverbandes 13 und Kreisverbandes 40 der Christlich Demokratischen Union (CDU) und wurde später durch die von Kanzler Adenauer unterzeichnete Urkunde zum Ehrenmitglied der Partei ernannt.

Aufbruch zu neuen Ufern

Hunger

Durch die Arbeitsverpflichtung bei den Engländern war die Zeit meiner schulischen Ausbildung schon über ein Jahr unterbrochen, ganz abgesehen davon, dass auch keine Räume für den Schulunterricht zur Verfügung standen. Erst Ende 1946 kam ich wieder frei, was bei mir aber nur eine geteilte Begeisterung hervorrief, denn die gewonnene Freiheit bedeutete auch wieder eine Entlassung in die karge Hungerzeit. Ein kleines, außerhalb des Sperrgürtels liegendes Schulgebäude wurde für alle Kinder und Jugendlichen der städtischen Umgebung eröffnet. Es war jedoch nur Schichtunterricht möglich, und dieser auch nicht regelmäßig.

Zunächst habe ich noch versucht, meine hart erarbeitete Küchenposition neben dem Schulbesuch aufrechtzuerhalten, aber diese Anstrengung ließ mich jeden Abend hundemüde heimkehren. Einerseits sollte ich Lernstoff nachholen, andererseits musste die Familie verpflegt werden und dafür gesorgt sein, dass Schwester Hilde auch für ihre zwei kleinen Kinder das Notwendigste erhielt. Eine Dienstverpflichtung bestand jetzt nicht mehr, aber diese freiwillige Doppelbelastung war nur etwa sechs Monate möglich. Ich entschied mich dann für die Schulausbildung, eine sicherlich richtige Wahl, allerdings wurde hierdurch die befürchtete Zeit des Hungerns für uns Wirklichkeit.

Es waren die schlimmen Jahre 1946 bis 1948 in Deutschland. Mit Ach und Krach kamen wir über die Runden. Wir lernten aus den steinharten Zuckerrüben in stundenlanger Prozedur Rübenkraut für einen Brotaufstrich herzustellen, produzierten aus absolut fettfreier, bläulich schimmernder Magermilch – nur eine solche war überhaupt verfügbar – eine Art »Schlagsahne«, verarbeiteten Brennnesseln oder »Geßeln« zu Gemüse und vieles andere mehr. Durch Hunger, Gefahren und Bedrückung geprägt, versuchten wir Jugendlichen die angebotene Schulzeit intensiv für uns zu nutzen. Es gelang mir 1948 eine Art Not-Reife zu erreichen, mit welcher die Erlaubnis zur Aufnahme eines Studiums erworben wurde.

Praktikant

Vor Aufnahme des Studiums war zunächst eine zweieinhalbjährige Praktikantenzeit in einer Textilfabrik abzuleisten. Zum Teil habe ich diese mit meinem Bruder Fritz, der erst Mitte 1948 aus der Gefangenschaft zurückkehrte, gemeinsam verbracht. Der Not gehorchend und durch unsere Eltern inspiriert, hatten wir uns dem damals freigegebenen Textilfach verschrieben. Wir waren überzeugt, in diesem Berufsfeld Sicherheit und Erfolg entwickeln zu können, was sich auch später bei dem unerhört großen und weltweit bestehenden Nachholbedarf im Bereich Textil für Jahrzehnte in hohem Maße bewahrheiten sollte. Die Angebote von Studiengängen zur Erlangung einer technischen Qualifikation auf anderen Gebieten waren durch die alliierten Kontrollbehörden sehr limitiert. Praktikantenstellen waren damals auch sehr rar und so kam es einem Kunststück gleich, für uns einen Ausbildungsplatz bei der Firma F.A. Kümpers in Rheine zu erlangen.

Ein wenig hat hierbei die Beziehung geholfen, die unser Onkel Arnold mit Gustav Kümpers geknüpft hatte. Arnold Fulda war als Oberstleutnant im Wehrbereichskommando Münster für Personalfragen zuständig. In dieser Eigenschaft hat er, wie mir berichtet wurde, den in seiner Abteilung tätigen Hauptmann Gustav Kümpers von der Abkommandierung zur Front bewahren können.

Die Praktikantenzeit war so lehrreich wie hart. Der Stundenlohn betrug 15 Pfennige. Auch Schichtarbeit war völlig normal, ja von uns sogar erwünscht, konnte man dadurch doch den Stundenlohn auf sagenhafte 55 Pfennige erhöhen. Auf diese Art durchliefen wir alle Abteilungen der textilen Fertigung, vom Rohstoff bis zum komplett ausgerüsteten Gewebe, und verschafften uns damit hinreichende praktische Grundlagen, um ein technisches Studium zu beginnen.

Unsere Unterbringung war einfachster Art, um nicht zu sagen: dürftig. Mit Bruder Fritz bewohnte ich fast ein Jahr eine nicht beheizbare Bude mit nur einem Bett, aber immerhin einem Wasserhahn auf dem Flur. Ansonsten hatte die feuchte Kammer – wie wir gerne feixend erzählten – »fließendes Wasser nur an den Wänden«.

Zuvor bewohnte jeder von uns eine Bude, die aufgrund ihrer Geräumigkeit nur bei senkrechter Schlafhaltung das Aufstellen eines Kleintisches erlaubte oder aber bei Aufstellung eines normal langen

Fritz und Hubert Rödlich
als Praktikanten

95

Bettgestells nach Öffnung der Türe den sofortigen Betteinstieg erzwang.

Wir hatten auch gemeinsame Freunde, wobei Helmuth Mues hervorzuheben ist. Er besaß nicht nur ein »nahrhaftes« Zuhause – sein Vater war Gutsverwalter im Schloss Bentlage bei Rheine und lud uns immer wieder zu abendlichen kulinarischen Genüssen ein –, sondern er war auch ein ausgezeichneter und sehr unterhaltsamer junger Mann und echter Kamerad.

Später heiratete er Etta Eickens, eine sehr hübsche und gebildete junge Dame, deren Zuhause ich ebenfalls besonders schätzte. Ihre Eltern, besonders ihr viel zu früh verstorbener Vater (Dr. Eickens war Direktor der städtischen Handelsschule) haben mir während meines Aufenthalts in Rheine fast das Gefühl einer zweiten Heimat vermittelt. In vielen abendlichen Gesprächen hat dieser Mann mein Weltbild trotz meiner Jugend schon frühzeitig und äußerst positiv mitgeprägt. Hierfür bin ich ihm noch heute dankbar.

Studium, Frondienste und prämierte Mäntel

Mit der Absolvierung des Praktikums war es aber noch nicht getan. Die Berechtigung zum Beginn eines Studiums an der heutigen Hochschule Niederrhein setzte außerdem voraus, dass einhundert kostenlose Arbeitsstunden auf dem Bau als zusätzliche Wiederaufbauleistung absolviert wurden. Mein »Baukumpel« und späterer Semesterkollege war Wolfgang Köhler, der ebenfalls harte Zeiten durchlitten hatte, aber mit viel Humor ausgestattet war. Aus ihm ist ein tüchtiger Mann geworden, der in den achtziger Jahren bis zum Vorstandsmitglied der Farbwerke Höchst in Frankfurt am Main avancierte.

Wer mehrere Jahre in Gefangenschaft gewesen war, konnte sich von dieser Bauarbeit befreien lassen. Sonst waren die vorgegebenen Richtlinien streng und hatten zunächst keineswegs mit fröhlichem Studentenleben zu tun. Wegen des allgemein erheblich eingeschränkten Angebots an Studienplätzen wurden vorweg auch noch einige

Prüfungen verlangt, deren Bestehen erst die endgültige Zulassung bedeutete. Viele stolperten hierüber und hatten erst sechs Monate später eine neue Chance.

Mein Bruder Fritz und ich waren Gott sei Dank nicht betroffen, jedoch war Fritz, der sich für das Fach Textilchemie entschieden hatte, zudem darauf angewiesen, einen freien Laborplatz zu ergattern. Seine viereinhalbjährige Zeit der Kriegsgefangenschaft wurde ihm in keiner Weise begünstigend angerechnet. Der ablehnende Bescheid, den er zunächst erhielt, war für ihn sehr enttäuschend. Das Semester war schon einige Wochen angelaufen, da sprach mich plötzlich die mir inzwischen gut bekannte und sehr nette Frau Theißen – Leiterin des Hochschulsekretariats – an und fragte, ob Fritz noch an sofortiger Aufnahme des Studiums interessiert sei. Ein Laborplatz sei, aus welchen Gründen auch immer, frei geworden und sie könne diesen Platz für zwei oder drei Tage freihalten. Frau Theißen waren unsere Verhältnisse bekannt und sie hatte für uns offenbar ein großes Herz. Fritz war natürlich begeistert und traf bereits am nächsten Tag ein. Wieder wurde er mein Budenpartner. Diesmal war unser Zimmer etwa ganze fünf Meter lang aber nur anderthalb Meter breit!

Der Zeitrahmen zur Erlangung eines soliden Ingenieurwissens wurde damals so gerafft, dass in kürzester Zeit das notwendige Wissen vermittelt und aufgenommen werden musste. Das bedeutete nichts weniger als Vorlesungen ohne Unterbrechung, täglich abendliche Aufholarbeit und eingeschränkte Ferien. Diese mussten von Anfang bis Ende durch Erwerbsarbeit voll genutzt werden, um das fällige Semestergeld zu verdienen. In höheren Semestern folgten dann umfangreiche technische Arbeiten, Diplomarbeiten und vieles mehr.

Die Ferienarbeit fand während der ersten Jahre auf dem Bau statt, andere Stellen wurden kaum angeboten. Erst später hatten wir die Chance, bei C & A und beim Modehaus Hettlage als Aushilfsverkäufer zu arbeiten.

Im Hause der Firma Hettlage konnte Fritz sein erstes Glanzstück als Verkäufer abgeben. Ein offensichtlich einfacher, aber durchaus betuchter »Mann vom Lande« erschien im Verkaufsraum, wurde von

Fritz nach seinen Wünschen gefragt und zur Abteilung Wintermäntel geführt. Solch ein wärmendes Kleidungsstück beabsichtigte er zu erstehen. Zu jener Zeit war es in den Kaufhäusern üblich, dass der Verkäufer, dem es gelang, ein besonders teures Teil zu verkaufen, mit einer interessanten Geldprämie belohnt wurde. Auf diese Weise wollte man die Verkäufer anregen, vorzugsweise die hochwertige Ware an den Mann (oder die Frau) zu bringen. Wie in solchen Fällen üblich, wird dem Kunden zunächst »... nur der Größe wegen!« ein besonders schöner Mantel anprobiert, der natürlich im obersten Preisbereich lag. Auch Fritz befolgte diese Praxis. Der Mantel machte auf den Mann großen Eindruck, schien ihm aber zunächst doch erheblich zu teuer. Nach Anprobe verschiedener anderer, sicherlich nicht vergleichbarer Stücke entwickelte sich beim Kunden eine unterschwellige Begehrlichkeit für Mantel Nummer eins. Es bedurfte nur noch eines letzten Anstoßes.

Fritz erfasste die Situation sofort und erklärte dem Mann mit dem Grundton der Überzeugung, dass er diesen schönen und hochwertigen Mantel bedenkenlos kaufen könne, der Mantel sei »sehr hoch prämiert«! Das Argument zog, der Mantel war verkauft. Auch dies war ein Teil praktischer Verkaufserfahrung.

Sehr nobel verhielt sich uns Studenten gegenüber die Firma Schorch (Kabel und Motorenhersteller). Sie bot in ihrer Kantine ein Mittagessen für 50 Pfennige an, wobei sogar ein kostenloser »Nachschlag« erlaubt war, der zuweilen dem hungrigen mittellosen Begleiter zugute kam. Drei Studienjahre lang rettete uns diese Verpflegung und verhalf dazu, nicht durch einen leeren Magen vom Lernen abgehalten zu werden.

Gedankt habe ich diese Großzügigkeit später vielfach, indem ich, wann immer es um den Einbau von Motoren in unsere Projekte ging, ausschließlich Schorch-Produkte wählte.

Anders ging es einer Firma in Mettmann, deren Pförtner uns schon bei der höflichen Anfrage nach einem Studentenjob, angewiesen von der Geschäftsleitung, mit Hunden vom Hof jagen ließ. Deren Vertreter konnte natürlich nicht verstehen, warum er von uns nie einen Auftrag erhielt.

Miss Hamburg

Natürlich war es unser Bemühen, durch überdurchschnittliche Leistungen eines der begehrten Stipendien zu erwerben, was mir ab dem dritten Semester tatsächlich gelang. Immerhin stellten die dreihundert Mark, die pro Semester verlangt wurden, für einen Studenten ein ausgesprochenes Vermögen dar. Der Monatsverdienst eines Bauarbeiters lag damals bei ca. dreihundert Mark.

Der vollgepackte Zeitplan hat uns trotzdem nicht davon abgehalten, mit Humor und viel Sinn für das weibliche Geschlecht die wenigen freien Stunden optimal zu gestalten. Es war wohl im Jahr 1951/52, als uns »Miss Hamburg« über den Weg lief, so genannt wegen ihres Auftretens und ihres durchaus attraktiven Äußeren. Sie war in einem der ersten Semester engagiert. Unser engerer Kreis, zu dem unter anderem Freund und Kommilitone Alfred Feidiker gehörte, war eine durchaus erstrebenswerte Gesellschaft, weil bei uns viel und anregend diskutiert, aber auch sonst einiges an Abwechslung geboten wurde.

Alfred Feidiker war ein interessanter und zielstrebiger junger Mann, der stets mit viel Witz und sehr pointiert Situationen zu beschreiben wusste. Später wurde er leitender Geschäftsführer der bekannten ELVO-Werke in Coesfeld. Neben den für den Lebensunterhalt erforderlichen obligatorischen Freundschaften mit Bäcker- und Metzgerstöchtern waren »Highlights« wie Miss Hamburg ein gewisser Luxus, verbreitete sie doch eine Atmosphäre, der auch ich mich gerne hingab. Mir aber hatte jedoch Bruder Fritz die Verpflichtung für den Erhalt der von ihm aufgebauten Sympathien einer seit zwei Monaten aktuellen Bäckerstochter übertragen. Ihr gegenüber hatte er mich offenbar zu einem Übermenschen hochstilisiert und sie von meinem heimlichen Interesse an ihrer Person überzeugt, was natürlich in keiner Weise zutraf.

Es war ein Sonntagnachmittag, als Fritz und meine Freunde mit der bewussten Bäckerstochter in unserer Studentenbude vor einem Tisch mit zwei großen Torten saßen und mit Spannung mein Kom-

Brief von Alfred Feidicker zum 75. Geburtstag von Hubert Rödlich am 28. März 2004

men erwarteten. Sie ahnten allerdings nicht, dass ich nicht allein kommen würde. In solchen Fällen klärt sich vieles von selbst. Miss Hamburg war in meiner Begleitung und hoch beglückt, als sie die Freunde und die schönen Torten erblickte. Gar nicht begeistert war natürlich unsere ansonsten liebenswerte Bäckerstochter, die von Stund an und zu unser aller Bedauern die Lieferungen einstellte.

Unsere Bude war ein Hort der Geborgenheit, was auch die Freunde so empfanden. Einerseits wurde viel und hart gearbeitet und gelernt. Andererseits war dieser Ort immer wieder für Überraschungen gut.

Später wolltest Du mir eine Brücke nach Asien bauen. Ich war hier aber schon zu verwurzelt, um darüber gehen zu können. Geehrt habe ich mich aber schon gefühlt. Inzwischen haben wir die Muße, unsere alte Freundschaft zu pflegen. Laß' es uns tun.

Herzlichen Glückwunsch

Lieber Hubert, zu 75 erlebnisreichen, schönen Lebensjahren gratuliere ich Dir ganz herzlich und wünsche, dass Du diesen Weg noch lange weiter gehen kannst.

1953   2003

Natürlich war ich zu jener Zeit völlig unerfahren im näheren Umgang mit Frauen.

Als Miss Hamburg beschloss, mit mir die Nacht im gleichen Bett zu verbringen, war ich – obgleich schon immerhin fast 23 Jahre alt – buchstäblich zu schüchtern und zu wenig kenntnisreich, vielleicht auch zu wenig tapfer, um in dieser Situation die Gunst der angebotenen Stunde zu nutzen. In meiner wachsenden Erregung machte ich mir stundenlang Gedanken, wie die Dinge wohl anzustellen seien, und tat – nichts dergleichen!

Ich muss mich wohl für sie sehr enttäuschend verhalten haben, denn von nun an war Fritz ihr Favorit – er war immerhin schon 25 – und hatte anscheinend die Karten gleich zu Anfang besser zu mischen verstanden. Während der folgenden Wochen musste ich dann jedenfalls stets laut pfeifen, bevor ich die gemeinsame Behausung betreten durfte.

Landpartie

Im Herbst des Jahres 1952, etwa vier Monate nach der Episode mit Miss Hamburg, machten wir mit einigen Studienfreunden an einem Samstag eine kleine Landpartie. Das Wetter war ausgezeichnet, die Zusammensetzung der Gesellschaft bewährt und gut, die Laune bestens. Mit der Straßenbahn fuhren wir zur Endstation Viersen, um von dort aus zur nächsten Ortschaft zu laufen. Ein Auto war zu jener Zeit natürlich für niemanden erschwinglich.

Im Ort angekommen, bestand unser erster Gedanke darin, für geeignete Tagesverpflegung zu sorgen. Diese konnte nur mit der mageren Summe unseres gemeinsamen Kleingelds bestritten werden. Mit einem der Freunde ging ich zum nächsten Fleischerladen, um mit schon einstudierten, unaufdringlichen und eher bescheiden klingenden Sprüchen die Verkäuferin davon zu überzeugen, dass sie fünf jungen Leuten ohne ausreichend Geld mit einer großzügigen Wurstspende zu weiteren Freuden des Daseins verhelfen könnte. Tatsächlich erhielten wir genügend »Munition«.

Fritz und der Rest der Truppe sollten einen Bäckerladen ansteuern und ähnlich argumentieren. Vergeblich warteten wir auf ihre Rückkehr am verabredeten Ort. Schließlich beschlossen wir, den Laden, in dem sie verschwunden waren, zu erkunden. Wir brauchten nicht lange zu suchen, er lag in der Nähe der Ortsmitte und ließ durch die heraustönende Musik vermuten, dass unsere Freunde hier gelandet waren. Man musste wissen, dass Bruder Fritz schon damals ein blendender Klavierspieler war und die Art und Weise der Bearbeitung der

Tasten seine Anwesenheit ganz eindeutig bewies. Diese drei Freunde hatten tatsächlich ebenfalls relativ geschwind das Wohlwollen der beiden Verkäuferinnen erworben und saßen bereits im angeschlossenen Wohnzimmer, wo auch das Klavier stand.

Eines der Mädchen, offenbar die Tochter des Hauses, machte so gar nicht den Eindruck, als ob der Brot- und Semmelverkauf ihrem beruflichen Ideal entsprach. Offensichtlich half sie an diesem Sonnabend im Geschäft aus. Als Fritz spaßeshalber die Bezahlung der Teigwaren in Form von Musik anbot, war die junge Dame sofort einverstanden und bat um eine Privatvorstellung, die auch unverzüglich erfolgte. Neben einigen Klassikern kannte Fritz auch alle modernen Musikstücke, mit welchen man junge Leute begeistern konnte.

Es stellte sich heraus, dass diese gutaussehende und sehr modern, aber nicht übertrieben mondän gekleidete Frau als Unterhaltungssängerin in der damals nicht unbekannten Düsseldorfer »Tabu-Bar« engagiert war. Der Nachmittag verlief entsprechend angeregt und unterhaltsam. Ohne es selbst sofort zu spüren, wurde ich von dieser 24-jährigen Sängerin favorisiert, die sich von meiner mir angeborenen zurückhaltenden Art angezogen fühlte, und dies, obgleich ich doch, wie von derartig anspruchsvollen, etwas mondänen Damen sonst erwartet, keinerlei materielle Güter bieten konnte.

Und so wurde ich während der folgenden Monate von ihr, so oft es die Zeit erlaubte, im wahrsten Sinne des Wortes »aufs Leben vorbereitet«. Ein idealer Zustand! Wieder eine Bäckerstochter, aber darüber hinaus unseren damaligen Ansprüchen sehr entsprechend, wobei diese junge Frau – so hatte ich den Eindruck – bestimmt weiter in die Zukunft dachte als ich.

Ich dachte eigentlich überhaupt nicht weit.

Schneider »Eins«

Selbstverständlich wurde das Studium in keiner Weise vernachlässigt, denn nur mit einem guten Abschluss bestand überhaupt Aussicht, eine Position und, wenn man Glück hatte, sogar eine gute zu bekommen. In jeder Disziplin des Ingenieurwesens stellt das Fach Technische Mechanik eine besondere Herausforderung dar und ist von der Mehrzahl aller Studenten sehr gefürchtet. Unser Dozent war der außerordentlich respektierte Diplom-Ingenieur Josef Schneider, genannt »Schneider Eins«. Er war mit Mitte Dreißig sogar jünger als unser ältester Kommilitone – und er war außerordentlich fähig. Schneider wurde später ordentlicher Professor und Direktor der technischen Forschungsanstalt Denkendorf. Vor Abschluss des Studiums war, wie auch heute, die Erstellung der obligatorischen Diplomarbeit erforderlich.

Es schien mir sinnvoll, die Flucht nach vorn anzutreten und diese Arbeit bei Schneider anzumelden. Mit meinem Freund Hans Niehues, der mich bat, mit ihm gemeinsam diese Arbeit zu erstellen, waren wir die Einzigen dieser Semestergruppe, die den Sprung ins kalte Wasser wagten. Von den übrigen Kommilitonen wohl mehr bedauert, als ob des Mutes bewundert, hatte ich keine Ahnung, worauf ich mich hier eingelassen hatte. Thema der Arbeit: Getriebetechnische Analyse des Webautomaten der Firma August Engels in Velbert/Rheinland.

Es handelte sich bei diesem Automaten um eine neuartige Webmaschine, welche erstmalig nach dem Krieg die Zielsetzungen moderner Fertigungstechnik vorgab. In Deutschland war nach dem Krieg der Wiederaufbau vieler Industriebereiche nicht gestattet, so dass die gesamte in Deutschland verfügbare Ingenieurskapazität in den erlaubten Sparten unterzukommen versuchte, zu denen auch das Textilwesen gehörte. Dieser massive Schub an Know-how hat unter anderem das Konzept dieser Webmaschine ebenfalls beeinflusst und die deutsche Textilmaschinenindustrie insgesamt derartig entwickelt, dass sie nach wenigen Jahren sogar Weltgeltung erreichte. Bis heute

Webautomat der Firma August Engels

hat sie diese nicht mehr abgegeben. Ein Effekt, welcher von den Alliierten sicherlich nicht erwartet und erwünscht war. Eines der besten Beispiele stellt die Firma Dornier dar, die unter anderem, vom Flugzeugbau kommend, die Entwicklung namhafter Webmaschinen in die Wege leitete.

Die Ausarbeitung der Ingenieurarbeit nahm ca. acht Monate in Anspruch, die zum Teil im Werk August Engels in Gemeinschaft mit Freund Hans Niehues verbracht wurden. Auswertungen von Tabellen, Erstellen von Zeichnungen, Materialbewertungen, Konstruktionsbeschreibungen, alles, was im damaligen Textilmaschinenbau an Informationen zugänglich war, wurde in diese Arbeit hineingepackt. Natürlich wurde Dozent Schneider immer wieder konsultiert, sein Rat war ja buchstäblich teuer. Als die Arbeit schließlich abgabefertig war, überraschte uns Schneider mit dem Vorschlag, allen Technikstudenten der verschiedenen Disziplinen im großen Physiksaal die Arbeit vorzutragen und im Rahmen eines Frage- und Antwortspiels die einzelnen Bereiche der Maschinentechnik zu erörtern. Hierzu wurden auch andere Dozenten eingeladen, so auch jener, der für allgemeine Maschinenlehre zuständig war.

Dies war für mich eine ganz unerwartete und ungewöhnliche erste große Herausforderung, die alle Stolpersteine beinhaltete, welche bei einer solchen Prüfung denkbar sind.

Auf das Ereignis habe ich mich intensiv vorbereitet und war natürlich angemessen nervös, trotz allen guten Zuredens der Freunde: »Mensch Hubert, du machst das schon, lass dich nicht unterkriegen, du brauchst keine Hemmungen zu haben … etc.«. Als die Zeit gekommen war, wurde der Vortrag von Schneider mit einigen einführenden Worten angekündigt und vorab einige Erläuterungen gegeben.

Das Referat dauerte zwei Stunden. Während dieser Zeitspanne wurde ich kein einziges Mal unterbrochen. Die anfängliche Nervosität

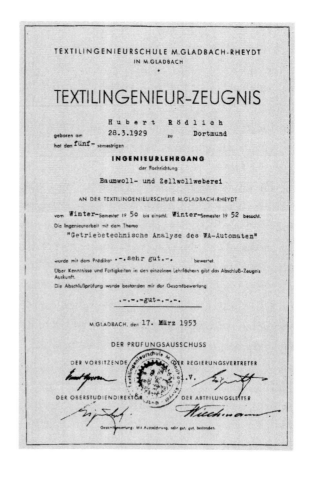

hatte sich bald gelegt, zumal Schneider hie und da bei einigen Passagen durch kaum wahrnehmbares Kopfnicken seine Zustimmung dokumentierte. Ich war jetzt in meinem Element. Die anschließend von Schneider und seinen Kollegen gestellten Fragen fürchtete ich zwar zunächst, sie bereiteten mir jedoch kaum Schwierigkeiten, kannte ich doch, wie auch mein Freund Hans, die Einzelheiten der Arbeit besser als jeder andere im Saal und konnte daher in jeder Weise Punkte machen.

Frage: »Warum wurde bei dieser Webmaschine ein asymmetrischer Wegzeitablauf innerhalb einer Kurbeldrehung gewählt und wie können Sie die Geschwindigkeiten der ›Ladenbewegungen‹ in den je-

Hubert Rödlich neben Schneider »Eins« (untere Reihe, zweiter von links)

weiligen Punkten dieser Drehung bestimmen?« Oder: »Erklären Sie doch bitte noch einmal anhand der gezeigten Kräfteparallelogramme das Prinzip der Ablaufverhältnisse am leeren und vollen Kettbaum und erläutern Sie den Rechenvorgang zur Ermittlung der jeweiligen Kräfte, Spannungen ... usw.« Nur als Fragen hinsichtlich des günstigsten Motorenprinzips für den Antrieb gestellt wurden, kam mir das Glück zu Hilfe, weil diese Problemstellung kurz zuvor noch mit meinen Kollegen erörtert worden war, und so konnte ich auch diesen Punkt spontan beantworteten.

Als die Vorstellung schließlich beendet war und Schneider sich für den »ausgezeichneten« Vortrag bedankte, wusste ich, dass mir jetzt hinsichtlich meines in vier Wochen erwarteten Schlussexamens nichts mehr passieren konnte. So war es dann auch. Ich hatte die wichtige Erfahrung gemacht, dass man im Leben auch bereit sein muss, einmal etwas zu wagen. Nur so gelingt es, sich von der Masse abzusetzen. Seneca sagt: Vieles wagen wir nicht, nicht weil es schwierig wäre, sondern weil wir es nicht wagen, ist es schwierig.

Erste Lektion

Im März 1953 hatte ich meine Studien glücklich beendet und die Grundlagen der Technik in allen Bereichen erlernt. Die Umsetzung dieser Kenntnisse in die Praxis war dann aber doch erheblich komplizierter, als man dies als junger Mensch gemeinhin erwartet. Jetzt bestand die Hauptaufgabe darin, Bewerbungsschreiben zu versenden, eine Stelle zu finden und damit das ersehnte erste Geld zu verdienen.

Meine erste Position als junger Ingenieur fand ich während der 50er Jahre in dem für damalige Verhältnisse außerordentlich bedeutenden deutschen Textilunternehmen Weber und Ott AG, das seinerzeit etwa fünftausend Mitarbeiter beschäftigte. Dieses Haus schien mir maßgeschneidert zu sein, um mein frisch erworbenes Wissen zur Anwendung zu bringen.

Kaum vorstellbar, dass die älteren und lang gedienten Kollegen in einem solchen Betrieb nicht vor Ehrfurcht erblassen würden, wenn sie erst einmal einige Proben meiner Weisheiten zu kosten bekämen. Nach wenigen Wochen in meiner neuen Tätigkeit erschienen mir die Vorgaben und Dispositionsmethoden des Unternehmens längst antiquiert. Um diese völlig neu zu gestalten, wollte ich schrittweise vor-

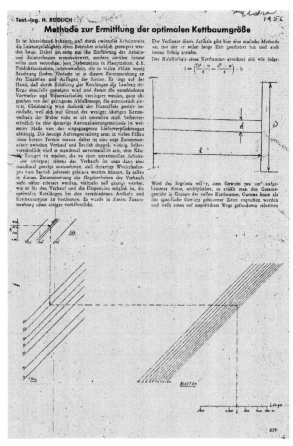

Meine Erfindung des Rechenschiebers zur Ermittlung der optimalen Kettbaumgröße –

gehen. Nicht mit der Tür ins Haus fallen! Soviel war mir klar. Ein gründliches Aufmischen aber war notwendig, je früher, je besser. Ich hatte ja einen Ruf aufzubauen!

Meine Vorschläge für die von mir als längst überfällig und richtig erkannten Maßnahmen wurden erstaunlich gelassen aufgenommen. Es kam auch keine Begeisterung auf, als ich weitere Breitseiten meines Repertoires zum Besten gab. Auch mein selbst erfundener neuer Rechenschieber, der schon damals sehr interessante und Produktivität erhöhende Wertermittlungen zuließ (die heute im Übrigen Standard sind), hat nicht bei allen engeren Mitarbeitern Reaktionen geweckt.

110

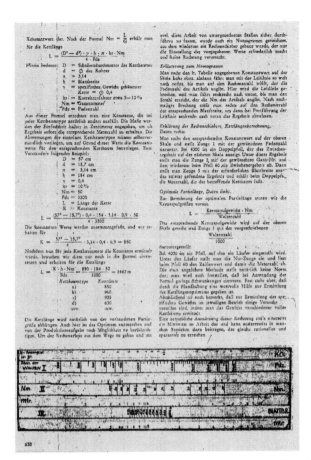

Artikel in der Zeitschrift »Textilindustrie«, Lapp-Verlag, Mönchengladbach 1956.

Schließlich wurden auch die in stundenlanger Kleinarbeit erstellten Analysen nur mit höflichem Interesse entgegengenommen, aber offenbar ungelesen abgelegt.

All dies war mir zunächst unverständlich. Wie war es möglich, derartig wertvolle Erkenntnisse einfach zu ignorieren?

Es war meine erste Berufslektion. Müßig, darüber nachzudenken, warum ein alter Betriebshase sich erfreut zeigen soll, wenn ein junger Macher bewährte Regeln aus den Angeln zu heben versucht, selbst dann, wenn es sich um vermeintlich vorteilhafte Neuheiten handelt. Hier mussten wohl andere Voraussetzungen gelten, als ich mir dies in

111

meinem jugendlichen Elan zunächst vorstellte. Es war dies eine erste tiefgreifende Erkenntnis, die meine zukünftigen Bemühungen stark beeinflusste.

Mir wurde sehr schnell klar, dass es vor allen Dingen gilt, die Interessenlage des anderen Partners zu beachten, wenn man Erfolg haben will. Es ist erforderlich, andere in die neu erdachten Konzepte und Arbeitsweisen so einzubinden, dass die Realisierung des Vorhabens erleichtert wird und am Ende gelingt. Dabei sollte der unmittelbar Betroffene durch die Aktion auch einen Gewinn an persönlichem Ansehen davontragen. Allmählich erweitert sich auf diese Weise der Kreis der »wohlwollend zuarbeitenden Freunde«, die Akzeptanz von Vorschlägen wird größer, alle Beteiligten sind zufrieden, und schließlich erfreut man sich allgemeiner Wertschätzung – bis hin zur Geschäftsleitung.

Seinerzeit machte ich mir viele Gedanken, führte im Rahmen der Fehlerursachenforschung Elemente der technischen Statistik ein und brachte dem Werk auch mit meinem neuen, auf den Grundlagen der Nomographie basierenden Rechenschieber, der meine Arbeit erheblich erleichterte, interessante Produktivitätsfortschritte. Damals noch Neuland, gehören heutzutage die seinerzeit ermittelten Vorgaben zur Standardausstattung einer jeden elektronisch gesteuerten Vorbereitungsmaschine in der Weberei.

Hierfür erhielt ich eine Gehaltserhöhung und war sehr stolz. Dankbar bin ich auch heute noch meinem damaligen Vorgesetzten Hans Röhrer (später Vorstand der Weber und Ott AG), der meine vielgestaltigen Aktivitäten richtig zu lenken verstand.

Weichenstellungen

Nach nur etwas mehr als drei Jahren Tätigkeit war das außerordentlich vielseitige Unternehmen Weber und Ott AG für mich wegweisend geworden; eine Heimat, die ich nie vergessen habe. Vieles hatte ich gelernt. Vor allem wusste ich jetzt, dass ich noch nicht viel wusste. Ich strebte weiter. So sehr mir das Unternehmen inzwischen nahestand, so sehr war es mein Wunsch, »die große Welt« zu erfahren. Mit der Empfehlung meines von mir sehr verehrten Dienstherrn, Direktor Heinrich Soldan, einem hoch angesehenen Dynamiker der Nachkriegszeit mit konfuzianischem Sendungs- und Aufbaubewusstsein, konnte ich mich erfolgreich bei der angesehenen Unionmatex GmbH in Frankfurt am Main bewerben. Die Unionmatex war ein Zusammenschluss der bedeutendsten acht deutschen Textilmaschinenfabriken, die sich dergestalt ergänzten, dass komplette Produktionsanlagen aus einer Hand erstellt werden konnten. Dadurch ergab sich gerade in der Nachkriegszeit ein besonders markanter Wettbewerbsvorteil. Bereits vor dem Krieg war die Unionmatex ein weltweit agierendes und bekanntes Unternehmen. Zu ihren Beteiligungspartnern gehörten die Firmen Deutscher Spinnereimaschinenbau Ingol-

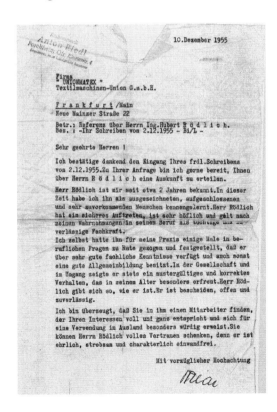

Empfehlungsschreiben zu Beginn meiner Laufbahn

stadt, Maschinenbau Kiel AG (MAK), W. Schlafhorst & Co., Gebr. Sucker GmbH, B. Thies Spezialmaschinenfabrik für Färbe- und Bleichapparate, Astra Bergedorfer Eisenwerk AG, Joh. Kleinewefers Söhne und A. Monforts Maschinenfabrik. In der ganzen Gruppe waren insgesamt etwa 22 000 Mitarbeiter beschäftigt.

Während der Aufbaujahre nach dem Krieg war es natürlich nicht ganz einfach, eine Position zu bekommen, die auch Einsätze in fremden Ländern ermöglichte. Die Verdienstmöglichkeiten waren dort erheblich größer als in der Heimat. Mein monatliches Einkommen in Deutschland betrug bis dahin 350 Mark, ich war gerade 26 Jahre alt. Wegen der vielfach nur sehr spärlich oder manchmal gar nicht vorhandenen Kommunikationsmöglichkeiten zu vielen Überseeländern waren die Heimatunternehmen auf absolut zuverlässige, möglichst

Brief von Direktor Heinrich Soldan, Weber & Ott Ag an H. Biel

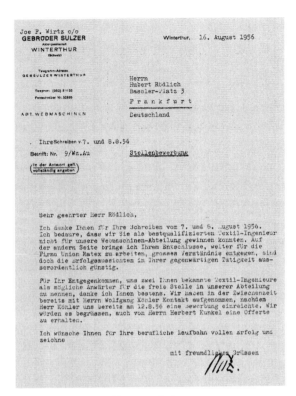

Joe P. Wirtz c/o
GEBRÜDER SULZER
Aktiengesellschaft
WINTERTHUR
(Schweiz)

Telegramm-Adresse
GEBSULZER WINTERTHUR

Telephon: (052) 8 11 22
Fernschreiber Nr. 35869

ABT. WEBMASCHINEN

Winterthur, 16. August 1956

Herrn
Hubert Rödlich
Basaler-Platz 3

F r a n k f u r t

Deutschland

. Ihre Schreiben v. 7. und 8.8.56

Betrifft: Nr. 9/Wz.Au   Stellenbewerbung

(In der Antwort gefl.)
(vollständig angeben)

Sehr geehrter Herr Rödlich,

Ich danke Ihnen für Ihre Schreiben vom 7. und 6. August 1956.
Ich bedaure, dass wir Sie als bestqualifizierten Textil-Ingenieur
nicht für unsere Webmaschinen-Abteilung gewinnen konnten. Auf
der andern Seite bringe ich Ihrem Entschlusse, weiter für die
Firma Union Matex zu arbeiten, grosses Verständnis entgegen, sind
doch die erfolgsaussichten in Ihrer gegenwärtigen Tätigkeit ausserordentlich günstig.

Für Ihr Entgegenkommen, uns zwei Ihnen bekannte Textil-Ingenieure
als mögliche Anwärter für die freie Stelle in unserer Abteilung
zu nennen, danke ich Innen bestens. Wir haben in der Zwischenzeit
bereits mit Herrn Wolfgang Köhler Kontakt aufgenommen, nachdem
Herr Köhler uns bereits am 12.8.56 eine Bewerbung einreichte. Wir
würden es begrüssen, auch von Herrn Herbert Kunkel eine Offerte
zu erhalten.

Ich wünsche Ihnen für Ihre berufliche Laufbahn vollen Erfolg und
zeichne

                    mit freundlichen Grüssen

Reaktion auf meine Absage an Sulzer

standfeste und breit ausgebildete Mitarbeiter angewiesen. Nach einem
langwierigen Frage- und Antwortspiel und der Angabe aller verfüg-
barer Referenzen (auch mein Freund, Rechtsanwalt Anton Riedl aus
Forchheim, steuerte eine sehr positive Auskunft bei) gelang es schließlich, mit der entscheidenden Unterstützung von Direktor Soldan den
endgültigen Zuschlag für die von mir angestrebte Stellung bei der
Unionmatex zu erhalten.

Wie so oft im Leben wird man stets erst dann umworben, wenn
sich der persönliche Erfolg eingestellt hat und der Sprung ins Zentrum des aktuellen Geschehens gelungen ist. Wer die schwierigen Ein-
stellungskriterien der damaligen Unionmatex zu erfüllen verstand, der
musste selbstredend auch für andere Aufgaben geeignet sein. Noch im
Jahr 1956 erhielt ich daher auch ein Angebot der weltweit aktiven

Firma Sulzer in Winterthur/Schweiz, Mitglied dieses »erlauchten« Unternehmens zu werden. Dieser Vorzug war mir zu jener Zeit auf Grund meiner Jugend und meiner deutschen Staatsangehörigkeit noch gar nicht voll bewusst. Tatsächlich erlangte die Firma Sulzer als Elite-Unternehmen während der folgenden vierzig Jahre im Bereich neuartiger Projektil-Webmaschinen eine beherrschende Stellung in der Welt.

Die Erinnerung an meine Zeit in der geschichtsträchtigen Residenzstadt Forchheim blieb für mein Leben bestimmend. Es waren nicht nur die Freunde Hans Röhrer und Erich Arlt, die mir ein Leben lang verbunden blieben, sondern es waren auch meine ersten spannenden Junggesellen-Eskapaden, die ich in Oberfranken erlebte und die den Freunden nicht verborgen blieben. Erich traf ich zum ersten Mal nach seinem Antritt bei der Weber und Ott AG. Durch häufige gemeinsame interessante Erlebnisse und Gespräche lernten wir uns näher kennen und erfreuten uns gemeinsam vieler Dinge, über die man sich in der heutigen Zeit des Wohlstands und Fortschritts kaum noch Gedanken macht.

Warum gerade die vermeintlichen Kleinigkeiten unseres Lebens – die Geborgenheit eines geheizten Zimmers und eine warme Mahlzeit – viel Freude bereiten können, versteht der besonders, dem das Schicksal harte Entbehrungen aufgebürdet hat.

Erich

Zu diesen Menschen gehörte auch Freund Erich. Als junger Mann geriet er in russische Kriegsgefangenschaft und musste alle Härten der dortigen Lager erdulden und um sein Überleben bangen. Erst etwa zehn Jahre nach Kriegsende kehrten die letzten Gefangenen aus Russland heim. Erich Arlt war einer dieser »Glücklichen«. Ein Ereignis, das er während seiner langen Gefangenschaft erlebte und welches in seiner Tragik nur noch selten begriffen und erinnert wird, hat mich besonders berührt. Es bringt das Elend, den Mut und die

Verzweiflung der jungen Menschen zum Ausdruck, die damals ihre besten Jahre in sibirischen Arbeitslagern verbringen mussten. Seine Worte sind mir so in Erinnerung:

»Unerbittlich sind in diesen Lagern die Arbeitsbedingungen für die Gefangenen. Mit unbeugsamem Lebenswillen stemmen sie sich gegen die Hoffnungslosigkeit ihres Schicksals, ihre Gedanken an zuhause bleiben jedoch voll unerfüllter Sehnsucht. Wir erleben Weihnachten 1947. Heute ist der 24. Dezember. Ein Tag wie jeder andere. Eine in Lumpen gehüllte Kolonne Gefangener, junge deutsche Soldaten, die das Schicksal hierher nach Scheljawin verschlug, bewegt sich schleppend vom Steinbruch zurück zu den kargen Unterkünften. Eiskalter Wind weht über das Land. Die schneidende Kälte geht den abgezehrten, hohläugigen Gestalten durch Mark und Bein. Längst zerschlissene Schuhe, nur mit Lappen und Bindfaden um die halb erfrorenen Füße gewickelt, ein schäbiger, immer wieder notdürftig geflickter alter Mantel sind der einzige Schutz gegen die erbarmungslose Kälte; hungrig und müde, die Verzweiflung im Herzen, ziehen diese erschöpften Männer nach der Arbeit, wie an jedem Tag, so auch heute, am Heiligen Abend, bei anbrechender Dunkelheit zurück ins Lager.

Ja, heute ist Heiliger Abend. Wer mag schon daran denken in dieser mitleidlosen Umgebung? Ist in diesem Zustand der Verlassenheit das Christkind näher als der Gedanke an ein friedliches Leben und heimatliche Geborgenheit? Weihnachten, hier wird die Hoffnung zur Gewissheit, es bedeutet doch mehr als nur Tannenduft und Lichterbaum! Aber solche zaghaft aufsteigenden Gedanken werden zertrümmert von der Not und der Verzweiflung dieser grauen, betrogenen Männer.

Dunkelheit senkt sich über das Land. Von der nahen Bahnlinie Scheljawin weht der Wind das Rollen eines Zuges herüber. Die Männer horchen auf. Heute fahren ihre Herzen mit in die Heimat. Und als später die Sterne der Heiligen Nacht auffunkeln, da sitzen sie zu zweit oder in kleinen Gruppen zusammen in den engen Baracken. Es ist still. Kaum einer sagt ein Wort. Im ganzen Raum duftet es nach Tannengrün, und in einer dunklen Ecke flackert sogar ein Kerzenstumpf. ›Wie zu Hause‹, sagt ein blasser, schmaler Junge leise. Und die anderen, auch die Älteren, nicken wortlos mit den Köpfen. Dann reichen sie sich stumm die Hände. Die Lippen bringen keinen Ton hervor, aber ihre Augen sprechen, ihre Herzen wünschen: ›Gesegnete Weihnacht und baldige glückliche Heimkehr!‹ Durch die Halle klingt das Lied von der stillen, heiligen Nacht.

Dumpf und feierlich schallt der raue Chor der hart geprüften Schicksalsgemeinschaft an den Wänden wider, er schallt hinaus auf das verschneite Feld bis hinauf zu den hölzernen Wachtürmen der russischen Posten, die erstaunt aufhorchen. Dann steht ein Kriegspfarrer auf. Äußerlich unterscheidet er sich nicht von den anderen Männern. Er ist schon bei Stalingrad in Gefangenschaft geraten und verlebt nun seine vierte Weihnacht hinter Stacheldraht. Für mich ist dieser Pfarrer eine Leitfigur, eine standhafte Säule in dieser sonst so hoffnungslosen Welt.

Ganz still ist es in der Baracke geworden. Der Pfarrer liest das Weihnachtsevangelium. Und noch lange klingen die Worte des Evangeliums nach: ›Friede den Menschen auf Erden, die guten Willens sind …‹. Die Augen der Mitgefangenen haben einen seltsamen Glanz, als schauten sie verloren in eine weite Ferne, und um manchen Mund spielt ein scheues, fast wehmütiges Lächeln. Heute ist doch Heiliger Abend!«

Dies war damals die Welt von Erich Arlt, und es dauerte weitere sieben Jahre voller Entbehrung und Hoffnungslosigkeit, bis er schließlich die Heimat wiedersah. Eine Heimkehr, geprägt von Gefühlen des Durchlittenen und voll ungewisser Lebenserwartung. Wer kann so etwas schon nachempfinden, der es nicht erlebt hat?

Das Schicksal meinte es von nun an jedoch gut mit ihm. Er wurde nach Forchheim zur Weber & Ott AG geschickt, wo er sich, gekleidet in seine noch aus Sibirien stammende, armselige und doch für ihn wertvolle Wattejacke, beim Pförtner meldete und um Arbeit nachsuchte.

Den Pförtner zu überwinden und zum Betriebsleiter vorzustoßen, war sein erster Erfolg. Er erhielt tatsächlich eine einfache Tätigkeit in dem angeschlossenen Konfektionsbetrieb des Unternehmens, welches zu jener Zeit in Deutschland eines der größten und sicherlich auch markantesten Textilunternehmen war. Was konnte ein Mann, der mit achtzehn das Kriegshandwerk erlernte und bereits als 19-Jähriger in russische Gefangenschaft geriet, um die unerbittlichen Leiden der Straflager Sibiriens zu durchleben, der als 31-Jähriger heimkehrte, noch dazu mit einer durch einen Unfall im Steinbruch verkrüppelten Hand, was konnte ein solcher Mann an nützlicher Arbeit in einem Berufsfeld leisten, wo Akkordarbeit und Meisterwissen gefragt waren, wo inzwischen Fortschrittsglaube die Zukunft gestaltete und breite Ellbogen gefragt waren?

Erich war Optimist, irgendwie fühlte ich mich diesem Mann verbunden, wir wurden Freunde. Noch galt es, seine Scheu vor Befehlenden abzubauen und sein Streben nach mehr Wissen zu unterstützen. Doch seine Vergangenheit hatte ihn arbeiten gelehrt, er erklomm in diesem Werk Stufe um Stufe. Innerhalb einer Dekade brachte er es vom einfachen Maschinenputzer bis zu leitender Position. Er durchlief zunächst einige Abteilungen, bis er schließlich als Direktor für mehrere bedeutende Zweigwerke dieses Konzerns verantwortlich war, eine Leistung, die keinerlei Erläuterung bedarf.

Vielen Menschen sind die eigenen Talente häufig nicht bewusst. Dies galt auch für Freund Erich. Natürlich war ich, vielleicht unbewusst, bemüht, sein Selbstbewusstsein zu stärken, welches in den Jahren der Gefangenschaft sehr gelitten hatte. Wie sich später herausstellte, besaß dieser Mann nicht nur ein außergewöhnliches Organisationstalent, sondern auch die besondere Gabe der Menschenführung. Viel später vertraute mir der Seniorchef Heinrich Soldan einmal an: »Herr Rödlich, in diesem Unternehmen gibt es viele, die viel gelernt haben, mehr als Herr Arlt. Es gibt aber nur wenige Menschen, die solche Führungsqualitäten wie er besitzen und die für das Unternehmen daher besonders wertvoll sind.«

Besonderes Glück hatte Erich Arlt auch im Privatleben, denn er fand in seiner hübschen Frau Christel, von der er mir stolz und begeistert später, nach Korea, berichtete, eine Seele von Mensch mit viel

119

Engagement für den Nächsten, die für ihn Lebensinhalt und Motor wurde. Wer konnte Erich besser motivieren, wer seine Talente besser entwickeln, wer ihn besser unterstützen in seinem Bemühen, sich durchzusetzen, als seine Frau Christel?

Die Überreichung des Bundesverdienstkreuzes war schließlich die äußere Anerkennung für seine überragende Leistung und für sein Engagement für Menschen, deren Leben und Sorgen er aus der Anfangszeit seiner beruflichen Tätigkeit bestens kannte und begleitete. Sein Schicksal ist ein Beispiel dafür, dass auch in tiefsten Abgründen dieser Welt Hoffnung besteht. Erich Arlt hatte unerschütterliches Gottvertrauen, sein Glaube und sein Fleiß wurden belohnt.

Nach Fernost

Mein eigener Weg führte mich nun zu neuen Ufern. Ich hatte erheblich an Erfahrung gewonnen und besaß beste persönliche und auch technische Voraussetzungen. Um jedoch für einen Einsatz im Ausland geeignet zu sein, bedurfte es einer weiteren, nochmals zweijährigen, äußerst intensiven Weiterbildung in der neuen Firma. Diese Ausbildung war eine Grundvoraussetzung, um international bestehen zu können, denn in der damaligen Zeit waren die Kommunikationsmöglichkeiten mit der Heimat äußerst beschränkt. Entscheidungen mussten selbständig und eigenverantwortlich getroffen werden und man war der Kontrolle der Geschäftsleitung weitgehend entzogen. Und so musste ich noch einmal den »Blaumann« anziehen und Montagearbeit bei allen acht angeschlossenen Unternehmen der Unionmatex ableisten. Dazu erhielt ich eine Schulung in Fabrikplanung, den Fertigungstechniken der einzelnen Werke sowie kaufmännische Grundlagen, Sprachunterricht und Einweisung in die Gepflogenheiten, Sitten und die Religion des Bestimmungslandes.

Als junger Ingenieur, nach nunmehr fünf »Lehrjahren« inzwischen 28 Jahre alt, war ich offenbar ausreichend vorbereitet, um im Oktober 1957 zu meinem ersten Einsatz nach Seoul in Südkorea geschickt zu werden. Aus den geplanten sechs Monaten wurden ganze drei Jahre.

Kurz vor Abschluss meiner Werksausbildung wurde ich zu Dr. Walter Reiners, dem Präsidenten der Unionmatex, gerufen. Er war ein Mann, der wegen seiner Genialität, seiner Geradlinigkeit und wegen seiner menschlichen Integrität auch international ein hohes Ansehen genoss. Als bekanntem und begnadetem Ingenieur wurde ihm neben anderen Ehrungen auch die Mitgliedschaft der französischen Ehrenlegion der Wissenschaften zuteil. Er war zudem Schwiegersohn von Bundeskanzler Adenauer. Es war das erste Mal, dass ich diesen auch von mir sehr geschätzten Mann treffen durfte. Dr. Reiners gab mir in sehr verbindlicher Form einige Ratschläge mit auf den Weg und hielt auch lobende, für mich sehr anspornende Worte über meine bisherige Tätigkeit bereit, bevor er mir alles Gute für den Anfang meiner Arbeit in der Welt des Fernen Ostens wünschte.

Korea war für alle Unternehmen der Unionmatex ein noch völlig unbekanntes, ja, wenn man so will, unerschlossenes Gebiet.

Der Flug nach Korea war dann ein Ereignis besonderer Art. Es war mein erster Motorflug überhaupt und wurde für mich zu einem großen Abenteuer. Die Scandinavian Airways wagte die ersten Motorflüge mit einer damals üblichen, für heutige Verhältnisse sehr kleinen Passagiermaschine »nonstop« von Kopenhagen über den Nordpol bis nach Anchorage in Alaska. Nach Zwischenlandung und Auftanken führte die Route weiter bis Tokio. Noch heute birgt der Flug über den Nordpol wegen der im Falle einer Notlandung grausamen Kälte und der mangelnden Ausweichmöglichkeiten – der nächste Landeplatz liegt 1400 Kilometer weit entfernt in Sibirien – erhebliche Risiken. Zu jener Zeit war es eigentlich ein nicht kalkulierbares Abenteuer*.

---

* Auszug aus einem Artikel in der Süddeutschen Zeitung vom 10./11. November 2001 von Jens Flottau:
»In eisigen Höhen über das Nichts … Doch die Risiken sind nicht gering … Flüge über den Pazifik gelten als die längsten der Welt. Wer von Los Angeles nach Tokio fliegen will, ist zwölf Stunden lang unterwegs. Ziele in Asien werden erst nach 14 oder 15 Stunden erreicht und viele davon nicht ohne Zwi-

Um mutige Passagiere für diese erste Reise über den Nordpol zu rekrutieren, hatte die Scandinavian Airline bei einigen großen europäischen Unternehmen angefragt, ob jemand Neigung verspürte, an dem historischen Flug teilzunehmen. Als auch mir von der Geschäftsleitung diese Möglichkeit eröffnet wurde, regte sich mein Sportsgeist; ich zögerte nicht lange und sagte zu. Ich habe diesen Entschluss nie bereut! Mein oberster, von mir ebenfalls sehr geschätzter Chef, Dipl.-Ing. Horst C. Biel, der Geschäftsführer der Unionmatex, ließ mich kurz vor meiner Reise nach Korea ins Hauptquartier nach Frankfurt rufen, um mir einige Erfordernisse hinsichtlich der für die Firma zu berücksichtigenden Interessen zu erläutern. Ich war schließlich der erste Mann des Unternehmens, der nach dem Krieg in dieser Region des Fernen Ostens die Arbeit aufnehmen sollte.

---

schenstopp ... Mit den ersten regelmäßigen Flügen über den Nordpol haben die krisengeschüttelten Airlines in den vergangenen Monaten aber auch Neuland betreten, das neue Regularien erfordert. Die neue Streckenführung ist erst seit Ende des Kalten Krieges vorstellbar, denn zuvor war der russische Luftraum über Nordostsibirien für westliche Fluggesellschaften tabu ... Über die vier neuen Routen Polar 1 bis Polar 4 wollen die Airlines einem großen Problem ausweichen. Wenn sie in westlicher Richtung fliegen, müssen sie sowohl auf dem Nordatlantik, also auf den Strecken zwischen Europa und Nordamerika, als auch auf dem Nordpazifik zwischen Nordamerika und Asien gegen teils heftigen Gegenwind ankämpfen ... Noch haben sich trotz vielversprechenden Verlockungen nicht viele Airlines daran gewagt, denn über den Pol zu fliegen ist alles andere als Routine. Das größte Problem mit den neuen Routen liegt in ihrer extremen Abgeschiedenheit und der Kälte. Falls eine Landung aus Sicherheitsgründen oder wegen eines medizinischen Notfalls nötig wird, stehen nur wenige Ausweichplätze zur Verfügung. Zwar haben viele Airports in Sibirien eine solide Landebahn, weil sie auch militärischen Zwecken dienten, jedoch ist die Infrastruktur of ungenügend. ›Was hilft es mir, wenn ich die Notlandung überlebe, aber dann am Boden erfriere?‹, so ein Airline-Manager. Delta etwa will eine Art Raumanzüge für die Piloten mitführen, damit wenigstens sie bei minus 50 Grad die Maschine verlassen können, um Hilfe zu holen. Delta Airlines sah sich zudem gezwungen, eine neue Methode zu entwickeln, die den Gefrierpunkt des Flugbenzins Jet A ermitteln soll. Nach konservativen Schätzungen gefriert Jet A in den Flügeln bei minus 40 Grad ...«

Dipl.-Ing. Horst Biel,
erster Geschäftsführer der Unionmatex

Gut erinnere ich mich noch an die Art der Fragestellung des zweiten Geschäftsführers, Dr. Römer: »Herr Rödlich, Sie sind Junggeselle, haben Sie Lust, dieses doch ziemlich einmalige ›Abenteuer‹ mitzumachen?« Meine bis dahin ausschließlich auf das Segelfliegen beschränkte Flugerfahrung war natürlich nicht geeignet, die Größenordnung dieses Fluges zu ermessen. Es waren wohl jugendlicher Erlebnisdrang und das Gefühl, hier an einem »historischen« Ereignis hautnah teilnehmen zu können, welche mich zur spontanen Zusage bewegten.

Meine Reise bereitete ich dann gründlich vor und fuhr vorab noch zu den von mir und meinen Geschwistern sehr verehrten Eltern, um mich zu verabschieden. Mit einer Mischung aus Stolz und Sorge verdeckten sie die Wehmut, die sie wohl ergriff, als ihr jüngster Sohn Lebewohl sagte, der sich vorgenommen hatte, in eine damals völlig unbekannte Welt zu ziehen, alle Unwägbarkeiten des bevorstehenden Fluges eingeschlossen.

Das Vorhaben erschien ihnen, die noch durch die Kaiserzeit geprägt waren, als geradezu unglaublich. Zum Abschied schenkten mir die Eltern einen Ring mit dem Wappen der Familie und eine wertvolle Armbanduhr. Geschenke, die mir viel bedeuteten. Der Abschied, so schien mir, hatte für sie fast etwas Endgültiges, malten sie sich doch die Gefahren und Unwägbarkeiten dieses Aufbruchs gefahrvoll

123

und dramatisch aus; Gefahren, welche ein junger Mensch – Gott sei Dank – zunächst nicht in dieser Tragweite sieht.

Vater und Mutter begleiteten mich am nächsten Tag zum Bahnhof in Münster, wo ich meinen Zug nach Düsseldorf in Richtung Flughafen bestieg. Sie winkten dem Zug nach, bis ich außer Sichtweite war. Der Flug Düsseldorf–Kopenhagen war kurz. Dort angekommen, stellte ich mit Überraschung fest, dass sich nur wenige »Abenteurer« zu dieser Reise über den Nordpol entschlossen hatten. Es waren nur circa fünfzehn Teilnehmer aus verschiedenen europäischen Ländern zusammengekommen – vorwiegend Skandinavier und Engländer. Sie solidarisierten sich bereits vor dem Abflug unverzüglich zu einer Art Schicksalsgemeinschaft.

Ich war, soweit mir erinnerlich, der einzige Deutsche an Bord. Sicherlich bestand die Gruppe aus Individualisten, und es wäre höchst interessant gewesen zu erfahren, was die einzelnen Männer bewog, an dieser ungewöhnlichen Reise teilzunehmen. Ich konnte soviel erfahren, dass mein direkter Nachbar in Alaska zur Jagd gehen wollte. Dasselbe Ziel hatten einige Sportler und Naturforscher. Auch gab es Firmenvertreter, die in Tokio eine Mission zu erfüllen hatten. Die Verabschiedung der Fluggäste erfolgte durch die offiziellen Vertreter der Stadt Kopenhagen und der Fluggesellschaft noch per Handschlag, ei-

Abschied von den Eltern, 1957

ner vielsagende Geste, welche uns die Bedeutung und ein wenig auch die Endgültigkeit dieser Reise nahebrachte.

Das viermotorige Flugzeug, eine DC 7 C, war so vorbereitet, dass dieser etwa zwanzigstündige Flug bis Anchorage nach menschlichem Ermessen ohne Zwischenfall durchgeführt werden konnte. Das bedeutete auch, dass in jedem verfügbaren Winkel des Flugzeugs Treibstoff gebunkert war. Die Menge des Flugbenzins musste so bemessen sein, dass auch streckenweise auftretende Gegenwinde keine Schwierigkeiten verursachten. Auch der Gefrierpunkt des Treibstoffs war zu beachten.

Die Wartungstechniker hatten alles bereits mehrfach gewissenhaft durchgeprüft, der Kapitän kontrollierte mit seinem Kopiloten noch einmal alle Funktionselemente; er stellte keinerlei Beanstandungen fest. Natürlich waren Überraschungen dennoch denkbar, schon deshalb, weil keine Wettervorhersage, wie sie heute üblich ist, möglich war. Eine Notlandung war weder im eiskalten Nordmeer noch in der vielfach zerklüfteten und unebenen Nordkap-Eiswüste möglich. Noch nach dem Erreichen des geographischen Nordpols und des gesamten Nordkaps waren es abermals viele Stunden bis zur ersten Landemöglichkeit in Alaska.

Wir waren aber guten Mutes und fügten uns in unser Schicksal. Eine Musikkapelle spielte ein Abschiedslied, der Kapitän ließ sich beglückwünschen, der Flug konnte beginnen.

Flug über den Nordpol

Inzwischen waren alle Abschiedszeremonien beendet, wir nahmen unsere Sitzplätze ein, schnallten die Gurte an und warteten in gespannter Ruhe auf den Start. Sicherlich machte sich jeder seine eigenen Gedanken. Ich dachte darüber nach, ob es wohl richtig war, sich für diesen Flug zu entscheiden, war mir aber sicher, dass ich einen guten Schutzengel hatte, der auch weiterhin meine Wege begleitete.

Zahlreiche Menschen waren gekommen, um den Start zu verfolgen. Sie standen am Rande des völlig frei zugänglichen, unkontrollierten Flugfeldes. Endlich wurden die Motoren angelassen, die Maschine setzte sich in Bewegung und rollte zur Startbahn. Der Start wurde freigegeben.

Nach langem Anlauf – wir hatten längst die dritte Kontrollmarke der Startbahn überfahren – hob die stark beladene Maschine schwerfällig ab. Es dauerte lange, eigentlich sehr lange, bis die Maschine Meter für Meter Höhe gewann, die Wolkendecke durchbrach und nach und nach schließlich ihre vorgeschriebene Flughöhe erreichte. Die ersten Stunden des Fluges entlang der norwegischen Fjorde entbehrten nicht einer gewissen Spannung, waren aber ruhig und bauten zunächst das Gefühl der Sicherheit auf. Sehr bald war der Himmel wolkenlos und blieb dies bis auf wenige Unterbrechungen auf der gesamten Flugstrecke.

Als wir den Polarkreis überflogen, nach weiteren zwei Stunden Spitzbergen und das Nordmeer hinter uns ließen und den Beginn der unendlichen Eiswüsten der Nordpolregion im dämmrigen Nordlicht erkannten, wurde wohl jedem Einzelnen die zunehmende Einsamkeit bewusst, in die wir uns immer weiter hineinbegaben. Ich glaube, wir alle waren doch innerlich bewegt, verhielten uns aber »männlich« ruhig. Die im Flugzeug herrschende Atmosphäre war schwer zu beschreiben. Stunde um Stunde zog die Maschine ihre ruhige Bahn. Unter uns türmten sich Eisberge, die von flachen, unendlichen Eisebenen abgelöst wurden. Die Passagiere durften auch abwechselnd vom Cockpit aus diese einsame Welt beobachten.

Nach zehn Stunden schließlich näherten wir uns dem »Point-of-no-return«. Kurz darauf meldete der Kapitän: »We are now on the top of the world and you belong to the very first human beings crossing this point!«.

Ein sehr eigenartiges, aber auch stolzes Gefühl bemächtigte sich unser, gehörten wir doch zu den wenigen Menschen, die als Allererste diese völlig menschenleere Region überflogen. Jemand hatte Sektflaschen geöffnet, und weil geeignete Gläser nicht verfügbar waren, tranken wir aus Wassergläsern und anderen verfügbaren Gefäßen, was der

Feier dieses Ereignisses jedoch keinen Abbruch tat. Ein Amerikaner stimmte ein Lied an, »… the Lord with us …« oder ähnlich. Ich gebe zu, der Augenblick war überwältigend.

Uns alle erfasste das Gefühl göttlicher Nähe, jeder gratulierte jedem, die Männer umarmten sich und wir wünschten uns Glück für den noch einmal so lange dauernden zweiten Teil des Fluges. Wir waren ja so unermesslich weit von jeglicher Zivilisation entfernt. Nur Gottvertrauen konnte helfen. Es ging weiter, immer weiter, kein Ende war abzusehen. Eis, soweit das Auge reichte. Wir suchten im bereits dämmrigen Licht mit einem Fernglas die weiße, hügelige Landschaft unter uns ab. Eisbären konnten wir jedoch nicht ausmachen.

Weitere Stunden vergingen, noch immer unter uns Eis, nichts als Eis. Die Spannung hatte sich wieder etwas gelegt und das beruhigende Brummen der Motoren – es durfte ja keiner ausfallen – ließ uns dann doch ein wenig schlafen. Mittlerweile waren vierzehn Flugstunden vergangen, wir hatten kaum Bewegungsfreiheit, konnten uns nicht die Beine vertreten, das lange Sitzen wurde nun doch zur Qual. Der kurze Mittelgang war durch Behälter und andere Gegenstände, für deren Verwendungszweck wir keine Erklärung hatten, versperrt. Auch die nächsten drei Stunden verliefen ruhig.

Plötzlich wurden wir in unserem Dahindösen jäh aufgeschreckt. Die Maschine fing unvermittelt heftig und geräuschvoll an zu zittern. Das Zittern steigerte sich bedrohlich von Minute zu Minute. Wir schnallten uns in unserem Schrecken sofort wieder an. Der Pilot meldete sich und erklärte, dass wir starke, nicht vorhersehbare Turbulenzen durchquerten. Wir starrten durch die kleinen Fenster auf die Tragflächen, die sich wie Vogelschwingen ruckartig auf und ab bewegten.

Unser sicheres Gefühl schwand schlagartig. Die Wetterunruhen verstärkten sich und die Maschine wurde jetzt regelrecht durchgeschüttelt. Der Pilot versuchte mit allen Mitteln ruhigere Luftschichten zu erreichen. Es gelang ihm jedoch nicht. Die Achterbahnfahrt wollte kein Ende nehmen und die Zeit schien stillzustehen. Wir waren alle keine Helden. Ich glaube, jeder fürchtete sich vor dem nächsten Augenblick und hoffte verzweifelt, dass die Maschine den Unbilden der

Natur standhielt. Eine halbe Ewigkeit lang waren unsere Nerven zum Zerreißen gespannt.

Plötzlich wurde es wieder ruhig, ebenso schnell, wie es angefangen hatte. Erleichterung machte sich breit, wir entspannten uns allmählich. Immerhin hatten wir ja immer noch ganze sieben Flugstunden vor uns. Die Eisregion des Nordpols ließen wir nach weiteren zwei Stunden endlich hinter uns. Bis zur Nordküste Alaskas war es nun eine absehbare Strecke. Aber die Weiten des Polarmeeres waren noch zu überwinden. Die Dämmerung stellte sich ein, aber die beruhigenden Auspuffflammen der Motoren konnten wir im schwindenden

Urkunde Nordpolflug

Licht immer noch beobachten. Und endlich erkannten wir am Horizont die Küsten Alaskas.

Irgendwie fühlte man sich plötzlich der Zivilisation wieder nahe. Auch diese für mich neue Welt bot einen faszinierenden Anblick. Hohe Berge, tiefe Täler, weit und breit kein Licht, keine Ortschaft, tief verschneite Hänge und Bergspitzen, die drohend in den Himmel ragten. Man hatte das Gefühl, als ob der Flieger die Gipfel berühren wollte. Nach weiteren eineinhalb Stunden – es war inzwischen dunkel geworden – tauchte die Stadt Fairbanks unter uns auf, die erste Besiedelung und die ersten Lichter, seit wir Europa verlassen hatten. Noch einmal zwei Stunden über unberührte Landschaften, dann endlich setzte die Maschine zur Landung in Anchorage an.

Der an der Südküste Alaskas gelegene Flughafen war wohl damals der einzige, der für Interkontinentalflugzeuge geeignet war. Im »Flughafengebäude«, bestehend aus einer schlichten Holzbaracke, konnten wir unsere steifen Glieder endlich wieder bewegen. Kaffee und andere Getränke standen bereit, kostenlos versteht sich.

Auch hier erwartete uns ein kleines Empfangskomitee, das wiederum jeden Einzelnen per Handschlag begrüßte. Wir waren offenbar bedeutende Leute. Es waren zwei Stunden der Ruhe, die wir nun genießen und in denen wir uns erholen konnten.

Erste asiatische Eindrücke

Der nächste Flugabschnitt Anchorage–Tokio benötigte dann »nur« noch dreizehn Flugstunden. Die Route verlief entlang der Aleuten, der Kurilen, über die nördlichen japanischen Inseln Hokkaido und Hondo, die in ihrer herbstlichen, einmaligen Farbenpracht phantastisch leuchteten, bis wir schließlich am Ziel waren. Das große Empfangskomitee in Tokio begrüßte uns mit kurzen Ansprachen und teilte Urkunden und Souvenirs an uns aus. Von einem japanischen Herrn der Unionmatex-Vertretung, Firma Rieckermann, wurde ich schließlich übernommen und zum Hotel Daitschi gebracht.

Endlich ausschlafen! Nach den Tagen der Anspannung fühlte ich mich am nächsten Morgen nach Dusche und Frühstück wie neugeboren. Wir befanden uns in einem Zeitunterschied von neun Stunden zu Europa. Natürlich war es von der ersten Stunde an beeindruckend, mit welcher wohltuend ausgesuchten Höflichkeit mir die Japaner und insbesondere das Hotelpersonal begegneten, ein Verhalten, welches in Japan zu den selbstverständlichen Umgangsformen gehört und immer wieder besticht. Nach einigen Tagen in Tokio – weitere Aufenthalte in dieser pulsierenden Stadt bleiben einer späteren Erzählung vorbehalten – flog ich dann in eineinhalb Stunden nach Korea, dem »Land der Morgenstille« mit Endstation Seoul.

Der Anflug auf Seoul war insofern wieder etwas Besonderes, als mir selbst nach der Landung nicht klar war, dass wir bereits auf dem Flughafen der Hauptstadt, dem Kimpo-Airport, angekommen waren. Das Wetter war sehr trübe und regnerisch. Die wenigen Passagiere gingen selbstverständlich nach Ankunft des Fliegers über das Flugfeld zu Fuß zum »Flughafengebäude« und versuchten sich durch rasches Gehen und mit einer über den Kopf gehaltenen Zeitung den Unbilden des Wetters so schnell wie möglich zu entziehen.

Die »Arrival Hall« war eine bessere Wellblechhütte, die offenbar nur für die Aufnahme von maximal dreißig Leuten ausgelegt war. Nachdem auch einige Menschen abzureisen planten, war die schmutziggraue, stickige Halle hoffnungslos überfüllt. Dies war also der internationale Flughafen von Seoul im Jahre 1957!

Nach einer langwierigen Passkontrolle durfte ich schließlich das Gebäude verlassen. Am Ausgang wartete ein Koreaner auf mich, der ein Schild »Mr. Roedlich« hochhielt. Er sprach kein Wort englisch und ich kein Wort koreanisch. Aber er bat mich in seiner unnachahmlichen und gestenreichen Körpersprache, in seinem Jeep Platz zu nehmen. Der ausrangierte Militärjeep hatte durchlöcherte und verschmutzte Segeltuchtüren, die sich nur mit einem anhängenden Bindfaden festhalten ließen.

Aber das Fahrzeug fuhr, und wie ich sehr bald feststellte, war in Korea zu jener Zeit auf Grund der Straßenzustände der Jeep das

Bäuerliche Szenen in Korea 1957

Notzeit 1958 – überall Suche nach Brauchbarem

sicherste, das einzig verfügbare und dazu ein unerhört teures Verkehrsmittel. Auf der Fahrt in die Stadt erkannte ich seine durch den Vierrad-Antrieb besondere Eignung für das Befahren der vom Regen aufgeweichten und von Schlaglöchern durchsetzten Straßen. Diese waren natürlich durch keinerlei Straßenbelag befestigt und somit bei den herrschenden Witterungsverhältnissen für andere Fahrzeuge nahezu unpassierbar.

Es war der 30. Oktober 1957. Nunmehr am Ziel meiner langen Reise, ergriff mich doch ein starkes Gefühl totalen Alleingelassenseins, das in dieser damals ziemlich verlassenen Gegend durch das herrschende trübe Nieselwetter noch verstärkt wurde. Von Haus aus Optimist, war ich jedoch überzeugt, dass sich sowohl das Wetter als auch mein Zustand ändern würden. Nur wenige Landsleute waren es, die zu jener Zeit nach dem koreanischen Krieg für einige namhafte deutsche Firmen als Fachkräfte in Südkorea stationiert waren. Mit unendlicher Ausdauer und mit viel Engagement erreichten sie den Verkauf und den Aufbau der ersten Nachkriegsprojekte in diesem unentwickelten Land.

Von uns waren es Projekte für Firmen wie Samsung, Punghan, Korea Silk, Dae Myang, Kyung Nam und viele andere, die später in meinen Zuständigkeitsbereich fielen. Im Jahre 1957 waren diese koreanischen Firmen international noch völlig unbekannt. Einige haben sich aber über den textilen Bereich hinaus später zu Mischkonzernen entwickelt und Weltgeltung erlangt. Aus damaliger Sicht war dies eine völlig unrealistische Vorstellung. Samsung, Punghan und andere haben mit Spinnerei- und Webereiprodukten ihren Siegeszug begonnen, und es ist schon ein eigenartiges Gefühl zu wissen, dass man selbst in Taegu, Seoul, Masan, Pusan und anderen Städten Südkoreas wesentlich dazu beigetragen hat, für diese Firmen den Grundstein für ihre allerersten Produktionsanlagen und damit auch für ihre spätere Bedeutung zu legen.

Korea

Berufsrisiken

Nach sechs Wochen Aufenthalt in Korea warf mich unvermittelt eine asiatische Grippe auf das Krankenlager und ich musste drei Wochen lang mit hohem Fieber die zehrende Gefährlichkeit dieser Krankheit ertragen. Ich war so schwach, dass ich nicht einmal einen Arm heben konnte.

Meine koreanische Haushälterin, die »Achimuni«, wechselte zwei- bis dreimal täglich meine fiebernasse Bettwäsche und flößte mir liter- weise zu trinken ein. Täglich sah Freund Helmut Schulze (aus dem Haus Rieckermann) nach mir. Seine Anteilnahme tat mir sehr gut in dieser Abgeschiedenheit.

Wäre ich nicht ein junger, von Grund auf gesunder und stabiler Mann gewesen, der viel zuzusetzen hatte, hätte der Verlauf der Krank- heit dramatisch enden können. Das Wort Grippe schreckt hierzulande kaum jemanden. Die damals noch weitgehend unbekannte asiatische Grippe ist jedoch höchstgefährlich und wird von vielen Menschen nicht lebend überstanden.

Gegen Ende der Krankheitsperiode hatte ich dreißig Pfund an Gewicht verloren, was allerdings anschließend nach meiner Genesung in kurzer Zeit wiedergewonnen wurde. Dass ich seit diesem Ereignis mein gesamtes Leben weitgehend ohne Krankheit verbracht habe, betrachte ich als ein Geschenk des Himmels!

Es war zu jener Zeit eine große Anerkennung und ein bedeutendes Ereignis für das Land und auch für uns Deutsche, dass der deutsche »Wirtschaftswunderminister« und spätere Bundeskanzler, Dr. Ludwig Erhard, Korea im Jahre 1958 einen Besuch abstattete. Keineswegs war die gesamte Situation Koreas auch nur ansatzweise so beeindruckend, dass man die wirtschaftliche Entwicklung bis zur heutigen Größe schon erahnen konnte. Vierzig Jahre japanische Okkupation hatten das Land in seiner Entwicklung völlig blockiert. Koreaner, das habe ich während meiner langen Tätigkeit dort erfahren, sind tüchtig und intelligent, zäh und ausdauernd, manchmal hitzköpfig – vor allem die Jugend –, aber auch gastfreundlich und hilfsbereit. Der Mangel vor allem an technischer Bildung war überall dort spürbar, wo Anlagen und Maschinen verkauft und installiert wurden. Außerordentliche Wissbegierigkeit und Lernfähigkeit haben jedoch vor allem bei den jungen Leuten diesen Mangel nach Jahren mehr als ausgeglichen.

Für uns bedeutete dies aber zunächst ein großes Engagement auf allen Ebenen. Meine zuvor erhaltene Ausbildung in Konstruktion und Montage hat mir sehr geholfen, mit den Problemen vor Ort allein fertigzuwerden.

Firma Chosun Pangjik/Pusan, Korea –
Montage eines Prägekalanders, Fabrikat Kleinewefers

In unserem Büro befand sich zwar ein Telefon, aber es waren nur Ortsgespräche möglich. Eine Leitung ins Ausland bestand im ganzen Land nicht. Also blieb nur der Briefkontakt in die Heimat. »Normale« Briefe wurden in Seoul abgeschickt und dauerten in der Regel per Luftpost zwei Wochen. Bis die Antwort zurückkam, verging mindestens ein Monat. Eilige Post wurde von einem Boten nach Tokio gebracht und von dort aus per Luftpost befördert. Die sich hieraus ergebende Notwendigkeit, selbständig und schnell zu handeln, ohne die Richtigkeit der Entscheidung durch Rückfragen bestätigen zu können, war eine ernste Herausforderung.

Eines der ersten größeren Projekte in Korea wurde für uns das Kammgarnspinnerei-Projekt Dae Dong in Seoul, welches uns als Referenzanlage gute Dienste tat. In diesem Werk wurden zwei Monteure aus Ingolstadt für ein knappes Jahr beschäftigt. Einer dieser Monteure, Herr Schäfer aus Ingolstadt, musste in Korea auch den Winter 1957/58 verbringen und hatte eine innerhalb der Fabrik eingerichtete Wohnstätte bezogen. Korea besitzt kontinentales Klima, und in den bitterkalten Wintern sinkt die Temperatur im Extremfall bis auf minus 40 °C.

Es war Februar und es herrschten »nur« etwa 25 °C unter Null, eine durchaus normale Wintertemperatur. Es entsprach meiner Gewohnheit, regelmäßig samstags, gelegentlich aber auch am Sonntag nach dem Kirchgang, im Büro Dinge zu erledigen, welche die Woche über liegen geblieben waren. An einem dieser Sonntage fand ich auf meinem Schreibtisch unter anderem einen an Herrn Schäfer gerichteten Brief vor, der offenbar von seiner Frau kam. Es war übliche Praxis, dass der Büroaufseher die Post für die Monteure immer auf meinen Tisch legte und unser Bürofahrer am gleichen oder am nächsten Tag diese Post den Empfängern auf den Baustellen überließ.

An diesem Sonntag beschloss ich, entgegen meiner Gewohnheit, diesen Brief Herrn Schäfer persönlich in die Fabrik zu bringen. Sie lag zwanzig Kilometer außerhalb von Seoul und ich wollte ihn überraschen. Schäfer war ein sehr humorvoller Bayer mittleren Alters, Familienvater und fachlich sehr kompetent. In der Fabrik angekommen,

Kammgarnspinnerei Dae Dong, mein erstes Projekt in Korea

Dae Dong, 1958 – Ansprache von Präsident Kim mit Gebet

Anlage Dae Dong in Betrieb

konnte ich jedoch Herrn Schäfer in seinem Wohnbereich im Quartier der Monteure zunächst nicht finden. Die von ihm sonst benutzte Eingangstür zur Fabrik war geschlossen, für einen Spaziergang waren die verschneite Gegend und auch die Außentemperatur zu wenig geeignet. Er musste also irgendwo in der Nähe sein, schon deshalb, weil auch noch Kaffeetasse und Aschenbecher darauf hindeuteten, dass jemand in der Wohnstätte war.

Ich durchsuchte jetzt auch Schlaf- und Baderaum und war nicht wenig überrascht, als ich Schäfer in dem karg ausgestatteten Badezimmer nackt auf dem Holzrost vor der Badewanne liegen sah. Er war offenbar ohne Bewusstsein. Da der Baderaum nicht heizbar war, hatte sich Schäfer einen der in Korea üblichen »Hibachi« aufgestellt und darin Holzkohle verbrannt. Ich vermutete, dass möglicherweise Kohlenmonoxyd, das sich gefährlicherweise entwickelt hatte, nicht abziehen konnte, von Schäfer nicht wahrgenommen wurde und ihm innerhalb kurzer Zeit das Bewusstsein genommen hatte.

Im Raum war es inzwischen bitterkalt, er musste also schon einige Zeit liegen und war, soweit ich feststellen konnte, unterkühlt. Ich habe ihn sofort ins Wohnzimmer transportiert und versucht, über den erstaunlich gut reagierenden Fabrikpförtner einen Arzt zu besorgen. Ein Kunststück in dieser abgelegenen Gegend. Müßig zu erklären, auf welchen Umwegen dieser Arzt erreicht wurde, er war jedoch innerhalb einer halben Stunde tatsächlich vor Ort.

Zwischenzeitlich habe ich versucht, Schäfer wiederzubeleben, indem ich mir Schnee besorgte und ihn damit kräftig abgerieben habe. Solche Praxis war mir von Soldaten bekannt, die russische Winter erlebt hatten. Ich habe alles versucht, ihn wieder wach zu bekommen, es gelang jedoch erst, als der koreanische Arzt eintraf. Schäfer erholte sich gottlob bis zum Abend und war bis Mittag des nächsten Tages wieder einsatzbereit.

Zwei seltsame Zufälle haben sein Leben gerettet. Der an diesem Tage eingetroffene Brief seiner Frau sowie mein Entschluss, den Brief sogleich selbst zu überbringen. Eine wahrhafte Fügung des Schicksals!

Korea macht sich auf den Weg

Südkorea, also die Republik Korea, wurde von dem damaligen Präsidenten Syngman Rhee regiert, der es meisterlich verstand, die geopolitische Hebelkraft seines Landes während der Zeiten des Kalten Krieges so geschickt einzusetzen, dass er amerikanische Hilfsgelder sowohl für den militärischen als auch für den zivilen Bereich in Größenordnungen erhielt, wie sie in anderen Teilen der Welt sicherlich undenkbar waren.

Es waren den Veröffentlichungen zufolge ca. 600 Millionen US-Dollar, die das Land jährlich an Hilfsgeldern erhielt – in der damaligen Zeit eine unvorstellbar große Summe. 1957 wurde nochmals aufgestockt und auch in den Jahren danach waren die Amerikaner nicht kleinlich, so dass sich hier eine gute Basis entwickelte, um mit der Industrialisierung des Landes beginnen zu können.

Die ausschließlich für den zivilen Bereich vorgesehenen Gelder wurden der Regierung zur freien Verfügung überlassen. Korruption und Vetternwirtschaft bestimmten jedoch die Ausgaben in erheblichem Maße. Es war schon damals darüber gesprochen worden, dass angeblich hohe Beträge auch in die Privatschatulle des Präsidenten flossen, und auch in die seiner Frau, einer ebenso geschäftstüchtig wie geschickt agierenden Österreicherin.

Wie auch immer sich die Dinge darstellten, es waren jetzt Voraussetzungen vorhanden, um erste Grundsteine für das damals nicht für möglich gehaltene »koreanische Wirtschaftswunder« zu legen. Um dies nochmals zu unterstreichen: Die geographische und strategische Bedeutung des Landes Korea während des Kalten Krieges war unbestritten, denn es galt, die Gefahr einer vollständigen Einflussnahme des kommunistischen Blocks im asiatischen Raum abzuwenden, was auch für Deutschland und Europa unabsehbare Folgen gehabt hätte. Die vorherrschenden politischen Verhältnisse in dieser fernöstlichen Region wurden schon damals so geregelt, dass Südkorea zwar eine starke Armee besaß, aber durch den Westen, vor allem durch die USA, zusätzliche militärische Unterstützung erfuhr, um die Stabilität in diesem Teil der Erde weitgehend zu sichern. Dies ist zum Teil noch heute so.

Der Besuch des deutschen Ministers Ludwig Erhard stand vollständig im Zeichen wirtschaftlicher Interessen beider Länder. Er traf in einer Sondermaschine mit einem großen Gefolge von Wirtschafts- und anderen Fachleuten im Oktober 1958 in Seoul ein. Dieser auch in Korea sehr berühmte Staatsgast und seine Begleiter waren im Bando-

Holztransport

Wäschewaschen am Fluss

139

*Wirtschaftsminister und von 1963–1966
Bundeskanzler Dr. Ludwig Erhard*

Building, dem einzigen »First Class Hotel«, welches seinerzeit in Seoul für den zivilen Bereich überhaupt existierte, untergebracht. Im selben Hotel residierten auch wir und die übrigen Vertreter der in Korea tätigen Firmen. Das Programm des Ministers war vielseitig und der Bedeutung des Besuches angemessen.

Auf der Tagesordnung standen politische Themen und Wirtschaftsgespräche mit der Regierung Syngman Rhee. Erhard hielt einen Vortrag über marktwirtschaftliche Entwicklungen im Allgemeinen, unter besonderer Beachtung der koreanischen Situation, sowie über Wirtschaftsprobleme der Nachkriegszeit in Westdeutschland. Zu diesem Referat wurden auch die wenigen Vertreter der in Korea tätigen deutschen Firmen eingeladen. Es erübrigt sich, die Qualität seiner Rede hervorzuheben, war Erhard doch ein Mann, der konzeptfrei druckreif sprechen konnte und komplexe Wirtschaftsfragen vereinfacht darzustellen verstand. Erhards Botschaft an die koreanischen Wirtschaftsexperten war überzeugend belegt durch den unvorstellbaren Erfolg seiner Wirtschaftsthesen und seiner segensreichen Tätigkeit im zerstörten Nachkriegsdeutschland. Die Zuhörer – so der Eindruck – waren von der messianischen Sendung Erhards ergriffen, verstand er es doch, den koreanischen Gastgebern Wege aufzuzeigen und Hoffnungen zu wecken, die ihre Vision von einer prosperierenden Zukunft nährten.

Die Einladung

Zudem bestanden zwischen unseren Ländern insofern Parallelen, als beide geteilt waren – West- und Ostdeutschland, Nord- und Südkorea. Beide Länder waren nach den durchlebten Kriegen weitgehend zerstört. Wenn auch viele Unterschiede die Länder kennzeichneten, so fühlten sich die Koreaner doch in einer Art Schicksalsgemeinschaft mit den »Togil Sarams« (= den Deutschen) verbunden.

Drei für Erhard

Wie andere meiner Kollegen war ich während dieses Staatsbesuches gebeten worden, etwas Schützenhilfe bei der Betreuung der deutschen Gäste und des Begleitpersonals zu leisten; eine für mich durchaus abwechslungsreiche Aufgabe, wie sich dann im wahrsten Sinne des Wortes herausstellte. Zusammen mit vier Mitarbeitern der Lufthansa, einschließlich des Chefpiloten, unternahm ich einen Ausflug in die Umgebung von Seoul, um den Herren in wenigen verfügbaren Stunden Land und Leute vorzustellen.

Das gute Wetter bescherte uns einen schönen und beeindruckenden Tag. Für den nächsten Morgen hatten wir uns erneut verabredet, um einige Sehenswürdigkeiten der Stadt und ihrer Umgebung zu besichtigen. Ich fuhr also von meiner Wohnung im Stadtteil Itaewon

Die Lufthansa-Crew der Erhard-Delegation

mit meinem nicht mehr ganz neuen, aber für koreanische Verhältnisse damals sehr kostbaren Jeep zum Bando-Hotel und parkte ihn am Hintereingang. Schon beim Betreten des Foyers kam mir ein ziemlich aufgeregter Mann der deutschen Begleitgruppe aus dem Erhard-Tross entgegen und erklärte, dass auf Grund einer akuten Magenverstimmung, von der nahezu die ganze deutsche Delegation und vor allem der Minister selbst betroffen waren, das gesamte Tagesprogramm der Gruppe gefährdet sei.

Am Vormittag war die Eröffnung einer nahe Seoul gebauten und aus Deutschland gelieferten großen Steinzeugfabrik geplant. Zu diesem Ereignis war bereits die ganze Bevölkerung Seouls aufgerufen, entlang der Fahrtroute der Staatslimousinen Spalier zu stehen. Die Kinder hatten alle schulfrei und waren auf die entsprechenden Straßenabschnitte verteilt worden. »Können Sie Ihre Freizeitkleidung in ein ›Staatsgewand‹ umtauschen?« wurde ich händeringend gefragt, und »Haben Sie noch zwei deutsche Kollegen, die ähnlich erscheinen können, um als Mitglieder unserer Delegation Schützenhilfe zu leisten?«.

In der Tat war dies möglich, hatten wir doch unsere Büros im gleichen Hotel. Hier hielten sich auch die Kollegen der deutschen Firma Coutinho-Caro aus Hamburg auf, darunter der junge und dynamische

Dieter Baumann, mit dem ich befreundet war. Verfügbare Jacken, Hosen und Schlipse wurden ausgetauscht und anprobiert, und zu unser aller Erstaunen gaben wir schließlich würdevolle Figuren in ziemlich dunklen Anzügen ab. In dieser »Uniform« meldeten wir uns erneut im Foyer und wurden von unserem Delegierten, der sich als Ministerialdirektor entpuppte, mit großer Erleichterung und Bewunderung

Bando-Hotel Seoul

Bando-Hotel Rückseite

Blick vom Hotel auf die Deutsche Botschaft

erneut begrüßt. Er hatte noch einen weiteren gesunden Teilnehmer aufgetrieben, welcher sich als der Ranghöchste und Leiter der Sonderdelegation herausstellte. Letzte Instruktionen wurden gegeben, die äußere Erscheinung nochmals geprüft und so harrten wir gespannt der Dinge, die da kommen sollten.

Die Einhaltung des vereinbarten Zeitpunktes der Fabrikeröffnung war so bedeutsam, weil dieser Akt entscheidend für deutsches Industrie- und Export-Engagement stand und einige wichtige Herren der koreanischen Regierung vor Ort die deutsche Delegation zu treffen beabsichtigten. Hier sollten und wollten wir uns jetzt vaterländisch beweisen!

Pünktlich um 11 Uhr vormittags fuhren am Hotel vier dunkle Staatslimousinen vor, eingerahmt von einer Motorrad-Eskorte. In angemessenem Zeitabstand verließen wir das Hotel und begaben uns zu den Autos. Im ersten Wagen nahmen die »echten« Mitarbeiter aus dem Erhard-Tross Platz, während wir drei Hilfsdelegierten jeweils einzeln den Fond einer der folgenden Limousinen bestiegen. Polizeibeamte gaben die Richtung vor, die Straßen waren für den öffentlichen Verkehr gesperrt und die winkende Stadtbevölkerung sowie viele Fähnchen schwingende Kinder säumten den Weg.

Mit gekonnt staatsmännischem Winken haben wir aus den ge-

Blick über die Stadt Seoul 1958

schlossenen, langsam fahrenden Fahrzeugen den Menschen unsere Sympathien bekundet. Nach beiden Straßenseiten hin, versteht sich. Im Stadtbereich fuhren wir etwa fünfzehn Minuten. Man glaubt gar nicht, wie schnell man diese Rolle beherrscht, aber auch wie lang so ein Weg werden kann. Nur keine Hemmungen aufkommen lassen! Schließlich waren wir ja Abgesandte des »Königs« mit der Lizenz zum Winken. Es war schon ein merkwürdiges Gefühl, von derartig vielen Menschen bejubelt zu werden und dabei zu wissen, dass am Ende der Aktion unser koreanischer Alltag weiterlief. Zunächst also wurde mit angewinkeltem Arm und huldvoll geformter Handschale weiter gegrüßt, bis wir den Stadtbereich verließen, die Autos etwas beschleunigten und wir schließlich nach einer weiteren Viertelstunde vor Ort eintrafen.

Die zu besuchende Firma hieß Central Mill Supply. Eine große Abordnung stand zum Empfang bereit, viele Journalisten in angemessener Entfernung hielten ihre Kameras und Notizblöcke bereit. Der Wagenschlag wurde von adrett gekleideten, weiß behandschuhten Polizisten geöffnet. Es muss etwas eigenartig gewirkt haben, dass jedem Auto nur jeweils ein bis zwei Personen entstiegen. Bei der förmlichen Begrüßung – wir alle machten sehr artige Verbeugungen – wurde zunächst die Abwesenheit Erhards und seiner Begleiter wegen deren

Unwohlseins entschuldigt. Dann wurden wir durch unseren Delegationsleiter den koreanischen Ministern und Regierungsvertretern vorgestellt, wobei mir der Rang eines technischen Experten zuerkannt wurde, was ja der Wahrheit durchaus entsprach – allerdings nicht im Bereich Steinzeug.

Ich hatte einige Bedenken, ob nicht einer der Journalisten mich am Ende bei einer der übrigen Firmen, mit denen wir in Korea arbeiteten, schon einmal gesehen hatte. Offenbar nicht. Auch meine beiden anderen Kollegen, von denen einer erst kurz in Korea war, wurden nicht erkannt. Nach der förmlichen Begrüßung wurden wir zunächst zum Werksrundgang aufgefordert. Anfangs gelang es uns, uns als Gruppe so zu bewegen, dass auch die Begleitung sich sehr artig zurückhielt und wir nur bedeutungsvoll beobachten und lächeln mussten.

Schließlich war jedoch der erwarteten Fragestunde nicht mehr auszuweichen. »Was halten Sie von der deutsch-koreanischen Freundschaft? Welchen Eindruck macht Korea auf Sie? Welche Industriebereiche sind für Korea besonders aussichtsreich? Kann die BRD mit langfristigen Krediten Projektrealisierungen unterstützen? ...« usw. Einer fragte, warum ich als so junger Mann schon Erhard im Ausland begleiten durfte. Ich verwies auf mein Engagement im Bereich der Technik.

Der Umfang der Interviews war beträchtlich. Mit meiner bereits einjährigen Erfahrung und meinen Antworten konnte ich aber die mich umringende Journalistengruppe offenbar zufriedenstellen. Manchmal streifte mein Kommentar auch mein eigenes Engagement in Korea – die Textilindustrie. Vielleicht hat sich der eine oder andere Reporter über so viel lokale Sachkenntnis gewundert.

Auch für die koreanischen Journalisten stellten die Deutschen das große Vorbild dar. Gerade weil die verheerende Niederlage des Deutschen Reiches 1945 sowie das unbeschreibliche Maß der Zerstörung des gesamten Landes so schwierige Voraussetzungen waren, aus denen heraus sich schon wenige Jahre nach Kriegsende ein wirtschaftlicher Aufschwung und die ersten Ansätze wirtschaftlicher Weltgeltung abzeichneten, waren es genau diese Gegebenheiten, die auch in den

Koreanern Hoffnungen weckten. Korea litt noch unter den Auswirkungen des Krieges von 1950–53. Auch dieser Krieg hatte das Land in vielen Teilen verwüstet. Die ältere Generation erinnert sich noch an die langwierigen Waffenstillstandsverhandlungen, die schließlich 1953 im Abkommen von Panmunjom, welches noch heute Gültigkeit hat, die Demarkationslinie am 38. Breitengrad manifestierte. Sie trennt den kommunistischen Norden und den westlich orientierten republikanischen Süden.

Immer wieder wurden von den Journalisten Parallelen zu Westdeutschland gezogen, um die Möglichkeiten des wirtschaftlichen Aufbaus zu beschwören. Im Gegensatz zu Deutschland, wo nach dem Krieg 1945 ein großes Potential an technischem Wissen für den Wiederaufbau zur Verfügung stand, besaß Korea nur sehr wenige technisch gut ausgebildete Leute. Die Diskussion konzentrierte sich daher schließlich auf die Erziehungs- und Ausbildungsförderung, ein Schwerpunkt, der auch nach meinen Erfahrungen unbedingt erforderlich war.

Die Frage- und Antwortzeit war nach etwa einer Stunde beendet. Soweit erkennbar, hatten wir alle eine ganz gute Figur abgegeben und dazu beigetragen, trotz der Abwesenheit von Minister Erhard dem Ganzen einen angemessen würdevollen Rahmen zu vermitteln. Dies fand auch später Widerhall in den koreanischen Zeitungen. Ebenso konnte man das Ereignis in der deutschen »Fox Tönende Wochenschau« sehen, die damals in allen Filmtheatern als Vorspann gezeigt wurde. Es war einer meiner ersten für die Öffentlichkeit festgehaltenen Auftritte!

Zum Abschied postierten wir uns erneut in einer Reihe. Der koreanische Wirtschaftsminister übergab jedem Delegierten zur Erinnerung an den Besuch als Gastgeschenk eine Silberschale, graviert mit dem Schriftzug »CENTRAL MILL SUPPLY«. Für Minister Erhard wurde uns eine gleich gestaltete mit besten Genesungswünschen an ihn mitgegeben. Seinem Rang entsprechend, fiel seine Schale natürlich wesentlich größer aus. Nachdem wir uns in geeigneter Form für den großartigen Empfang bedankt hatten und nochmals die Not-

Die Belohnung

wendigkeit der Vertiefung des deutsch-koreanischen Verhältnisses unterstrichen hatten, wurde mit viel Pathos und einem Toast auf das koreanische Volk und die deutsch-koreanische Freundschaft das Treffen beendet.

Wir bestiegen erneut die wartenden Limousinen in gleicher Besetzung und Reihenfolge und dokumentierten den Vertretern der koreanischen Regierung unser Freundschaftsempfinden beim Abfahren noch ein letztes Mal mit den inzwischen eingeübten Verbeugungen.

Die Rückfahrt verlief dann ähnlich wie die Fahrt zur Fabrik. Im Stadtbereich wieder viele tausend Menschen am Straßenrand, deutsche schwarz-rot-goldene Papierfähnchen schwingend. Huldvoll nahmen wir die Ovationen entgegen. Mein Auftritt war jetzt schon fast Routine! Am Bando-Hotel angekommen, entstiegen wir den Limousinen und drehten uns grüßend ein letztes Mal zu den vor dem Hotel wartenden Zuschauern um, wie es eben Brauch ist unter bedeutenden Leuten!

Im Foyer des Hotels wurden wir vom Delegationsleiter verabschiedet. Er dankte uns im Namen von Ludwig Erhard für unser »standesgemäßes Auftreten«. Ich ging wieder zum »Lieferanteneingang« hinter das Hotel, bestieg meinen alten Jeep und fuhr völlig unbeachtet durch die immer noch wartenden Spaliere von Menschen zu meiner koreanischen Wohnung.

Nach diesem Erlebnis hätte ich eigentlich beschließen müssen, Politiker zu werden. Ich habe mich dann doch anders entschieden, und so ist vielen vieles erspart geblieben.

Alltägliches 1957–59

Wenn man völlig auf sich allein gestellt ist und keine Möglichkeit besteht, telefonisch oder per Telex mit der Heimatfirma Kontakt aufzunehmen, sondern nur der über Wochen dauernde Briefweg bleibt, wird man zwangsweise entscheidungsfreudig. Technische oder anderweitige Problemstellungen im Rahmen der Projektarbeit duldeten keinen Aufschub. Kurz gesagt, Korea war für mich der Sprung ins kalte Wasser. Es hieß jetzt schwimmen, egal wie, und nur nicht untergehen!

Im Laufe der Jahre lernte ich Land und Leute immer besser kennen und hatte schließlich viele Freunde und auch Erfolg. Ein besonders hervorzuhebender Kollege war mein koreanischer »Salesman« Mr. Min, der es immer wieder trefflich verstand, während der häufigen Diskussionen den koreanischen Geschäftspartnern die zum Ausdruck gebrachten Gedanken und Zusammenhänge nicht nur ins Koreanische zu übersetzen, sondern der dies auch mit einer der asiatischen Gepflogenheit entsprechenden und angemessenen Höflichkeit tat. Sehr bald erkannte ich, welche Bedeutung der Form der persönlichen Begegnung zukam und wie sehr das Verhalten westlicher Vertreter den Erfolg einer Verhandlung bestimmte.

In einigen Fällen habe ich später erlebt, dass der Erfolg von Verkaufsgesprächen oft nicht wegen, sondern trotz des zufällig anwesenden westlichen Verhandlungspartners noch erreicht wurde. Mancher Abgesandter trat häufig zu schneidig, arrogant oder überheblich auf und verwechselte dies mit Selbstbewusstsein. Die Gefährdung eines angestrebten Erfolges durch solches Verhalten wurde vielfach sträflich unterschätzt. Immer wieder habe ich daher darauf Wert gelegt, dass nur entsprechend geeignete Leute für die Begegnung mit asiatischen Kunden ausgewählt wurden, ein Bonus, der sich stets auszahlte.

Die Niederlassung des Hamburger Handelshauses Rieckermann in Seoul leitete Helmut Schulze, ein Mann mit außerordentlichem Geschick. Als Sohn eines deutschen Vaters und einer japanischen Mutter war er mit den Mentalitäten der jeweiligen Volksgruppen bestens vertraut. Sein Vater war einer der »deutschen Flieger von Tsingtau«, jener bedeutenden Hafenstadt der chinesischen Provinz Shandong am Eingang der Bucht von Kiautschou. Sie wurde im Jahre 1898 Teil des deutschen, auf 99 Jahre festgelegten Pachtgebietes Kiautschou und entwickelte sich zu einer europäisch geprägten Großstadt. 1914 wurde dieses Pachtgebiet den Japanern überlassen. Flieger Schulze geriet in japanische Gefangenschaft und verheiratete sich dann nach dem Ersten Weltkrieg in Japan mit einer Japanerin. Helmut Schulze wurde deren ältester Sohn, der in Korea während der 50er und 60er Jahre mit sehr viel Übersicht geschäftlich wirkte.

Später, während der 90er Jahre, hatte ich selbst unter anderem in Tsingtau viel zu tun und reiste mit meiner Frau Gabriele wiederholt nach China. Sie verstand es im Übrigen bemerkenswert gut, während unserer vielen Reisen nach Süd- und Ostasien mit den Menschen dieser Regionen beeindruckend umzugehen.

Neujahr 1958/59 bei Familie Schulze in Tokio

In Korea neu war für mich noch eine andere Art persönlicher Erfahrung, die mir zuteil wurde, als mein Freund Dieter Baumann und ich beschlossen, in Seoul ein Abendkino zu besuchen, in welchem wir hofften, nach dem Besuche von Minister Erhard das Spektakel in der »Wochenschau« betrachten zu können. Natürlich entsprach das Kino nicht gewohntem Standard. Der einfach ausgestattete Saal beherbergte nicht nummerierte Sitzplätze, die mehr an wacklige Küchenstühle als an bequeme, mit Armlehnen versehene Kinosessel erinnerten. Zeitraubende Reklamebilder, wie bei uns üblich, wurden nicht gezeigt. Die »Fox-Tönende-Wochenschau« war sogleich der Beginn der Vorstellung und tatsächlich wurde der Besuch Erhards vorgeführt. Auch die von uns besetzten Limousinen waren gefilmt worden, aber leider waren wir darin nicht deutlich genug erkennbar.

Nach der Vorstellung gingen wir wieder hinaus auf die sehr breite, unbefestigte, in völlige Dunkelheit gehüllte und nahezu menschenleere Straße. Mein Fahrzeug hatte ich auf der gegenüberliegenden Seite geparkt, wo Schrott und anderes Material lagerte und ein Gewirr von Stacheldrahtzäunen das Areal »sicherte«. Mein ausrangierter, aber gut erhaltener Militärjeep stellte in Korea ein außerordentlich begehrenswertes Objekt dar, weil die Kosten für die behördliche Zulassung des Autos ein Mehrfaches seines eigentlichen Wertes aus-

Mein koreanischer Jeep, 1958

machten. So gesehen war der Diebstahl eines Autos ohne Lizenz ziemlich uninteressant. Jedoch bargen sich in dem Fahrzeug auch noch andere Schätze!

Wir setzten uns in den Jeep, der Motor sprang an, der Gang wurde eingelegt, aber: keine Bewegung! Im zweiten Versuch schalteten wir den Vierradantrieb hinzu, mit dem Jeeps schon damals ausgerüstet waren. Jetzt musste es gehen! Tatsächlich tat der Jeep einen kurzen Sprung und landete unsanft mit dem hinteren Fahrzeugteil auf dem Boden.

Wir kletterten wieder aus dem Auto, um die Ursache zu ergründen. Hatten uns doch tatsächlich Gangster das Fahrzeug aufgebockt und die Hinterräder abmontiert!

Nach Feststellung des Ereignisses und unserer offenbar im Scheinwerferlicht des Autos erkennbaren Ratlosigkeit näherte sich einige Augenblicke später ein Mann, der den Schaden begutachtete, das Geschehen tief bedauerte, sich für seine Landsleute entschuldigte und seine Hilfe anbot. Er entfernte sich und kam nach einer Weile mit zwei weiteren Kollegen zurück. Auch diese Herrschaften bekundeten ihr Entsetzen, waren aber in der Lage, uns »zufällig« zwei passende Räder anzubieten, welche allerdings zunächst zu besorgen seien.

Natürlich war uns inzwischen klar, dass man uns unsere eigenen, zuvor geklauten Räder zum Kauf anbieten würde. Was sollten wir tun? Selbstverständlich waren wir bereit, auch zu einem überhöhten Preis, das »soziale« Verhalten der Verkäufer zu honorieren. Einschließlich Montage zahlten wir schließlich für unsere eigenen Räder einen Betrag, der dem Erwerb neuer Räder gleichkam.

So war allen Beteiligten geholfen. Wir waren wieder beweglich. Gleichzeitig hatten wir das Einkommen dieses Trios erheblich gesteigert und somit dazu beigetragen, Koreas Bruttosozialprodukt aktiv zu fördern.

Eine Zugfahrt

Gelegentlich verließen wir die Stadtbüros der Fabriken, um deren im Süden des Landes gelegenen Produktionsstätten zu besichtigen. Nur per Eisenbahn war zu jener Zeit das direkte Erreichen unseres Reiseziels, wie zum Beispiel die Stadt Taegu, möglich. Autofahrten wären nur mit einem Geländewagen unter Inkaufnahme großer Strapazen möglich gewesen. Sie hätten auch unverhältnismäßig viel Zeit in Anspruch genommen.

Es war Dezember. Mr. Min und ich lösten je eine Schlafwagenkarte Erster Klasse und bestiegen den Nachtzug. Wie seinerzeit bei japanischen, noch aus der Vorkriegszeit stammenden Schlafwagen üblich – um einen solchen handelte es sich – befanden sich rechts und links vom Mittelgang doppelstöckig angeordnete Schlafstellen. Sie als Bett zu bezeichnen, verbot sich nach erster Inspizierung. Ein reichlich zerschlissener, muffiger Vorhang vor diesen Nischen sollte wohl etwas Individualität vermitteln. Ein zweites Stoffteil konnte vor den Waggonfenstern zugezogen werden. Dies war auch dringend notwendig, um sich vor der Zugluft zu schützen, die heftig durch die undichten Spalten derselben pfiff. Primitivste Toiletten und natürlich nicht funktionierende, andeutungsweise als Waschgelegenheiten erkennbare Einrichtungen befanden sich jeweils am Ende des Wagens.

Nur im Mittelgang verbreitete eine trübe Lampe ein mattes Licht. Ich richtete mich dennoch auf eine einigermaßen passable Nacht ein.

Südkorea ist ein hügeliges Land. Die daher während einer Eisenbahnreise häufigen Tunnelpassagen hatte ich bis dahin als wenig störendes Ereignis erwartet. Wie falsch gedacht! Die Züge wurden von uralten, Dampf- und Kohlestaub speienden Lokomotiven gezogen und sie fuhren für meine Begriffe eigentlich relativ langsam. Als jedoch der erste Tunnel durchfahren wurde, vermischte sich die Atemluft urplötzlich mit einem feuchtschwarzen Dampf-Kohlestaub-Gemisch, das, durch die Enge der Durchfahrt bedingt, mit hohem Druck durch jede offene Ritze des Waggonfensters gepresst wurde.

Ein sofort ausgelöster Erstickungsanfall, begleitet von quälendem Hustenreiz, war die Folge, vom veränderten Zustand meiner Kleidung ganz zu schweigen. So gut es ging, habe ich unverzüglich versucht, mit allen möglichen Materialien mein Fenster abzudichten. Beim nächsten Tunnellauf wollte ich besser vorbereitet sein, um nicht Gleiches zu erdulden.

Später habe ich vorgezogen, bei Reisen in den Süden einen Flieger zu nehmen. Aber auch dies war nicht ganz risikolos. Von den ursprünglich einzigen drei verfügbaren Flugzeugen der Korean-Airline hat während der nächsten zwei Jahre keines überlebt. Wir mussten wieder per Eisenbahn fahren.

Das Gasthaus von Taegu

Die Ausstattung der im Ort verfügbaren Unterkünfte hob sich mit starkem Gefälle von den unerwartet modern eingerichteten Betrieben ab. Hotels in unserem Sinne gab es natürlich nicht. Es gab auch keinerlei Telefon. Wir fanden schließlich eine Bleibe, die man wohlwollend als »Hotel« bezeichnete. Den aus Lehmziegeln errichteten ebenerdigen Bau bedeckte ein Satteldach aus Stroh. Das überraschenderweise außerordentlich saubere Haus schmückte ein rosafarbener Anstrich. Es besaß aber nur einen einzigen Raum.

Dieser Raum beherbergte etwa fünfzehn Schlafstellen, die sich an den Wänden entlang reihten. Sie bestanden jeweils aus einer dünnen, zwei Meter langen Seegrasmatratze und einer ebenso langen, voluminösen Decke und einem Kopfkissen. Natürlich war keine in unserem Sinne übliche Bettwäsche vorhanden. Aber das Besondere an dieser Unterkunft erfühlte ich, als ich mich hingelegt hatte. Ich genoss das erste Mal in meinem Leben eine Fußbodenheizung, die den blank polierten Boden in dieser bitterkalten Jahreszeit angenehm temperierte. Man hatte außerhalb des Hauses eine Feuerstelle eingerichtet und leitete durch ein geschicktes Rohrsystem die Wärme unter den Fußboden.

Als Stätte des Übernachtens war das Ganze nicht unangenehm,

hatte ich doch schon wesentlich weniger komfortable Schlafstellen, auch in Deutschland, erlebt. Wie ich beim Anblick der Örtlichkeiten sofort vermutet hatte, übernachteten in diesem Hotelraum Männer und Frauen gemeinsam. Das individuelle Ritual der Schlafvorbereitung war durch keinerlei Trennwände geschützt. Bei der morgendlichen Toilette wurde ebenfalls kein Unterschied gemacht. Der Waschraum war groß und mit flachen Holzplanken ausgelegt. An den Wänden waren durchgehende blecherne Spülbecken angebracht. Aus den oberhalb dieser Becken befindlichen Rohrleitungen zweigten zwanzig Wasserhähne in gleichmäßigem Abstand ab, die selbstredend nur kaltes Wasser spendeten.

Als ich den Waschraum betrat, um meine Morgentoilette vorzunehmen, war meine Überraschung groß, als ich nicht nur einige Männer, sondern auch sieben oder acht weibliche Wesen vorfand, die ungeniert ihre Reinigungsrituale vollzogen. Dies wäre an sich nicht so ungewöhnlich gewesen, wenn nicht ausnahmslos alle, auch die Frauen, splitternackt vor ihren Wasserhähnen gestanden wären! Nur wenige Seitenblicke wagend, habe ich mich unverzüglich der Situation angepasst und mich sofort meines Schlafanzugs entledigt und nackt vor meinen Wasserhahn gestellt. Gott sei Dank herrschte im Raum eine angemessene Wärme.

Das Erlebnis war für mich zunächst ungewohnt, meine Scheu habe ich jedoch bald abgelegt und mich auch in Zukunft in die eigentlich sehr natürlichen Gebräuche gefügt. Hotels besuchten in Korea eigentlich nur jüngere Menschen, zum Glück. Trotzdem war der gemeinsame Aufenthalt im Waschraum nicht immer eine Augenweide, manchmal aber doch!

Das zarte Geschlecht

Naturgemäß stand ich als junger Mann den Schönen des Landes nicht abgeneigt gegenüber. Als Junggeselle und »Togil Saram« hatte ich im wahrsten Sinne des Wortes alle Hände voll zu tun, um den

Verlockungen dieser Welt in geeigneter Form zu entsprechen. In der Tat genossen die Deutschen ein hohes Ansehen bei den Koreanern. Die Integration wurde uns daher auch von Seiten des weiblichen Geschlechtes relativ leicht gemacht.

Was mich betrifft, so bedurfte es allerdings eines erheblichen Gewöhnungsprozesses, um mich zum Beispiel dem Reiz des Kimchis, der stark knoblauchhaltigen Nationalspeise Koreas, zu unterwerfen. Der für uns Europäer zu jener Zeit völlig ungewohnte und wenig anziehende Knoblauchduft ausnahmslos aller Koreaner war bei den durchaus attraktiven jungen Damen offenbar Teil des Sexappeals. Erst nach sechs Monaten begann ich beides zu schätzen, solange konnte oder glaubte ich den Verlockungen widerstehen zu müssen. Erst nachdem ich das koreanische Essen nach längerem Aufenthalt mit zunehmendem Vergnügen selbst leidenschaftlich gern aß, stand den sozialen Kontakten nichts mehr im Wege.

Während meines Aufenthaltes hatte ich zwei längerfristige koreanische Freundinnen. Es waren liebenswerte, gut aussehende junge

Koreanische Dame, 1958/59

Damen, die wesentlich dazu beigetragen haben, mir die Lebensweise der fernöstlichen Welt in angenehmster Form zu erschließen. Eine der beiden Damen spielte ausgezeichnet Klavier. Sie war beim damaligen Radiosender AFN (American Forces Network) in Korea am Piano als »Breakfast Entertainerin« engagiert. Überhaupt konnte ich feststellen, dass die Koreaner europäische klassische Musik über alles schätzen und lieben.

Inzwischen führte ich also, trotz aller Einschränkungen, die ein Europäer hier in Kauf nehmen musste, und trotz meines großen Arbeitspensums ein relativ angenehmes und angesehenes Leben. Materielle Engpässe gab es natürlich nicht, ich verdiente für damalige Verhältnisse viel Geld, und auch sonst unterlag ich bei der Bearbeitung von Projekten keinerlei Beschränkungen. So gesehen gehörte ich zur Gruppe der Privilegierten, die im damaligen Korea auch aus Sicht der Koreaner ein beneidenswertes Dasein genossen, ganz zu schweigen von den tatsächlich unerhört vielen Chancen bei der koreanischen Damenwelt, derer sich ein deutscher Junggeselle in dieser Position erfreuen durfte.

Unvergesslich bleiben die abendlichen Heimfahrten per Auto vom Büro zu meiner Wohnung in Seoul. Stets standen vor dem Tor zu den »barracks« der amerikanischen Truppen, das wir auf unserem Weg passieren mussten, einige Dutzend junge, überwiegend sehr wohlgeformte junge Frauen, die sich bemühten, für die Abendgestaltung der »Langnasen« ausgewählt zu werden. Das Gedränge auf der Straße nötigte uns, im Schritttempo zu fahren, und so konnten uns, bei heruntergelassenem Autofenster, die Damen ihre Einladung für den Abend zurufen: »Hello Sir, please take me along! Five Dollar only! Very good for touch!« Dabei wurde versucht, mit eindeutigen und aufreizenden Posen ihren Figuren Geltung zu verleihen.

Obwohl uns das Ansinnen der Mädchen eher ein Schmunzeln abrang, übersahen wir doch nicht, dass diese Situation bittere Armut und Überlebenswillen um jeden Preis ausdrückte. Oftmals stellten diese jungen Frauen die einzige Einnahmequelle für viele Familien dar. Eigentlich erinnerte es ein wenig an unsere eigene Nachkriegszeit, als amerikanische GIs oder englische Soldaten den Lebensunterhalt mancher Familien auch auf diese Weise aufbesserten.

Eine Oase unserer damaligen Abendvergnügen war der »American Officers Club« in Seoul, eigentlich der begehrteste Club der Stadt. Ein deutschstämmiger junger amerikanischer Arzt und Soldat der »Eighth Army« im Range eines Captains hatte sich mit unserer Gruppe angefreundet. Der ausgesprochen nette und zielstrebige junge Mann, der mit reichlich Humor gesegnet war, verbrachte gerne seine Zeit im Kreise seiner »Lieben« und öffnete so auch den Club für mich und meine Freunde.

Die in Korea stationierten amerikanischen Truppen besaßen während der 50er Jahre den Status von Fronttruppen, d.h. sie genossen Privilegien, von denen der einfache Soldat zu Hause nicht im Entferntesten träumen konnte. Unter anderem wurden zur Unterhaltung und Betreuung der Truppen viele noch heute bekannte Stars eingeflogen, wie z.B. Marilyn Monroe, Bob Hope und viele andere.

Diese Abwechslungen vor Ort konnten nicht darüber hinwegtäuschen, dass unser mit Arbeit überfrachtetes Leben (Elf- bis Dreizehn-Stunden-Tage waren an der Tagesordnung), das sich nicht nur in Seoul, sondern auch an anderen Orten und Baustellen des Landes abspielte, gelegentliche Erholungsphasen notwendig machte. So flo-

Ausflug nach Tokio

gen wir etwa alle sechs Monate daher für einige Tage ins etwa eineinhalb Flugstunden entfernte Tokio, eine damals wie heute überwälti-
gende Stadt. Bevor ich jedoch ins Schwärmen komme und vom Ta-
karatzka berichte, einem Theater, in dem an die zweihundert junge
und ausgesucht hübsche Frauen anmutig auftraten und uns in eine
verzauberte Welt versetzten, oder Einzelheiten von eindrucksvollen
türkischen Bädern, von Museen, Restaurants und Hotels oder gar
Nachtclubs erzähle, muss ich noch ein Ereignis schildern, das meinen
Respekt vor dem Leben auch für meine späteren Jahren wesentlich
mitgeprägt hat.

Han River

Es war an einem freien und strahlend schönen Wochenende in Seoul.
Mein deutscher Mitbewohner und Freund Hans Klettke (er bearbeitete als Ingenieur Projekte auf dem metallurgischen Sektor, u. a. für die
Friedrich Krupp GmbH) beschloss, mit mir und unseren Freundinnen einen Ausflug an den nahegelegenen Han River zu machen. Wir
gedachten zu baden und ein Picknick zu genießen. Sehr schöne lange
und nahezu menschenleere Sandstrände, die nur durch weniges

Mit Hans Klettke in Korea 1958

Buschwerk unterbrochen sind, laden an diesem Fluss, der sich stellenweise wie ein See in der Breite ausdehnt, zu solchem Tun ein.

Der Nachmittag war vergnüglich, wir spielten Federball, gingen kurz ins Wasser und erfreuten uns zunächst an dem von meiner »Achimuni« zusammengestellten Picknickkorb. Obgleich meine Freundin, Miss Kim (fast sechzig Prozent der Menschen in Korea heißen so), eigentlich keine ausgesprochene Wasserratte war, erschien ihr ein neuerliches kühles Bad in dieser sommerlichen Nachmittagshitze trotz des vorhandenen Sonnenschirms angebracht.

Sie ging allein ins Wasser und schwamm einige Meter flussabwärts. Dabei überschätzte sie wohl ihre Schwimmkünste, denn sie bedachte nicht die trügerisch leicht erscheinende Strömung, von der sie unvermittelt erfasst wurde und die ihr den Rückweg verwehrte.

Noch hatten wir am Strand die gefährliche Situation nicht erkannt.

Als sie jedoch plötzlich einen Arm hob, zu rufen versuchte und ihr dabei offenbar vor Schreck die Stimme versagte, war uns blitzartig klar, dass sie sich in lebensbedrohlicher, dramatischer Lage befand.

Ich war stets ein guter Schwimmer und hatte daher im Hinblick auf meine Kräfte im Wasser viel Selbstvertrauen. Ich zögerte keine Sekunde, um dem Mädchen zu helfen. Da ich mich mit der Strömung bewegte, hatte ich sie bereits nach einigen Schwimmstößen erreicht. Ich bekam sie zu fassen und versuchte sofort in Rückenlage mit ihr die Strömung seitwärts in Richtung Ufer zu überwinden. Allein wäre dies vielleicht kein zu großes Problem gewesen, doch mit dem Mädchen unter dem Arm kam ich auch bei größter Anstrengung nur zentimeterweise voran.

Plötzlich war ich mir der Gefahr bewusst, die jetzt auch mir drohte. Die Kräfte schwanden mir zusehends und es war aussichtslos, an dieser Stelle das Ufer erreichen zu wollen. Die tückische Strömung hielt uns im Griff.

Wer schon einmal eine solche Situation erlebt hat, kann die Todesangst ermessen, die man schlagartig spürt, obgleich das vermeintlich rettende Ufer zum Greifen nahe ist. Mein Freund Klettke erkannte sofort die gefährliche Situation und lief geistesgegenwärtig etwa dreißig Meter flussabwärts, wo ein kleiner mit Büschen bewachsener Ufervorsprung Aussicht bot, die an dieser Stelle gebrochene und möglicherweise verminderte Strömung zu überwinden.

Jedoch die dreißig Meter waren für uns eine unendlich lange Strecke! Immer noch mit einem Arm den Kopf des Mädchens so umschlungen, dass sie Luft schöpfen konnte, kämpfte ich mit aller Kraft um Überwindung der letzten zwei oder drei Meter, aber ich schaffte die Strecke beim besten Willen einfach nicht mehr.

An dieser angepeilten Stelle das Ufer nicht zu erreichen, bedeutete unweigerlich das Aus. Inzwischen war ich auch viel zu erschöpft, um allein, geschweige denn zu zweit, den Widerstand der Strömung zu überwinden.

Ich weiß nicht mehr, was mir in diesen Sekunden alles durch den Kopf ging. Ich sah keine Chance mehr und eine unsägliche Hoffnungslosigkeit erfasste mich. Da stand plötzlich, wie von Geisterhand herbeigezaubert, Freund Klettke mit einem mehrere Meter langen, ziemlich stabilen Ast in der Hand an diesem Ufervorsprung und hielt ihn, sich weit vorbeugend in meine Richtung.

Erst berührte der Ast nur meine Fingerspitzen, aber dann konnte ich doch noch mit meiner freien Hand, buchstäblich mit letzter Kraft und in letzter Sekunde, das Stück Holz greifen.

An diesem Stück Holz hing jetzt im wahrsten Sinne des Wortes unser Leben. Nicht auszudenken, was passiert wäre, wäre der morsche Ast zerbrochen oder wäre er meiner Hand entglitten. Unwiderruflich wären wir ein Opfer der nach dieser Stelle wieder verstärkten Strömung geworden. Es war bei Gott auch nicht einfach für Freund Klettke, zwei Personen gegen den Druck des Wassers ans Ufer zu ziehen. Aber er war ein bärenstarker Mann, das war unser Glück, und ich hielt den Ast eisern fest. In einer solchen Situation werden nochmals Kräfte mobilisiert, die man normalerweise nach einer solchen Anstrengung nicht mehr besitzt. Drei Meter werden zur Ewigkeit. Wir schafften es, Zentimeter für Zentimeter näher ans Ufer zu gelangen, bis Freund Klettke endlich meinen Arm fassen konnte. Das

Wasser war an dieser Uferstelle sehr tief. Das Mädchen wurde zuerst hinaufgezogen, ich hielt mich am Buschwerk fest, welches just an dieser Stelle vorhanden war, und zog mich anschließend in einer letzten Anstrengung nach oben.

Völlig ermattet nach Luft ringend, lagen wir am Boden, das Gefühl, der Gefahr entronnen zu sein, war überwältigend. Durch die Umsicht von unserem Freund und durch Aufbietung meiner buchstäblich allerletzten Reserven war eine Rettung möglich geworden. Worte reichen nicht aus, um die Empfindungen zu beschreiben, die mir von Miss Kim daraufhin entgegengebracht wurden.

Dieses Ereignis hat mich tiefe Dankbarkeit für unsere Rettung empfinden lassen. Offenbar hatte der liebe Gott doch noch vieles mit mir vor, wie sich dann später ja auch herausstellen sollte.

Korea Silk

Der Alltag in unserem Büro in Seoul im Bando-Building war angefüllt mit der Ausarbeitung von Projekten für private Interessenten oder aber mit der Vorbereitung von Verhandlungen staatlich kontrollierter Ausschreibungen. Gemäß der Tradition des amerikanischen Wirt-

Mit Mr. Min am Kimpo-Airport Seoul

schaftsdenkens wurden die an Korea gegebenen Fördergelder über den »freien Markt« gesteuert. Das bedeutete, dass die Mittel von der seinerzeitigen Regierung Syngman Rhee an jene Kunden und Firmen geleitet wurden, die das Wohlwollen dieser Regierung besaßen. Mit welchen individuellen Auflagen dies verbunden war, blieb uns im Allgemeinen verborgen. Wir bearbeiteten eine Vielzahl von Projekten, deren Aussicht auf Verwirklichung man jedoch im Einzelfall immer sehr vorsichtig beurteilen musste. Die verfügbare Zeit musste daher möglichst gezielt eingesetzt werden.

Ein Projekt sei beispielhaft in diesem Zusammenhang herausgegriffen, welches das ganze Spektrum der damaligen Unwägbarkeiten beinhaltete: Korea Silk. Es begann damit, dass das Telefon in meinem verhältnismäßig gut ausgestatteten Büro klingelte (es war durchaus nicht selbstverständlich, dass es immer funktionierte). Mein Salesman Mr. Min hob ab. »Habaseo« (Hallo)! Es folgten einige koreanische Sätze, dann beendete er das Gespräch mit »Kumabsumnida« (vielen Dank).

Er erklärte mir, dass eine Firma namens Korea Silk unseren Be-

Mr. Min und seine Frau (meine
Sekretärin)

163

such wünsche, um verschiedene Projekte und deren Realisierung mit uns zu besprechen. Ein Begehren, das häufiger auch von anderen, manchmal völlig bedeutungslosen Firmen geäußert wurde und daher bei mir keineswegs begeisterte und unverzügliche Reaktionen auslöste. Salesman Min, ein ehemaliger Captain in der koreanischen Armee, mit dem ich mich blendend verstand, hat dementsprechend auch einige Zeit benötigt, um mich zu überreden, den Besuch schließlich durchzuführen.

Die üblichen Unterlagen unterm Arm, setzten wir uns in unseren Jeep, um Korea Silk zu besuchen. Trotz Berücksichtigung der damaligen ärmlichen Verhältnisse – in vielen Stadtbereichen lebten die Menschen unter primitivsten Umständen – war die Adresse dieser Firma absolut unangemessen. Die steinernen Außenwände des winzigen Hauses waren mit roh zusammengezimmerten, schmutziggrünen Holzlatten bedeckt. Eine dicke, inzwischen festgebackene Schmutz- und Staubschicht auf diesen Latten ließ die ehemals grüne Farbe eigentlich nur noch vermuten. Von außen waren die völlig verstaubten Fenster – soweit sie nicht mit Pappe zugenagelt waren – als solche kaum zu erkennen. Zu allem Überfluss regnete es auch noch am Tage unseres Besuches, sodass wir knöcheltief im Schlamm standen, als wir dem Jeep entstiegen.

Koreanische Behausungen

Wir öffneten die Eingangstür, die sich in keiner Weise von der Gesamtqualität des Hauses unterschied, und befanden uns sogleich im »Empfangsraum«, der gleichzeitig Arbeitsraum für zwei Personen war. Das Zimmer besaß nur einen Lehmfußboden, versteht sich.

Überhaupt bestand das Gebäude nur aus zwei Räumen. Der zweite war über eine steile knarrende Holztreppe erreichbar. Dort saßen der »President« und der »Vice-President« des Unternehmens.

Der Präsident mit dem bereits vertrauten Namen Mr. Kim war ein Mann, der, wenn auch nicht seinem Rang entsprechend gekleidet, so doch einen gediegen zurückhaltenden und durchaus sympathischen ersten Eindruck vermittelte. In diesem im Vergleich zum äußeren Eindruck bereits luxuriös anmutenden Büro nahmen wir an einem roh gezimmerten Holztisch auf ähnlich beschaffenen Stühlen Platz. Der dem übrigen Mobiliar angeglichene Schreibtisch des Präsidenten stand dem Holztisch so gegenüber, dass der Präsident seinen Stuhl hinter dem Schreibtisch nicht verlassen musste.

Weder befanden sich an den Wänden Bilder, noch sonst, bis auf einen grünen, modernen Ventilator, irgendwelche zierenden Auffälligkeiten. Der sofort und obligatorisch angebotene grüne Tee wurde uns allerdings in echten Gläsern serviert!

Dies zu den Äußerlichkeiten. Unschwer zu erkennen, dass mir auch bei Würdigung der besonderen koreanischen Umstände diese Firmenumgebung nicht unbedingt großes Vertrauen einflößte, um über kostspielige Industrieprojekte zu sprechen. Trotzdem, es war eine neue Erfahrung und meine gute Erziehung und auch mein sechster Sinn veranlassten mich, höflich zu bleiben, mit angemessenem Respekt das Gespräch zu führen und die durchaus fachkundig gestellten Fragen zu beantworten.

Korea Silk interessierte sich – ich werde es nie vergessen – für:
– eine komplette Kammgarnspinnerei über ca. 8000 Spindeln,
– eine sog. Backwashing-Anlage für die Vor- bzw. Nachbehandlung der sogenannten »Kammgarnslivers«,
– eine Spulerei-Anlage,
– eine komplette Streichgarn Spinnerei-Anlage,

– entsprechende Sekundäranlagen mit Kompressoren, Dieselgeneratoren und so weiter.

Alles in allem war dies ein Umfang, der während der 50er Jahre die stolze Summe von etwa drei Millionen US-Dollar ausmachte!

Wir wollten es nicht glauben! Das Gespräch wurde schließlich mit der gleichen Höflichkeit beendet, wie es begonnen hatte. Mir war klar, dass bei aller Sympathie hier Projekte und Angebote von einem Mann diskutiert und angefragt wurden, der offenbar den Kontakt zur Wirklichkeit verloren hatte.

Wir fuhren zurück ins Büro und widmeten uns wieder den Tagesaufgaben. Unsere verfügbare Zeit war ohnehin knapp, ich zweifelte auch ein wenig an meinem Mr. Min, der doch unser Programm kannte, aber offenbar die Dinge zeitlich nicht richtig einzuschätzen verstand; waren doch das Treffen und die Diskussion unangemessen und wirklichkeitsfremd.

Es vergingen circa vier Wochen, als uns erneut ein Anruf von Korea Silk erreichte und zunächst eilig das Angebot für die Backwashing-Anlage (von der Firma Fleißner, Frankfurt/Main) angemahnt wurde. Da ein ebensolches Projekt von uns zufällig für einen anderen koreanischen Kunden gerade erarbeitet worden war, erforderte es keinerlei Aufwand, um diesen Korea Silk-»Spinnern« eine Kopie hiervon, neu adressiert, zu überlassen. Hiermit war ich einverstanden. Mr. Min übergab die Offerte.

Es dauerte kaum zwei Stunden, bis Mr. Min zurückkehrte, das von Korea Silk angenommene und unterschriebene Angebot mitbrachte und mir mitteilte, dass die Firma das Projekt gekauft habe. Die Bezahlung würde unverzüglich durchgeführt!

Ich war wie vom Donner gerührt.

Natürlich war dies, sollte sich die Meldung bewahrheiten, eine große Überraschung, die erst verstanden werden musste. Tatsächlich erwies sich die Information als wahr und die Zahlungen sowie alle vorgeschriebenen Genehmigungen wurden kurzfristig beigebracht.

Nach weiteren vier Wochen kaufte derselbe Kunde die Kamm-

Streichgarn-Anlage Korea

garn-Anlage, die gleichermaßen einwandfrei bezahlt, abgewickelt und montiert wurde. Es dauerte etwa weitere sechs Monate, bis auch eine komplette Streichgarn-Anlage (Fabrikat MAK, Kiel) und die übrigen angefragten Anlagen verhandelt waren und innerhalb einer Jahresfrist abgeschlossen wurden.

Ein solch einmaliger Vorgang hat sich auch in meinem späteren Geschäftsleben in dieser Form nicht mehr wiederholt.

Natürlich entwickelte sich mit diesem Kunden, der damals 1959 in Korea den Grundstein für seine heutige Bedeutung legte, ein sehr

Korea 1958: Gewebebahnen werden zum Bleichen über die Hügel gebreitet.

freundschaftliches Verhältnis. Äußerlichkeiten sind eben doch nicht immer Maßstab für die Dinge des Lebens, wie ich an diesem Beispiel drastisch erfahren habe.*

---

* Siehe Anhang 3 »Rieckermann (Korea) Co. an Direktor Soldan … 13. März 1959«

Kiseng-Party

Zu den Gepflogenheiten im koreanischen Geschäftsleben gehört es, dass der Kunde nach erfolgreicher Projektarbeit zu einer Kiseng-Party einlädt. Auch unser Projekt Dae Myang fand im Sommer mit einem solchen Ereignis seinen krönenden Abschluss.

So sibirisch kalt das Land im Winter ist, so subtropisch heiß ist es in den Sommermonaten. Das für uns ausgewählte »Restaurant« war natürlich nicht mit einer Klimatisierung oder gar einer angeschlossenen Badeanlage ausgestattet. Die ersehnte, aber fehlende Abkühlung führte dann zu einer Form des Beisammenseins, wie ich sie so zuvor nie erlebt hatte.

Dinnerparties dieser Art finden stets in einem separaten Raum statt. Ein für die Allgemeinheit offener Gastraum existiert in der Regel nicht. Diese zurückgezogene Atmosphäre ist ungewohntem Verhalten natürlich förderlich. Von vorzüglicher Qualität ist übrigens stets die bei diesen Anlässen servierte Küche.

Während des vor dem Essen gereichten Aperitifs saß also die Gesellschaft auf am Boden liegenden Kissen und demonstrierte, sich diesen Umständen anpassend, feine Lebensart. Der zunehmende Alkoholgenuss und die hohen Temperaturen ließen jedoch das Bewusstsein der Gemüter hinsichtlich eines noch in Ansätzen vorhandenen europäisch geprägten Verhaltens sehr bald ins Leere laufen.

Trotz der Ventilatoren und offenen Fenster wurde das Bedürfnis der anwesenden Koreaner und übrigen Gäste groß, sich zunächst der Jacken, dann der Hemden und am Ende der Hosen zu entledigen, so dass schließlich eine »Unterhosenparty« stattfand.

Die anwesenden Damen waren vergnügt und bei diesem Entkleidungszeremoniell gerne behilflich. Überhaupt wurde die Gesellschaft bei diesem Tun immer ungezwungener, blieb aber dennoch zurückhaltend und benahm sich kultiviert. Als einziger Deutscher in dieser Runde schloss ich mich natürlich den »Vorgaben« an und erwies mit meiner Haltung eine Solidarität, die hohe Anerkennung fand.

Die Animierdamen lockerten den Abend auf und waren durchaus bereit, auch über eine anschließende Individualgestaltung des Abends zu sprechen.

Ich habe während der 50er Jahre häufig an Kiseng-Parties teilgenommen. Als junger und mitbeteiligter Deutscher konnte ich jedoch nicht immer alle verlockenden Angebote ob ihrer Vielzahl wahrnehmen. Ich musste ihnen manchmal geschickt ausweichen, denn man durfte sich keinesfalls ohne Not solch einer Einladung entziehen.

Das Junggesellenleben in Korea war schon etwas Besonderes. Eigentlich war es paradiesisch ...!

Türkisches Bad

Eine weitere Oase irdischen Vergnügens und gerne genutzter Zerstreuung bot uns Junggesellen das sogenannte »Türkische Bad«. Gerne und so oft es die Gelegenheit erlaubte, entspannten wir uns in dessen wohliger Atmosphäre.

Schon der Empfang in aufreizender und vielversprechender Manier ließ Besonderes erwarten. Zwei junge Damen hießen uns

Kiseng-Party

nach allen Regeln orientalischer Höflichkeit willkommen und boten uns im Empfangsraum zunächst Platz und den obligatorischen grünen Tee an. Als junge Deutsche – nicht nur wegen unserer finanziellen Ausstattung bevorzugt und begehrt – wurde uns von da ab ein Maß an Aufmerksamkeit zuteil, das beeindruckender nicht sein konnte.

In Angleichung an die für Männer in diesem Land angemessene Haltung haben wir zunächst den Gruß der Damen erwidert und ihnen ein Gefühl europäischer Ehrerbietung vermittelt, was von den Mädchen mit besonderem Stolz empfunden wurde. Die für uns ausgewählten Damen, die uns in sowohl liebenswerter als auch devoter Haltung Zigaretten und Süßigkeiten anboten, begannen sodann, uns mit leichten Plaudereien zu unterhalten.

Nach dieser ersten Begegnung wurde man von den Damen mit charmanten Körperbewegungen und Gesten in den eigentlichen Behandlungsraum geführt. Wohltemperiert, großzügig ausgestattet, stand an einer Seite des Raumes ein niedriger, mit weißen Tüchern und Kissen bedeckter Tisch, der in seinen Abmessungen zwei oder drei Personen bequem Platz bot. Auf der anderen Seite des Raumes lag das Bad, welches ebenfalls für zwei oder drei Personen gut dimensioniert war und das der eigentliche Namensgeber des »türkischen«

»Unterhosen-Party«

Bade-Ereignisses ist. Mir ist bis heute im Übrigen nicht klar, warum diese Bäder in Korea als »türkische« Bäder bezeichnet werden. Bei den vielen Türkei-Besuchen, die ich später unternahm, wurde Gleichwertiges nie angeboten.

Die beiden auch als Badenixen tätigen Damen konnten figürlich nicht besser ausgestattet sein, was natürlich die Attraktivität des Ereignisses auch optisch steigerte. Mit wohltuend geschickten Fingern wurde ich meiner Kleidung entledigt und für den Badevorgang vorbereitet. Eine der beiden Gespielinnen stieg ebenfalls mit in das angenehm gewärmte Wasser und war bemüht, durch sanfte Körperberührung die erotisierende Wirkung dieses Vorgangs zu steigern. Kunststück, es gelang!

Nach einem etwa viertelstündigen Wasseraufenthalt wurde mein Körper mit wohlriechendem Öl »eingestreichelt« und mit der Massage begonnen. Der große Tisch ermöglichte es den Mädchen, gleichzeitig am Fußende und am oberen Teil des Körpers die Massagearbeit in harmonischer Abfolge zu beginnen.

Der leichte Druck auf bestimmte Stellen an den Fußsohlen sowie mit den Zeigefingern vorgenommene zarte Drehbewegungen an den Schläfen vermittelten das Gefühl wohltuender Entspanntheit. Der Massagevorgang wurde schließlich auf alle rückseitigen Körperteile ausgedehnt, bis schließlich die Aufforderung »please turn round« erfolgte, um Brust, Bauch und andere vorderseitigen Körperpartien zu behandeln. Während eines der Mädchen sich weiterhin sanft bemühte, den Oberkörper durch abwechselnde Druck- und Streicheleinheiten geschmeidig zu machen, setzte sich die andere mit nach hinten abgewinkelten Beinen geschickt auf Waden und Knie, um die spannenden erogenen Zonen zunächst mit Zurückhaltung zu behandeln. Dabei war die junge Dame bemüht, diesen Teil der neutralen Beglückung zeitlich etwas auszudehnen. Das ohnehin schon entwickelte Lustbedürfnis wurde durch einfühlsame Körperbewegungen derart gesteigert, dass schließlich ein unauffälliges Hineingleiten in die Wonnen der Glückseligkeit folgte.

Nach einem erneuten Bad war eine weitere Entspannungsmassage angesagt. Das Verbleiben für einen zweiten Teil des bis dahin unübertroffenen Badebesuches wurde von den Gespielinnen dann so inszeniert, dass sich weitere Höhepunkte dieses orientalisch kultivierten Erotik-Erlebnisses unvergesslich in uns für immer einprägten.

Intrigen

Bei allem freudigen Elan, den ich in meine Arbeit steckte, blieben mir Enttäuschungen aus dem Kollegenbereich nicht erspart. Einen deutschen Mitarbeiter (Herrn T.) aus meiner Heimatfirma Unionmatex, der Anfang des Jahres 1958 die Projektarbeit in Korea unterstützen sollte, lernte ich erst in Korea richtig kennen. Bei allem Wohlwollen, welches ich persönlich und auch die koreanischen Mitarbeiter diesem Mann zunächst entgegenbrachten, war bald zu erkennen, dass er nicht mit dem Team harmonierte.

Abgesehen von seiner kleinlich anmutenden Denkart oder vielleicht gerade deswegen, waren es nach wenigen Wochen massive Widerstände, die sich vor allem bei meinen koreanischen Verkaufsleuten gegen ihn aufbauten. Er spürte die Antipathie und entwickelte dann auch mir gegenüber offenbar ein durch Missgunst und Neid geprägtes Verhalten, welches ihm – wie dies oft in solchen Fällen üblich ist – die Sicht für die Realitäten versperrte. Dies ging so weit, dass er sich sogar hinreißen ließ, hinter meinem Rücken an die Geschäftsleitung meiner Firma völlig ungerechtfertigte Berichte über meine Begegnung mit Kunden, ja sogar über meinen Lebensstil zu schreiben.

Dies war natürlich für mich jungen, aufstrebenden und auf Bewährung ausgerichteten Mann nicht gerade förderlich. Glücklicherweise hatte ich in Frankfurt inzwischen gute Freunde, die die intriganten Schreiben richtig zu lenken wussten. Eine Zusammenarbeit war unter den gegebenen Umständen mit Herrn T. nicht mehr möglich. Er wurde von der Geschäftsleitung wieder nach Deutschland zurückgerufen und in seinem Verantwortungsbereich erheblich zurückgestuft.

173

Er musste seine künftigen Schriftstücke, Fernost betreffend, von mir gegenzeichnen lassen!

Der Vorfall zeigte mir, dass Menschen, die durch Missgunst und Eifersucht fehlgeleitet werden, oftmals gegen ihre eigenen Interessen handeln und nicht mehr in der Lage sind, ihre Gedanken und Handlungen zu kontrollieren. Um anderen Schaden zuzufügen, werden sogar eigene Nachteile in Kauf genommen.

Der Vorgang war für mich lehrreich und ebenfalls ein Stück Erfahrung für die Zukunft. Meine berufliche Entwicklung ließ sich jedoch durch dieses unschöne Intermezzo jetzt nicht mehr aufhalten. Es ging rasant aufwärts.

Masan

Wieder durchlebten wir einen bitterkalten koreanischen Winter. Um ihm zu trotzen und die Fahrtüchtigkeit unseres Jeeps zu erhalten, entfachten wir bei Temperaturen von minus dreißig Grad nachts unter dem Auto ein bis zum Morgen leise vor sich hin kokelndes Feuer, um das Einfrieren des Motors zu verhindern. Als im Frühjahr mit dem Aufbau einer Textilproduktions-Anlage im südkoreanischen Masan begonnen wurde, waren alle froh, dass die Zeit klirrender Kälte hinter uns lag.

Das in Seoul ansässige Unternehmen Dae Myang besaß auch ein Zweigwerk in Masan. Hierfür wurde von uns eine moderne, aus vielen verschiedenen Kesseltypen bestehende Färberei-Anlage geliefert. Die Aufstellungspläne erstellte das mit uns kooperierende Unternehmen Thies aus Coesfeld. Neben dieser Färberei-Anlage einschließlich einer Spulerei der Firma Schlafhorst wurde durch uns auch eine moderne Wollgarnspinnerei der MAK und am gleichen Standort eine Kammzugwaschanlage errichtet.

Für die anfallende Installation der Anlagen verpflichtete man drei technisch sehr versierte Monteure (sie kamen aus Ingolstadt, Coesfeld bei Münster und Kiel). Die Montagen sollten etwa acht bis zehn

Monate in Anspruch nehmen. Jedem der Monteure standen fünf bis sechs koreanische Elektriker oder Schlosser sowie andere Helfer zur Verfügung. Hotelunterkünfte im üblichen Sinne gab es damals auch in Masan natürlich nicht. Auch war die orientalische Verpflegung für viele Europäer zu jener Zeit noch sehr gewöhnungsbedürftig.

Es wurde also für die drei Techniker ein Haus auf dem Firmengelände eingerichtet und außerdem Dienstpersonal zur Verfügung gestellt; darunter auch ein mit der Zubereitung europäischer Gerichte vertrauter Koch. Die Firma Dae Myang hatte in jeder Weise ausgezeichnet vorgesorgt. Sogar ein umfangreicher Getränkevorrat wurde angelegt. Da es nicht üblich war, während des Arbeitsaufenthaltes zwischendurch kurze Heimreisen anzutreten, sollten sich die arbeitenden Gäste möglichst wohlfühlen.

In der Stadt hatte es sich herumgesprochen, dass drei Deutsche auf dem Gelände der Firma Dae Myang, dem größten Arbeitgeber der Stadt, ihr Quartier aufgeschlagen hatten. Die Monteure waren, wie dies nicht anders erwartet wurde, ausgezeichnete Fachleute, die sich nach kurzer Zeit in dieser doch völlig fremden Welt bestens

Spielereien im Schnee ...
vor meinem Bungalow

zurechtfanden. Es waren wohl überhaupt die ersten Deutschen, die hier längerfristig arbeiteten. Natürlich wurden die Herren bald die begehrteste Anlaufstelle für die jüngere weibliche Bevölkerung von Masan. Vor den Toren der Fabrik versammelten sich allabendlich mehrere Dutzend junge und entsprechend herausgeputzte Frauen, welche darauf hofften, die Gunst der »Togil Sarams« für diesen Tag zu gewinnen.

Trotz der harten Arbeit war es für die drei Monteure eigentlich wie im Schlaraffenland. Ausgezeichnete Unterkunft und Verpflegung, reichliche Tagegelder, hohe Anerkennung für ihre tatsächlich sehr gute Arbeit, dazu der Mittelpunkt im Bereich der Damenwelt, es fehlte an nichts. Häufig gingen sie abends aus und vergnügten sich in den Bars der Stadt, wo sie ob ihrer Spendierfreudigkeit hohes Ansehen genossen.

An einem der Wochenenden hatten sie abends wieder einmal etwas länger gezecht, als erlaubt. In Korea herrschte zu jener Zeit das sogenannte »Marshal Law«, d.h. es bestand eine absolute Ausgangssperre für jedermann ab 22 Uhr bis 6 Uhr früh. Unsere drei angeheiterten Freunde hatten die Zeit längst übersehen und wanderten schließlich zwischen 23 und 24 Uhr torkelnd und laut singend durch die Stadt heimwärts. Dabei mussten sie an einer kleinen, pilzförmigen, nach vorn offenen Polizeistation vorbei, in der drei Polizisten ihren Dienst taten. Sie hielten die lärmenden Monteure an und forderten sie auf, ruhig zu sein und in der Station ihre Namen zu hinterlassen.

Dieses in ihren Augen völlig unangemessene Ansinnen hat die erheblich alkoholisierten Männer augenscheinlich derartig gereizt, dass sie die Beherrschung verloren und die Polizisten kurzerhand verprügelten. Dass die bärenstarken Kerle gleichzeitig die Polizeistation demolierten, hat sie in ihrem Eindruck bestärkt, hier konsequent gehandelt zu haben. Erst nachdem sie sich davon überzeugt hatten, dass die Zertrümmerung der Innenausstattung der Station vollständig war, setzten sie ihren Heimweg lautstark singend fort.

Die Geschichte hatte natürlich ein böses Nachspiel. Die Stadtverwaltung beklagte sich massiv beim Firmenpräsidenten, der sich seinerseits bei uns in Seoul beschwerte und unseren unverzüglichen Besuch in Masan verlangte. Dieser Aufforderung kam ich sogleich nach, war mir doch schnell klar, welch unangenehme Folgen das Ereignis haben konnte. Natürlich war der Präsident der Meinung, dass die drei Leute sofort abgelöst und durch andere ersetzt werden sollten. Doch schon allein aus Kostengründen war dies eine unbedingt zu vermeidende Lösung des Problems.

Nach mittlerweile zwei Jahren in Korea und mit den Gepflogenheiten des Landes und der Mentalität der Menschen ein wenig vertraut, versuchte ich die Wogen der Empörung bei unseren koreanischen Gesprächspartnern diplomatisch zu glätten, was auch nach einigen Stunden einigermaßen gelang. Nicht zu unrecht empörte sich in der Hitze des Gespräches der Inhaber des Unternehmens zudem darüber, dass für die drei Herren bestens gesorgt worden sei.

Allein die Getränke und die Verpflegung dieser Männer hätten einen größeren Aufwand verursacht als vergleichsweise die Kosten für die etwa fünfhundert koreanischen Männer und Frauen des Betriebes, die in den werkseigenen »Dormitories« untergebracht waren und dort bescheiden wohnten, aber auch gut verpflegt wurden. Ich versuchte dem Präsidenten zu erklären, dass diese Aktion zwar nicht entschuldbar sei, andererseits die herausragende Qualifikation dieser Leute die Garantie für den einwandfreien Aufbau der Anlage gewährleiste. Nach Stunden einigten wir uns schließlich darauf, dass der Schaden von uns umgehend behoben wird und jedes weitere geringste Vergehen dieser Leute unweigerlich zur Ablösung der Monteure führen würde.

Natürlich waren wir alle in höchstem Maße verärgert, war doch dieses Verhalten der Techniker unentschuldbar und in keiner Weise geschäftsfördernd. Eine Mitteilung an die entsprechenden Heimatfirmen unterblieb jedoch. Dies hätte zwangsläufig zu einer Abmahnung und möglicherweise tatsächlich zur Ablösung der Leute geführt. Zu jener Zeit, 1958/59, war es bei der Vielzahl anderer Anwärter für einen Techniker noch eine Auszeichnung, wenn er zu Montage-Aufgaben ins Ausland geschickt wurde. Es war nicht nur ein Vertrauensbeweis des Unternehmens, sondern bot einen nicht unwesentlichen Mehrverdienst, der bei den niedrigen deutschen Löhnen – ca. 400 DM pro Monat – für die Familien oftmals dringend benötigt wurde. Ich habe also den Vorfall nicht gemeldet, wofür mir die Monteure ausgesprochen dankbar waren.

Die weiteren Arbeiten erfolgten mit entsprechender Sorgfalt, wie sich bei wiederholten Kontrollbesuchen zeigte. Das Verhalten der drei gab zu keinen weiteren Beanstandungen Anlass, im Gegenteil! Die Montagen wurden höchst zufriedenstellend erfüllt.

Bei ihrem Bestreben nach Perfektion wurde allerdings eine Einmischung in ihre Arbeit empfindlich aufgenommen. So geschah es, dass sie den – ihnen fremden – kleinwüchsigen Präsidenten des Unternehmens, der bei einer Besichtigung der Färberei unbefugt einen Knopf drückte, kurzerhand hinauswarfen.

Ganz grundlos war die Erregung nicht, denn der noch nicht mit Öl bestückte Motor der neuen Maschine wäre beim Anlaufen sofort zerstört worden.

Stromausfall

Nun geschah jedoch etwas Unerwartetes. Es waren inzwischen fünf arbeitsreiche Monate vergangen, als plötzlich die gesamte Stromversorgung der Stadt Masan und aller Industriebetriebe auf einen Schlag ausfiel. Alles verstummte, das Licht erlosch, die Stadt war wie gelähmt. Die Versorgung konnte auch durch keine Notstromaggregate ersetzt werden. Das zentrale, noch von den Japanern vor dem Krieg installierte Diesel-Kraftwerk, welches sogar den Korea-Krieg überstanden hatte, war zusammengebrochen.

Zunächst wurden unverzüglich Techniker aus Seoul nach Masan beordert, um den Schaden zu beheben. Aber nach drei langen Tagen intensiver Arbeit bestand keinerlei Aussicht, die großen Dieselmotoren wieder in Gang zu bringen. Daraufhin wurden diverse Armeetechniker besorgt, die jedoch nach weiteren drei Tagen ebenfalls aufgeben mussten. Der Stromausfall brachte die Bevölkerung mittlerweile in arge Bedrängnis. Buchstäblich das gesamte öffentliche und private Leben war lahmgelegt.

In dieser verzweifelten Situation erinnerte man sich jetzt der Deutschen, der »Togil Sarams«, von denen man sich letzte Rettung versprach. Wir wurden in Seoul gebeten, unsere vormals so gescholtenen Techniker für diesen Reparaturauftrag freizugeben. Obgleich es eigentlich »nur« Textilmaschinen-Experten waren, traute man den Deutschen inzwischen viel zu.

Dem Wunsch wurde natürlich entsprochen. Ein vierter Montagemeister, der an der nächtlichen Polizeiaktion nicht beteiligt war, er hieß Jessen, hatte zufällig über zwanzig Jahre als Experte bei der MAK (Krupp), dem heute noch bedeutenden Hersteller von Dieselmotoren, gearbeitet. Er besaß daher beste Voraussetzungen, um die Reparaturarbeiten durchzuführen.

Jessen hat erst einmal das ganze aufgeregte Personal beiseite geschoben, sich mit seinen zwei Kollegen im Diesel-Kraftwerk eingeschlossen und den Schaden in Ruhe begutachtet. Dann begann eine schweißtreibende Arbeit an dem Ausbau, der Reparatur und dem neuerlichen Einbau der beschädigten Komponenten.

Nach vier Tagen, in denen Tag und Nacht durchgearbeitet wurde, meldete er den erfolgreichen Abschluss der komplizierten Reparaturarbeiten. Wenn jetzt keine weiteren Schwierigkeiten aufträten, könne man die beiden Dieselaggregate wieder starten.

Der Augenblick des Einschaltens wurde mit großer Spannung erwartet. Die Techniker und ihre koreanischen Helfer hatten sich wie gebannt vor den gewaltigen Diesel-Ungetümen aufgestellt und warteten auf den entscheidenden Griff, mit dem Freund Jessen den Anlasserhebel in die erforderliche Position stieß. Der Hebel wurde umgelegt.

Nichts rührte sich!

Dann, ganz langsam, hörte man ein unterdrücktes Fauchen. Und mit einem Mal ertönte das erste ersehnte dampfhammerschwere »Wumm«, dann wieder »Wumm, Wumm, Wumm!« bis es sich immer schneller zu einem gleichmäßigen ohrenbetäubenden Lärm steigerte.

Die Freude war unglaublich. Jeder umarmte jeden. Die Männer in ihren ölverschmierten Anzügen sprangen vor Freude herum, und es war ihnen anzumerken, von welcher Last sie befreit waren.

Einzelheiten der beschwerlichen und mit viel Improvisationstalent durchgeführten Arbeiten zu erläutern, ist müßig, unter den vorhandenen Umständen war dies im wahrsten Sinne des Wortes eine echte Meisterleistung. Die Stadt hatte auf einmal wieder Licht, die Fabriken liefen an und vor allem das Krankenhaus war wieder funktionstüchtig. Besonders für die Patienten war dies eine wahre Erlösung.

Ehrenbürger

Für das Ende der Woche wurde daraufhin vom Bürgermeister und der Stadtverwaltung von Masan eine öffentliche Feier vorbereitet, bei der unseren drei Technikern eine ungewöhnliche und unerwartete Ehrung zuteilwerden sollte. Die Kinder bekamen an diesem Samstag schulfrei, die Bevölkerung wurde aufgerufen, sich zahlreich am Marktplatz der Stadt zu versammeln, allen Verwaltungs- und städtischen Angestellten wurde das Erscheinen zur Pflicht gemacht.

Gegen 11 Uhr vormittags begann die Feier mit einer Reihe von Reden, natürlich in koreanischer Sprache, die aber von den anwesenden Europäern trotz des Dolmetschers nicht verstanden wurden. Egal. Höhepunkt der Feier war jedoch die Verleihung der Ehrenbürgerschaft der Stadt Masan und die Übergabe eines goldenen Schlüssels der Stadt an Herrn Jessen und die Überreichung je eines silbernen Schlüssels an die beiden anderen Techniker, von denen einer, wie ich erinnere, Hirschburger hieß und aus Ingolstadt stammte.

Die noch vor wenigen Wochen kurz vor der Ausweisung stehenden Monteure waren plötzlich Ehrenbürger der Stadt und die Helden des Tages! In allen Zeitungen waren sie abgebildet. Ihren ruhmlosen Erstauftritt haben sie mehr als wettgemacht und schließlich erheblich dazu beigetragen, den Ruf deutscher Wertarbeit in diesem Lande frühzeitig zu festigen.

Natürlich wurden unsere »Helden« weiterhin mit Einladungen über-
häuft und genossen den Ruf, Zauberkünstler zu sein. Welchen weiblichen Verlockungen die Herren nunmehr ausgesetzt waren, sei hier nur
am Rande erwähnt. Waren die Angebote vorher schon beträchtlich, so
sprengte der jetzt erreichte »ruhmreiche« Zustand alle Grenzen.

Unsere Textilanlage Dae Myang in Masan wurde nach Abklingen
der Feierlichkeiten weitergebaut und war bald eine mit großem Erfolg
laufende Produktionsstätte. Unsere Aufträge mehrten sich schließlich
derart, dass sich Korea für unsere Techniker zu einer Langzeitaufgabe
auswuchs und die Heimreise immer mehr hinausgeschoben wurde.

Samsung, Taihan, Punghan, Dae Dong, Kyung Nam, Keum Sung
sind nur einige der klangvollen Namen, hinter denen sich unsere Programme und Projekte verbargen. Viele andere Unternehmen, die damals in den Kinderschuhen steckten, bauten mit unserem Engagement
ihre ersten Fabrikanlagen, natürlich im Bereich Textil. Nicht immer
war ein Monteur verfügbar, wenn eine bestellte Einzelmaschine aufgebaut werden musste. Die Reise war für einen kurzen Aufenthalt viel
zu teuer. Selbst unter Beachtung des damaligen Geldwertes kostete
eine Flugreise in den 50er Jahren das zwei- bis dreifache eines heutigen Business-Class-Tickets. Hier konnte ich gelegentlich aushelfen
und von mittlerweile gut angelernten koreanischen Technikern die
Montage durchführen lassen.

Niemand konnte damals auch nur im Entferntesten erahnen, dass
einige der genannten Firmen – wie z. B. Samsung – einmal Weltruf
erlangen würden. Es genügte nicht, in einem Land, wie es Korea seinerzeit nun einmal darstellte, nur durch zielstrebige und unermüdli-
che Arbeit zu versuchen Erfolge zu erringen. Wichtig war auch der
Blick hinter die Kulissen.

Wer hatte für die Realisierung von Projekten die besten Verbindungen? Wer konnte durch seine Einflussnahme die Projektarbeit
vieler Monate in die entscheidende Richtung steuern? Welche europäischen oder amerikanischen Handelsfirmen fühlten den Puls der
entscheidungsbefugten koreanischen Regierungsbeamten am stärks-
ten, und wer konnte diese Beamten bewegen?

Eisenberg

Es traf sich, dass ich während der Mittagspausen im Bando-Hotel in Seoul häufig mit Mr. Sassoon zusammentraf, einem Mitarbeiter des weltweit auch heute noch aktiven Handelsunternehmens Eisenberg. Wir freundeten uns an. Mr. Sassoon war ein angenehmer, weltgewandter Mann mit viel Humor, dessen Familie bis in die 40er Jahre hinein in Shanghai ansässig war und die ein einflussreiches Handelshaus besaß.

Mir war bewusst, dass die Firma Eisenberg mit Hauptsitz in New York für uns eine Nummer zu groß war. Sie bearbeitete in Korea und anderen Ländern eigentlich nur Großprojekte und kam für unsere Bemühungen also kaum in Frage.

Zufälle spielen im Leben jedoch oft eine Rolle. Ende des Jahres 1959 hatte ich vor Weihnachten meinen Flug zurück nach Deutschland gebucht. Am Haneda-Flughafen in Tokio sah ich plötzlich meinen Freund Sassoon, der sich inmitten von einigen Leuten bewegte, die scheinbar jemanden verabschiedeten. Sassoon sah mich in der Abflughalle stehen, kam zu mir und bat mich zu seiner Gruppe, innerhalb derer er mich Herrn Eisenberg vorstellte. Dieser flog ebenfalls nach Europa, und dies hatte für uns Folgen.

Während des langen Fluges (erneut via Alaska über den Nordpol) bat mich Herr Eisenberg in sein Sonderabteil, wo wir dann ausgiebig Gelegenheit hatten, verschiedene Programme Korea betreffend zu diskutieren. Vor allem fiel mir auf, dass Herr Eisenberg ziemlich genaue Kenntnisse über die künftigen Pläne und Vorhaben der koreanischen Regierung, auch im Bereich Textil, besaß. Der Austausch mit ihm war höchst interessant und offenbar konnte auch ich ihn mit meinen Erfahrungen beeindrucken. Schließlich schlug er mir vor, eine Zusammenarbeit mit unserem Unternehmen einzuleiten.

Unbeschadet der bereits in Korea bestehenden Aktivitäten der Unionmatex war dies ein Angebot, welches unsere Wettbewerbssituation nachhaltig beeinflussen würde. Eingeweihten war schon bekannt, dass in Korea und in anderen Teilen der Welt der Einfluss des Unternehmens Eisenberg so groß war, dass die Verwirklichung größerer Projekte ohne die Beteiligung dieses Handelshauses nicht denkbar war.

Wenn man weiß, dass bei Ankunft oder Abflug von Herrn Eisenberg stets zwei koreanische Minister zur Begrüßung oder Verabschiedung zum Flughafen kamen, dann kann man die Bedeutung dieses Mannes ermessen. Die Firmen Siemens oder MAN hatten zu jener Zeit längst das für sie positive Wirken des Hauses Eisenberg erkannt und diverse Projekte zum Abschluss gebracht.

In späteren mit der Unionmatex geführten Verhandlungen wurden dann Übereinkünfte erzielt, die von da an für unsere Aktivitäten in Korea eine sehr breite Plattform boten. Die koreanischen Anlagen sollten in Deutschland dann mit den jeweils beteiligten deutschen Partnern besprochen werden*.

Souvenir aus Seoul

Wir wenigen Deutschen waren gefragte Geschäftspartner und genossen auch ein hohes Ansehen bei technisch orientierten Studenten und Dozenten, von Industriellen ganz abgesehen. Unser Bekanntheitsgrad war groß, und auch von Vertretern der Behörden wurden wir immer wieder um unser Urteil in technischen Belangen gebeten.

Unter anderem stattete uns der Polizeipräsident von Seoul aus diesem Grunde einen Besuch in unserem Bungalow ab. Sein eigenes Anerbieten, uns wann immer nötig Unterstützung zu gewähren, haben wir allerdings nie in Anspruch nehmen müssen.

Es wurde eine zwanglose, sehr amüsante Teestunde, nach welcher sich der Präsident wieder höflich verabschiedete. Sein Besuch wäre sicherlich, ohne Nachhaltigkeit zu entwickeln, vergessen worden, wenn

---

* Siehe Anhang 4: »Unionmatex … Aktennotiz über die Besprechung … Eisenberg …«

Overseas Machinery Supplier:

UNIONMATEX Moves Actively Here

Engineer Recommends Better Ways

By Jai Young Suh

Among active foreign concerns supplying textile machinery to Korea, mostly under the ICA aid program, is the UNIONMATEX of West Germany.

During the past few years, the German firm has played a significant part in the modernization of Korean textile industry—not only in the supply of machinery and equipment but also in terms of technological assistance.

UNIONMATEX is represented in Korea by Rieckermann (Korea) Co. in Seoul. Rieckermann is headed by H. Schulze.

any projects

Hubert Roedlich, UNIONMATEX representative in Korea, says the West German firm consists of eight leading German textile machinery manufacturers, each specializing in a certain field so that complete textile mills of any style can be projected and supplied.

The 31-year-old engineer says that his firm constructs machinery and equipment in close cooperation with the corresponding laboratories operated by the eight sister plants, utilizing the latest knowledge gained by them.

"Hereby," the German engineer says, "the quality of the products manufacturered on such machinery can be increased. Since research cost, money, high-quality machinery and equipment manufactured through costly research works are higher in price than those products of low quality, as a matter of course."

reluctant

"I have found more than once some Korean business firms are reluctant to install such quality machinery and equipment just because the initial investment costs are higher," he says.

"But," he says, "it must be taken into consideration that the increased quality of finished merchandise produced on high-quality machinery brings greater turnovers in sales."

Therefore, he says, it is not

A woman worker inspects a self-acting mule at a woolen spinning plant.

advisable to try to reduce costs without closer studies or to delay the purchase of "cost-reducing" equipment. "One has to spend money," he says, "in order to save money."

Roedlich says that many Korean textile mills have recognized the above facts and today a considerable number of Korean mills are equipping themselves with UNIONMATEX machinery.

reputation

Among these Korean textile mills is the Dae Dong Spinning Mill, which has gained high reputation for its quality products on the domestic market, the German engineer says.

"Korea Silk Spinning Company has modernized and enlarged its plant facilities to a large extent with UNIONMATEX (MAK) equipment. Besides ring spinning machines which are already in operation, a woolen spinning plant and finishing machinery are being installed," he says.

In the woolen spinning field, he says, seven complete plants have been equipped with UNIONMATEX self-acting mules, the superiority of which is proverbial among Korean textile industrialists.

success

Among those textile mills which have achieved a substantial degree of success on the domestic market by using the MAK-mules are the Dae Han Woolen and Kyung Nam Companies.

Roedlich says UNIONMATEX is also playing a significant part in the fields of cotten, ramie, and man-made fiber spinning, weaving, and finishing all over the world.

The West German firm also supplied dying machinery and equipment to a number of

H. Schulze

Hubert Roedlich

Korean textile firms, such as the Keun Sung Textile Company and the Dae Myung Worsted Company.

"For the future of the Korean textile industry," Roedlich says, "UNIONMATEX will try its best to provide its technical know-how to strengthen this field of industry in Korea."

Shown is a UNIONMATEX roller-printing machine. No machine of this kind is installed in Korea.

A 3 card set is installed in the Dong Duck Woolen Spinning Co., Seoul.

dieser nicht seinen »Marschallstab« bei uns vergessen hätte. Er war offenbar in eine Ritze der Couch gerollt, auf der besagter Präsident mit einem seiner Begleiter Platz genommen hatten.

Von ihm vergessen und von uns unbemerkt, blieb der Stab verschwunden.

Erst viel später, es mochten zwei Jahre vergangen sein, hat sich der elegante, mit Silber und Perlmutt reich verzierte dunkle Holzstab wieder in unserem Möbelstück gefunden. Inzwischen hatten sich allerdings viele politische Veränderungen ergeben, welche auch den Polizeichef das Amt kosteten. Unsere Nachforschungen nach seinem Verbleib blieben erfolglos.

Ich habe den Stab also in meinem Besitz behalten, als ein schönes Stück Erinnerung an bewegte Zeiten der 50er Jahre.

Heimaturlaub

Der Besuch der Eltern in Münster zum Weihnachtsfest war meine erste Rückkehr nach Deutschland. Ganze zweieinviertel Jahre war ich ohne Unterbrechung im Ausland gewesen. Eine ereignisreiche Zeit war verstrichen. Viel hatte ich inzwischen gelernt und noch mehr hatte ich erlebt.

Erfreulicherweise gehörte ich auch inzwischen zu den wenigen Bundesbürgern, die es nicht notwendig hatten, sehnlich auf die Gehaltszahlung am nächsten Ersten zu warten. Im Jahre 1958 betrug in der Bundesrepublik Deutschland der durchschnittliche Bruttomonatslohn eines Arbeiters 395 DM, für eine Arbeiterin 259 DM. Ein überdurchschnittliches Monatsgehalt eines akademisch gebildeten Angestellten lag bei ca. 800 DM.

Mein Einkommen wurde 1957/58 zunächst auf 800 US-Dollar und 1959 auf 1000 US-Dollar pro Monat festgelegt. Gefahren und Abenteuer eingerechnet! Ein US-Dollar entsprach seinerzeit 4,20 DM. Nach meiner Rückkehr, Ende 1959, hatte ich rund 35 000 DM gespart. Für damalige Verhältnisse war dies für einen Einzelkämpfer schon deswegen ein kleines Vermögen, weil die Zahl derjenigen Menschen in der BRD, die überhaupt verfügbares Kapital besaßen, unvergleichlich gering war (ein fabrikneuer VW-Käfer kostete etwa 3500 DM).

Es war zunächst meine Absicht, nach meiner Rückkehr mein Geld in Immobilien anzulegen, und ich beschloss daher, in Münster ein modernes Reihen- oder Doppelhaus zu erwerben, um gleichzeitig unseren Eltern für den Rest ihres Lebens eine angemessene Bleibe zu bieten. Es sollte eine Weihnachtsüberraschung werden. In bester Lage mussten hierfür etwa 40000 DM aufgewendet werden. Bereits damals gab es das Instrument des Bausparvertrages und mit Abschluss eines solchen wäre diese Anschaffung für mich problemlos möglich gewesen*. Aus wichtigen Gründen musste jedoch ein großer Teil des Kapitals für unaufschiebbare familiäre Erfordernisse in Gremmendorf aufgewendet werden.

Zum Weihnachtsfest 1959 schenkte ich den Eltern, denen wir ja so viel verdankten, sozusagen als Trostpreis eine monatliche Rente von zweihundert Mark.

Mit Unterstützung der Unionmatex konnte ich jedoch schon drei Jahre später für einen dauerhaften Wohnort in Unternehmensnähe ein modernes Reihenhaus in Langen bei Frankfurt erwerben. Allerdings kostete es dann bereits 82000 DM, denn die Immobilienpreise hatten sich rasant nach oben entwickelt.

---

* Auszug aus dem Geburtstagsbrief an meine Mutter vom 16. Januar 1956: »Liebe Mutter, zu Deinem Geburtstag meine herzlichsten Glückwünsche … Ich kann Dir nur immer wieder dafür danken, dass Du das mit Vater aus uns gemacht hast, was wir sind bzw. noch zu werden versprechen … Jeder Mensch besitzt seine eigene Welt und ist dankbar dafür, von anderen anerkannt zu werden. Dir, liebe Mutter, kann ich heute sagen, dass Du nicht die kleinste Welt besitzt und Du stolz darauf sein kannst, Dein Leben zu leben … Man sagt, dass man in meiner Situation im Ausland reich werden kann. Wenn ich es werden sollte, dann hätte ich keine größere Freude, euch materiell nur annähernd das zu vergüten, was ihr mir an Werten mit auf den Weg gegeben habt … Immer Dein dankbarer Sohn Hubert.«

In Münster traf ich an einem der Tage in der Stadt zufällig einen ehemaligen Studienkameraden, mit dem ich essen ging. Wir schwelgten natürlich in Erinnerungen und beschlossen, anschließend noch eine Bar zu besuchen, um den durchaus amüsanten Abend mit einem oder zwei Drinks zu beschließen. Es kam, wie es kommen musste, wir waren inzwischen bei der vierten Runde angelangt und es war bereits Mitternacht und somit unzumutbar, zumindest nach meiner Ansicht, die Eltern jetzt noch telefonisch über mein verspätetes Heimkommen zu informieren. Die Drinks waren gut, wir waren sehr animiert und so erzählten wir uns bis drei oder vier Uhr morgens alte und neue vergnügliche Geschichten.

Natürlich konnte ich nicht wissen, was inzwischen zu Hause ablief. Meine Mutter hatte voller Sorge über mein nächtliches Ausbleiben alle Mitglieder der Familie in Düsseldorf, Linz und Münster wachgerüttelt.

Schließlich wurde in der Aufregung beschlossen, mich als vermisst zu melden und die Polizei um sofortige Nachforschung zu bitten. Der diensthabende Beamte hat dann gegen vier Uhr morgens meine Personalien aufgenommen, meine Gewohnheiten abgefragt und sonstige Routinefragen zu meiner Person gestellt.

Als die Mutter schließlich erwähnte, dass ich erst vor einigen Tagen aus Korea zurückgekehrt sei, war der Beamte verblüfft und erleichtert. Er meinte: »Gute Frau, wenn Ihr Sohn als Dreißigjähriger fast drei Jahre ohne Schaden Korea überstanden hat, dann haben wir keinerlei Bedenken, dass er die heutige Nacht in der Stadt Münster ebenfalls überleben wird.«

Geteiltes Land

Unvorstellbar weit entfernt war Korea damals in den Köpfen der heimischen Bevölkerung. In einem der größten Reisebüros in Münster am Prinzipalmarkt löste ich eine kleine Sensation aus, als ich die Flugkarte nach Seoul bestellte. Es war völlig unüblich, dass Reisen in derartig entfernte Regionen in einem Ort wie Münster gebucht wurden! So war die Welt.

Im April 1960 kehrte ich nach Korea zurück. Es war mein drittes Jahr in diesem immer noch weitgehend vom Krieg gezeichneten Land. Nach dem durch Japan erfolgreich beendeten russisch-japanischen Krieg im Jahre 1904–05 konnte Japan im Frieden von Portsmouth seine Machtansprüche auf Korea erfolgreich durchsetzen. Mit Zustimmung der USA und Großbritanniens wurde das Chosun-Reich (= Korea) japanisches Protektorat. 1910 wurde es als Generalgouvernement dem Kaiserreich Japan einverleibt.

In der Folgezeit wurden alle freiheitlichen Regungen der nationalbewussten Koreaner durch polizeistaatliche Methoden unterdrückt. Syngman Rhee gründete 1919 in Shanghai eine koreanische Exilregierung, während Kim Il Sung seit 1934 Partisanengruppen im Nordosten Koreas mit Unterstützung der Sowjetunion gegen die Japaner führte. Ausschließlich zum Nutzen Japans wurde im Süden Koreas nach japanischem Vorbild eine moderne Landwirtschaft aufgebaut, während im Norden die Industrialisierung des Landes durchgeführt wurde.

Die Niederlage Japans im Zweiten Weltkrieg beendete schließlich die seit 1906 bestehende japanische Herrschaft über Korea, dessen staatliche Unabhängigkeit in den Konferenzen von Kairo 1943, von Yalta und im Potsdamer Abkommen von 1945 garantiert wurde.

Am 8. August 1945 besetzten vertragsgemäß sowjetische Truppen Nordkorea und amerikanische Einheiten den Süden des Landes. Der 38. Breitengrad wurde zunächst als Demarkationslinie und als rein militärische Maßnahme festgelegt. Die im Moskauer Abkommen vom 27. Dezember 1945 niedergelegten Vereinbarungen über die Bildung einer provisorischen koreanischen Regierung konnten, wie auch die von den Vereinten Nationen 1947 beschlossenen freien und geheimen Wahlen in ganz Korea, wegen des Widerstandes der Sowjetunion, die das kommunistische Regime Kim Il Sungs in Nordkorea unterstützte, nicht realisiert werden. Am 15. August 1948 wurde daher in Seoul die Republik ausgerufen und Syngman Rhee, der bereits 1945 zurückge-

Syngman-Rhee-Denkmal in Korea

kehrt war, zu ihrem ersten Staatspräsidenten gewählt. Kurze Zeit später wurde am 9. September 1948 die demokratische Volksrepublik Korea unter Ministerpräsident Kim Il Sung im Norden ausgerufen.

Bestärkt durch das in seinem Rücken entstandene enorme kommunistische Machtpotential, das durch das Bündnis zwischen der Sowjetunion und China entstanden war, verfolgte Kim Il Sung die Idee einer mit Waffengewalt wiederhergestellten Vereinigung des geteilten Landes. Seine Vorstellung von einem erfolgreichen Blitzkrieg erhielt zusätzlich Nahrung durch die militärische Schwäche Südkoreas, die ausgehandelte materielle militärische Ausstattung durch die Sowjetunion und die Annahme, dass sich die USA aus dem Konflikt heraushalten würden. Falls dies nicht der Fall sei, hatte Mao Zedong Unterstützung zugesagt.

Am 25. Juni 1950 eröffnete Nordkorea völlig unerwartet seine Blitzkriegoffensive gegen den Süden, der darauf in keiner Weise vorbereitet war. Bereits zwei Tage später hat der Sicherheitsrat der Vereinten Nationen den Friedensbruch Nordkoreas festgestellt und den sofortigen Rückzug der Nordkoreaner an den 38. Breitengrad gefordert. Alle Mitgliedsstaaten der UN wurden aufgefordert, Südkorea bei der Abwehr des Angriffs zu unterstützen, um Frieden und Sicherheit in der Region wiederherzustellen.

In einem Schreiben des amerikanischen Präsidenten Truman heißt es*: »Es war der gleiche Fehdehandschuh, den Hitler der Welt vor die Füße warf, als er die Grenzen Österreichs und der Tschechoslowakei überschritt. Damals unterließ es die freie Welt, die Herausforderung anzunehmen, und der Zweite Weltkrieg war die Folge. Diesmal erkannten die in den Vereinten Nationen zusammengeschlossenen Länder die neue Gefährdung des Weltfriedens augenblicklich. Die Vereinten Nationen sind aus der Asche zweier Weltkriege erwachsen und zu dem Zweck organisiert worden, Aggressionen zu verhüten oder sie, falls das nicht gelingt, zurückzuschlagen. Deshalb haben die Vereinten Nationen auch spontan und rasch reagiert. Zum ersten Mal in der Geschichte gab es einen internationalen Apparat, der dem Angreifer, der anderen Völkern seinen Willen oder seine Staatsform mit Waffengewalt aufzuzwingen versucht, entgegentreten konnte. Dass die Vereinigten Staaten die Hauptlast zu tragen haben würden, wussten wir von Anfang an. Das war sowohl angesichts der geographischen Lage als auch unserer Machtmittel unvermeidlich.« Wenn wir den Untergang Südkoreas zuließen, dann würde das, davon war ich überzeugt, die kommunistischen Führer ermutigen, unseren Küsten viel näher gelegene Länder zu überrennen. Wenn wir den Kommunisten erlaubten, sich ohne Gegenwehr der freien Welt Südkoreas zu bemächtigen, dann würde kein kleines Land in Zukunft den Mut aufbringen, sich gegen Drohungen und Angriffe stärkerer kommunistischer Nachbarn zur Wehr zu setzen.«

Eine Nichteinmischung von Schutzmächten, allen voran den USA, hätte nach einhelliger Auffassung zu einer Einbuße an Glaubwürdigkeit der Vereinten Nationen geführt. Entgegen der ursprünglichen Annahme eines kurzen Blitzkrieges weitete sich der Konflikt durch das Eintreten Chinas in die Kampfhandlungen zum ersten globalen

---

* Zitat aus: Gottfried-Karl Kindermann: Der Aufstieg Ostasiens in die Weltpolitik von 1840 bis 2000, München 2001. (Hubertus Rödlich empfiehlt dieses Buch besonders zum Verständnis der Entwicklung und weltpolitischen Bedeutung Ostasiens auch mit Bezug auf Europa und USA.)

Konflikt des sozialistischen Lagers gegen die antikommunistischen Kräfte aus, die es von Seiten der USA zu verteidigen galt. Dieser auch im Auftrag der UN geführte Krieg wurde schließlich drei Jahre in aller Härte mit wechselndem Kriegsglück, aber unentschiedenem Ergebnis geführt. Am 27. Juli 1953 wurde schließlich ein Waffenstillstandsabkommen in Panmunjom unterzeichnet, das noch heute Gültigkeit hat.

Der Krieg hinterließ das Land weitgehend verwüstet. Die ohnehin durch die japanische Okkupation verarmte Bevölkerung verlor auch ihre letzten Habseligkeiten bei diesen schrecklichen Auseinandersetzungen. Um das Land aus diesem Tal des Elends herauszuführen, waren intensivste Wirtschaftshilfen erforderlich. Natürlich haben die Amerikaner die Aufbauhilfe für Südkorea finanziert. Es war ja erklärtes Ziel des Westens, auf Grund der geographisch und strategisch wichtigen Lage den südlichen Landesteil vom Kommunismus freizuhalten, d.h. militärisch, politisch und wirtschaftlich zu stabilisieren. Die Gefahr eines weiteren Waffenganges musste ausgeschlossen werden, um eine freie Entfaltung und Entwicklung normaler Lebensverhältnisse zu fördern.

Der koreanische Konflikt wurde der Beginn einer weltweiten Bündnispolitik gegen den Kommunismus, die bis heute wirkt und entscheidend dazu beigetragen hat, dem Westen, also auch Europa, die Freiheit zu sichern. Vielen Menschen in Europa und anderen Teilen der Welt ist diese historische Bedeutung leider nicht mehr bewusst.

Mir fällt auf, dass insbesondere diejenigen, welche häufig die größten Nutznießer der im Westen bestehenden Freiheit sind, gleichzeitig in widersinniger Weise dieses freiheitliche System und die Notwendigkeit, es zu verteidigen, besonders heftig kritisieren. Meine Erlebnisse vor Ort in Korea haben in mir einen besonders starken Bezug zu dem unschätzbaren Wert einer freiheitlichen, gerechten, demokratischen Gesellschaft entwickelt. Aber Menschen entwickeln offenbar in unterschiedlicher Umgebung auch verschiedene Formen des »rationalen« Denkens.

Demonstrationen

Syngman Rhee hat seine Regierung auch nach Kriegsende weitergeführt. Die in großem Umfang für den industriellen Aufbau Koreas gezahlten US-Hilfsgelder wurden dann jedoch im Allgemeinen nur an jene Firmen und Interessenten vergeben, die sich das Wohlwollen der Regierung sicherten. Oppositionelle hatten also in diesem offiziell demokratischen Staat keine Chance. Es konnte natürlich nicht ausbleiben, dass die Günstlings- und Vetternwirtschaft Unzufriedenheit in diesem ohnehin leidgeprüften Volk hervorrief.

Zunächst zaghaft, aber sich stetig verstärkend, wurden Unstimmigkeiten auch öffentlich erkennbar. Das Recht zu demonstrieren wurde von vielen Gruppen wahrgenommen. Nicht immer war uns klar, ob für oder gegen das Regime demonstriert wurde. Schließlich waren viele Bürger des Demonstrierens derartig überdrüssig, dass sogar einmal bei einer »Anti-Demonstration-Demonstration« gegen das Demonstrieren demonstriert wurde. Es kam, wie es kommen musste. Die unter gewaltigen wirtschaftlichen Nöten leidenden Menschen waren derartig frustriert ob der im Lande herrschenden Ungerechtigkeiten, dass der Ruf nach Rücktritt der Regierung immer lauter wurde.

Anti-Demonstration-Demonstration

Im April 1960 schließlich wurden zunächst auf dem Universitätsgelände Seoul Unruhen gemeldet, die jedoch unverzüglich mit massiver Polizeigewalt unterdrückt wurden. Die Protestaktionen wurden daraufhin in das Stadtgebiet verlegt.

Mein Büro befand sich immer noch mitten im Zentrum in dem für damalige Verhältnisse modernen und sündhaft teuren Bando-Hotel. So war es uns möglich, die Unruhen von einem »Tribünenplatz« aus zu beobachten.

So auch am 19. April 1960.

Uns stockte der Atem, als vor unseren Augen ein Jeep die Straße passierte, auf welchem Studenten einen toten Kommilitonen hoch über den Köpfen hielten, um ihren verzweifelten Protest auszudrücken.

Diese neuerliche, durch einen Kern von Studenten ausgelöste und emotionsgeladene Demonstration artete rasch zu einem Volksaufstand aus.

links im Bild: die Amerikanische Botschaft

Revolution

Vor meinem Bürofenster im sechsten Stock befand sich der Paradeplatz, der große Platz vor dem Regierungsgebäude in Seoul. Auf der
einen Seite dieses Platzes hatten sich die Studenten und ihre Anhänger formiert, auf der gegenüberliegenden Seite standen die zusam-
mengezogenen Polizeieinheiten in ihren schwarzen Uniformen, die
mit Maschinenpistolen bewaffnet die Menge in Schach zu halten versuchten.

Es war nur eine Frage der Zeit, bis die beiden Gruppen aufeinander prallten. Die Ereignisse nahmen ihren Lauf und man spürte förmlich die anwachsende Nervosität. Noch herrschte gespenstische Ruhe.
Einzelne Menschen liefen von einer Seite zur anderen. Fast hatte man
den Eindruck, als sollte durch Meldegänger die Taktik des Vorgehens
zwischen den beiden Gruppen abgestimmt werden. Noch hielt man
sich zurück. Über Lautsprecher wurden von beiden Seiten den jeweils
anderen Kontrahenten Mitteilungen gegeben. Dies war jetzt offenbar
kein Geländespiel mehr.

In uns entstand der Eindruck, dass die entscheidende Stunde der
Revolution vorbereitet wurde. Hier, so schien es, entschied sich das
politische Schicksal des Landes. Das Bild war eindeutig und einmalig. Die Lage war zum Zerreißen gespannt. Was sich hier zusammen-
braute, sah äußerst gefährlich aus, und der Gedanke an Flucht machte
sich schlagartig in unseren Köpfen breit, doch diese Option gab es
nicht mehr.

Inzwischen war es den Studenten und Aufständischen gelungen,
sich einiger Feuerwehrautos zu bemächtigen, die gegenüber der Polizei abgestellt waren. Plötzlich entlud sich die ganze Spannung der
aufgeheizten Situation, als diese Wagen mit aufheulendem Motor
plötzlich Kurs auf die Polizeieinheiten nahmen. Wie Trauben hatten
sich viele aufgebrachte junge Leute an die Autos gehängt.

Die Reaktion der Polizei war unausweichlich.

Aus vielen Gewehren feuerte die bewaffnete Einheit auf die ro-

Blick auf den Paradeplatz vom Bando-Hotel aus

ten Wagen und viele dieser jungen Menschen wurden ihr Opfer. Die Autos blieben führerlos liegen, die leblosen Körper der Fahrer hingen tot oder verwundet halb aus den seitlich offenen Fahrerkabinen. Jetzt steigerte sich die Schießerei zu einem regelrechten Gefecht, denn etliche Studenten hatten offenbar auch Waffen erbeutet und schossen zurück.

Die Luft war jetzt im wahrsten Sinne des Wortes so bleihaltig, dass es gefährlich war, sich innerhalb des Büros in der Nähe der Fenster aufzuhalten. Tatsächlich lag inzwischen die gesamte Büromannschaft mit klopfendem Herzen auf dem Boden.

Wie zu erwarten, waren die gut bewaffneten Polizeikräfte den wild anstürmenden Studenten und anderen Jugendlichen weit überlegen, sodass sich nach nur halbstündiger kämpferischer Auseinandersetzung die Fronten klärten und nur noch vereinzelte Schüsse zu vernehmen waren.

Wir wagten eine vorsichtige Sicht aus dem Fenster. Uns bot sich jetzt auf dem Paradeplatz eine ebenso ruhige wie gespenstische Szene. Der Blick machte uns stumm und fassungslos. Der ganze Platz war übersät mit Toten und Verwundeten. Es waren vermutlich drei- oder vierhundert junge Menschen, die für ihre revolutionäre Begeisterung verwundet wurden oder mit ihrem Leben bezahlt hatten.

Das Volk siegt

Noch einmal, so schien es, war die Regierung mit brutaler Gewalt Herr der Lage geblieben, es wurde wieder ruhig. Die Verhältnisse schienen sich wieder zu normalisieren und während der folgenden Tage wurden der Bevölkerung einige politische und wirtschaftliche Zugeständnisse angeboten.

Die strittige Forderung nach Neuwahlen wurde jedoch nicht erfüllt. Nur fünf Tage später brauten sich erneut Unruhen zusammen.

An der Spitze einer Tausende zählenden Volksmenge von Studenten, Arbeitern, Angestellten und anderen Anhängern der Revolution marschierten die beherzten Professoren der Universität Seoul zum Parlament und leiteten den endgültigen Aufstand ein. Erneut kam es zu Schießereien und Zusammenstößen mit der Polizei. Wieder waren Opfer zu beklagen, wieder brach die Demonstration zusammen.

Inzwischen war jedoch die Stimmung im Volk derartig aufgeladen, dass am nächsten Morgen, am 26. April 1960, abermals demonstriert wurde. Diesmal traten jedoch ungeheure Massen auf, und in kriegsähnlichen Straßenschlachten wurden die Polizeikräfte schließlich entmachtet.

Die Situation war plötzlich auch für uns hochbrisant. Die gesamte

Revolution in Korea 25./26. April 1960

Stadt schien aus den Fugen zu geraten. Häuser von Ministern wurden geplündert, Polizeistationen angezündet. Studenten hatten sich inzwischen einiger Armeepanzer bemächtigt, es wurde überall geschossen, keiner war seines Lebens mehr sicher und auch unser Hotel wurde Zielscheibe der Aufständischen.

In einem der Nachbarräume wurde ein Kollege der amerikanischen Handelsfirma Cosa von einer Kugel tödlich getroffen. Womöglich hatte er sich zu nahe am Fenster bewegt.

Auch innerhalb des Hotels ging nunmehr alles drunter und drüber. Wir waren hier nicht mehr sicher!

Mit Glück und jugendlicher Geschwindigkeit gelang es mir und einem Mitarbeiter, über die Hintertreppe des Hauses ins Freie zu gelangen. Durch kleine Gassen und über Schleichwege, die ich kannte, schafften wir es tatsächlich zur rettenden Straße nach Itewon. Während der letzten Kriegstage in Deutschland hatte ich ja auf dem Rückzug von Wesel gelernt, jede Deckung zu nutzen, wenn sich Gefahr auftat. Mit dieser Methode erreichten wir schließlich unser Ziel. Im Stadtteil Itewon wohnten hauptsächlich Europäer, und auch wir hatten dort unsere Unterkunft.

Auf dem Weg dorthin passierten wir das Tor des militärischen Bereiches der amerikanischen VIII. Armee, die sich inzwischen in höchster Alarmbereitschaft befand. Offenbar auch unter diesem Druck der Amerikaner dankte schließlich am Nachmittag des gleichen Tages die Regierung Syngman Rhee ab.

Die koreanische Armee verhielt sich neutral und griff nicht ein, und auch das amerikanische Militär hielt sich geschickt zurück. Die freie Volksmeinung wurde auf diese Weise respektiert. Wenn auch die nordkoreanische Seite die Vorgänge in Südkorea propagandistisch auszunutzen versuchte, war jetzt und auch später zu erkennen, dass die amerikanische Haltung und Präsenz erheblich zur Stabilisierung des Landes und der Region beitrug.

Ich hatte meine erste Revolution erlebt. Noch weitere drei Male sollte mir dieses Schicksal in anderen Ländern widerfahren, immer unter anderen Vorzeichen. Ich wäre also durchaus geeignet, eine Anleitung zum richtigen Verhalten im Revolutionsfall herauszugeben.

Eines haben mich diese Erlebnisse jedoch gelehrt, dass nämlich solche umstürzlerischen Ereignisse so unvorhersehbar schnell eintreten, dass ein geplantes Entrinnen aus der Gefahrenzone absolut nicht realistisch ist. Zu glauben, dass man sich im Ernstfall noch darauf einrichten könne, ist völlig illusorisch.*

Nach den Ereignissen verließ ich zunächst das Land, denn ich hatte in Tokio wegen eines Auftrages für die Firma Samsung zu tun. Anschließend führte mich mein Weg über Hongkong nach Vietnam.

In Südkorea haben wir unsere Geschäfte ab 1961 wieder aufgenommen. Die Lage hatte sich stabilisiert. Mit viel Engagement wurden die Projekte Punghan und Tai Pyung bearbeitet, die nicht nur wegen ihrer Größe, sondern auch wegen ihrer spektakulären Begleitumstände interessant waren.

Geheimagent

Der Bungalow in Seoul, der mir 1957 zugewiesen wurde, war bereits von einem Mitbewohner belegt, Heinz Müller, der zwei Jahre lang mein alleiniger und äußerst angenehmer Wohngefährte blieb. Er arbeitete hier als Diplomingenieur im Auftrag der Firma AEG. Vor seinem Einsatz in Korea war er seit den 30er Jahren in Tokio stationiert gewesen. Heinz Müller war ein außerordentlich unterhaltsamer und gebildeter Mann. Neben einigen anderen Sprachen beherrschte er auch das Japanische fließend.

Im asiatischen Raum war es üblich, dass man als einer der wenigen Deutschen, die im Land tätig waren, häufig enge gesellschaftliche Kontakte zur deutschen Botschaft und deren Angehörigen pflegte. So verband ihn mit dem seinerzeitigen deutschen Botschafter in Korea, Dr. Hertz (ein Enkel des berühmten Physikers Hertz), wohl noch aus früheren Tagen in Japan eine enge Freundschaft.

---

* Siehe Anhang 5: Brief »Rieckermann … 28. April 1960«

Müller besaß sehr fundierte historische Kenntnisse, besonders über Entwicklungen der Länder des Fernen Ostens. Er war daher eine schier unerschöpfliche Quelle für Informationen und historische Zusammenhänge, welche mein Interesse weckten, da sie mir bis dahin vielfach unbekannt waren.

Besonders spektakulär waren seine Erzählungen über seine Bekanntschaft mit Richard Sorge, dem damaligen deutschen Meisterspion in Japan. Ihm gelang es bekanntlich, in den Jahren 1939–42 derartig wichtige und brisante Informationen in Japan auszukundschaften und an Stalin weiterzugeben, dass hierdurch der Kriegsverlauf zwischen Deutschland und Russland entscheidend – gegen Deutschland – beeinflusst wurde.

Müller hob hervor, dass er trotz seiner relativ engen Kontakte zu Richard Sorge nie auch nur die Spur eines Spions in diesem Mann vermutet hätte. Im Gegenteil. Sorge war Leiter der in Tokio ansässigen deutschen Ortsgruppe, er war ein enger Berater des deutschen Botschafters und stets bemüht, als leitender Korrespondent der Frankfurter Allgemeinen Zeitung oftmals Vorträge zu halten, welche keinen Zweifel an seiner nationalsozialistischen Gesinnung ließen. Heinz Müller wusste zu berichten, dass es dem japanischen Geheimdienst dennoch gelungen war, Lebenslauf und Herkunft Richard Sorges zu durchleuchten. Nicht von Belang war es für die Japaner, dabei festzustellen, dass seine Mutter Russin war. Aber es war sehr aufschlussreich, in Erfahrung zu bringen, dass der Großvater von Richard Sorge der Privatsekretär und erste Mitarbeiter von Karl Marx gewesen war.

Zu jener Zeit gab es in Japan starke Strömungen, welche darauf abzielten, für die zahlenmäßig um etwa eine Million Menschen pro Jahr wachsende Bevölkerung Lebensraum zu gewinnen. Rohstoffreiche Gebiete suchte das Inselvolk allerdings nicht in Sibirien, einem für japanische Siedler nicht gedeihlichen Klima, sondern es orientierte sich nach Süden hin.

Der damalige Brennpunkt Pearl Harbor mit dem sich entwickelnden japanisch-amerikanischen Konflikt gab zunächst, was das weitere Vorgehen betraf, zu vielen Spekulationen Anlass. Eingedenk früherer

Regierungsgebäude in Tokio

Aggressionen der Japaner hatten die USA gegen sie ein Embargo für verschiedene dringend benötigte Rohstoffe und Öl verfügt. Es war noch offen, wie Japan dem begegnen würde.

Gleichzeitig war denkbar, dass die Japaner nach dem Beginn des deutschen Vormarschs in die Sowjetunion am 22. Juni 1941 den deutschen Bundesgenossen mit ihrer millionenstarken und gut ausgerüsteten Kwantung-Armee, gegen Russland von Osten kommend, Unterstützung boten. Ein solches Eingreifen berührte grundsätzlich die Interessen beider Seiten.

Für Stalin war es vor allem von eminenter Bedeutung zu erfahren, ob und wann die bereits an der Grenze zu Russland aufmarschierte japanische Armee die Sowjetunion angreifen würde. Dies hätte ihn gezwungen, seine Truppen aufzuteilen und sowohl im Westen gegen Deutschland als auch im Osten gegen die Japaner zu kämpfen.

Hätte dann die deutsche Armee obsiegt, wäre womöglich unser heutiges Weltbild nachhaltig verändert worden. Auch für die USA wären die Konsequenzen nicht absehbar gewesen.

Heinz Müller erklärte mir schon damals, dass Richard Sorge auf Grund seiner ausgezeichneten Kontakte, sowohl zur deutschen Botschaft als auch zu japanischen Regierungsstellen, in der Lage war, an Informationen zu gelangen, die es ihm erlaubten, das Puzzlespiel diplomatischer Vorgänge zu einem Ganzen zu ordnen. Es war ihm bekannt, dass es starke politische Kräfte in der japanischen Regierung gab, welche die Auseinandersetzung mit den USA als vorrangig betrachteten. Japan strebte danach, die als dringend betrachtete Kontrolle der fernöstlichen Länder durchzusetzen und die damit verbundenen Rohstoffquellen für sich zu sichern.

Andererseits gab es japanische Politiker, die ihrerseits den Vorstoß nach Russland bevorzugten. Man hielt im Jahre 1941, nach ersten großen Erfolgen, einen schnellen Sieg der Deutschen gegen Russland mit japanischer Hilfe für gut möglich. Er würde die japanische Position derartig stärken, dass die spätere Durchsetzung japanischer Interessen gegen die USA im Pazifikraum relativ große Chancen hätte. Auch würde dann die geballte Macht des damaligen Deutschen Reiches mit all den bereits besetzten Ländern Unterstützung bieten.

All diese Überlegungen, erklärte mir Heinz Müller, wurden in der japanischen Führung diskutiert.

Jetzt herauszufinden, zu welcher mit höchster Geheimhaltungsstufe versehenen Entscheidung sich die Regierung in Tokio durchringen würde, war die alles und auch kriegsentscheidende Information, die Stalin von seinem Meisterspion Richard Sorge verlangte.

Über seine japanischen Freunde, über Liebschaften, für die er berühmt und berüchtigt war, und über andere Kanäle gelang es Richard Sorge tatsächlich, die gewünschten Informationen aus höchsten japanischen Regierungskreisen zu erhalten. Und er leitete sie an Stalin weiter!

Dieser erhielt somit im Oktober/November 1941 seine politisch vielleicht wichtigste Nachricht über den Kabinettsbeschluss der japanischen Regierung: »Japan beabsichtigt nicht, Russland anzugreifen!«. Es war also beschlossen worden, den Krieg nicht gegen Russland, sondern gegen die USA in absehbarer Zeit zu beginnen.*

Diese unvorstellbar wichtige Nachricht veranlasste die Sowjet-

---

* Siehe hierzu auch das Buch: Hans-Otto Meissner: Der Fall Sorge, München 1955

Dipl.-Ing. Heinz Müller, mein Mentor für Fernostfragen, im gemeinsam
bewohnten Bungalow mit seiner Freundin (1958/59)

union, ihre für den Winter gut ausgerüstete Fernostarmee von der
Ostgrenze abzuziehen und im Dezember 1941 alle verfügbaren militärischen Kräfte gegen die vor Moskau stehenden deutschen Truppen einzusetzen. Die Deutschen hatten diese Übermacht nicht ein-
kalkuliert, denn der Abzug der russischen Truppen an der Ostgrenze
fand zu einem Zeitpunkt statt, als ihnen die voll gerüstete Kwantung-
Armee der Japaner gegenüberstand und eigentlich täglich losschlagen
konnte. Aus der vor allem durch Kälte bedrängten Situation gerieten
die Deutschen in eine hoffnungslose Lage und – unterlagen.

Richard Sorge war Kommunist. Schon in seiner Jugend wurde er
durch seine Verbindung zu Russland und durch seine auch von der
Familie verfolgte Ideologie geprägt. Er hatte also mit dieser brisanten
Nachricht das Kriegsgeschehen ganz fundamental beeinflusst.

Solche und viele andere mit Heinz Müller während der 50er Jahre
in Korea geführten Gespräche haben mein Weltbild wesentlich erweitert.

Pearl Harbor – eine amerikanisch-japanische Tragödie

Ein Kampf der Giganten im pazifischen Raum um China

Von Gottfried-Karl Kindermann*

Der in den Morgenstunden des 7. Dezember 1941 erfolgende Überraschungsangriff japanischer Flugzeuge auf die amerikanische Flotte bei Pearl Harbor auf Hawaii löste zwischen den beiden führenden Industriemächten des Pazifiks einen Kampf der Giganten aus. Dieser Krieg fand dreieinhalb Jahre später mit den ersten Atombombenangriffen auf dicht besiedelte Städte sein apokalyptisches Ende.

Am 7. Dezember 1941 begann mit der Versenkung der amerikanischen Flotte bei Pearl Harbor durch die japanische Luftwaffe der Krieg im Pazifik zwischen den Vereinigten Staaten von Amerika und dem Kaiserreich Japan. In diesem Ringen entluden sich Spannungen zwischen unvereinbaren pazifischen und weltpolitischen Interessenskonzeptionen Tokios auf der einen und Washingtons auf der anderen Seite, die langfristig zugenommen hatten und ihre höchste Eskalation in den Atombombenabwürfen auf Hiroshima und Nagasaki erreichten.

«Neuordnung Ostasiens»

Modelle des westlichen Imperialismus imitierend, hatte Japan 1895 Taiwan und 1910 Korea annektiert und 1931/32 Nordostchina, die sogenannte Mandschurei, zu einem Satellitenreich verwandelt. 1937 begann Tokios abenteuerlicher Versuch, ganz China durch Krieg seinem Willen zu unterwerfen. Auch erschien der damaligen Führung Japans der Zweite Weltkrieg in Europa als «einmalige Gelegenheit» dazu, die Kolonialimperien der Weissen in Asien, in denen nicht nur die Japaner rassistische Ausbeutungsdiktaturen über Asiaten erblickten, zu zerbrechen, um sie durch eine von Japan hegemonial zu führende «Neuordnung Ostasiens» zu ersetzen.

Als ersten Schritt hierzu und auf der Basis eines Vichy-Frankreich aufgenötigten Vertrages besetzten japanische Streitkräfte am 21. Juli 1941 das südliche Indochina, das geostrategisch als potenzielle Absprungbasis für militärische Operationen gegen amerikanische und britische Positionen in Südostasien betrachtet werden konnte. Als Reaktion, doch ohne Vorwarnung erliess Präsident Roosevelt hierauf Verordnungen, die das Einfrieren sämtlicher japanischer Guthaben in den USA und eine gegen Japan gerichtete Liefersperre für Erdöl und anderen Rohstoffen bewirkten.

Da sich das britische Empire und auch Niederländisch-Ostindien (heute Indonesien) diesen Massnahmen anschlossen, sah sich Japan schlagartig mit dem Zusammenbruch von 75 Prozent seines Aussenhandels konfrontiert. Die «New York Times» kommentierte, dies sei abgesehen vom wirklichen Krieg der drastischste Schlag gegen Japan gewesen. In einem von ihm selbst vom Stab der Navy angeforderten Gutachten darüber, was im Falle eines Erdölembargos gegen Japan zu erwarten sei, hatte Roosevelt zuvor am 19. Juli die Antwort erhalten, dann gebe es bald Krieg im Pazifik; die Marine rate davon ab.

Japans Konfrontation mit einem derart massiven Wirtschaftskrieg beschrieb sein Aussenminister Togo als eine «Bombe mit glimmender Zündschnur». Stellte sie Tokio doch vor die Alternative, existenziell benötigte Rohstoffzufuhren entweder durch Verhandlungen und Kompromisse mit den USA oder durch Eroberung im Krieg auch gegen die USA wiederzuerlangen. Die Dringlichkeit einer Entscheidung ergab sich aus einer Situation täglich schrumpfender Erdölvorräte, die berechenbar zu einer Paralyse der Industrien und Streitkräfte Japans führen konnte. Da Japans Generalstab die baldige Eröffnung eines Krieges anriet, empfahl Ministerpräsident Fürst Konoye dem Kaiser Hirohito eine direkte Befragung der Chefs der Heeres- und Marineleitung. Als diese am 5. September stattfand, fragte der Kaiser nach der möglichen Dauer eines Krieges mit den USA.

Nichthandeln als sicherer Tod?

Der Generalstabschef nannte einen Zeitraum von drei Monaten, worauf der Kaiser zornerfüllt entgegnete, der General habe ihm bei Beginn des Chinakrieges eine Verlaufszeit von nur einem Monat vorausgesagt. Man dauere der Krieg schon vier Jahre. China sei gross, der Pazifik aber um ein Vielfaches grösser. Der sich nun einschaltende Chef der Marine, Admiral Nagano, behauptete hierauf, wegen des Wirtschaftskrieges gleiche Japan einem schwer erkrankten Patienten. Nichthandeln bedeute seinen sicheren Tod. So müsse die Operation eines Krieges als Chance zum Überleben gewagt werden.

Eine sogenannte «kaiserliche Konferenz» führender Persönlichkeiten des Kabinetts und der Streitkräfte beschloss hierauf, den Krieg gegen die USA, Grossbritannien und die Niederlande vor Ende Oktober zu eröffnen, falls es nicht gelänge, die USA zur Annahme japanischer Mindestforderungen zu veranlassen. Vor Ende dieser Konferenz verlas der Kaiser jedoch ein Gedicht des grossen Reformkaisers Meiji: «Dass die ganze Welt / aus Brüdern besteht, / das glauben wir. / Warum raue Wogen / Stürzen und Drohen?» Wie Fürst Konoye schildert, waren die Anwesenden tief bewegt, und Admiral Nagano versicherte dem Kaiser, die Streitkräfte würden nur dann zum Krieg raten, wenn der Konflikt mit den USA auf diplomatischem Wege nicht gelöst werden könne.

* Mit freundlicher Genehmigung des Autors: Gottfried-Karl Kindermann: Pearl Harbor, eine amerikanisch-japanische Tragödie, München

Um eine diplomatische Lösung zu bewirken, hatte Konoye mit der Zustimmung der Streitkräfte eine Gipfelkonferenz zwischen ihm und Präsident Roosevelt vorgeschlagen. Washingtons Botschafter in Tokio, Joseph Grew, drängte seine Regierung zur Annahme dieser «mutigen» und «präzedenzlosen» Initiative des japanischen Regierungschefs. Sie könne dazu beitragen, einen sinnlosen Krieg zwischen Japan und den USA zu vermeiden. Werde der Vorschlag abgelehnt, sei der Sturz Konoyes und seine Ersetzung durch einen Militär vorauszusehen. Washington solle daher die einmalige Chance ergreifen. Obwohl Roosevelt anfangs Bereitschaft signalisierte, lehnte Washington auf Rat seines Aussenministers Cordell Hull den Vorschlag Konoyes ab. Während Konoye in einer Gipfelkonferenz eine Chance zur Entspannung und zu einem Kompromiss sah, wollte Hull eine inhaltliche Einigung vor der Gipfelkonferenz, die dann diese Einigung gleichsam nur noch zu ratifizieren hätte. Wie von Grew vorausgesagt, trat Konoye zurück. Sein Nachfolger wurde General Hideki Tojo. Eine neuerliche Konferenz der japanischen Führung beschloss am 1. November 1941, die Frist für Verhandlungen bis Endes des Monats zu verlängern und im Fall ihres Misslingens Anfang Dezember zum Krieg zu schreiten.

Ernste Bedrohung der USA

Auf Seiten der USA war Präsident Roosevelt von der Vorstellung eines schlimmsten Falles bewegt. In Europa könne Hitler möglicherweise England und Russland besiegen, während es Japan gelingen könnte, den zähen Widerstand der Regierung Tschiang Kai-scheks in China zu brechen. Danach könnte sich ein von Hitler geführtes Europa mit einem von Japan beherrschten Ostasien gegen die USA verbünden. Angesichts dieser Gefahr sollten die USA in den Zweiten Weltkrieg eintreten, solange England, Russland und China noch imstande seien, als Alliierte der USA zu fungieren. Roosevelts Problem bestand jedoch in den überwiegend isolationistischen Tendenzen innerhalb der amerikanischen Bevölkerung, die zwar zu materieller Hilfe für England und China bereit war, nicht aber zur neuerlichen Entsendung von Streitkräften in einen neuen Weltkrieg.

Seit Beginn des 20. Jahrhunderts hatten die USA in Ostasien eine «Politik der offenen Tür» verfolgt, die bestrebt war, hegemonialen Machtbildungen entgegenzuwirken. Doch Japans Versuch, China durch Krieg zur Gefolgschaft zu zwingen und den Zweiten Weltkrieg in Europa zu benützen, um den weissen Kolonialmächten ihre Kolonien in Südostasien zu entreissen, bedeutete eine massive Herausforderung dieser amerikanischen Gleichgewichtspolitik wie auch der wirtschaftlichen Interessen der USA im ostasiatisch-pazifischen Raum. Sehr zum Ärger Tokios hatten die USA sich geweigert, Japans Satellitenreich Mandschukuo anzuerkennen, hatten in wachsendem Masse den Widerstand Chinas gegen Japans Aggressionskrieg materiell unterstützt und hatten

trotz ihrem de iure neutralen Status militärische Gespräche mit Grossbritannien, Australien und den Niederlanden über eine gemeinsame Abwehr künftig möglicher japanischer Offensiven initiiert

Nach monatelangen Verhandlungen kam es im November 1941 zu letzten Vorschlägen beider Seiten. Japan schlug den USA einen beiderseitigen Verzicht auf militärische Expansion in Südostasien vor und bot einen sofortigen Rückzug aus dem südlichen Indochina an. Dies bedeutete eine Rückkehr zum Status quo vor Beginn des amerikanischen Wirtschaftskrieges. Mehr noch: Japan verzichtete hiermit auf die zuvor geplante Eroberung Südostasiens.

Die Wirtschaftssanktionen sollten dafür aufgehoben und Japan seitens der USA bei der Beschaffung von Erdöl unterstützt werden. Hinsichtlich Chinas sollten die USA nichts unternehmen, was die Wiederherstellung des Friedens zwischen Japan und China beeinträchtigen könne. Im Klartext also keine weitere Unterstützung Washingtons für Chinas Widerstand gegen Japan. Da amerikanische Geheimdienste in einer bedeutsamen kryptographischen Leistung ab Herbst 1940 Japans geheime Funk-Codes entschlüsselt hatten, wusste Washington, dass es sich hier um Tokios «letzte Vorschläge» handelte und dass Japans Unterhändler unter furchtbarem Zeitdruck standen.

Hulls Forderung einer Teilkapitulation

Sechs Tage später, am 26. November, erhielten die Japaner von Aussenminister Hull den letzten Vorschlag der USA. Er forderte von Japan den kompensationslosen Rückzug aus Indochina sowie aus China, gegen das Japan seit vier Jahren erfolgreich Krieg geführt hatte, wobei die Japaner verstanden, dass von ihnen damit auch ein Rückzug aus der von ihnen seit 1931 wirtschaftlich aufgebauten Mandschurei gefordert werde. In China dürfe Japan nur die Regierung Tschiang Kai-scheks anerkennen, was eine Opferung der von ihm dort errichteten Regierung Wang Ching-weis bedeutete. Washington verlangte ferner einen gegenseitigen Nichtangriffspakt aller Staaten des westpazifischen Raumes. Tokios Vertrag mit Berlin und Rom müsse durch einen Gegenvertrag mit den USA unwirksam gemacht werden. Der Wirtschaftskrieg gegen Japan werde dann eingestellt und die Wirtschaftsbeziehungen zwischen beider Staaten würden erweitert.

Hulls Vorschlag schlug in Tokio wie eine Bombe ein. Er wurde dort als Versuch der USA gedeutet, Japan zu einer Macht dritten Ranges zu degradieren, es den Krieg in China und den Aufbau in der Mandschurei verlieren zu lassen, seine bündnispolitische Glaubwürdigkeit zu zerschlagen, China zum Sieger des Krieges mit Japan zu machen und dieses der Verachtung anderer Staaten preiszugeben. Japans Verzicht auf Expansion in Südostasien sei nicht gewürdigt worden. Da unter Japans damaligen Entscheidungsträgern niemand, selbst der Kaiser nicht, bereit war, diese als «demütigend» erachtete Teilkapitulation dem Risiko eines Krieges vorzuziehen, stimmte niemand gegen den am 30. November in bedrückter Stimmung gefassten Beschluss zum Krieg.

Japans Militärführung hatte zugegeben, es sei gar nicht möglich, die USA direkt zu besiegen. Bestenfalls könne Japan Südostasien und seine Rohstoffquellen erobern. Das allerdings ergebe, wovor auch der Kaiser warnte, gefährlich überdehnte und maritim leicht angreifbare Nachschubrouten. Bezeichnenderweise erhielt der gegen Pearl Harbor auslaufende japanische Flottenverband den strengen Befehl, sofort umzukehren, falls die USA vielleicht doch noch in letzter Minute auf Japans Vorschläge eingingen. Anders als im Falle des Krieges gegen China fehlte Japans Beschluss zum Krieg mit den USA jene verbrecherische Mutwilligkeit, mit der Hitler trotz der Beschwichtigungspolitik der Westmächte den Krieg in Europa provoziert hatte.

Der zentrale Streitpunkt zwischen Japan und den USA war China. Japans nicht provozierter Aggressionskrieg hatte seit 1937 auf die Unterwerfung dieses volkreichsten Landes der Welt abgezielt, während die USA China im Interesse eines ausgewogenen Kräfteverhältnisses im Pazifik moralisch und materiell unterstützt hatten. Chinas Republikgründer Sun Yat-sen hatte 1925 schon davor gewarnt, wenn Japan China gegenüber nicht den Weg der Kooperation, sondern den Weg der Gewalt beschreite, werde es einer Katastrophe entgegengehen. Tatsächlich hatte Japan sich im Netz seiner eigenen Aggression gefangen und erntete von den USA den Sturm, den es in China gesät hatte. Gemessen an den Methoden der japanischen Chinapolitik wirkte Roosevelts harte Japanpolitik relativ gemässigt.

Genügend Vorwarnungen

Intern rechnete auch Washingtons Führung mit Krieg und nicht mit der Akzeptanz ihrer provokativ formulierten Vorschläge. Hull kommentierte am 27. November, von jetzt an liege die Japanpolitik in den Händen des Heeres und der Kriegsmarine. Entzifferte Funksprüche der Japaner zeigten die verzweifelte Dringlichkeit, mit der Tokio vor einem «Schlusstermin» mit «letzten Vorschlägen» um eine Verhandlungslösung bemüht war, da beide Staaten «am Rande des Abgrunds» stünden. Ominös wurden Japans Diplomaten danach angewiesen, die Zerstörung von Chiffriermaschinen und Dokumenten vorzubereiten. Sie erfuhren am 28. November, die Verhandlungen seien nun zwar faktisch beendet, doch formal fortzuführen. Schon am 27. hatten die einzelnen Kommandostellen im Pazifik von Washington eine «Kriegswarnung» erhalten; Angriffe seien jederzeit zu erwarten, die USA wünschten aber, dass die Japaner den ersten Schritt auslösen. Pearl Harbor war somit klar gewarnt.

Im Interesse Amerikas und der westlichen Zivilisation wollte Roosevelt zwar den Krieg gegen die Achsenmächte. Doch entgegen mancher Vermutung hat er die Flotte bei Pearl Harbour nicht als Köder geopfert. Die dortige Militärführung war hinreichend gewarnt. In berufsmilitärisch kaum fassbarem Fehlverhalten versäumten es die Kommandanten, der Kriegsprognose angemessene Vorbereitungen zu treffen. Die Dislokation ihrer Schiffe und Flugzeuge bot den angreifenden Japanern zudem leichte Ziele und trug damit zu den Dimensionen der Katastrophe bei.

Verspätete Kriegserklärung

Ein fast tragikomisches Schicksal erfuhr Japans Kriegserklärung. Der amerikanische Geheimdienst entzifferte sie wesentlich schneller als Japans Botschaft in Washington, die an dem betreffenden Abend ein Abschiedsfest für einen Beamten feierte. Angesichts der Brisanz des Textes hatte Tokio befohlen, diese Botschaft dürfe nur von Beamten des höheren Dienstes und also nicht von einer Sekretärin geschrieben werden. Doch nur einer dieser Beamten vermochte halbwegs, eine westliche Schreibmaschine zu bedienen. Mehrfache Schreibfehler zwangen zur nochmaligen Abschrift. So konnte die Kriegserklärung nicht wie von Tokio ausdrücklich befohlen am 7. Dezember um 13 Uhr, 20 Minuten vor Beginn des Angriffs auf Pearl Harbor, überreicht werden, sondern erst eine Stunde danach. Der Krieg, der so begann, zerstörte die Kolonialreiche in Asien, ebnete den Kommunisten den Weg zur Macht in China. Er endete mit den apokalyptischen Bombardierungen von Hiroshima und Nagasaki durch die Amerikaner. Und er begründete Amerikas bis heute gegebene Vorherrschaft im Gebiet des Westpazifiks.

---

* Der Autor war von 1967 bis 1995 Ordinarius für internationale Politik an der Universität München. Von ihm erschien in diesem Jahr der Band «Der Aufstieg Ostasiens in der Weltpolitik 1840 bis 2000».

Non stop work all over Far East

Hongkong 1960

Die britische Kronkolonie und meine Tätigkeit waren von Beginn an
eng mit dem Namen Jebsen verbunden. Jebsen & Co. ist auch heute
noch eines der führenden europäischen Handelshäuser und kann auf
eine über hundertjährige Erfahrung im Chinageschäft zurückblicken.
Viele große deutsche Unternehmen bedienten sich dieses Handelshauses vor allem zu einer Zeit, als es noch nicht möglich war, mit der
Volksrepublik China direkt Geschäfte zu tätigen, geschweige denn
dort ohne Vorbehalte einzureisen. Man war auf die schon seit Generationen aufgebauten und nach chinesischer Tradition gepflegten
Kontakte zum Reich der Mitte angewiesen. Nach dem Krieg, etwa ab
1950, wurden viele namhafte deutsche Firmen erfolgreich von Jebsen
vertreten.

Die Grundlagen meiner eigenen Tätigkeit und die künftige textile
Entwicklung vor Ort waren die vornehmlichen Themen meines Ein-
führungsgespräches mit Michael Jebsen, dem damaligen Firmenchef.
Es war nach seiner Einschätzung abzusehen, dass in Hongkong bald
eine wesentliche Erweiterung der Textilindustrie zu erwarten war und
somit die Anwesenheit eines geeigneten Fachmannes zur Bedingung
wurde. Mit Michael Jebsen verstand ich mich auf Anhieb sehr, auch

seinen Bruder Jakob Jebsen lernte ich gleichermaßen gut kennen und schätzen.

Für die erste Zeit meines Aufenthaltes bot man mir an, im firmeneigenen Haus in der Conduit-Road auf Hongkong Island zu wohnen. Diese sogenannte Jebsen-Messe war das bevorzugte und sicherlich auch preiswerteste Domizil für unverheiratete Mitarbeiter des Hauses. Dies galt auch für einige Repräsentanten, die den gleichen gesellschaftlichen Status besaßen, als Delegierte bekannter deutscher Unternehmen Fernost bearbeiteten und deren jeweiliges Mutterhaus durch Jebsen vertreten wurde. Hierzu gehörten zum Beispiel die BASF, Degussa, Siemens, VW, Bayer, Agfa und eben auch die Unionmatex.

Das Angebot, in diesem Hause zu wohnen und dort versorgt zu werden, habe ich natürlich gern angenommen. Die von mir vorgefundene etwa gleichaltrige Gesellschaft war mit den örtlichen Gepflogenheiten bereits gut vertraut und zudem eine ausgezeichnete Quelle für Informationen. Dass eine solche Gemeinschaft auch Frohsinn und interessante Gespräche pflegte, aber auch für manche Eskapaden berüchtigt war, wie sie den Köpfen von Junggesellen entspringen, muss nicht weiter hervorgehoben werden.

Natürlich hatte jeder sein »Suzie-Wong-Erlebnis« in Hongkong, welches in manchen Fällen auch zu dauerhaften Verbindungen führte.

Alles in allem war dieser Wohnsitz ein besonders reizvoller und wegen vieler ebensolcher Ereignisse bekannter Treffpunkt für die angestrebten gesellschaftlichen Kontakte. In Hongkong war dies auch in anderen Zirkeln bekannt, welche gleichgesinnt den schönen Dingen des Lebens zugetan waren. Mit anderen Worten, ich fühlte mich in diesem Kreis sehr wohl und habe diesen Kontakt immer wieder gepflegt, vor allem dann, wenn ich von Reisen aus umliegenden Ländern nach Hongkong zurückkehrte.

In der Junggesellenmesse arbeitete ein schon etwas älterer chinesischer Koch namens Ali, der sich nicht nur durch die Herstellung chinesischer »Kulinarien« auszeichnete, sondern der auch in der Lage war, man möchte es nicht glauben, deutsche Hausmannskost entsprechend jeder Jahreszeit in exzellenter Qualität zuzubereiten. Ob es sich um Sauerkraut mit Eisbein oder rheinischen Sauerbraten handelte oder ob Kohlrouladen, Kartoffelpuffer oder Falscher Hase auf dem Speisezettel standen, alles schmeckte wie »bei Muttern«. Eine Besonderheit seines Könnens präsentierte Koch Ali in der Zubereitung von Gerichten aus Hülsenfrüchten. So war unter anderem die von ihm hergestellte Erbsensuppe ein Meisterwerk westfälischer Kochkunst.

Woher kannte Ali Rezepte all dieser Gerichte? Ganz einfach: Er war bis 1914 als Koch im Offizierskasino der damaligen deutschen Kolonie Tsingtau (chinesische Provinz Shandong) tätig gewesen und

Hongkong in den 60er Jahren des 20. Jahrhunderts

hatte offenbar von seinen deutschen Kollegen vieles gelernt. Wo also wurden seine Talente besser gewürdigt als in dieser Junggesellenmesse!

Mit anderen dort untergebrachten Herren der Firma Jebsen und der deutschen Firmen BASF und Degussa entstand bald ein enger Kontakt, und es entwickelten sich einige gute Freundschaften. Eine davon mit Horst Faulstroh, einem interessanten und umschwärmten jungen Mitstreiter der Firma Degussa. Seiner Sportlichkeit verdankte er den unglaublichen Umstand, dass er einem in Singapur notgelandeten Flugzeug durch einen beherzten Sprung auf den Tragflügel und von dort weiter mehrere Meter tief auf den Boden entkommen konnte, bevor die Maschine Sekunden später explodierte. Er war einer der wenigen Überlebenden.

Sehr von Vorteil war es, wie ich bald herausfand, dass das Haus von zahlreichen jungen und attraktiven Stewardessen der Lufthansa bewohnt war, denn in Hongkong wurde die Crew immer gewechselt. Jebsen vertrat nämlich auch die Lufthansa im Fernen Osten.

Die wenigen Wochen, die mir zum Kennenlernen der Stadt Hongkong und meiner Kunden und zur Bearbeitung der vorliegenden Projekte blieben, waren ein faszinierendes Erlebnis. Dies vor allem, wenn man die umliegenden Länder schon besucht hatte und vergleichen konnte.

Hongkong 2009

Hongkong war für unser Unternehmen zunächst Neuland. Es bedarf immer besonderer Anstrengungen, wenn man beginnen muss, einen neuen Markt zu erschließen. Dieses Hongkong besaß eine besondere wirtschaftsstrategische Bedeutung und es war für unsere Firma eine »conditio sine qua non«, hier Fuß zu fassen, unbeschadet oder gerade wegen des hier besonders stark ausgeprägten Wettbewerbs. Wer in Hongkong erfolgreich war, konnte sicher sein, auch in den umliegenden Ländern zu bestehen.

Nach der Bearbeitung einiger Programme – wir hatten mehr durch Zufall als durch eigenes Zutun kurzfristig mit einigen Maschinenverkäufen Glück – musste ich jedoch meine Reise fortsetzen, jetzt führte der Weg nach Vietnam.

Saigon 1960

Am 9. November kam ich in Saigon an und spürte sofort eine eigenartig spannungsgeladene Atmosphäre. Die politische Lage war undurchsichtig, niemand wusste, welche Ereignisse zu erwarten waren, aber jeder befürchtete, dass etwas Außergewöhnliches passieren würde. Die Erinnerung an die blutigen Erlebnisse in Korea ließ sich in mir nicht verdrängen und ich war bemüht, meine innere Unruhe unter Kontrolle zu halten.

Wie in Korea waren wir auch hier durch das Haus Rieckermann

aus Hamburg vertreten. Nur wenig Zeit stand uns zur Verfügung, um Textilprojekte zu bearbeiten. Aller Unkenrufe zum Trotz hatten wir am zweiten Tag unserer Ankunft mit dem Direktor einer verhältnismäßig bedeutenden Firma ein Gespräch vereinbart und der Termin wurde tatsächlich eingehalten.

Mein Gesprächspartner, das fiel mir auf, ließ sich nicht auf allgemeine politische Gespräche ein – was ich sehr begrüßte – er kam gleich zur Sache. Das in Frage stehende Projekt »Cholon« wurde zunächst in Umrissen diskutiert, aber erst später in etwas veränderter Form aufgegriffen und dann in Teilbereichen, nahe Saigon, realisiert.

Während der Verhandlung wurde mein Blick unwillkürlich immer wieder auf sein Kinn gelenkt, unter welchem aus einer Warze heraus einige sehr lange Haare wuchsen. In Ermangelung eines anderweitigen Bartwuchses wurden diese Haare von ihm offenbar besonders gehegt und gepflegt, denn er streichelte sie während unseres Gesprächs ununterbrochen und zog sie durch seine langen Finger. Offenbar war er auf diesen Bartersatz besonders stolz.

Wie vielen anderen war auch mir bewusst, dass in Vietnam nicht alles zum Besten stand. Im ersten Halbjahr 1960 herrschte noch verhältnismäßig Ruhe. Die Menschen gingen ihren Geschäften nach. In den produzierenden Betrieben wurde gearbeitet. Im selben Jahr errichtete der Viet Cong – die gebräuchliche Bezeichnung für in Südvietnam agierende Guerillakämpfer – als Dachorganisation unter kommunistischer Führung die Front National de Libération du Vietnam Sud.

Im Jahresfortgang wurde die Lage immer gespannter. Der Präsident des Landes, Ngo Dinh Diem, hatte es nach allgemeiner Ansicht nicht verstanden, persönliche und Amtsinteressen voneinander zu trennen. Persönlich war er nicht korrupt, seine von ihm in führende Ämter eingesetzte Familie jedoch, und hier vor allem die Frau seines Bruders, Madame Nhu, war offenbar nicht zimperlich, wenn es um die Wahrung materieller Vorteile ging. Madame Nhu lebte später mit einem angeblich sehr großen Vermögen in Paris. Solche der Öffentlichkeit bekannten Lebensweisen von Mitgliedern der Regierung erzeugen natürlich den Unmut breiter Schichten der Bevölkerung. Es war sicherlich nicht nur in einigen asiatischen Ländern üblich, dass der jeweils mit dem Machtzentrum verbundene Familienclan die staatlichen Ressourcen als Selbstbedienungsladen betrachtete.

Ngo Dinh Diem, selbst strenger Katholik, setzte in Staatsämter bevorzugt Angehörige seines Glaubens ein und brüskierte damit neunzig Prozent der Bevölkerung. Zudem ging seine Familie gegen die buddhistische Mehrheit des Landes mit menschenverachtenden Repressalien vor. Der immer stärker werdenden Infiltration kommunistischer Elemente in Gesellschaft und Verwaltung durch den Viet Cong, d.h. eine Mischung von terroristischen Akten und sozialpolitischer Anbiederung an die Bevölkerung, hatte Diem nichts dauerhaft Stabilisierendes entgegenzusetzen.

In Vietnam brodelte es also weiter unter der Oberfläche. Noch waren es nicht die Kommunisten allein, die einen Umschwung in Südvietnam begrüßten. Auch national gesinnte bürgerliche Kräfte schlossen sich vielfach wegen der mit polizeistaatlichen Mitteln aufrechterhaltenen Gewaltherrschaft Diems der kommunistisch geführten nationalen Befreiungsfront an; ein Umstand, der sich für die Kommunisten auszahlte.

Präsident Diem, Saigon 1960

Als Ausländer war man jedoch gut beraten, sich vom politischen Geschehen fernzuhalten. Jeder Tag konnte nun ereignisreich sein. So auch der 10. November 1960, an dem mich Freunde zu einer Dinnerparty einluden.

Ruhe vor dem Sturm

Nach einem feudalen Essen in einem der besten Restaurants Saigons wurde beschlossen, den Abend mit einem Besuch in einem Nachtclub zu krönen. Der ausgewählte Club kam der Qualität des zuvor besuchten Restaurants durchaus gleich: gedämpfte bengalische Beleuchtung, farbenprächtige Ausstattung, verspiegelte Wände, gepflegte schwarzweiß gekleidete Ober hinter der Bar.

Die Mädchen, die sich angelegentlich den Gästen widmeten, waren – wie es der Landestracht entsprach – in äußerst aparte, hochgeschlossene, jedoch seitlich fast bis zur Hüfte geschlitzte Kleider aus feinem Brokatstoff gehüllt, die ihre bezaubernden Figuren reizvoll zur Geltung brachten. Ich hatte das Gefühl, dies war nicht die vietnamesische Wirklichkeit. Hier befanden wir uns plötzlich in einer anderen Welt, die jeder Phantasie breiten Raum ließ. Natürlich waren wir Ausländer wie immer besonders willkommene, weil im Allgemeinen zahlungskräftige Gäste.

Es war kein Kunststück, dass wir bald von einer Reihe auffallend, aber geschickt geschminkter Damen umgeben waren. Ihre Hauptaufgabe war es nicht nur, uns in jeder nur gewünschten Weise angenehm zu unterhalten, sondern uns auch zu besonders teuren Drinks zu animieren. Wir haben nicht abgelehnt, was auf den amüsanten Verlauf des Abends naturgemäß großen Einfluss hatte. Die Mädchen sprachen – wie in Vietnam seinerzeit allgemein üblich – nur französisch, und es war erstaunlich, mit welcher Leichtigkeit ich diese Sprache nach einigen Drinks beherrschte.

Je weiter der Abend fortschritt, umso mehr nahm ich mir vor, diese »Sprachübungen« in den nächsten Tagen zu wiederholen. Die jungen

214

Damen waren uns mit ihrer sanften und sehr verführerischen Art in dieser entspannten Situation schon bedenklich nahe. Trotz der unverhohlenen Angebote widerstand ich an diesem Abend den Verlockungen der reizenden Sirenen, um für eine wichtige Verabredung am nächsten Morgen einen klaren Kopf zu bewahren.

Gutgelaunt, wenn auch schon etwas angeschlagen, bestieg ich also gegen drei Uhr nachts eine der vor dem Haus wartenden Rikschas und nannte meine Adresse. Im Laufschritt bewegte sich der schon etwas ältere Besitzer des schaukelnden Gefährts durch die erstaun-

Vietnamesinnen in Saigon

lich stillen, wie ausgestorben wirkenden Straßen Saigons. Die Nacht war lau, es wehte eine ganz leichte, wohltuende Brise. In den Hauptstraßen sorgten schwach leuchtende Laternen für eine gerade ausreichende Sicht. Der Weg führte vorbei an Geschäften, von denen einige an den Frontseiten für die Nacht mit Brettern gesichert waren, vorbei an kleinen Cafés und Restaurants. Die Bürgersteige waren gesäumt von stattlichen, üppig grünen Bäumen, die dem Stadtbild eine freundliche, fast luxuriös wirkende Atmosphäre verliehen.

Nicht umsonst nannte man Saigon zu jener Zeit »Klein-Paris«.

Wir bogen in eine der Hauptstraßen ein, umfuhren ein Rondell in der Nähe des Hotels Caravelle und erreichten nach einer halben Stunde schließlich unser Büro und Übernachtungsquartier. Ich vergesse nicht den dankbaren Blick dieses Rikschafahrers, der mich wahrscheinlich für die ihm überlassene 5-US-Dollar-Note noch zweimal um Saigon gezogen hätte.

Meine Fahrt, die ich als wohltuenden Ausklang des schönen Abends empfunden hatte, stellte sich jedoch in Kürze als äußerst pikant heraus, denn diese Art Ruhe war für eine Stadt wie Saigon auch nachts vollkommen unnatürlich. Ich war ahnungslos mitten durch eine Stadt gefahren, in der nur zwei Stunden später eine Militärrevolution großen Stils losbrach! Hinter jeder Straßenecke, hinter Bäumen, in vielen Hauseingängen, Kellern, auf Balkonen lagen, ohne irgendein Zeichen der Bewegung, schwer bewaffnete Soldaten mit Maschinenpistolen im Anschlag auf der Lauer.

Ich muss ihnen in meiner Harmlosigkeit wie Don Quichotte vorgekommen sein.

Schlachtfeld

11. November 1960, im Morgengrauen: Urplötzlich, einem geheimen Kommando folgend, begann der Aufstand über die Stadt hereinzubrechen.

Fallschirmjäger-Einheiten eröffneten den Reigen. Vor meinem

Quartier hatte man gut getarnt zwei Maschinengewehre in Stellung gebracht, die mir vorher überhaupt nicht aufgefallen waren. Meine gerade erst begonnene Nachtruhe wurde durch deren heftiges Geknatter jäh beendet. Ich wollte es nicht glauben und sprang hastig aus dem Bett. Befand ich mich schon wieder inmitten einer Revolution?

Ich lugte vorsichtig durch das Fenster. Tatsächlich spielte sich hier zum zweiten Mal eine militärische Auseinandersetzung hautnah vor mir ab und ein sehr mulmiges Gefühl durchzuckte mich mit aller Macht.

Diesmal kämpften mit amerikanischen Waffen bestens ausgestattete Militärs gegen gleichermaßen gut bewaffnete Revolutionseinheiten. Innerhalb kurzer Zeit verwandelte sich Saigon, zumindest in unserem Stadtteil, in ein schreckliches Schlachtfeld.

Aus dem rasch eingeschalteten Radio war zu vernehmen, dass es den aufständischen Fallschirmjägern gelungen war, sich in einer Handstreichaktion den Weg zu dem von der Präsidentengarde eigentlich gut bewachten Palast zu bahnen und diesen zu umstellen. Das erbittert verteidigte Gebäude wurde belagert und unaufhörlich beschossen. Die Aufständischen hatten sich dazu auch der einzigen im Lande existierenden Rundfunkstation bemächtigt, und der bevorstehende Sturz der Regierung wurde voreilig angekündigt.

Die Stadt glich einem Hexenkessel. Offenbar waren auch Regierungstruppen in der Nähe. Wer hatte schon einen Überblick? Es war angesagt, im Haus zu bleiben und sich besser nicht in Fensternähe zu begeben oder sich durch eine Bewegung im Raum zu verraten.

In unserem Viertel fand ein wahnwitziger Schusswechsel statt. Das Maschinengewehrfeuer entlang der Straße versah die Hausfassaden mit fleckigen Mustern. Fensterscheiben splitterten, das schrille Geräusch der an Metall abprallenden Kugeln war schneidend hörbar. Wir zogen uns in die hinteren Zimmer unseres Wohnbüros zurück. Aber auch hier war man nicht wirklich sicher. Wir hofften nur inständig, dass sich der Straßen- und Häuserkampf von uns weg bewegen würde. Aber bis endlich Ruhe einkehrte, schien uns eine endlose Zeit vergangen.

Geschickt verstand es Präsident Diem, die Aufständischen bei den unverzüglich angebotenen und begonnenen Gesprächen zunächst hinzuhalten, obgleich die Lage der Regierung bereits aussichtslos schien. Diem wollte Zeit gewinnen, um über Bedingungen zu verhandeln, während die Aufständischen aber genau dies ablehnten. Nur sein Rücktritt wurde als Ergebnis akzeptiert.

Seinerzeit wurde viel spekuliert, warum der Palast vom Militär nicht erobert wurde. Die maßgebenden Offiziere der aufbegehrenden

Palast Saigon 1960

Regierungsgebäude in Saigon

218

Partei waren offenbar zu zögerlich und sich scheinbar der Konsequenzen dieses Versäumnisses nicht bewusst. Bestehende Telefon- und andere Verbindungen waren durch die Aufständischen bereits unterbrochen worden, sodass eigentlich alle für einen Putsch zu treffenden
Vorbereitungsmaßnahmen gegeben waren.

An eines hatte man jedoch nicht gedacht: Vom Palast aus führte
ein unterirdischer Gang in die Stadt. Über diesen entkamen einige
regierungstreue Offiziere. Sie nutzen ihnen bekannte Kontaktmög-
lichkeiten und riefen die nördlich von Saigon stationierten regierungstreuen Einheiten zu Hilfe. Nach einigen Stunden rückten einige
Regimenter mit Panzern an.

Der führende General dieser Truppe – angeblich verwandt mit
Präsident Diem – solidarisierte sich zunächst zum Schein mit den
Aufständischen, die sich ihres Sieges schon sicher fühlten. Durch
diese List rückten die Panzer ungehindert zum Palast vor, umstellten
ihn zunächst, drehten jedoch dann plötzlich um und machten nun
Front gegen die völlig überraschten Aufständischen. Es entwickelte
sich erneut eine wilde Schießerei, in deren Verlauf es einige hundert
Tote gab.

Die Stadt war jetzt vollends in Aufruhr und blieb es auch während der nächsten drei Tage. Unser Quartier in der Stadtmitte war günstig gelegen, um die Bewegungen der Truppen zu beobachten. Man konnte in der Nähe stets Soldaten ausmachen, die von einem Hauseingang zum anderen sprangen, schossen und wieder Deckung suchten. Ich hätte jetzt allerdings viel darum gegeben, wenn unser Beobachtungsplatz nicht so vorteilhaft gewesen wäre.

Es war nicht nur die wiederholte gefährliche Schießerei, die sich in unserer Straße und auch innerhalb des unteren Teiles unseres Hauses abspielte. Während all der Tage hatten wir auch keinerlei Möglichkeit, uns Verpflegung zu beschaffen. Und an Nachtruhe oder wenigstens stundenweise Schlaf war kaum zu denken. Wir wohnten, schliefen und arbeiteten ja in unseren Büros.

Irgendwie gelang es jedoch einem unserer vietnamesischen Büroangestellten, am dritten Tag zwei Brote zu beschaffen. Er war der Held des Tages! Den restlichen verfügbaren Kaffee, knapp ein Pfund Zucker und einige Kekse hatten wir längst gleichmäßig verteilt und aufgegessen. Wasser war Gott sei Dank kein Problem. Eine Leitung war wundersamerweise offen, die wir nutzen konnten, um Gefäße zu füllen.

Ich fühlte mich sehr an die bedrängnisreichen Tage des März 1945 in der Heimat erinnert. Während der letzten Kriegswochen war neben der ständigen Deckungssuche in den von uns gebauten Schützengräben vor allem die Verpflegung das Hauptproblem gewesen. Besonders für uns Jugendliche stellte Hunger naturgemäß eine besondere Härte dar.

Am fünften Tag der Revolution gewannen die Regierungstruppen in Saigon schließlich die Oberhand, der Putsch war gescheitert. Die Verantwortlichen des Aufstandes flohen angeblich nach Kambodscha. Obgleich die Enttäuschung im Volk ob des sicher geglaubten Sieges groß war, wurden bereits Tage später Treuekundgebungen und regierungsfreundliche Demonstrationen organisiert. Natürlich wurde der Umsturzversuch später, 1963, nochmals und dann allerdings erfolgreich wiederholt.

After the Coup that Failed. . . Led by a police band members of a Saigon labor union march past the presidential palace early this week in huge loyalty demonstration for President Ngo Dinh Diem. Workers who carried posters of the President demanded punishment of the coup leaders.

19. November 1960,

Saigon/Südvietnam

Es überraschte mich, wie schnell sich auch hier ein Revolutionszustand entwickelt hatte und wie unvermittelt das Rad wieder zurückgedreht wurde. Sobald erkannt war, dass der Aufstand nicht den gewünschten Erfolg hatte, normalisierte sich die Situation unverzüglich. Die Opfer der Revolution wurden begraben, einige Verantwortliche vor Gericht gestellt und verurteilt, einige erschossen. Das Leben ging weiter!

Nur außerhalb der Stadt setzten sich die Unruhen weiterhin fort. In einer Zeitungsanzeige mit der ungebrochenen Darstellung touristischer Attraktionen schlug sich dies damals in folgendem Werbeslogan nieder: »Visit the beautiful city of Saigon. Shooting only outside!«

Wir nahmen nach wenigen Tagen unsere Geschäfte wieder auf und organisierten die notwendigen »Meetings« zur Abklärung der dringlich anstehenden Projekte. Für die war ich ja schließlich nach Vietnam gekommen. Dabei ereignete sich ein weiterer Zwischenfall, auf den ich nicht vorbereitet war.

Am Morgen des 20. November 1960 stieg ich mit meinem Kollegen Seiler in den Firmenwagen unseres Agenten Rieckermann, um einen Geschäftstermin wahrzunehmen. Es handelte sich bei diesem Auto um einen mittelgroßen schwarzen Mercedes, eine relativ neue

Limousine, die offenbar vom Normalbürger in Saigon als Regierungswagen identifiziert wurde.

Natürlich hatten wir daran überhaupt nicht gedacht, und erst die nächste Sekunde ließ uns blitzschnell erkennen, dass wir somit ein feindliches Ziel darstellten. Urplötzlich wurde auf das Fahrzeug aus dem Hinterhalt mit einer Maschinenpistole geschossen. Die Kugeln trafen den rückwärtigen Teil des Autos, blieben im Kofferraum stecken und durchschlugen die Kotflügel. Mit einer Vollbremsung landeten wir am rechten Randstein. Hier säumten einige schlichte, durch kleine Gassen getrennte Häuser die Straße.

Den Wagenschlag öffnen und mit einem gelungenen Hechtsprung in einer dieser Gassen zu verschwinden, war für uns eins, eine spontane Sekundenhandlung. Gott sei Dank war niemand verletzt worden!

Wir zogen es anschließend vor, mit einer der vielerorts verfügbaren unverdächtigen Rikschas die Fahrt fortzusetzen. Auf Grund dieser Erfahrung haben wir auch während der nächsten Tage kein anderes Transportmittel mehr benutzt.

Es war nicht erkennbar, ob die Bevölkerung dieses geschundenen Landes die politischen Hintergründe dieser Revolte vollständig begriff. Vor der Niederlage der französischen Kolonialmächte 1954 bei Dien Bien Phu gegen die kommunistischen Viet Minh wurde dem Land schon im Abkommen vom 6. März 1946 der Status eines freien Staates zuerkannt. Trotzdem hatte Frankreich seine Rekolonialisierungspolitik fortgesetzt. Der Genfer Regelung folgend, war der Staat in einen kommunistischen Norden und einen westlich orientierten Süden aufgeteilt worden.

Die geplante Wiedervereinigung und Neuwahlen hatte Ngo Dinh Diem verhindert, da man einen Sieg der Kommunisten unter Ho Chi Minh befürchtete. Die oppositionelle Guerillabewegung, die kommunistische »Front National de Libération (FNL)«, im Westen Viet Cong genannt, fand Unterstützung durch Nordvietnam und die UdSSR in Form von Truppen, Waffen, Militärberatern und Versorgungsmaterial. Sie wurden über den sogenannten Ho-Chi-Minh-Pfad in den Süden transportiert.

In einer jahrelang fortschreitenden Entwicklung begannen die USA ihrerseits die Saigoner Regierung mit der Entsendung militärischer Berater zu unterstützen, denn es stand nach ihrer Auffassung zu befürchten, dass ihr Sturz den Fall weiterer Staaten im asiatischen Raum zur Folge haben würde.

In Vietnam konnten während der nächsten Tage keine konkreten Gespräche und Verhandlungen mehr erwartet werden. Die äußerlich beruhigte Situation täuschte darüber hinweg, dass das Volk innerlich aufgewühlt, verängstigt und zutiefst verunsichert war. Zukunftsweisende Entscheidungen im wirtschaftlichen Bereich wurden tunlichst aufgeschoben.

So war auch unseren Bemühungen keine Aussicht auf Erfolg beschieden. In dieser Situation habe ich daher beschlossen, den Besuch in Vietnam zu beenden und über Bangkok nach Djakarta weiterzureisen.

Beim Friseur

Hatte ich schon in Korea erfahren, dass zu einem Friseurbesuch gratis die Wonnen einer Wellnessbehandlung geboten werden, so übertraf mein erster Besuch eines Haarschneidesalons in Bangkok im Jahre 1960 alle meine ohnehin schon ausgeprägten asiatischen Erfahrungen. Mein Kopf hatte einen Haarschnitt dringend nötig, und so suchte ich arglos einen nahegelegenen Friseur auf.

Schon beim Eintritt in den für damalige Verhältnisse modernen Salon wurde ich sogleich vom Meister in Demutshaltung empfangen. Ich fühlte mich sofort am richtigen Ort, denn seine devote und einladende Haltung ließ ein Höchstmaß an angenehmer Behandlung vermuten.

Natürlich wurde mir zunächst Tee angeboten, bevor ich gebeten wurde, in einem verstellbaren Ledersessel Platz zu nehmen. Mit einer mir bislang ungewohnt ausführlichen Art der Planung des gewünschten Haarschnitts, die von unnachahmlichen Gesten begleitet wurde, erklärte mir der Meister, wie er mein fülliges Haar bearbeiten und mein Haupt in einen beeindruckenden Charakterkopf verwandeln würde. Nun, ich war mit allem einverstanden. Die Behandlung konnte beginnen.

Schon die sanfte und äußerst sorgfältige Haarwäsche erzeugte ein angenehmes Gefühl der Entspannung und mündete in eine kurze, flinke Scherenakrobatik. Sodann hatte der Meister eine Zwischenmassage vorgesehen. Ein intensives Kneten der Kopfhaut leitete wohlige Gefühle in meinem ganzen Körper ein und ich dachte schon, dass dies der Abschluss der Behandlung sei. Weit gefehlt! Nun war eine gründliche Ohrenreinigung angesagt, die unter Zuhilfenahme eines überdimensionalen hölzernen Wattestäbchens vorgenommen wurde. Mit einer unübertroffenen Behutsamkeit wurden meine Ohren nicht nur innen behandelt, sondern anschließend auch gespült. Bisher waren mir derartige Vorgänge nur vom Ohrenarzt bekannt!

Der eigentliche Massagevorgang begann dann mit dem Bemühen des Meisters, meine Beine durch Zug und Druckbewegungen so zu lockern, dass sie auf den Hauptgang, einer Art körperliche Artistik, vorbereitet wurden. Jetzt war der Mann nicht mehr zu halten. Er schritt zur Tat.

Mein rechtes Bein versuchte er so hinter meinen Kopf zu legen, dass meine Zehen mein linkes Ohr berühren sollten. Nachdem ihm dies trotz vollem Körpereinsatz und mit erheblichem, aber erträglichem Kraftaufwand nicht gelang, wiederholte er den gleichen Vorgang mit dem linken Bein. Auch diese Anstrengungen brachten nicht den erwarteten Erfolg. Scheinbar brachte ich doch nicht die von ihm erhoffte Geschmeidigkeit mit, die seine Kunst der asiatischen Körpergestaltung wirksam werden ließ.

Er setzte seine Massagebemühungen fort, indem er eine Ganzkörper-Handschlagmethode anwendete, um auf diese Weise das Misslingen der Hauptnummer zu kompensieren. Nach all diesen ausführlichen Ganzkörper-Ereignissen kam er endlich zum eigentlichen Zweck meines Besuches zurück und beendete kunstvoll meine Frisur.

Dies war im Jahre 1960 mein asiatisches Friseur-Erlebnis in Bangkok. Ich wollte eigentlich nur meine Haare schneiden lassen!

Miss Pan Wan Ching

Mit unserer thailändischen Vertretung Bara Windsor wurde die Strategie für die kommenden Monate festgelegt. Bangkok habe ich im Laufe der folgenden Jahre mehrfach besucht, um Geschäfte einzuleiten. Es wurden zwar keine großen Anlagen verkauft, jedoch etliche Einzelmaschinen oder Maschinengruppen. Die Stadt selbst war für mich mit ihren vielen Annehmlichkeiten zu jener Zeit eigentlich mehr eine erholsame Zwischenstation und ich betrachtete Thailand nicht unbedingt als Land mit aufstrebender Textilindustrie.

In dem von mir bevorzugten »Grandhotel Erivan Bangkok«, einem traditionsreichen und sehr gediegen und modern ausgestatteten Haus, wurden während des Abendessens auch reichlich Unterhaltungs- oder Gesangseinlagen dargeboten. Und dies durchaus auf einem dem vornehmen Hause entsprechenden Niveau.

Die chinesische Sängerin Pan Wan Ching empfand ich als sehr anziehend. Sie sang mit betörender Stimme und war in den verschiedensten Metropolen des Fernen Ostens durchaus nicht unbekannt.

Die Sängerin Miss Pan Wan Ching

225

Irgendwie ergab es sich, dass ich diese Sängerin kurz kennenlernte und ihr später in Singapur im Raffles-Hotel wieder begegnete. Offenbar entwickelte sie ein Faible für mich und schien eine Liaison zu suchen. So etwas schmeichelt einem Mann, und ich war durchaus bereit, eine Verbindung einzugehen, selbstredend »nach Junggesellenart«. Auf Dauer konnte diese ja ohnehin nicht aufrechterhalten werden, denn die junge Frau hatte ihren Hauptsitz in Hongkong.

Wir verbrachten in Bangkok und Singapur wunderbare gemeinsame Abende. Bei ihren abendlichen Auftritten widmete sie zartfühlend das eine oder andere vorgetragene Lied einem »lieben Menschen« und wahrte in dieser reizvollen Dinner-Atmosphäre mit vielen männlichen Einzelgängern so meine Anonymität, während einige der vorwiegend ausländischen Gäste untereinander vielsagende und fragende Blicke austauschten.

Eine Schallplatte dieser jungen Chinesin besitze ich noch heute, als Erinnerung an Ablenkungen vom Alltag angenehmster Art.

Java

Die Ankunft in Indonesien am 23. November 1960 und die damit verbundenen Kontrollen am Flughafen Djakarta waren bereits ein kleiner Vorgeschmack auf das, was mich hier erwartete. Die Suche nach Drogen war zu jener Zeit nach meiner Erfahrung noch kein Thema und als Newcomer hielt ich die in meinen Augen höchst übertrieben erscheinenden Gepäckkontrollen für völlig überflüssig.

Neben zahlreichen sehr persönlichen Auskünften, welche die Kontrollbeamten von mir verlangten, darunter auch Namen und Geburtsorte meiner Eltern, war die Prozedur offenbar vornehmlich dazu angetan, in erheblichem Maße das Selbstbewusstsein der einzelnen Beamten zu heben und deren Bedeutung herauszustreichen*.

---

* Siehe Anhang 6: Brief von Unionmatex (gez. Dipl.-Ing. H. Biel und Dr. Römer) an Hubert Rödlich bezüglich Indonesien vom 21. November 1960.

Unsere Interessen in Indonesien wurden von der Firma Ferrostaal vertreten und mein Abholer war ein freundlicher junger Mann in meinem Alter, Herr von Flemming, mit dem ich mich auf Anhieb gut verstand. Überhaupt erschien mir die indonesische Ferrostaal-Gruppe sehr sympathisch, wobei insbesondere ihr Leiter in Fernost, Herr Born, ein beeindruckend gebildeter, humorvoller und in seiner Art bescheidener Mann war. Herr Born war auch der Doyen der übrigen in Indonesien ansässigen ausländischen Geschäftswelt und in dieser Eigenschaft ein ausgezeichneter Kenner der fernöstlichen und insbesondere der indonesischen Verhältnisse. Für mich bedeutete die Begegnung mit diesem Mann einen besonderen Glücksfall. Von ihm habe ich im Laufe der folgenden Wochen und Monate sehr viel gelernt und erfahren.

In kurzer Zeit wurde mir klar, dass in diesem Land die Uhren anders gingen, und bereits die ersten Unterhaltungen mit den Mitarbeitern bei Ferrostaal bestätigten den Eindruck, welchen ich ja bereits einige Tage zuvor sehr eindrucksvoll am Flughafen erhalten hatte.

Die beiden ersten Tage konnte ich dem Studium der vom Staat geplanten Projekte widmen. Natürlich waren es Programme, die nach meiner Ansicht nicht nur zu ehrgeizig, sondern, soweit ich dies erkennen konnte, auch aus damaliger Sicht in ihren Details völlig überzogen waren. Um ein Bild von der Gesamtlage im Bereich Textil zu vermitteln, hat Herr Born ein Gespräch bei Dr. Suharto, dem damaligen Minister für Leichtindustrie, in Jakarta vermittelt. Während dieser Unterhaltung wurden vornehmlich die Notwendigkeiten erörtert, die erforderlich seien, um die textilen Bedürfnisse der Bevölkerung in etwa zu befriedigen, ohne auf eine genaue Größe der Anlagen einzugehen. Hiernach sollten im Rahmen des bereits seit zwei Jahren laufenden Acht-Jahres-Planes Möglichkeiten geschaffen werden, um die Pro-Kopf-Menge von gegenwärtig vier auf zehn Meter Baumwollstoff jährlich zu steigern*.

---

* Siehe Anhang 7: Fernostbericht über die Reise von Hubert Rödlich vom 16. März 1961.

Um uns einen persönlichen Eindruck vom technischen Stand der indonesischen Unternehmen zu verschaffen und so bei künftigen Gesprächen besser informiert zu sein, beschlossen wir, Betriebe der auf der Insel Java konzentrierten Textilindustrie aufzusuchen. Die zehntägige Reise mit Herrn Born, Herrn von Flemming, mir, sowie zwei Fahrern und einem Dolmetscher zu den sehr verstreut liegenden Betrieben war im wahrsten Sinne des Wortes abenteuerlich. Bei meiner ungebrochenen Lust, neue Eindrücke zu sammeln, bin ich nicht sicher, ob wir alle die Reise so blauäugig und optimistisch angetreten hätten, wenn uns nur annähernd bewusst gewesen wäre, was uns widerfahren würde.

Unsere kostbaren Transportmittel bestanden aus einem VW-Käfer und einem Opel Kapitän. Beide Autos wurden für diese lange und voraussichtlich auch strapaziöse Reise besonders sorgfältig durchgeprüft und eine Menge Ersatzteile und auch Ersatzreifen eingepackt. Mit der umfangreichen Verpflegung und der übrigen Ausrüstung waren die beiden Autos bis zur Grenze ihrer Belastbarkeit beladen.

Affentheater

Man hatte uns bereits berichtet, dass die Gebiete – gefährlich genug – ständig von bewaffneten Banden verunsichert wurden. Nun muss man sich vorstellen, dass die holprige von Djakarta Richtung Bandung durch den Urwald führende Straße knapp breit genug war, um zwei Fahrzeuge mühsam aneinander vorbei zu lotsen. Das undurchdringliche Pflanzengestrüpp drängte sich von beiden Seiten immer wieder dicht an die Fahrbahn und schien das Bestreben zu haben, sie zu überwuchern. Auf unserem Trip trafen wir gelegentlich auf Militärpatrouillen, die den Reisenden wohl das Gefühl von Sicherheit vermitteln sollten. Dieser erste Teil der Reise verlief aber erstaunlicherweise ohne Zwischenfall.

Kurz vor Bandung sahen wir dann plötzlich vor uns eine Herde Affen sitzen, große, mittelgroße und ganz kleine, die die linke Fahrbahnhälfte besetzt hielten. Der Anblick faszinierte uns sehr, es waren mindestens sechzig bis siebzig Tiere, die, ohne sich sonderlich zu bewegen, zum Teil in Zweierreihen am Straßenrand hockten und uns fixierten.

Vorsichtig näherten wir uns mit beiden Autos, blieben stehen und warteten auf irgendeine Reaktion. Nichts passierte. Ein Fenster wurde heruntergekurbelt, mit Zungenschnalzen und sonstigen Lauten versuchten wir Bewegung in die Herde zu bringen. Wieder passierte nichts. Offenbar hatten diese Affen bisher keine schlechten Erfahrungen mit Autos und Menschen gemacht. Im Gegenteil, mit stoischer Ruhe, aber sehr aufmerksam wurden wir beobachtet.

Sicherlich waren wir nicht die Ersten, die man durch Wegelagerei ermunterte, Essbares anzubieten. Wir hatten mehrere Schachteln Kekse im Auto und warfen den Tieren einige davon zu. Daraufhin bewegte sich ein großes Tier, offenbar der »Oberaffe«, langsam und gemessenen Schrittes zu den Keksen, nahm sie in aller Ruhe auf und fraß sie. Die kleineren Tiere beobachteten das Geschehen mit ihren flinken Augen, aus denen eine gewisse Begehrlichkeit durchaus erkennbar war, sie rührten sich jedoch nicht von der Stelle.

Das Spiel wiederholte sich.

Inzwischen waren wir mutig ausgestiegen, nachdem wir bemerkten, dass die Affen keinerlei Zeichen einer Aggression zeigten. Wir warfen jetzt dem Leitaffen, aber auch gleichzeitig den kleineren Affen, die etwas entfernter saßen, erneut Kekse zu. Wiederum holte sich der Anführer den in seiner Nähe liegenden Keks, während die Jungaffen spitzbübisch beobachteten, ob sie wohl beim Aufheben der ihnen zugedachten Ration vom Alten gesehen werden könnten.

Kaum hatte ihnen jedoch der Anführer vermeintlich den Rücken zugekehrt, wagten zwei mittelgroße Tiere den Sprung ins Ungewisse. Sie bemächtigten sich der vier oder fünf Kekse und wollten unbemerkt zurück auf ihren Platz.

Weit gefehlt!

In einem Bruchteil einer Sekunde drehte sich der Alte um und jagte mit wenigen mächtigen Sätzen hinter den beiden her, die ebenso schnell versuchten, ins Dickicht zu entfliehen. An dem unsäglichen Geschrei, das anschließend zu hören war, vermuteten wir, dass es ihm zumindest gelungen sein musste, einen der Übeltäter zu erwischen und ihm eine gehörige Tracht Prügel zu verabreichen.

Die Rangordnung folgt offenbar bei einer solchen Affenherde ihren eigenen Gesetzen, denen sich jedes Mitglied unterzuordnen hat. Schließlich ist der Leitaffe verantwortlich für den Bestand der Gruppe und gleichzeitig ihr Beschützer und muss daher die besten Bissen bekommen. Wer seinen Schutz in Anspruch nimmt, hat sich zu fügen; eine durchaus plausible und vernünftige Regelung, die im menschlichen Zusammenleben auch mehr beachtet werden sollte!

Auf dem Weg nach Semarang

Unsere Reise wurde fortgesetzt. In Bandung legten wir zur Fortsetzung unserer Arbeit im Spinnerei- und Webereibereich einen Zwischenstopp ein. Daraus sind später tatsächlich durch uns zwei Anlagen entstanden. Der nächste größere Zielort war Semarang.

Wieder tauchten wir ein in die unheimliche, ungewisse, üppige Urwaldlandschaft. Die breiten, in die Vegetation geschlagenen Schneisen, auf deren kiesbelegtem Untergrund die Fahrzeuge stundenlang dahinschaukelten, wurden von dichten Baumkronen so überwölbt, dass kaum Licht durchdrang und man sich in ständiger Dämmerung bewegte.

Wir hatten auf diesem völlig einsamen und verkehrlosen Weg, der unsere Autos enorm strapazierte, bereits achtzig Kilometer hinter uns, als am Opel einer der Zylinder schwach wurde und das Fahrzeug schließlich immer langsamer wurde und endlich stehen blieb. An eine Reparatur war nicht zu denken, das schwer bepackte Fahrzeug konnte die vor uns liegende etwa einen Kilometer lange Steigung so nie überwinden. Möglicherweise konnte es der Wagen ohne Ladung schaffen. Also hieß es aussteigen und umladen. Der VW sollte als erstes sein Gepäck und mich zusammen mit dem Dolmetscher hinaufbringen, dann zurückfahren und die beiden Herren Born und von Flemming mit der Restladung holen. So geschah es. Am oberen Ende der Steigung angelangt, stiegen wir aus, entluden das Gepäck und entließen den VW, um die zweite Mannschaft zu holen.

Plötzlich befand ich mich allein mit dem Dolmetscher mitten im Urwald, aus dem eine Vielzahl verschiedenster Tiergeräusche aus dem Dunkel drang. Der VW war bereits außer Hör- und Sichtweite. Der Dolmetscher, dessen Wortschatz sicherlich nicht mehr als hundert Worte umfasste und der angeblich aus dieser Gegend stammte, wurde sogleich äußerst unruhig und bedeutete mir, dass es außerordentlich gefährlich sei, sich so schutzlos hier zu präsentieren.

Zunächst habe ich dem keine Bedeutung beigemessen, war mir doch ein Wald von Hause aus nichts Fremdes. Allerdings konnte man keine zwei Meter weder zur einen noch zur anderen Seite in das undurchdringliche Dunkel hineinschauen. Mein Gefährte, der sich anfangs wohl nicht getraut hatte, etwas zu sagen, erklärte jetzt zu all dem, dass erst kürzlich in dieser Gegend zwei Menschen von Panthern angefallen worden waren, die zahlreich in diesen Wäldern lebten.

Der Gedanke, von einem solchen Tier am Ende verfrühstückt zu werden, erfüllte mich mit Unbehagen und ich war in dieser Situation dann doch alles andere als frei von Zweifeln. Die Dunkelheit und die Ungewissheit, wie nah uns die unbekannten Geschöpfe möglicherweise tatsächlich waren, ließen mein Herz unvermittelt bis zum Halse schlagen. Schließlich wollte ich in Indonesien Textilmaschinen verkaufen und nicht als unbewaffneter Großwildjäger die Tiere in Versuchung führen.

Angespannt lauschten wir in den Wald hinein, wobei uns nicht nur die hörbaren Tierlaute beunruhigten. Aus Filmen und Büchern wusste ich, wenn Panther in der Nähe waren, nutzten sie die Gunst der Stunde doch sehr schnell und absolut lautlos, ohne dass man ihre Annäherung überhaupt bemerkte. Wir rechneten mit einer halben Stunde, bevor die Autos uns wieder erreichen konnten, es dauerte jedoch nicht nur in unserer Einbildung erheblich länger. Natürlich war es sträflicher Leichtsinn, ungeschützt und ohne eine Schusswaffe hier zu stehen. Das Einzige, was ich besaß, war ein großes Taschenmesser, welches aufgeklappt mein Gefühl der Sicherheit aber nur unwesentlich verbesserte.

Schließlich war fast eine Stunde vergangen, als wir das erlösende Motorengeräusch der Autos hörten. Wir fühlten uns plötzlich so erleichtert und wie neugeboren und wunderten uns sehr, dass die anderen Herren unser Urwaldabenteuer nicht gebührend würdigten.

Auf dem Markt in Semarang traf ich einige Zeit nach diesem Erlebnis einen sympathischen, aber etwas verwegen aussehenden Engländer, dem ich bei unseren Gesprächen auch diese Episode erzählte. Er gratulierte mir trocken »zum Überleben« und zu meinem Erstaunen meinte er es sehr ernst. Er war nämlich wirklich Großwildjäger!

Krabbeltiere

Der Rest der Fahrt verlief weitgehend planmäßig, erst spät in der Nacht kamen wir ziemlich übermüdet in Semarang an. Dort fragten wir uns zu dem ehemaligen Kolonialhotel durch. Es ist bemerkenswert, dass in solchen Städten immer, auch zu jeder nächtlichen Stunde, Menschen anzutreffen sind.

Das Hotel spottete hinsichtlich Sauberkeit und Ausstattung jeder Beschreibung, obgleich der Begriff »Kolonialhotel« besseres verhieß. Das mir zugewiesene Zimmer war spartanisch möbliert, ein Bett, ein Stuhl und ein relativ langer Tisch. Es war wohl mehr ein Zufall, dass elektrisches Licht brannte, natürlich derartig schwach, dass nur der vordere Teil des Zimmers erkennbar war, der Rest lag im Dunkeln. Das Bett war mit einem offensichtlich schon häufig benutzten Laken bezogen und eine ungeordnet gelegte Bettdecke war der Rest der Ausstattung.

Soviel war zu erkennen, dass während des vergangenen Jahres wohl die Wäsche nie gewechselt worden war, obgleich schon mehrere Dutzend Leute hier übernachtet hatten.

Zu müde, um mich mit solchen Betrachtungen länger zu beschäftigen, legte ich meinen Reiseanzug ab – von abendlicher Toilette keine Spur –, zog eine Art leichten Trainingsanzug an und legte mich trotz aller Bedenken aufs Bett und schlief augenblicklich ein.

Es mochten vier oder fünf Stunden vergangen sein, als ich durch ein unangenehmes Kribbeln an meinen Beinen wach wurde. Mit meiner mitgebrachten Taschenlampe leuchtete ich den unteren Teil meines Körpers ab und stellte zu meiner Überraschung und zu meinem Entsetzen fest, dass sich ganze Trauben von Wanzen an meinen Unterschenkeln befanden und sich an mir bedienten.

Natürlich war ich sofort hellwach, denn mir waren derartige Tiere am Körper schon aus Korea nicht unbekannt. Schlagartig sprang ich aus dem Bett und schüttelte diese dunklen Tierchen ab. Wer dies schon einmal erlebt hat, weiß, dass Wanzen sehr lichtscheu sind und im Hellen mit großer Geschwindigkeit flüchten. Ich fühlte mich plötzlich sehr elend und angeekelt. Die verbleibenden Stunden der Nacht wollte ich nicht mehr in diesem Bett verbringen.

Der im Zimmer vorhandene Tisch entsprach zwar nicht ganz meiner Körperlänge, erschien mir aber ausreichend geeignet, um darauf den Rest der Nachtruhe zu liegen. Die Tischbeine stellte ich in vier alte, mit Wasser gefüllte Blechdosen, die ich trotz der nur sehr spärlichen Beleuchtung im Hotel fand. Sie lagen zahlreich herum.

Beim Erfahrungsaustausch mit meinen Kollegen tröstete nur wenig, dass deren Erfahrungen sich mit den meinigen deckten und keine Einzelfälle blieben. Kleinlichkeit war hier fehl am Platze!

Surabaya

Am Morgen setzten wir die Reise fort, ohne Frühstück versteht sich. Dafür bestand allerdings die Möglichkeit, noch vorab auf dem zentralen Marktplatz die herrlichsten, köstlichsten und frischesten Früchte zu kaufen. Für umgerechnet 50 Pfennige konnte man einen ganzen Sack wunderbarer Litschies kaufen. Auch Papayas, Mangos und andere Früchte kosteten umgerechnet nur Pfennige und waren in Hülle und Fülle vorhanden.

Das Angebot hat uns so entschädigt und begeistert, dass wir schließlich dem uns mit viel Enthusiasmus bedienenden Verkäufer zwei Dollars, extra überließen. Damit haben wir offenbar erheblich dazu beigetragen, den Unterhalt für seine Familie für den Rest des ganzen Monats zu sichern. Wir hatten allerdings nicht bedacht, dass solche Großzügigkeit Begehrlichkeiten der übrigen Bevölkerung weckte, der dies nicht verborgen geblieben war. In kurzer Zeit waren wir umringt von anderen Händlern und bettelnden Jugendlichen. Nur mit Mühe gelang es, uns frei zu machen und unsere Autos zu erreichen.

Über unwegsame Straßen, aber durch zauberhaft schöne vulkanische Landschaften führte unser Weg durch zahlreiche Ansiedlungen. Mit Bananenblättern abgedeckte Hütten dienen hier der dörflichen Bevölkerung als ausreichende Behausungen.

Die Mehrzahl der Bewohner zeichnet sich durch rot umrandete Münder aus, gefärbt durch den roten Saft der Betelnuss, die sie unentwegt kauen. Diese berauschende Droge sorgt für eine unbekümmerte und zufriedene Haltung, trotz der ärmlichen Lebensumstände. Ihr Leben befindet sich offenbar mit diesem leichten Rauschmittel in

Surabaya

einem permanenten Zustand des Glücks. Ob dies ein erstrebenswerter Glückszustand ist? Man konnte darüber durchaus nachdenklich werden. Hier sollen die Gedanken aber nicht abschweifen, seien wir mit unserer Art zu leben trotzdem zufrieden!

Ein besonderes Angebot eines Festschmauses wurde uns von einer anderen Dorfgemeinschaft zuteil: ein in seiner Ganzheit am Spieß gebratenes Schwein, welches auf Grund der nicht entfernten Innereien samt Darminhalt dem Fleisch die besondere Würze verlieh! Dieses »Schmankerl« ist sozusagen ein klassisches Bioprodukt erster unverwechselbarer Provenienz.

Mein Bedauern, die Einladung zu diesem Festessen nicht annehmen zu können, hielt sich allerdings in Grenzen.

Endlich gelangten wir nach Surabaya. Die Verhandlungen mit den dort ansässigen Industriellen verliefen allesamt reibungslos. Im Jahre 1960 befand sich Indonesien erst am Anfang seiner technischen Entwicklung. Ich stand unter dem Eindruck, dass man mich als eine Art technischer Zampano betrachtete, der wusste, wie man komplette Fabriken einschließlich der Sekundäranlagen baute. Mir fiel auf, dass sich die Firmen voll und ganz auf das verließen, was wir ihnen vortrugen. Umso mehr waren wir natürlich bemüht, und hier waren die Herren der Ferrostaal völlig gleicher Meinung, dass die ausgearbeite-

Mein Domizil in Jakarta

ten Konzepte unbedingt den gestellten Aufgaben entsprechen und mit höchster Sorgfalt ausgeführt werden sollten.

Wichtige Fragen waren zu klären: Wer musste finanziell bedacht werden? Wer hatte bei welchem Projekt politischen Einfluss? Welcher politischen Gruppierung unterliegen die Budgets? Welche Techniker werden bei der Bewertung der Anlagen maßgeblich sein? Welche Anlagen genießen Vorrang? Dies und vieles mehr galt es bei der Ausarbeitung zu berücksichtigen. Auf diesem Klavier konnte Herr Born virtuos spielen, was schließlich durch die Realisierung vieler bedeutender Projekte auf verschiedenen Gebieten zugunsten der Ferrostaal zum Ausdruck kam.

Selbstverständlich bestanden für Herrn Born auch Verbindungen bis zu höchsten Regierungsstellen, einschließlich der Familie von Staatspräsident Achmed Sukarno.

Kobe-Steaks

In gewissen Abständen war immer wieder das faszinierende Japan ein geschäftlicher Treff- und Angelpunkt. Ohne Familie, ungebunden und frei, waren Abendeinladungen für mich willkommene Gelegenheiten zu Abwechslung und Entspannung. So traf es sich, dass ich wieder einmal in Tokio mit unseren koreanischen Partnern Rieckermann zusammenkam und nach getaner Arbeit zum Essen eingeladen wurde.

Man hatte in einem berühmten Kobe-Steak-House für uns reserviert und wir nahmen an dem für uns bereitgehaltenen Tisch Platz. Mir fiel auf, dass man uns mit einer auch für Japan ausgesucht zuvorkommenden, wenn nicht gar devot anmutenden Höflichkeit bediente. Nach dem Grund dieser Respektbezeugung befragt, erklärte unser japanischer Begleiter, dass wir als »Teutsche« in Japan besondere Bewunderung genießen. Sie war nicht nur aus der während des Krieges geschlossenen Waffenbrüderschaft entstanden. Vielmehr hat die nach dem Krieg sich entwickelnde deutsche Industriedynamik in Japan einen nachhaltigen Eindruck hinterlassen. Während der 50er und Anfang der 60er Jahre waren es nur verhältnismäßig wenige Deutsche, die Japan besuchten. Deshalb gerieten wir an solchen Plätzen nicht selten zum Objekt der Bewunderung, was natürlich in einem auf Wochen im Voraus ausgebuchten Restaurant seine Vorteile hatte.

Die berühmten Steaks aus der Region um die Stadt Kobe erhalten ihren außerordentlichen Feingeschmack durch ein besonderes Naturkraftfutter und eine regelmäßige Ration Bier. Zudem werden die Rinder täglich von Hand massiert (ein beneidenswerter Vorgang!). Dadurch bildet sich um die Muskeln nur eine dünne Fettauflage und das Fleisch ist gleichzeitig fein und gleichmäßig marmoriert. Es erübrigt sich zu erwähnen, dass diese Spezialbehandlung das Kobe-Steak zum teuersten Rindfleisch der Welt macht. Heute kostet ein Kilogramm dieser Delikatesse etwa zweihundert Euro!

Der in blütenreinem Weiß gekleidete Oberkellner ließ also einen kleinen Wagen vorfahren, in welchem sich die rohen Kostbarkeiten verbargen. Jeder suchte sich geeignete Stücke aus, die dann wenig später auf großen, mit allerlei Gemüse dekorierten Porzellantellern entsprechend zubereitet serviert wurden. Es war ein kulinarischer Höhepunkt der besonderen Art!

Nach dem Restaurantbesuch wechselten wir in den Nightclub unseres Hotels New Japan. Auch hier hatte unser japanischer Gastgeber vorgesorgt und einen Tisch für die »Teutschen« bestellt. Wir waren zu viert, alle im Alter zwischen 31 und 40 Jahren, und wir waren schon etwas animiert. Dennoch versuchten wir angemessen bescheiden und unauffällig aufzutreten.

Erneut wurden wir in diesem eleganten und vornehmen Club mit der entsprechenden Ehrerbietung empfangen. Natürlich ließ es sich der Geschäftsführer nicht nehmen, uns mit der in Japan üblichen besonders tiefen Verbeugung zu begrüßen und uns persönlich zum Tisch zu begleiten. Das Verbeugen ist ein elementarer Bestandteil japanischer Höflichkeit und fällt umso tiefer aus, je höher der Rang der gegenüberstehenden Persönlichkeit ist. In den großen Kaufhäusern in Tokio standen damals sogar an jeder Rolltreppe junge Japanerinnen, die jeden Kunden, der die Treppe benutzte, mit einer Verbeugung grüßten.

Es versteht sich von selbst, dass sich die in solchen Nachtclubs übliche Gegenwart von Damen, anders als im Übrigen fernen Osten, tatsächlich nur auf die Unterhaltung bei Tisch beschränkte. Die dafür angestellten Mädchen waren außerordentlich hübsch und persönlich sowie sprachlich sehr geschliffen. Sie genossen offenbar die Besonderheit, heute mit deutschen Gästen zusammenzutreffen. Wir schätzten zwar die hohe Anerkennung, fühlten uns jedoch anfangs sehr befangen. Doch bald schwand die anfängliche Zurückhaltung und wich einer zwanglosen, interessanten und mit gepflegtem Humor geführten Unterhaltung.

Der Abend war in jeder Weise amüsant und außerordentlich teuer. Denselben Nachtclub hat später Präsident Sukarno besucht, und eines der dort tätigen Mädchen wurde seine Ehefrau. Die junge schöne Dame hieß Ratna Devi, lebte später in Paris und wurde ein begehrtes Mitglied der dortigen Gesellschaft.

Zufall

Nach meiner Rückkehr nach Frankfurt im kalten Januar 1961 hatte ich eine so unwahrscheinlich anmutende Begegnung mit dem Schicksal, dass sie mir noch heute unbegreiflich scheint.

Meinen Rückkehrtermin aus Indonesien hatte ich zeitlich frei gewählt und niemanden aus meiner Familie, die nach wie vor in Münster lebte, vorab verständigt. Nach einem Flug mit vielen Zwischenstationen, der sich 24 Stunden lang hinzog, landete ich schließlich in Frankfurt und fuhr mit der Vorortbahn zum Hauptbahnhof.

Den kurzen Weg vom Bahnhof zu unserer Firmenzentrale im Juniorhaus Neue Mainzer Straße wollte ich zu Fuß zurückzulegen, um mich dort sogleich zurückzumelden. Zu jener Zeit gab es rund um den Frankfurter Bahnhof noch keine Fußgängerunterführungen, die es erlaubten, den gefährlich verkehrsreichen Straßen auszuweichen.

Sobald man den Hauptbahnhof verließ, mussten zwei mit Fußgänger-ampeln ausgestattete Straßen überquert werden, um zunächst in die Kaiserstraße zu gelangen.

Vielleicht war ich den Frankfurter Verkehrsverhältnissen schon etwas entwöhnt. Ich betrat jedenfalls, völlig in Gedanken vertieft, ohne darauf zu achten, dass die Ampel für mich auf Rot stand, die belebte Straße.

Mir blieb vor Schreck das Herz stehen, als ein dunkler VW mit quietschenden Bremsen, mich fast berührend, gerade noch vor mir zum Stehen kam. Blitzschnell wurde mir die Lebensgefahr bewusst, der ich durch die segensreiche Reaktion des Fahrers soeben entronnen war.

Aus dem Auto stieg mein Bruder Fritz.

Wir konnten es nicht fassen. Mein eigener Bruder hätte mich beinahe überfahren. Der Zufall war unglaublich!

Fritz kam keineswegs regelmäßig nach Frankfurt, er hatte nur ausnahmsweise dort zu tun. Sein Wohnsitz war Düsseldorf und auch er hatte von meiner Rückkehr aus dem Fernen Osten zu diesem Zeitpunkt keine blasse Ahnung. Wahrscheinlich ist es einfacher, einen Sechser im Lotto zu gewinnen, als derartiges zu erleben. Der Lottogewinn wäre mir zudem lieber gewesen! Noch oft sprechen wir über dieses schicksalhafte Ereignis.

Verführt

Nach wenigen Erholungstagen begann in Deutschland die umfangreiche Ausarbeitung der indonesischen Projekte. Die Offerten verlangten die Abstimmung vieler daran beteiligter Firmen, z.B. für Kraftanlagen, Verkabelung, Rohrleitungssysteme, Wasserversorgung, Sanitärbereiche, den Stahlbau für das Gebäude, den Feuerschutz usw. Wir luden von uns gewählte Unternehmen, darunter MAN und Siemens, ein, um Abstimmungen nach Generalplan vorzunehmen. Auch der Siegener Stahlbau war von uns als federführende Firma um Angebotsabgabe aufgefordert worden. Der Gesamtumfang dieses Bereiches war nicht unbeträchtlich.

Noch immer war ich Junggeselle und empfand diesen Zustand als ausgesprochen angenehm. Beruflich war ich dabei, Profil zu entwickeln. Finanziell wurden zu jener Zeit Leute mit Auslandserfahrung für ihr Engagement im Gegensatz zu heute um ein Mehrfaches besser bezahlt als inländische Mitarbeiter. Wenn für die Bewältigung der außerordentlich vielseitigen Aufgaben in fernen Ländern entsprechende Voraussetzungen gebracht wurden und Risikobereitschaft vorhanden war, geschah dies, wie ich meine, auch zu Recht.

So gesehen war ich ein ziemlich unabhängiger und auch erfolgreicher Mann, der sich flotte Autos leistete, in jeder Weise gut lebte und keinerlei materielle oder gesundheitliche Sorgen hatte.

Nach all den Jahren harter Arbeit und des Aufbaus war dieser Zustand so etwas wie eine Offenbarung. Ein Zustand, der so etwas wie eine Art »Siehste, so macht man das!«-Haltung hervorrief. Mit einem Wort: Ich fühlte mich durchaus bedeutend, aber sicher nicht eingebildet. Natürlich spielten in dieser Situation Frauen für mich eine relativ große Rolle. Durch eine nach wie vor vorhandene gewisse Biederkeit in meinem Verhalten und meine (anfängliche) Zurückhaltung hatte ich immer wieder Glück bei meinen Bemühungen. So etwas mögen Frauen!

Im Frankfurter Café Kranzler an der Hauptwache lernte ich dann auch eine bildhübsche junge Dame kennen. Sie war mit einer Freundin in ein Gespräch vertieft, aber ich hatte keine Hemmungen, sie um den noch freien Platz an ihrem Tisch zu bitten. Dabei kam mir zugute, dass die übrigen Plätze im Café weitgehend besetzt waren. Die jungen Damen, so stellte sich bald heraus, waren aufgeschlossen, gut erzogen und freuten sich, soeben das Abitur und die Schule hinter sich zu haben. Sie waren aus meiner Sicht auch keineswegs darauf aus, Bekanntschaften zu machen, sondern schienen in dieser Hinsicht gut versorgt zu sein, was meinen Jagdinstinkt besonders angeregt hat.

Ich habe alle Geschicklichkeit aufwenden müssen, um schließlich einen solchen Eindruck zu machen, dass meiner Bitte um ein Wiedersehen entsprochen wurde. In drei Tagen, gleicher Ort und gleiche Zeit. Die junge Dame meiner Wahl war mittelblond, mit einer ausgezeichneten Figur ausgestattet und hieß Hannelore Verführt. Der Name soll jedoch nicht zu anmaßenden Rückschlüssen Anlass geben, im Gegenteil. Sie erwies sich als noch zurückhaltender als zunächst angenommen. Nomen ist nicht immer Omen!

Da ich enorm viel Arbeit hatte, verging die Zeit wie im Fluge. Ob sie wohl kommen würden? Tatsächlich. Die beiden Mädchen erschienen zum verabredeten Zeitpunkt, was mich in meinem Selbstbewusstsein weiter bestärkte und mich glauben machte, dass nunmehr die Trümpfe auf meiner Seite lägen. Natürlich war das zweite Treffen schon viel lockerer und ungezwungener. Auch war den beiden Mädchen durchaus klar, wen von beiden ich meinte. Wir sprachen, wie man dies in diesem Alter gern tut, über Lebensphilosophien, Bekanntschaften, allerlei Nebensächlichkeiten, aber auch über meine Erfahrungen im Ausland, die damals noch eher eine Ausnahme darstellten. Dieser Punkt war natürlich meinem »Image« besonders förderlich. Ich hielt mich allerdings sehr zurück, um mit der Beschreibung meiner tatsächlich erlebten Abenteuer nicht den Eindruck von Aufschneiderei zu erwecken. Der Nachmittag verlief erneut sehr harmonisch, es wurden auch Telefonnummern ausgetauscht, das untrügliche Zeichen für die Bereitschaft, jetzt auch Verabredungen für den Abend in Aussicht zu stellen. So nahmen die Dinge ihren Lauf.

Mit Hannelore ging ich ein paar Mal aus, zum Abendessen und ins Tanzcafé. Anfangs bot sie an, sich mit der Hälfte der Kosten zu beteiligen, was mich beeindruckte und die Schlichtheit meines Auftritts bestätigte. Dann schlug ich das neu eröffnete Autokino am Stadtrand von Frankfurt vor. Ein solches Autokino, dachte ich mir, kann durchaus vielseitig sein und bietet sicherlich Möglichkeiten der Annäherung. Grundsätzlich war meine Annahme richtig; die von mir eingeleiteten Bemühungen scheiterten jedoch zunächst an der etwas übertriebenen Zurückhaltung dieses gut erzogenen jungen Mädchens, was ich auch respektierte.

Eine solche junge Frau, so schien mir, war sicherlich etwas zum

Heiraten, aber nicht geeignet für ein unverbindliches Abenteuer. Noch dazu bei einem Junggesellen wie mir, für den das Abenteuer eigentlich schon Regel war.

Im Laufe der nächsten Wochen wurde mir natürlich klar, dass es nur eine Frage der Zeit gewesen war, um der Favorit dieses jungen Mädchens zu werden. Wir konnten uns über vieles blendend unterhalten und die drängende Sympathie von ihrer Seite war unübersehbar. Es fiel mir zunehmend schwer, jetzt standhaft zu bleiben. Innerlich wehrte ich mich noch sehr gegen den Gedanken, mich zu stark zu engagieren oder gar fest zu binden, obgleich dies zu jener Zeit kein Fehler gewesen wäre. Der Jagdinstinkt war noch zu stark ausgeprägt, und dieser Instinkt verschließt einem jungen Mann offenbar die Erkenntnis zu begreifen, welch echte Juwelen er am Wege liegen lässt, um später einen Modeschmuck zu wählen ...

Unbefangen saß ich an einem der folgenden Tage in meinem Büro über meiner Arbeit, als mir die Dame der Telefonzentrale meldete, dass ein Herr Dr. Verführt mich zu sprechen wünsche. Ich konnte mich eines aufsteigenden unangenehmen Gefühls in der Magengrube nicht erwehren und durchforschte blitzartig mein Gewissen, ob ich bisher nichts »Anrüchiges« mit Freundin Hannelore getrieben hatte. Mit diesem Besuch hatte ich nun gar nicht gerechnet.

Während Herr Dr. Verführt in eines der Besuchszimmer geleitet wurde, überlegte ich intensiv, was ich dem Vater meiner neuen Freundin Hannelore erzählen sollte, schon deshalb, weil ich vermutete, dass er die Ernsthaftigkeit meines Engagements zu prüfen beabsichtigte. Keinesfalls, das war mir klar, durfte man mit den Gefühlen der Frauen scherzen, andererseits fragte ich mich, welchen Grund dieser Vater haben konnte, mich jetzt schon zur Rede zu stellen.

Etwa fünf Minuten später betrat auch ich das Besuchszimmer. Vor mir stand ein Mann von etwa fünfzig Jahren, sehr gepflegt, angegraute Schläfen, mittelgroß, eine gute Erscheinung mit einem klugen und verbindlichen Gesichtsausdruck. Um die Situation nach der auf beiden Seiten freundlichen Begrüßung von meiner Seite etwas zu entspannen, fragte ich, was er zu trinken wünsche, und bestellte erst einmal Kaffee. Die Gesprächseröffnung wollte ich ihm überlassen, und dies war gut so.

Wie erleichtert und überrascht war ich, als er keinerlei Anstalten machte, persönliche Dinge anzusprechen. Im Gegenteil, er nahm Bezug auf unsere indonesischen Projekte und es stellte sich heraus, dass er die Interessen des Siegener Stahlbaus vertrat. Keine Rede war von Tochter Hannelore und es schien, dass er von der Liaison seiner Tochter mit mir keinen Schimmer hatte, zumindest tat er so. So gesehen fiel mir ein Stein vom Herzen, ließ sich doch das eigentlich erwartete Gespräch vermeiden, welches alle Voraussetzungen einer peinlichen Situation gehabt hätte.

Das Treffen war dann sehr entspannt. Dr. Verführt trug die Interessen seines Unternehmens vor, wobei ich die Aussichten für die Aufnahme seines Angebotes bei geeigneter Preisstellung als gut bezeichnete. Nachdem mir die Federführung für die Ausarbeitung und Zusammenstellung der indonesischen Anlagen oblag, wurde dann später tatsächlich Siegener Stahlbau für die gesamte Fabrikkonstruktion gewählt.

Hannelore Verführt, 1961

Meiner Freundin Hannelore habe ich von meinem Treffen mit ihrem Vater berichtet und obgleich sie ihm noch nicht im Einzelnen von meiner Existenz erzählt hatte, ließ es sich jetzt nicht mehr vermeiden, dass ich ihrer Bitte folgte und bei ihren Eltern einen Besuch machte. Mir war jetzt klar, dass ich bestenfalls noch eine händchenhaltende Position einnehmen durfte, andererseits brachte mir das Mädchen – sie war sehr ehrlich, jung und unbefangen – jetzt noch mehr Sympathien entgegen, die ich so als »eingefleischter« Junggeselle eigentlich nicht verdiente.

Da die nächsten Monate mit Reisen und Projektarbeiten reichlich ausgefüllt waren, gelang es mir, mein Verhältnis zu Freundin Hannelore zunächst mit zurückhaltender Intensität aufrechtzuerhalten.

Ich besitze ganz generell eine starke Affinität zum weiblichen Geschlecht, war also in keiner Weise puritanisch veranlagt, aber in diesem besonderen Fall wollte ich – aus Erfahrungen klug – nicht in eine Situation hineinschlittern, deren Konsequenzen ich mir vielleicht folgenschwerer vorstellte, als sie möglicherweise gewesen wären.

Mein Wunsch, vorläufig Junggeselle zu bleiben, war mit meinen 31 Jahren immer noch zu stark ausgeprägt, obgleich – wie ich dann später dramatisch erkannte – diese Haltung im Hinblick auf meine nur ein Jahr später anderweitig getroffene Partnerwahl völlig falsch war.

Kalkutta

Wieder war für einige Wochen ein Aufenthalt im Fernen Osten erforderlich geworden und meine ersten Reiseziele waren dieses Mal Indien und Burma. Gebucht war der Flug von Frankfurt am Main nach Kalkutta und von dort weiter mit der British Airways nach Rangoon. Die ziemlich anstrengende Reise bis Kalkutta erzwang damals noch Zwischenlandungen in Rom, Kairo, Dharan und Karachi.

Die Pakistanis in Karachi wurden offenbar von einer bösen Angst geplagt, wir Passagiere könnten teuflisches Ungeziefer einschleppen. Obwohl es uns bei dem Zwischenstopp nicht erlaubt war, das Flugzeug zu verlassen, sprangen unvermittelt mehrere in Shalwar Kameez gehüllte Gestalten im Flugzeug umher und besprühten alle Reisenden mit dem Inhalt einer Flitspritze, um sie zu »desinfizieren«. Flit war damals ein bekanntes Insektenvernichtungsmittel. Heute würde man die Leute aufgrund der gesundheitsschädlichen Wirkung wegen grober Körperverletzung belangen!

In Kalkutta blieb mir wegen der Zeitverschiebung nichts anderes übrig, als den für den nächsten Tag vorgesehenen Weiterflug nach Rangoon abzuwarten. Durch viele frühere Zwischenaufenthalte war mir bereits bekannt, dass Kalkutta keine Urlaubs-Oase ist. Wie dem auch sei, irgendeine Unterkunft war jedoch erforderlich.

In Flughafennähe wurde mir daher von einer selbsternannten »Hotelvermittlung« ein Einzelzimmer zugewiesen, welches in einer einsamen, auf freiem Feld stehenden Betongarage bestand. Diese besaß jedoch statt der erwarteten Schwingtür eine normale, natürlich nicht verschließbare Sperrholztür. Es war bereits spät abends, so dass der Weg zu dieser Unterkunft im Stockfinstern, dem indischen Begleiter und dem Tastsinn folgend, zurückgelegt werden musste. Die Ausstattung des Zimmers war erwartungsgemäß spartanisch und glich dann tatsächlich einer nicht aufgeräumten, fensterlosen und staubigen Garage, in welcher die Aufstellung von Tisch, Stuhl und Pritsche keiner erkennbaren Regel folgte.

Es wäre vermessen gewesen, eine Toilette oder gar eine Waschgelegenheit zu erwarten. Dagegen brannte sehr zu meiner Überraschung eine schwache Zehn-Watt-Lampe, die aus gutem Grund das Erkennen der räumlichen Einzelheiten nicht zuließ. Viel zu müde, um weitere Betrachtungen anzustellen, legte ich meine Sachen ab, um mich auf der mit einer dürftigen Decke ausgestatteten Pritsche zur Ruhe zu begeben.

In diesem Moment erschien ein sich farblich kaum vom grauen Umfeld abhebender Servant (= Diener), der nach meinen Frühstückswünschen fragte. Er nahm meine für ihn sicherlich phantasievolle Bestellung in Form von Eiern und Schinken mit Toast und Tee auf und verabschiedete sich mit einem ehrerbietigen »Good night, Sahib!«.

Am nächsten Morgen brachte er tatsächlich zur verabredeten Zeit das Frühstück, welches meine ohnehin gedämpften Erwartungen weit untertraf. Die beiden Spiegeleier vermittelten den Eindruck, als hätten sie eine Woche im gebratenen Zustand im Eisschrank gestanden. Der blasse Schinken war leicht verstaubt, aber angewärmt und der Toast glich einem labberigen Produkt längst vergangener Tage. Der Tee allerdings war von einwandfreier Beschaffenheit.

Natürlich waren die sonst stark spürbaren organisatorischen Errungenschaften der englischen Kolonialverwaltung nicht bis in jeden Winkel des Landes vorgedrungen. Nachsicht war daher das Gebot der Stunde.

Wie anders sind die heutigen Verfügbarkeiten! Die Aussicht, während der wenigen Flugstunden nach Rangoon von der British Airways gut verpflegt zu werden, hat mich jedoch hoffnungsvoll gestimmt, und meine Erwartungen wurden auch erfüllt.

Burma – im Hause des Generals

In Rangoon hatte der Repräsentant der Firma Fritz Werner, Dr. Körner, ein Treffen mit den auch für unsere Projekte maßgebenden Regierungsvertretern vereinbart. Da Burma vom Militär regiert wurde, sprachen wir ausschließlich mit ranghohen Offizieren. Nach einigen Verhandlungstagen wurden wir schließlich, als besondere Ehre, vom Vorsitzenden der Gruppe, einem General, zu einem Abendessen in sein Privathaus eingeladen.

Nun hatte ich ja schon in vielen Ländern Esskultur und Gewohnheiten der jeweiligen Menschen erlebt, der Ablauf dieses Abends in dem schwer bewachten Haus des Generals war jedoch ein weiterer Höhepunkt und eine Bereicherung meiner Erfahrung mit den Gepflogenheiten anderer Kulturen.

Die besondere unangefochtene Stellung des Mannes in den Ländern des Orients ist allgemein bekannt. Das folgende Ritual war mir jedoch so noch nicht begegnet.

Dr. Körner und ich waren die einzigen Gäste. Wir wurden in ein weiträumiges, mit kostbaren Kunstgegenständen und reichem Mobiliar ausgestattetes, gedämpft beleuchtetes Esszimmer gebeten. Auf dem Weg zu den verhältnismäßig niedrigen Sitzgelegenheiten, auf die man uns beide komplimentierte, erhaschten wir einen Blick auf die vorbereiteten Speisen. Sie waren von den Bediensteten auf verzierten Silbertabletts vor dem Essraum auf angewärmten Steinplatten abgestellt worden. Die Bedienung der Gäste war jedoch ausschließlich der Frau des Hauses vorbehalten.

Als der erste Gang aufgetragen werden sollte, öffnete die Frau des Hauses lautlos eine pergamentbespannte Schiebetür, trat ein, kniete nieder und begrüßte uns mit einer devoten Verbeugung mit vor der Brust gefalteten Händen. Von einem der Diener übernahm sie dann das erste Tablett, näherte sich in gebückter, ehrerbietiger Haltung dem Esstisch, kniete erneut nieder und hielt Dr. Körner das Tablett mit gesenktem Haupt dergestalt entgegen, dass er die gewünschten Speisen mit beiden Händen bequem entnehmen konnte.

Das Gleiche wiederholte sich bei mir und dem General und wurde bei jedem Gericht der reichhaltigen Speisenfolge wiederholt. Sobald man die Speise genommen hatte, bewegte die Hausfrau sich wieder zur Türe hin, um weitere Gerichte zu holen. Sie drehte sich dabei jedoch keineswegs um, sondern schritt grazil, mit gesenktem Haupt rückwärts, kniete wiederum an der Tür nieder, machte eine Verbeugung und nahm ein weiteres Tablett auf. Dann begann das Zeremoniell von neuem. Es verstand sich von selbst, dass die Frau des Generals nicht persönlich an dem Essen teilnahm!

Nun ist eine solche Einladung im Orient gleichbedeutend mit der Akzeptanz der vorgetragenen Programme, sie war für uns also ein gutes Omen, und wir genossen auch aus diesem Grund diese zuvorkommende Bedienung sehr.

Am nächsten Tag schloss ich meinen Aufenthalt mit einer Besichtigungstour in den Norden des Landes ab und kaufte dort einen Stern-Saphir. Dieser kostbare Stein kommt nur in Burma vor. Ich ließ ihn später in Hongkong in einen kleinen Kranz von Brillianten fassen und schenkte diesen Ring meiner damaligen Frau, sozusagen als Morgengabe.

Ost-West-Diplomatie

Meine Zusammenarbeit als Vertreter der Unionmatex mit Ferrostaal während der ersten Monate des Jahres 1961 war sehr konstruktiv. Wir schufen gemeinsam die Voraussetzungen, um auch in Indonesien die textile Zukunft erfolgreich zu gestalten. Von meiner Seite brachte ich alle unsere Partnerfirmen mit an den Tisch. Bis die gesamte Technik der Anlagen perfekt aufeinander abgestimmt war und die finanzielle Seite eine klare Aussage zuließ, vergingen viele Wochen voller Besprechungen, Ausarbeitungen, Änderungen, Abwägungen, Neuplanungen, Berechnungen, Lokalterminen und so weiter und so fort.

Noch während Mitte April mit unserem Geschäftsführer, Dipl.-Ing. Horst Biel, und den leitenden Herren aller übrigen Partner im Hause Ferrostaal in Essen letzte Veränderungen der vorliegenden Angebote besprochen und die endgültigen Richtlinien festgelegt wurden, erreichte uns die Nachricht, dass der indonesische Industrieminister mit seinen Begleitern in Berlin weilte und Gespräche mit dem deutschen halbstaatlichen Unternehmen Fritz Werner führte. Zu dieser Gruppe bestanden seitens der Indonesier offenbar beste Verbindungen.

Wir waren sofort elektrisiert. Fritz Werner arbeitete in Konkurrenz zur Ferrostaal und war natürlich sehr bemüht, neben seinem eigentlichen Kerngeschäft (u.a. militärische Ausrüstungen) auch die Gesamtheit der Unionmatex zum eigenen Vorteil in Indonesien zu aktivieren. Nun galt es, mit viel diplomatischem Geschick zu agieren und die eigenen Interessen so zu schützen, dass am Ende allen Wettkampfteilnehmern ein faires Spiel geboten wurde. Die Aufgabe war delikat und interessant zugleich. Es war von großer Bedeutung, jetzt zukunftsweisende Weichen für die Textilindustrie Indonesiens zu stellen.

Um zunächst neutral aufzutreten, wurde von uns ein Treffen mit dem indonesischen Minister im Berliner Hilton-Hotel vereinbart. Ich war als Beauftragter gewählt worden, um unter Berücksichtigung der Interessenslage der Ferrostaal die von uns gestellten Projektziele zu verfolgen. Schon am nächsten Tag flog ich von Düsseldorf aus nach Berlin und traf am Nachmittag mit dem Minister und seinen drei Begleitern im Foyer des Hotels zusammen.

Nach dem üblichen und mit dem notwendigen Pathos vorgenommenen Austausch der Visitenkarten pflegten wir zunächst eine Unterhaltung über angenehme Belanglosigkeiten, die geeignet waren, eine wohltemperierte Gesprächsatmosphäre zu schaffen. Nach vier Jahren Übung war mir diese Methode der gegenseitigen Annäherung bestens vertraut.

Erst zum Ende der fast zweistündigen Plauderei kam ich auf die eigentlichen Themen zu sprechen, die unsere Unternehmen bewegten. Diese Verzögerungstaktik barg auch den Hintergedanken, dass der Minister wegen des umfangreichen Themenkatalogs höchstwahrscheinlich einen weiteren Besprechungstermin vorschlagen würde. Er war zu meinem Erstaunen nicht nur ausgezeichnet über textile Vorhaben seines Landes orientiert, sondern auch sein Detailwissen und das technische Know-how der ihn begleitenden Herren – zwei von ihnen hatten sogar in Deutschland studiert – beeindruckten sehr.

Tatsächlich schlug der Minister vor, unser Gespräch beim »Dinner« fortzusetzen, mit anderen Worten, ich wurde zum Abendessen eingeladen. Dies eröffnete mir die blendende Gelegenheit, hier die gewünschten Verbindungen zu vertiefen. Schließlich konkurrierten wir mit Japan und den USA und den übrigen europäischen Textilmaschinenherstellern.

Wir fanden uns um 20 Uhr im Dachgartenrestaurant des Hotels wieder ein und genossen an dem schön gedeckten Tisch die kultivierte Atmosphäre bester Bedienung durch zwei Ober, die mit rücksichtsvoller Aufmerksamkeit verstanden, unseren Wünschen zu entsprechen, ohne die Gespräche zu stören. Man begegnete sich nun schon etwas lockerer und stellte nach einer Stunde bereits fest, dass hinsichtlich der von mir dargestellten Auslegung der gewünschten Produktionsanlagen weitgehend Einigung bestand.

Dies würde uns später eine Menge Arbeit ersparen, und ich war guten Mutes, den richtigen Weg eingeschlagen zu haben.

Die vom Ober mit viel Sachkenntnis vorgeschlagene Speisenfolge, die auch die Essgewohnheiten der ausländischen Gäste berücksichtigte, fand großen Anklang. Zwischen den Menschen aus verschiedenen Hemisphären herrschte damals hinsichtlich der Essgewohnheiten noch viel Unkenntnis. Das Personal war aber sehr bemüht, die eher selten anzutreffenden, aber besonders hoch angesehenen Gäste in jeder Weise zufriedenzustellen. Die Getränke waren mit Sorgfalt ausgewählt und das gemeinsame Mahl schuf eine gute Stimmung. So wurde auch das Gespräch zunehmend verbindlicher und sogar lustig, gab es doch einige Anekdoten zu erzählen, die ich auf Grund der schon erlebten Ereignisse darbieten konnte.

Picknick

Ich schilderte unter anderem mein Erlebnis mit einem sehr namhaften indischen Industriellen, der sich mit seiner bildschönen Frau vor etlichen Jahren an einem schönen Freitagnachmittag in der Frankfurter Zentrale der Unionmatex überraschend eingefunden hatte. Der Zufall wollte es, dass sich außer mir, einem im Umgang mit hochkarätigen Gästen noch völlig unerfahrenen jungen Mann, an diesem Tag keiner der leitenden Herren im Hause befand, um diesen schon seit langem erwarteten Kunden zu empfangen. Der indische Unternehmer betrieb bereits eine der ersten von unserer Firma nach dem Krieg gelieferten Textilanlagen und hatte noch Größeres vor. Er gehörte zu einer wirklich bedeutenden indischen Familie, die in mehreren Sparten geschäftlich engagiert war.

Nun saßen die beiden höflich wartend in einem der Besuchszimmer. Die anwesenden Sekretärinnen registrierten zwar deren Namen, waren sich aber nicht ihrer eigentlichen Wichtigkeit bewusst. Auch

Das indische Ehepaar auf der Fähre über den Bodensee zur Schweiz, 1956

die etwas älteren, für dererlei Besuche nicht trainierten Mitarbeiter sträubten sich, das Wochenende mit einem so einflussreichen Kunden zu verbringen. So bat mich eine der Sekretärinnen, mich doch dieses Ehepaares anzunehmen. Nie zuvor hatte ich bis dahin einen indischen Kunden persönlich betreut. Ich hatte auch von der besonderen Stellung des Mannes keine Vorstellung und wusste gar nicht, wie so etwas überhaupt abzulaufen hat.

Nun gut, ich stellte mich den beiden vor und versuchte mit belangloser Plauderei meine Befangenheit zu überspielen. Die orientalischen Herrschaften begegneten mir aber sehr freundlich. Die junge Inderin in ihrem hellblauen Sari machte auf mich einen umwerfenden Eindruck, während ihr mit einem sehr modernen, hellen Anzug bekleideter Mann für mich den Inbegriff internationaler Eleganz darstellte.

Ein Auto stand zur Verfügung, es war später Nachmittag, sommerlich warm. Ein großes Abendessen in einem Restaurant erschien mir allerdings – es war tatsächlich so – zu aufwendig. Ich besorgte daher einige für ein Picknick und einen Verzehr in freier Natur geeignete Esswaren, Früchte, Getränke und anderes mehr. Mit dieser für meine Begriffe angemessenen Verpflegung ausgestattet, fuhr ich mit den beiden in den Taunus, der mir bis dahin auch nur wenig bekannt war. Nach einer etwa einstündigen Fahrt fanden wir an einer Waldschneise einen ruhigen Platz, der mir geeignet schien, um das von allen inzwischen heiß ersehnte Abendessen zu genießen. Eine Decke fand sich im Auto, die verfügbaren Semmeln, Tomaten, kleinen Wurstkonserven, Früchte usw. wurden auf den glattgestrichenen Lebensmittelpapieren ausgebreitet und machten einen durchaus einladenden Eindruck.

Während dieses Picknicks erlebte ich erstmalig Menschen, die man, wie ich später erfuhr, »Teetotaler« nannte und die weder Alkohol tranken noch fleischliche oder andere tierische Produkte aßen. Darüber hinaus genossen sie auch nur Früchte, die oberhalb der Erdoberfläche wuchsen. Glücklicherweise waren ja ausreichend Früchte vorhanden.

Wir unterhielten uns sehr angeregt, und es war für mich höchst interessant, von den Sitten und Gebräuchen zu erfahren, die das Leben dieser Leute bestimmten, aber auch über Regeln, die das indische Kastenwesen ausmachten. Erstmalig hörte ich auch etwas von den sogenannten »Untouchables«, den Unberührbaren, von Religion und Lebensweise der einzelnen Gesellschaftsklassen, vom Unterschied zwischen Arm und Reich, von inneren politischen Angelegenheiten. Ich erfuhr etwas über die Stellung der Frau in der indischen Gesellschaft, von den Pflichten und Aufgaben der Männer, von Kolonialzeit, Wirtschaft und vielem mehr.

Mr. Seth und seine Frau erzählten bereitwillig und freimütig. Sie sprachen ausgezeichnet Englisch, denn sie waren – wie sie sagten – in England erzogen worden. Ich erfuhr manches, was einem Mitteleuropäer normalerweise verborgen bleibt, wenn er sich nicht besonders in indische Geschichte und Kultur vertieft. Der Nachmittag verlief sehr vergnüglich, und ich muss gestehen, beide Besucher waren außerordentlich kultiviert und beeindruckten mich stark. Die Frau besaß zudem eine erotische Ausstrahlung, welche sich sehr anregend auf meine Phantasie auswirkte. Es war gegen 20 Uhr, als ich die Herrschaften wieder zum Hotel brachte, zum Frankfurter Hof natürlich, dem besten Haus der Stadt.

Für den nächsten Tag hatten wir uns erneut verabredet. Wieder hatte ich »Outside«-Verpflegung besorgt und noch einmal hatte ich vor, das ausgezeichnete Wetter zu nutzen, um einen Ausflug ins Grüne zu machen. Auch dieser Tag verlief ähnlich unterhaltsam wie der vorhergehende; diesmal waren beide etwas sportlicher gekleidet. Für den darauffolgenden Sonntag schließlich hatten wir uns nur für eine Kaffeestunde im Hotel verabredet.

Am Montag herrschte im Hause Unionmatex hellste Aufruhr, weil die Anwesenheit dieses Kunden den Herren der Geschäftsleitung nicht mitgeteilt worden war. Man hatte auch nicht versucht, diese privat zu erreichen, damit sich einer während des Wochenendes um den doch so bedeutenden Mr. Seth und seine Gattin kümmern konnte. Als schließlich mein oberster Chef, Horst Biel, beim Anblick meiner vorgelegten Spesenrechnung über nur 28 Mark fragte, was ich um Himmels willen mit den Leuten angestellt hätte, und somit bekannt wurde, dass ich nur transportable Verpflegung besorgt und für zwei Tage zu »Waldfesten« eingeladen hatte, war die Geschäftsführung niedergeschlagen, ja geradezu sprachlos, und überlegte sogleich, welche Entschuldigung man für diesen unverzeihlichen Fehler vorbringen sollte. Von der Gunst dieses Kunden hing schließlich die Realisierung einer Erweiterungsanlage ab, für deren Bearbeitung man bereits viel Arbeitszeit und Mühe aufgewendet hatte. Nicht auszudenken, wie die Kooperationspartner bei einem Fehlschlag reagieren würden.

Mir war natürlich nicht bewusst, welche Lawine von Konsequenzen ein solches Picknick auslösen würde. Es war völlig undenkbar für die Firma, dass die Abende mit diesem Ehepaar nicht in angemessenen Frankfurter Nobelrestaurants verbracht wurden. Meine Bedenken, dass solche Einladungen doch sehr viel Geld kosten würden, wurden natürlich als völlig weltfremd und lächerlich abgetan.

Unser Büro befand sich zu jener Zeit im vierten und fünften Stock des Frankfurter Juniorhauses im Zentrum der Stadt, gegenüber dem Hotel Vier Jahreszeiten. Verabredungsgemäß kam das indische Ehepaar am Montag gegen 11 Uhr ins Büro, und ich wurde nach kurzer Zeit ebenfalls ins Allerheiligste zur Direktion gebeten.

Außerordentlich erleichtert und erstaunt erfuhr man dort von Mr. Seth, dass er nie zuvor ein so »marvellous and interesting weekend« in Deutschland erlebt habe wie das vergangene. Ich wurde als vertrauter Freund begrüßt und Mr. Seth und seine Frau waren des Lobes voll ob der Originalität der sportlichen »Geschäftstreffen«.

Auf seinen ausdrücklichen Wunsch hin habe ich das Ehepaar dann noch auf einer anschließenden Reise durch die Schweiz begleitet und musste der Dame sogar bei einem Zahnarztbesuch tröstend die Hand halten. Das in Frage stehende Projekt wurde kurze Zeit später tatsächlich erfolgreich in Frankfurt unterzeichnet.

Schicksalhafte Begegnung

Unseren indonesischen Minister hatte die Geschichte sehr amüsiert und er bedauerte, trotz großen Interesses, aus Zeitgründen nicht am kommenden Wochenende für ein solches Picknick eingeplant werden zu können. Auch dann nicht, wenn dieses Programm ab jetzt im Hause der Unionmatex zur besonderen Attraktion für bedeutende Kunden zählen sollte. Der Abend verlief weiterhin amüsant.

Dann ereignete sich jedoch etwas Schicksalhaftes! Der Dachgarten des Berliner Hilton bot nicht nur betuchten Gästen die Möglichkeit, gepflegt zu Abend zu speisen, er war auch mit einer äußerst eleganten Bar ausgestattet. Es war mir nicht entgangen, dass an dieser unter anderem eine Gruppe etwas älterer Herren mit mehreren jungen, für meine Begriffe außerordentlich hübschen Damen saß. Mir lag daran, den Abend mit dem Minister in gelockerter und unaufdringlich angenehmer Atmosphäre zu verbringen, und so gedachte ich, eine oder gar zwei dieser jungen Damen an unseren Tisch zu zaubern. Dieses Wunschdenken schien eine vermessene Idee zu sein, aber einen Versuch war es trotzdem wert.

Ich entschuldigte mich bei meinen Gästen für einige Minuten und stellte mich unauffällig neben einen der älteren, konservativ wirkenden Herren an die Bar, bestellte etwas zu trinken und wartete eine günstige Gelegenheit ab, diesen mit dem notwendigen Respekt anzusprechen. Tatsächlich entsprach der Mann meiner Einschätzung. Wie sich herausstellte, war er Leiter der Design- und Werbeabteilung der Nino AG, eines während der 60er Jahre weltweit bekannten Textilunternehmens im niedersächsischen Nordhorn. Es traf sich blendend, dass mir seine Branche nicht fremd war und sich so Ansätze für Gemeinsamkeiten anboten. Nach dem Zweck seines Aufenthaltes befragt, erfuhr ich, dass seine Firma eine Präsentation ihrer Mode mit Hilfe der jungen Damen in Berlin veranstaltet hatte. Die »Models« gehörten also zum »Nino-Team«.

Inzwischen war ich bemüht, auch die Damen mit einigen humorvollen Bemerkungen in die Unterhaltung miteinzubeziehen, was auch gelang. Von den drei Blondinen war die von mir angesprochene – so bildete ich mir ein – offenbar von meiner Anwesenheit durchaus angetan. Nichts schmeichelt natürlich einem Mann so sehr, wie wenn man ihm zu verstehen gibt, dass er als interessant empfunden wird.

Aber wann ist ein Mann aus der Sicht einer Frau überhaupt interessant? Ich glaube, dies ist wohl eine der schwierigsten Fragen schlechthin. Eine Antwort vermag ich darauf nicht zu geben. Schon gar nicht schien dieser Abend geeignet, sich solch einer philosophischen Frage zu widmen. Instinktiv versuchte ich mit dezentem Imponierverhalten kurzfristig zu beeindrucken und bat nach den Klängen der soeben wieder einsetzenden Musik um einen Tanz. Man spielte sehr gedämpfte, seinerzeit gängige Melodien. Das Gespräch während des Tanzes plätscherte dahin und ich erklärte mein Bemühen, die an meinem Tisch sitzenden Geschäftsfreunde in geeigneter Form so zu unterhalten, dass man sich des angenehmen Abends auch während der nächsten Tage erinnern möge.

Die junge Dame, sie hieß Rosmarie März, hatte mehr Verständnis für die Situation, als ich zu hoffen wagte, und versprach, sich etwas später an unseren Tisch zu setzen.

Natürlich hatte ich ihr nicht gesagt, wer da mit mir am Tisch saß. Bei allen auch noch so schwierigen Verhandlungen, dies war mir nach Jahren der Asientätigkeit im Anlagengeschäft absolut bewusst geworden, waren auch bei hartgesottenen Kunden die angenehmen atmosphärischen Bedingungen während der Sitzungen eine wesentliche Voraussetzung, um Ziele durchzusetzen. Im Hochgefühl des »Erfolges« nahm ich nach Beendigung des Tanzes wieder an meinem Ministertisch Platz und entwickelte die Gespräche so, dass die Herren aus Indonesien vor allem Erlebnisse aus ihrem persönlichen Umfeld oder von ihren Familien erzählten. Diese Themen haben ja für Menschen in der Fremde und für Orientalen im Besonderen einen hohen Stellenwert.

Tatsächlich kam das Fräulein nach einer Weile an unseren Tisch und nahm zu meinem, aber auch zum Vergnügen und Erstaunen meiner Gäste, bei uns Platz. Dank der Tatsache, dass der Minister und seine Begleiter von der englischen zur deutschen Sprache wechseln konnten, wurde die Kurzweiligkeit der Unterhaltung nicht gestört. Vom Glamour und von der Unbefangenheit der jungen Dame angetan, habe ich nach diesem gelungenen Abend weitere Verabredungen mit ihr »beantragt«, denen bereitwillig zugestimmt wurde.

Ich glaube, es muss wohl mein biedermännisches Auftreten gewesen sein, was sie anziehend fand und was so ganz und gar nicht ihrer gewohnt glamourösen Umgebung entsprach. Ihr instinktives Bedürfnis nach Sicherheit und einer normalen Lebenshaltung schien ein echter Kontrast zu ihrer Welt der Schönen und »Scheinheiligen« zu sein.

Um es vorweg zu sagen, diese Begegnung war der Beginn einer schicksalhaften Partnerschaft, die eigentlich keine war. Dies sollte sich jedoch erst später bewahrheiten.

Gelungener Abschluss

Die große Verhandlungsrunde mit dem Minister, der Ferrostaal und uns wurde anschließend von Berlin nach Düsseldorf verlegt, und in großem Kreis diskutierte man eine ganze Woche alle Engagements, für die wir in Indonesien in Frage kamen. Die Gespräche verliefen sehr positiv.

Wenn die Bedeutung des Kunden entsprechend groß und er außerdem orientalischer Herkunft war, gehörte es selbstverständlich auch in unserem Land zu den Gepflogenheiten einer guten Betreuung, dass vor dessen Abreise ein angemessener Abschiedsabend veranstaltet wurde. Die Anmietung eines kompletten Etablissements der Luxusklasse in Düsseldorf schien uns hierfür geeignet zu sein. Ich gebe zu, dass mir bis dahin eine »Nachtherberge« mit einem derartig horrenden und prunkvollen Aufwand nicht bekannt war; auch nicht im Fernen Osten. Die Damen waren, soweit im Halbdunkel erkennbar, ausgesprochen gepflegte und ausgesucht hübsche Frauen.

Der Abend begann zunächst mit nur leichten Drinks, sodass die Gefahr eines frühzeitigen Abtauchens unserer Besucher nicht bestand. Nachdem die Stimmung etwas gelöster wurde und die anfangs spürbare Zurückhaltung einer, man kann es nicht anders nennen, etwas pubertären Erwartungshaltung wich, wurde in einem zum Essen vorbereiteten, sehr eleganten Raum an einem großen, mit bequem gepolsterten Bänken umstellten ovalen Tisch Platz genommen.

Die geschickt gestaltete Beleuchtung war hier noch mehr dazu angetan, die Phantasie der Gäste zu beflügeln. Inzwischen hatte sich neben jeden Herrn eine Dame seiner Wahl gesetzt, und mir schien, dass jedermann mit seiner Partnerin zufrieden war. Die Unterhaltung schien gut zu laufen, die Herren versuchten humorvoll zu sein. Als dann die Speisen von – bereits damals – barbusigen, hervorragend »gestylten« Bedienungen aufgetragen wurden, war der Glanz in den Augen unserer Gäste nicht mehr zu übersehen.

Die Menüfolge bestand aus leichter Kost und war so gewählt,

dass genügend Zeit zur Unterhaltung blieb. Mit dem fortschreitenden Abend wurde die Kleiderordnung der Herren lockerer. Man kam jedoch nicht umhin festzustellen, dass sich das Ganze mit angemessenem Niveau entwickelte. Die weibliche Gesellschaft erweckte den Eindruck, als sei sie aus gutem Hause oder habe zumindest die dort üblichen Gepflogenheiten gut studiert.

Zunächst schüchterne Zurückhaltung vortäuschend, waren dennoch auch die am Tisch sitzenden Damen nur leicht bekleidet. Sie konnten dabei ihren unaufdringlichen Stolz nicht ganz verbergen, den sie ob ihrer ausgesprochen reizvollen Körpermaße zeigten, und die launige Gesellschaft erwartete bald eine weitere Steigerung des zwanglosen Zusammenseins. Kokette Anspielungen auf die für den weiteren Verlauf des Abends zu erwartende Individualgestaltung erregten die Gemüter, wenngleich alle Anwesenden diese Art Vorfreude mit größter Disziplin beherrschten. Zwischendurch wurden erneut erfrischende Getränke angeboten. Die leicht geschürzten Unterhalterinnen hätten auch bei einem gleichartigen Gesellschaftsereignis in der Antike keine bessere Figur abgegeben; sie konnten sich jedenfalls über den Mangel an begehrlichen Blicken nicht beklagen. Im Übrigen wurden die Gäste mit einer auf den Verlauf der Unterhaltung abgestimmten Musik berieselt, was einen außerordentlich angenehmen Effekt auf die sanfte Gemütshaltung der Männer hatte.

Bald löste sich die Tischordnung auf und von jetzt an durften die Herren den tonangebenden Damen folgen. Die Nacht verlief wunschgemäß ereignisreich. Für Erfrischungen zwischendurch, Champagner nach Wunsch und allerlei Leckereien war gesorgt, sodass die zentrale Begegnung im sogenannten Salon des Hauses immer wieder als angenehme Abwechslung empfunden wurde.

Ohne feste Vereinbarung war es etwa um fünf Uhr morgens, als die Tafelrunde sich schließlich wieder in ihrer Gesamtheit traf und entschied, dass der Aufbruch zum Hotel jetzt angesagt sei. Die Begleichung der exorbitanten Rechnung fand unauffällig statt.

Worte des Dankes und des Abschieds wurden gewechselt und die bereits wartenden Taxis brachten uns zum Hotel. Unsere auslän-

258

dischen Freunde waren nachhaltig beeindruckt und zufrieden. Der Abend hatte wesentlich dazu beigetragen, unsere Position bei den zu erwartenden Abschlüssen zu festigen. Zusammenkünfte dieser Art stellen Zeichen besonderer Wertschätzung für Kunden aus dem Orient dar und sind an den moralischen Maßstäben unserer Gesellschaft nicht zu messen, wobei man über den Wert solcher Maßstäbe natürlich diskutieren kann.

Am nächsten Tag wurde die Delegation am Flughafen verabschiedet, jedoch nicht ohne für diese Herren auch die Kosten des erheblichen Gepäckübergewichts zu begleichen. Alles in allem hat sich unser Einsatz gelohnt und alle Voraussetzungen erfüllt, um auch mit Indonesien die Basis für eine intensive Zusammenarbeit einzuleiten.

Wer in diesen Ländern schon einmal tätig war, weiß von der Sensibilität solcher Kunden, um die Geduld und Selbstbeherrschung und davon, mit welcher Zähigkeit und Geschicklichkeit verhandelt und umworben werden muss.

Punghan

Unermüdlich war ich weiter unterwegs. Reisen nach Tokio schlossen sich erneute Besuche in Korea, Hongkong, Taiwan, Singapur, Bangkok und Burma an. An einigen Orten wie z.B. in Taiwan versuchten wir neue Vertretungen zu etablieren, bei bereits bestehenden überlegten wir, wie sich die Schlagkraft zu unseren Gunsten verbessern ließe. Kontakte zu Ministerien und Privatkunden in Verbindung mit dem Einsatz einheimischer Fachingenieure stellten entscheidende Weichen für künftige Kooperationen. Viele meiner Bilder geben einen kleinen Eindruck der mannigfaltigen Geschehnisse wieder, die meinen Fahrten Erinnerungswerte verliehen.

Nach dem Kriegsende in Korea beschloss die Firma Punghan, 1961 in Seoul die erste größere Baumwollspinnerei des Landes zu errichten. Mit dreißigtausend Spindeln einschließlich aller Sekundäranlagen, wie beispielsweise Generatoren oder Klimatechnik, war dies

Punghan Comp., 1958, Korea, von links: Hubert Rödlich, H. Busemann
(Verkaufsdirektor von Schubert & Salzer, Ingolstadt), Mr. Yoon, seine drei Assistenten

eine für damalige Verhältnisse gewaltige Größenordnung. Der erste
Versuch im Jahre 1958 mit dem Spinnereimaschinenhersteller Schubert & Salzer aus Ingolstadt war gescheitert, was jedoch vor allem in-
nenpolitischen Hürden zuzuschreiben war. Ein Projekt dieser Größe
ist für jeden Spinnereimaschinenhersteller eine besondere Herausforderung.

Für uns war das Gelingen eines neuen Anlaufs in mehrfacher
Hinsicht bedeutsam. Nicht nur, dass alle Erstinstallationen als Mus-
teranlagen für künftige Fabriken absoluten Vorzeigecharakter haben
mussten, es galt gleichermaßen zu beweisen, dass wir im Wettbewerb
mit der übrigen Konkurrenz aus Europa und den USA und vor allem derjenigen aus Japan technisch die Nase buchstäblich vorne hatten und daneben preislich bestehen konnten. Bei allem jugendlichen
Optimismus, der mich schon zu jener Zeit und auch später beflügelte,
war mir dennoch klar, dass hier die Chancen nicht gerade üppig vergeben wurden.

Mit meinem »Salesman«, Mr. Min, hatte ich schon Monate zuvor
Mr. Kim, den Präsidenten von Punghan, erstmals kennengelernt. Ich
habe ihn nicht nur als kultivierten und zielbewussten Mann empfunden, sondern auch als jemanden, der es verstand, sich über technische

und kommerzielle Programme umfassende Kenntnisse zu verschaffen. Das zweite Treffen bereits bot Gelegenheit, wesentliche Informationen bei der Verfolgung dieser Anlage zu sammeln.

Sein Direktor, Mr. Yoon, ein Mann Mitte vierzig, war dazu ausersehen, in anderen Ländern bereits in Betrieb befindliche, nach 1950 gebaute Anlagen zu inspizieren und auf ihre Eignung für Korea hin zu überprüfen. Darunter befand sich auch eine ausgezeichnete Spinnerei in Manila, errichtet von der englischen Firma Platt und der bedeutenden amerikanischen Firma Saco-Lowell. Beide Firmen zeichneten schon seit Jahren für viele Anlagen im Fernen Osten. Auch der japanische Wettbewerber Toyoda war für uns ein sehr ernstzunehmender »Gegner«.

Die Erforschung der übrigen Textilanlagen war also für Punghan von großem Interesse und brachte uns insofern etwas in Verlegenheit, als wir, und mit uns die »Deutscher Spinnereimaschinenbau Ingolstadt«, noch kein einziges Projekt in diese Region nach dem Kriege geliefert hatten.

Wenn man außerdem bedachte, dass zu jener Zeit amerikanische Hilfsgelder für die Durchführung von Projekten in Anspruch genommen werden mussten, so war dies eine zusätzliche Erschwernis. Ganz zu schweigen von den Japanern, die mit günstigen Krediten die örtlichen Behörden zu beeinflussen suchten, um einen Einbruch in ihre Domäne mit allen Mitteln zu verhindern.

Aber es entspricht wohl meinem Naturell, Aufgaben dann als besonders reizvoll zu empfinden, wenn der Schwierigkeitsgrad für die Lösung besonders hoch ist. Dies war genau so ein Fall.

Die Inspektionsreise der Punghan-Gruppe unter Leitung von Mr. Yoon war nicht aufzuhalten. Mir schien, dass eigentlich nur dann für uns eine Chance bestand, wenn es gelang, diesen Mr. Yoon mit seinen Mannen zu einem Deutschlandbesuch zu bewegen. Besonders aussichtsreich schien dies allerdings nicht zu sein. Die Strategie für die Verwirklichung unseres Vorhabens versprach aber nur in dieser Richtung Erfolg.

Wie konnte ich Mr. Yoon in meine Heimat locken? Es war uns

bekannt, dass er nach Besuchen von Taiwan und den Philippinen nach Thailand zu fliegen beabsichtigte, und so beschloss ich einfach, ihm dorthin zu folgen. Ankunftsdatum und Hotel der Delegation fanden wir heraus, sodass ich zu gegebenem Zeitpunkt Gelegenheit hatte, ihn dort anzutreffen.

Ob das Hotel Metropol heute noch in Bangkok existiert, weiß ich nicht. Damals, 1960, war diese Herberge eher eine höchst mittelmäßige Unterkunft, in welcher meine koreanischen Freunde von Punghan ihre Tage verbrachten und die mir dann ebenfalls als Schlafstätte diente. Natürlich ist es wesentlich, dass man als Delegierter eines Unternehmens bei der Wahrnehmung der gestellten Aufgaben bereit und in der Lage sein muss, sich den örtlichen Gegebenheiten zu fügen. Hierzu gehörte auch dieses fragwürdige Logis.

Meine Kritik bezog sich allerdings weniger auf die räumliche Kargheit als auf meine zwei bestellten Frühstückseier. Noch war mein Einblick in alle Facetten fernöstlicher Hoteldienste wenig geschult, sonst hätte ich sicherlich mehr Nachsicht entwickelt und die innere Empörung und meine Abscheu hätten in meiner Erinnerung nicht so deutlich Platz gefunden. Die von mir heiß erwarteten und endlich servierten Eier waren nicht bezüglich ihrer Härtegrade zu beanstanden. Im Gegenteil, die geforderten drei Minuten wurden offenbar eingehalten. Nein, es war der unvergleichlich intensive Fischgeruch und brackige Geschmack, der meinen Unwillen erzeugte und mich vermuten ließ, dass man mir bereits überlagerte Schildkröten- oder Krokodileier vorgesetzt hatte. Es hätte mich nicht verwundert, wenn ich in der Tiefe der ausnehmend großen Eier derartige Tiere im embryonalen Zustand vorgefunden hätte.

Feinheiten dieser Art lernt man jedoch bald zu übersehen, wenn man sich lange genug in unterschiedlichen Geographien aufhält. Außerdem darf man sich während der Arbeit von solchen »Nebensächlichkeiten« ohnehin nicht allzu lange aufhalten lassen.

Mein Zielobjekt, Mr. Yoon, ließ ich von nun an nicht mehr aus den Augen. Ich lernte auch einen thailändischen, sehr sympathischen Freund von ihm kennen, der uns im Laufe der nächsten zwei Wochen viel Unterstützung bot. Schließlich stellte sich heraus, dass Mr. Yoon – er kam ursprünglich aus Nordkorea – ein leidenschaftlicher Schlittschuhläufer war. Dies kam mir sehr entgegen, denn somit hatten wir ein gemeinsames Steckenpferd, da mir diese Sportart auch sehr viel Spaß machte. Den Vorschlag, Westdeutschland zu besuchen, habe ich daher mit der Aussicht auf einen Trip in die Eissporthalle in Garmisch-Partenkirchen garniert.

Wir blieben noch einige Tage in Bangkok. Viele Gespräche, häufig bis tief in die Nacht hinein, haben ihn schließlich bewogen, unsere technischen Argumente im Vergleich zur Konkurrenz als vorteilhafter zu empfinden und unserem Vorschlag, die Verhandlungen in Deutschland fortzusetzen, zu entsprechen. Erster Punkt für mich!

Der Flug wurde sogleich für den nächsten Tag organisiert, denn Überraschungen in letzter Minute wollte ich natürlich unbedingt vermeiden. Verhandlungsort war das Hotel Vier Jahreszeiten in München. Mit einer Stadtbesichtigung wurden die Besucher zunächst auf die Umgebung eingestimmt. Die Inspektion verschiedener Maschinenanlagen schloss sich an und nach einem Ruhetag begannen die aufwendigen Verhandlungen.

In den Ring stiegen vier Herren von Schubert & Salzer, angeführt vom Vorstand Dr. Thoma, gefolgt von zwei Technikern, darunter Herr

1961 in Bangkok, Punghan Comp., mit H. Seiler (Rieckermann) und Mr. Yoon

Waibel – ein sehr vertrauenswürdiger Ingenieur – und dem menschlich sehr angenehmen Kaufmann Herrn Hinze. Die Atmosphäre war gut gewählt. Der Konferenzraum in Grün versprach ein gutes Omen. Ein ovaler schwerer Eichentisch, ausreichend für zwölf Personen, unterstrich auch auf Grund seiner imposanten Ausmaße die Erfordernisse guter Gespräche. Ich nahm als Vertreter der Unionmatex wunschgemäß neben Dr. Thoma Platz und begann, nach Vorstellung der Herren beider Parteien und nach einigen einführenden Worten, das Vorhaben unserer koreanischen Freunde zu präzisieren.

Alle anwesenden Herren beherrschten die englische Sprache gut, was die Verständigung enorm erleichterte. Einige Stunden vergingen mit der Diskussion der gesamten Technik, der Produktions- und Qualitätsvorstellungen. Ich war bestrebt, so lange wie möglich diese Themen aufrechtzuerhalten, um das Bewusstsein der Koreaner im Beisein der hochkarätigen Spezialisten immer mehr auf unser Maschinen- und Anlagenkonzept auszurichten. Die von uns vorgelegten verhältnismäßig hohen Preise entsprachen zwar dem exzellenten Standard der Maschinen, bereiteten jedoch der Kundengruppe zu diesem Zeitpunkt noch einige Gewissensbisse, zumal ein Verständnis hierfür sehr viel technischen Sachverstand voraussetzte. Dieser lag bei unseren koreanischen Freunden zu jener Zeit noch nicht im gewünschten Um-

Mit Mr. Yoon vor einem Fruchtbarkeitssymbol in Bangkok, 1961

264

fang vor. Ich versuchte daher, das Gespräch auf ein geeignetes und vor allem verständliches Niveau zu bringen, was die koreanischen Herren auch mit Erleichterung registrierten.

Mit kleinen Unterbrechungen verging der Tag. Dem Kundenwunsch folgend, musste unser Angebot allerdings in einigen Punkten technisch noch etwas geändert werden. Wir verabredeten die Fortsetzung der Gespräche für den nächsten Tag gegen neun Uhr morgens.

Die Koreaner begrüßten uns wieder mit ausgesuchter Höflichkeit, verbunden mit der üblichen in Europa damals noch ungewohnt tiefen Verbeugung. Ein Zeichen der Wertschätzung, das den Herren aus Ingolstadt sehr imponierte. Nach Ende der wichtigen und ausführlichen Begrüßungszeremonie nahm jeder wieder in derselben Sitzordnung seinen Platz ein, die die ganzen Verhandlungstage hindurch beibehalten wurde. Allen war klar, dass trotz aller Freundschaftsbezeugung die Stunde der Wahrheit noch einiges erwarten ließ. Ein Ergebnis lag in weiter Ferne. Neben der Ausschaltung der Konkurrenz war auch wegen der Arbeitsmarktsituation ein positives Resultat von höchstem Interesse, da die Vollbeschäftigung in Ingolstadt gegenwärtig gefährdet war. Alle Zeichen wurden auf Export gestellt und hier war wiederum der Ferne Osten der aussichtsreichste Markt, den es zu erobern galt.

Wir betraten Neuland. Jeder spürte, das Projekt durfte nicht verlorengehen. Zu viel hing von dieser Entscheidung ab, wir konnten eigentlich nur hoffen und beten.

Der Einsatz war hoch und die gesamte Unternehmensgruppe blickte während der nächsten Tage nach München. Dreißigtausend Spindeln als komplette Einheit mit Sekundäranlagen, Klimatisierung etc. entsprachen damals der stattlichen Summe von etwa zwanzig Millionen D-Mark.

Unser siebzigseitiges Angebot bot einige technische Alternativen, sodass auch unterschiedliche Preisbereiche gewählt werden konnten. Nach abermals stundenlanger technischer Diskussion stand endlich der gewünschte Lieferumfang fest.

Jetzt erst konnte der Preispoker beginnen!

Trotz aller Bemühungen, unsere solide und sehr progressive Technik hervorzuheben und als Rechtfertigung für unsere wesentlich höhere Preisbasis darzustellen, versuchten die koreanischen Verhandlungspartner die finanziellen Vorgaben als nicht angemessen darzustellen. Dies war für uns natürlich nicht akzeptabel. Immer wieder wurden gebetsmühlenartig verschiedene Aspekte unserer besonders vorteilhaften Maschinen auch im Wettbewerbsvergleich erläutert und die damit verbundenen Produktions- und Qualitätsparameter unterstrichen.

Als sich schließlich auch trotz mehrfach gegebener Nachlässe keine Einigung abzeichnete und die Stimmung anfing zu brodeln, wurde von beiden Seiten eine Pause gewünscht, um in getrennter Beratung das weitere Vorgehen zu erörtern.

Kaffee und andere gewünschte Getränke wurden bestellt und sollten dazu dienen, die erhitzten Gemüter wieder zu beruhigen. Eine sehr adrette Bedienung schenkte ein und konnte so zumindest kurzfristig auch die Gedanken der anwesenden Herren erfrischen. Das Mittagessen fiel auf Wunsch aller Beteiligten aus und wurde durch Obst und einige belegte Brote ersetzt. In den Köpfen der schweigend kauenden Anwesenden arbeitete es spürbar.

Nachdem die Kontrahenten wieder Platz genommen hatten, wurde das Preisgespräch fortgesetzt, von einem Durchbruch konnte aber immer noch keine Rede sein. Die Stimmung wurde zunehmend gespannter und jeder verlangte vom anderen die Berücksichtigung und Anerkennung seiner Position. Ich spürte, dass der koreanische Verhandlungsführer Mr. Yoon wohl keinen Spielraum mehr besaß, um dem massiven Drängen unserer Seite nachzugeben. Es entspricht nicht fernöstlichem Verhalten, eine solche Situation ohne Gesichtsverlust zuzugeben. Um dem Abbruch der Verhandlungen zuvorzukommen, bat ich daher alle Anwesenden, den Vorstand eingeschlossen, den Raum zu verlassen, damit ich Gelegenheit hatte, mit Mr. Yoon unter vier Augen nach einer Klärung zu suchen.

In diesem Vieraugengespräch schlug ich ihm vor, den Präsidenten von Punghan, Mr. Kim, zu kontaktieren, um von diesem unter Beachtung der beiderseitigen Positionen eine Konzession zu erreichen, die dann ihrerseits mit einem Zugeständnis von Ingolstadt honoriert würde. Hierfür hatte ich mich verbürgt. Dieser Gedanke wurde mit Erleichterung aufgegriffen und wir beschlossen am nächsten Tag weiterzusprechen, sobald der Präsident erreicht worden war.

Damals war es allerdings ein absolutes Kunststück, eine telephonische Verbindung nach Korea zu erhalten. Dazu musste noch der glückliche Umstand gegeben sein, dass sich Mr. Kim an seinem Schreibtisch befand. Es war jetzt 18 Uhr nachmittags, in Korea hingegen 2 Uhr nachts. Die Wahrscheinlichkeit, Präsident Kim zu erreichen, wurde von Mr. Yoon für morgens 8.30 Uhr koreanischer Zeit, also nach Ablauf der nächsten fünf Stunden, als besonders aussichtsreich angegeben.

Ich habe daher sogleich die diensthabende Dame in der Telefonzentrale des Hotels aufgesucht, um ihr die Dringlichkeit des Ferngesprächs darzustellen. Mit einem königlichen Trinkgeld von fünfzig Mark motivierte ich sie zur Unterstützung unseres Ansinnens. Alles kam jetzt vor allem auf ihre Geschicklichkeit an, ab 0.30 Uhr deutscher Zeit die Verbindung herzustellen und in das Zimmer von Mr. Yoon zu legen.

Nach Ablauf dieses doch sehr anstrengenden Tages hatten wir alle nur noch das Bedürfnis, nach dem Abendessen zu ruhen. So geschah es. Erst um 9 Uhr des folgenden Tages sollte es wieder weitergehen.

Mir lag viel daran, noch vor diesem Zeitpunkt das grundsätzliche Resultat des nächtlichen Gespräches zwischen Präsident Kim und Mr. Yoon zu erfahren, wenn es denn stattgefunden hatte, und so erkundigte ich mich in aller Frühe in der Zentrale, ob die Verbindung nach Korea geklappt hatte, was mir dann tatsächlich bestätigt wurde. Es soll etwa eine Stunde gedauert haben, bis die Verbindung stand, und das Gespräch hatte ungefähr zwanzig Minuten in Anspruch genommen. Mit Mr. Yoon hatte ich ein gemeinsames Frühstück bereits um 8 Uhr verabredet. Er erschien pünktlich und machte einen sehr entspannten Eindruck. Aus seinem Gesichtsausdruck und seiner für einen sonst sehr beherrschten Asiaten heiteren Art schloss ich, dass das Gespräch mit seinem Präsidenten sehr erfolgreich verlaufen war, was er dann auch während des Frühstücks bestätigte. Ich vermutete, Mr. Yoon hatte vom Präsidenten die Vollmacht erhalten, das Projekt nach eigenem Ermessen zum Abschluss zu bringen. Dies alles bewegte sich noch im Bereich von Spekulationen, die allerdings das Verhandlungsgeschehen nicht unerheblich beeinflussten.

Um 9 Uhr ging es mit allen Kontrahenten am Verhandlungstisch weiter. Ich berichtete Dr. Thoma über das Zustandkommen des nächtlichen Telefongespräches, signalisierte gleichzeitig vorsichtigen Optimismus und versuchte dann vor der anwesenden Gruppe in einer nach außen hin sachlichen, aber doch etwas theatralischen Erläuterung die schwierige Position Mr. Yoons darzustellen, eine Geste, welche der Koreaner mit einem sehr dankbaren Blick quittierte.

Der Gesprächsfaden vom Vortage wurde wieder angeknüpft. Erneut – zum wievielten Male eigentlich? – wurde das hohe qualitative Niveau der Ingolstadt-Anlage unterstrichen, bevor Dr. Thoma endlich eine Zusage vom Kunden forderte. Mr. Yoon erklärte sich im Namen seiner Firma bereit, einen angemessen großen Schritt zu tun, forderte allerdings Dr. Thoma auf, jetzt nochmals einen weiteren Nachlass zu gewähren.

Daraufhin schob mir Dr. Thoma unauffällig einen Zettel zu, auf welchem die Zahl »3«, entsprechend einem dreiprozentigen Nachlass, stand. Diese Zahl strich ich durch und ersetzte sie durch eine »1« und schob den Zettel unauffällig zurück.

Sodann stand Dr. Thoma auf und erklärte in einem feierlich gehaltenen Ton, dass unter Beachtung der gegenseitigen Wertschätzung und Freundschaft zwischen den Ländern und Parteien sowie auf Grund des großen Interesses, welches beide Gruppen an diesem Projekt haben, er sich entschlossen habe, nochmals einen allerletzten Nachlass von 250 000 Mark zu geben.

Der Satz wirkte wie ein Befreiungsschlag! Mr. Yoon sprang auf und beglückwünschte Dr. Thoma und die übrigen anwesenden Herren und auch seine koreanischen Kollegen mit kräftigem Händeschüt-

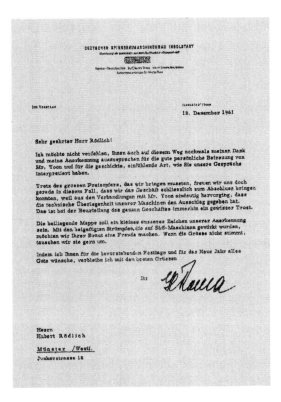

Anerkennungsschreiben
von Dr. Thoma an
Hubert Rödlich

teln. Die Verhandlungen waren an diesem Tag gerade zwei Stunden alt und das Ergebnis war für alle Beteiligten eine echte Erlösung.

Für den späten Nachmittag war die Vertragsunterzeichnung geplant, alle Einzelheiten waren bekannt, komplizierte Finanzierungsfragen standen nicht zur Debatte, sodass die zwei von Ingolstadt nach München beorderten versierten, englischsprachigen Schreibdamen alles wunschgemäß zu Papier bringen konnten.

Nach einem gemeinsamen sehr ausgedehnten Mittagessen und einer Freizeit von weiteren drei Stunden traf man zur Vertragsunterzeichnung erneut zusammen. Die Zeremonie war eigentlich etwas schmucklos, aber Dr. Thoma ließ es sich nicht nehmen, Mr. Yoon ein kleines Gastgeschenk als Anerkennung für seine Bemühungen zu überreichen. Jeder fühlte sich erleichtert und die Freude über das Erreichte war allen deutlich anzumerken.

Mr. Yoon war jedoch noch nicht entlassen. Die in der Spinnerei gewonnenen Garne mussten ja schließlich auch gespult werden. Hier war unsere Partnerfirma Schlafhorst aus Mönchengladbach federführend. Ihr Verkaufsleiter für den Fernen Osten, der noble und außerordentlich gewandte Ingenieur Otto Spaett, konnte in verhältnismäßig kurzer Zeit eine Reihe von Spulmaschinen mit Mr. Yoon abschließen. Dieser war inzwischen des Verhandelns müde geworden und folgte unserer Empfehlung ohne weitere Fragen.

Mit dieser Textilmaschinenanlage Punghan wurde erstmalig nach dem Krieg bewiesen, dass auch wir Deutschen uns in Fernost mit unserer Spinnereitechnik preislich und qualitativ durchsetzen konnten.

Unser Weg in die dortige Hemisphäre war damit endgültig geebnet.

Das Telegramm

Im heimatlichen Büro der Unionmatex in Frankfurt hatte ich im Frühjahr 1961 alle Hände voll zu tun, um bei unseren Partnerunternehmen die erforderlichen Arbeiten zu veranlassen und allen Kundenwünschen in der von mir bearbeiteten Region zu entsprechen. Natürlich empfand ich mich jetzt mit 32 Jahren als sehr bedeutend. Ohne meine Mitwirkung, so bildete ich mir ein, war die Realisierung von Anlagen in Fernost für unser Unternehmen nicht möglich; zu stark war ich inzwischen auch innerlich in allem, was Unionmatex und Fernost betraf, engagiert. Die Geschäftsleitung begrüßte natürlich meinen unbedingten Einsatz und lohnte dies mit einer weitgehend freien Hand in der Gestaltung meiner Programme.

Eines Tages lud mich mein Bruder Fritz kurzfristig ein, an einer Mittelmeerkreuzfahrt teilzunehmen. Das Angebot klang sehr verlockend, denn es handelte sich offenbar um eine sehr luxuriöse und abwechslungsreiche Schiffsreise. Die Genehmigung für meine spontane Abwesenheit vom Firmengeschehen war jedoch kaum zu erwarten. Umso mehr war ich überrascht, als mich mein Chef, Geschäftsführer

1960 mit Fritz auf der Reise durchs
Mittelmeer – ein Paradies für
Junggesellen

Biel, mit einem großzügigen Lächeln zu dieser Reise sogar ermunterte. Ich musste allerdings zusagen, dass ich während der Tage meiner Abwesenheit bei überraschend eintretenden Ereignissen, die mein
Ressort betrafen, auch zu sofortiger Rückkehr bereit sei.

Schon zwei Tage später gingen wir an Bord des Luxusliners und
fanden in dem reichhaltigen Angebot an Unterhaltung und Service,
köstlichsten Speisen, Landausflügen, Bordspielen und Plaudereien an
der Bar alle Erwartungen erfüllt, die wir uns schon vorher ausgemalt
hatten. Ob es die Häfen von Marseille oder Tanger waren oder Land-
partien auf Mallorca und in Marokko, wir lebten wie Könige.

Zufällig reiste auf der Kreuzfahrt auch ein Team der Mailänder
Fernsehanstalt mit, welches unter anderem aus recht attraktiven Damen bestand. Wir erkannten schnell, dass Junggesellen unserer Art
auf diesem Schiff in der Minderzahl waren und unser Werbeaufwand
daher bei dem anwesenden weiblichen Geschlecht vermutlich nicht
zu strapaziös sein würde. Tatsächlich hatten sich nach wenigen Tagen
die Gäste an den verschiedenen Tischen und Vergnügungsplätzen des
Schiffes kennengelernt. Den Zugang zu den von uns ins Auge gefass-

ten »Freizeitdamen« hatten wir mit der Routine geübter Junggesellen bald erreicht. Zurückhaltung, muntere Gespräche und bescheidenes Auftreten hatten uns wohl die Gunst der Sirenen gesichert! Das Bekanntwerden meiner fernöstlichen Tätigkeit – damals eher eine Ausnahme – wollte ich jedoch unbedingt vermeiden. Die Gesellschaft war ohnehin ausreichend intelligent, um eigene Gedanken zu entwickeln.

Eines Abends an der Bar, als die mit dem üblichen Humor meines Bruders Fritz gewürzte Unterhaltung munter dahinplätscherte, überraschte mich der Stuart mit der Überreichung eines soeben eingetroffenen Telegramms. Es war an mich adressiert, trug die Unterschrift meines Chefs und hatte folgendes zum Inhalt:

»S.g. H. Roedlich – stop – Projektlage Saigon macht Ihre sofortige Anwesenheit dort erforderlich – stop – Regierungsvertreter wollen unverzüglich verhandeln – stop – Aufschub ausgeschlossen – stop – Abholung durch Hubschrauber veranlasst – stop – wird Sie nach Absprache mit Reederei morgen gegen Mittag abholen – stop – Bedauern die Ferienunterbrechung – stop – Gruß Biel – UM.«

Wortlos, mit einem Blick, der die kaum zu steigernde Bedeutung meiner Person und des Telegrammtextes ausdrückte, übergab ich Bruder Fritz dieses einmalige Dokument. Er reichte es zunächst schweigend, aber mit ausdrucksstarker Gestik an die Damen weiter. Fritz zeigte sich ebenso erstaunt und überrascht und dann, nach einer entsprechenden Kunstpause, erklärte er den Damen die Brisanz dieses Schreibens.

Die Unterhaltung erhielt jetzt eine neue Wendung. Während der nächsten zwei Stunden drehte sich nun alles um meine für den nächsten Tag geplante Reise. So etwas kannten diese Damen eigentlich nur aus Filmen und waren bezüglich der jetzt erlebten Wirklichkeit geradezu hingerissen. Nicht nur gedanklich bereitete ich mich auf den nächsten Tag vor, sondern ich war jetzt auch entschlossen, die entsprechenden Stellen hinsichtlich meiner Ankunft in Saigon zu informieren und um vorbereitende Maßnahmen zu bitten.

Im Geiste hatte ich das Konzept meiner Antwort schon fertig ent-

272

worfen und wollte schon die Kontaktaufnahme in die Wege leiten, als in diesem Moment der Stuart ein zweites Telegramm brachte.

Vermutlich weitere bedeutsame Instruktionen (!), war mein erster Gedanke. Der Text las sich allerdings wie folgt:

»S. g. Herr Roedlich – stop – Reise nach Saigon nun nicht mehr erforderlich – stop – freuen uns über Ihre Einsatzbereitschaft – stop – halten Sie weiter Kurs auch über den heutigen 1. April hinaus – stop – lassen Sie die Vorhaben dieser Reise nicht aus dem Auge – stop – Ihre (Sports-)Bord-Freunde.«

Die Beobachtung meines Gesichtsausdrucks beim Lesen der erneuten Zeilen löste in der ganzen Gruppe herzhaftes Gelächter aus und die von mir so genossene Beachtung wurde durch die allgemeine Heiterkeit wieder in normale Bahnen gelenkt.

Ich war doch tatsächlich einem sehr gelungenen Aprilscherz meines Bruders Fritz aufgesessen!

Nicht nur dieser Abend war ein unvergessenes Erlebnis. Die nächsten Tage der Reise verliefen amüsant und anregend und in einer Stimmung, wie sie einer Begegnung ungebundener Junggesellen mit der entsprechend empfänglichen Damenwelt entspricht. Zum Träumen blieb nicht viel Zeit, obgleich eine solche Schiffsreise dazu anregen sollte. Müßig, darüber zu berichten, was sich noch alles so tat! Die Tage an Bord waren in jeder Hinsicht kurzweilig und das unverhohlene Interesse des weiblichen Geschlechts, darunter besonders auffallend das einer temperamentvollen Italienerin, eröffneten einige neue Perspektiven. Bisher hatten wir unser Junggesellendasein an allen Fronten verteidigt, und auch das italienische Abenteuer galt es unbeschadet zu bestehen. Eine Fortsetzung der Bekanntschaft wurde zwar von italienischer Seite mit Besuchsankündigungen hartnäckig verfolgt, mir schien aber mein weiterhin sorgloses Schweben im Himmel der Ungebundenheit zunächst ergiebiger.

Zurück in Frankfurt blieb es eine schöne Erinnerung, die Welt hatte uns wieder!

Indonesien

Indonesien besteht aus etwa 13 700 Inseln, von denen nur etwa 3000 bewohnt sind. Durch weite Meeresflächen getrennte Inselgruppen erstrecken sich über 5100 Kilometer in ost-westlicher und 1800 Kilometer in nord-südlicher Richtung. Südlich von Java sinken die Seebecken bis auf 7500 Meter ab, einige Randgräben erreichen gar eine Tiefe von 10 000 Metern. Klimatisch gehört Indonesien dem Bereich des tropisch immerfeuchten und wechselfeuchten Typus mit großer Gewitterneigung an. Dem gegenüber können aber auch in Südost-Indonesien über Ostjava bis Timor mehrmonatige Trockenzeiten auftreten. Dichter Wald bedeckt 63 Prozent des gesamten Landes, das sind 1,2 Millionen Quadratkilometer (1970). Insgesamt ist Indonesien ein außerordentlich fruchtbares Land, eine überreiche Fülle verschiedenster Früchte wird hier geerntet und die wichtigsten Gewürzpflanzen der Welt wachsen auf den Inseln: Nelken, Zimt, Muskat, Pfeffer, Kardamom, Cayennepfeffer und Kreuzkümmel, um nur einige wenige zu nennen.

Erster Präsident des überwiegend moslemischen Staates nach der Unabhängigkeit von den Niederländern (1949) wurde Achmed Su-

Jakarta, Indonesien, 1961

karno. Er löste 1959 die verfassungsgebende Versammlung auf und setzte die Verfassung von 1945 wieder in Kraft. Nach Eliminierung der Oppositionsparteien ließ sich Sukarno vom beratenden Volkskongress als Präsident auf Lebenszeit und gleichzeitig als Oberbefehlshaber des Militärs bestätigen. Seine selbstherrliche Amtsführung erregte jedoch den Unwillen weiter Bevölkerungskreise besonders auf Sumatra und Celebes, sodass es zu revolutionären Aufständen kam, die nur durch Einsatz starker militärischer Kräfte niedergeschlagen werden konnten.

Sukarno verfolgte außerdem eine Politik der Annäherung an die damalige UdSSR und an das kommunistische China und damit einen immer härteren antiwestlichen Kurs. Mit der politischen, wirtschaftlichen und militärischen Konfrontation 1963 gegen die Föderation Malaysia und mit dem Austritt Indonesiens aus der UN im Jahre 1965 erreichte dieser seinen Höhepunkt. Sukarno stützte sich auf die von den Kommunisten gebildete Volksfront und versuchte das Land in das damals durch China und die Sowjetunion gefestigte kommunistische Lager zu bringen.

Die für höchste Instabilität verantwortliche Rivalität zwischen der konservativen Armee und den Kommunisten entlud sich dann in der Nacht vom 30. September zum 1. Oktober 1965 in einem kommunis-

Indonesische Landschaft

275

Präsident Sukarno   *Präsident Suharto*

tischen Putschversuch, bei welchem nicht nur einige Generäle ermordet wurden, sondern viele tausend weitere Opfer, darunter unzählige Chinesen, zu beklagen waren.

Das Land wurde in seinen Grundfesten erschüttert, die Welt horchte auf. In einer Art Blitzaktion sollten die militärisch konservativen, westlich orientierten Kreise des Landes ausgeschaltet und politisch entmachtet werden.

Schließlich konnte der Putsch von der Armee unter Führung von General Suharto niedergeschlagen werden. Nominell blieb Sukarno noch bis 1967 Präsident, wurde dann jedoch von dem zu konservativen Kreisen gehörenden General Suharto abgelöst. Durch die neutralistische, westlich orientierte, antikommunistische Politik Indonesiens in den Folgejahren erlebte das Land einen wirtschaftlichen Aufschwung, der bis dahin als völlig unwahrscheinlich galt.

Wäre Sukarnos Umsturzversuch geglückt, hätte dies, schon auf Grund der geographischen Lage Indonesiens, unabsehbare Konsequenzen für die westliche Welt gehabt. Damals glaubten noch viele Menschen, vor allem auch in den sogenannten Entwicklungsländern, an die langfristige Überlegenheit und größere Gerechtigkeit der sozialistischen Ideologie.

Auch in dieser Region sollte dies den erhofften gesellschaftlichen Fortschritt bringen. Weit gefehlt! Ich selbst kenne kein Land, in welchem die vielfach in Reinkultur praktizierten kommunistischen Ideen den Menschen ein angenehmeres Leben gebracht hätten. Man betrachte nur das unerbittliche Militärregime in Burma, Nordkorea, das frühere Nordvietnam, Kambodscha, Nordkorea, Osteuropa und andere. Das heutige China hingegen hat sich Dank Deng Xiaoping von den strengen Regeln kommunistischer Planwirtschaft und deren Verteilungsideen schon während der 80er Jahre des letzten Jahrhunderts rechtzeitig entfernt und fährt inzwischen einen ziemlich liberalen Wirtschaftskurs.

In Indonesien hat Suharto mit seinen Militärs einen Krisenherd entschärft, der unter Beachtung der damaligen Machtverhältnisse in der Welt für alle Beteiligten durchaus zu einem gefährlichen Machtspiel hätte werden können. So gesehen war seine Rolle zunächst sehr segensreich. Die ihm nach über dreißigjähriger Amtszeit vorgeworfene Korruption und Fehlorientierung in einigen Wirtschaftsbereichen hat ihn jedoch, ungeachtet aller sonstigen Verdienste, das Staatsamt gekostet.

Es ist eine alte Erfahrung, dass Verdienste der Vergangenheit von einer neuen Generation nicht mehr die angemessene Würdigung erfahren, obgleich gerade diese Verdienste den Kritikern und Anklägern selbst erhebliche Vorteile bescheren, darunter nicht wenige, die sogar eine Gefahr für Leib und Leben abzuwenden halfen. Während der Zeit der Anklage sind die genossenen Vorteile vergessen, ihr Stellenwert wird allenfalls kleingeredet. Im Fall Suharto hatten offenbar überbordende Korruptionsfälle seines Clans seinen eigenen Ruf geschädigt und schließlich seine Präsidentschaft beendet.

In einem meiner damaligen Fernostberichte, die ich meinen Vorgesetzten regelmäßig in die Heimat schickte, habe ich meine persönlichen Wahrnehmungen wiedergegeben.

All meine Reisen durch die sogenannten Drittländer dieser Welt öffneten mir schon als jungem Mann auf dramatische Weise die Augen für die materielle Kluft, die sich gegenüber den Fortschrittsländern auftat. Durch die hinzukommenden unterschiedlichen religiösen und gesellschaftlichen Verhältnisse mussten die Spannungen zwangsläufig zunehmen.

Es galt daher, in geeigneter Form frühzeitig gegenzusteuern. Es war dies das Gebot der Stunde und wurde doch aufs Sträflichste versäumt!

Während der vergangenen fünfzig Jahre gestaltete sich die Welt auf Grund der modernen Kommunikationsmittel immer transparenter. In Indonesien waren viele einfache Menschen bis weit in die 60er Jahre des letzten Jahrhunderts hinein nur wenig über Vorgänge in der übrigen Welt informiert. Erst als Nachrichten über Fernsehen und andere Informationsmittel auch die Bewohner der abgelegensten Hütten von Surabaya erreichten und diesen Menschen den ungeheuerlich luxuriös erscheinenden Lebensstil der westlichen Länder vor Augen hielten, wurden auch von den letzten Dorfbewohnern die »Ungerechtigkeiten« dieser Welt entdeckt.

Geschickt arbeitende Agitatoren nutzten diesen Zustand politisch für ihre Zwecke und verstanden es, diese aufkommende Unzufriedenheit weiter zu schüren – und dies nicht nur in Indonesien. Wenn auch die westlichen Lebensformen nicht in allen Bereichen als beispielhaft betrachtet wurden, war jedoch ein gewisser Ausgleich der materiellen Ungleichheiten allemal ein erstrebenswertes Ziel.

Das dabei wenig beachtete Gefühl der Unterlegenheit orientalischer Volksgruppen wurde kaum berücksichtigt und hat den aufkommenden Nationalstolz dieser Menschen wiederholt verletzt. Dazu gesellten sich unüberbrückbare Unterschiede der Glaubensrichtungen. Indonesien war seinerzeit jedoch ein weitgehend toleranter islamischer Staat, der auch andere Religionsgemeinschaften zuließ. Wir alle wissen, dass Zeit und Beginn der europäischen Aufklärung einige hundert Jahre hinter uns liegen und die fundamentalistische Form des religiösen Fanatismus daher nur noch vereinzelt in der christlich geprägten Gesellschaft zu Tage tritt. Christlicher Fundamentalismus, Kreuzzüge, Inquisition, Ablassgeschäfte und anderes mehr sind aus heutiger Sicht nicht mehr begreiflich.

In vielen orientalischen, vor allem moslemisch geprägten Geographien ist dagegen noch viel Aufklärungsarbeit zu leisten, um bei fanatisch orientierten Gruppierungen das religiöse Sendungsbewusstsein zu »dämpfen«. Neid und Missgunst der dortigen, aber auch vieler europäischer Menschen zu mildern, bleibt eine permanente Aufgabe.

Jeder Mensch hat das Bedürfnis nach Anerkennung. Diese Anerkennung wird ihm im Allgemeinen jedoch erst dann zuteil, wenn er bereit ist, auch seinen Mitmenschen gebührend anzuerkennen, und dies bezieht sich auf alle Bereiche des Lebens.

In der von Rousseau herausgegebenen Schrift »Hat der Fortschritt der Wissenschaften und Künste zur Veredelung der Sitten beigetragen?« bestreitet er vehement einen solchen Fortschritt. Der Fortgang der Wissenschaften und Künste ist ihm nichts anderes als ein Verfall im Menschlichen. »Luxus, Zügellosigkeit und Knechtschaft sind zu allen Zeiten die Strafe für die hochmütigen Anstrengungen gewesen, die wir gemacht haben, um aus der glücklichen Unwissenheit heraus zu gelangen, in die uns die göttliche Weisheit versetzt hatte. ... Allmächtiger Gott, erlöse uns von den Kenntnissen und den unheilvollen Künsten unserer Väter und gib uns die Ungewissheit, die Unschuld und die Armut zurück.«

Rousseau ist bemüht zu beweisen, dass der Mensch von Natur aus gut ist und dass es nur die »Einrichtungen« sind, die ihn schlecht machen. Er schreibt Werke wie »Abhandlung über den Ursprung der Ungleichheit unter den Menschen«. Rousseau übt Kritik am ganzen Zeitalter und macht den Versuch, das Wesen des Menschen in seiner ursprünglichen Reinheit zu ergründen[*].

So gesehen hätte der Mensch eigentlich das Rad nicht erfinden dürfen.

Mein Bericht von 1961 beschreibt in großen Zügen die damalige wirtschaftliche Situation der südostasiatischen Gebiete, aber auch das bereits erkennbare Konfliktpotential, welches Terrorismus befürchten ließ. Völlig unerwartet erfuhren auch die im dortigen Vorspann ge-

---

[*] Zitate aus: Wilhelm Weischedel: Die philosophische Hintertreppe, München 1966

äußerten Gedanken in dem Terroranschlag vom 11. September 2001 auf das World Trade Center in New York auf tragische Weise eine traurige Bestätigung.

Kidnapping

Meine Aktivitäten in Indonesien setzte ich im Frühjahr 1961 fort. Der geschäftlich erfolgreiche und zunächst vergnügliche Aufenthalt erfuhr aber durch ein dramatisches Ereignis eine jähe Wendung.

An einem herrlichen Sonntag im April war eine Tagestour mit einem der landesüblichen dieselgetriebenen Ausflugsschiffe geplant. Ziel war eine der vielen Inseln des Landes. All zu weit wollte man sich jedoch nicht von Jakarta entfernen. Das Wetter war wie gewöhnlich warm und bestens geeignet für eine solche Partie. Auch war die Luft an diesem Tage nicht allzu feucht. Die englische Botschaft in Jakarta hatte zu der Veranstaltung eingeladen. Auf der Gästeliste stand auch unser Partner-Firma Ferrostaal, und ihr Herr von Flemming fragte mich, ob ich Interesse hätte, daran teilzunehmen.

Begeistert stimmte ich zu. Neben verschiedenen Geschäftsträgern, englischen Konsuln und einem in Zivil gekleideten Militärattaché war, bis auf den Botschafter selbst, das gesamte Personal der Botschaft anwesend. Dies schloss auch die jüngeren und älteren Damen sowie das indonesische englisch sprechende Personal mit ein.

In sonntäglicher Stimmung trafen wir gegen 8 Uhr morgens am Pier ein. Das Schiff war für ca. hundert Personen ausgelegt und daher bestens ausgerüstet, um unserer Gruppe von etwa 45 Personen einen angenehmen Aufenthalt an Bord zu bieten. Zwei weiß gedeckte, mittelgroße Tische unterteilten den überdachten Passagierraum in einen vorderen und einen hinteren, mit bequemen Bänken ausgestatteten Bereich. Getränke und der frühen Tageszeit entsprechende Speisen, landesübliche Früchte und reichliche orientalische Gerichte, waren bereits auf den Tischen dekorativ angeordnet. Drei weiß gekleidete indonesische Diener, sogenannte »Bungs«, standen für den Service bereit. Man richtete sich entspannt auf den Bänken ein. Alle waren guter Stimmung, versprach doch der Tag ein Erlebnis zu werden, welches einer Eintragung im Tagebuch wert war.

Das Schiff legte sanft vom Pier ab und nahm Kurs aufs offene Meer. Der »Kapitän« war angeblich ein erfahrener Schiffsführer, der sich in diesen Gewässern und der inselreichen Gegend bestens auskannte. Die See war ruhig, der Schiffsdiesel tuckerte gedämpft und gleichmäßig. Die Unterhaltung auf dem Schiff floss heiter und angenehm dahin. Hie und da sangen einige der Engländer stimmungsvolle Lieder, die dem englischen Seefahrer-Image durchaus zur Ehre gereichen konnten. Inzwischen wurden Drinks und andere Erfrischungen angeboten und jeder genoss die Fahrt und das friedliche Fluidum, das diesen Südseegewässern zu eigen ist.

Nach drei Stunden Fahrt, nur ganz entfernt war noch Land zu erkennen, tauchte am Horizont plötzlich ein Boot auf. Durch das Fernrohr erspäht, schien es auf Grund seiner Schnelligkeit ein Polizeiboot zu sein. Dies war zumindest die Vermutung unserer Beobachter. Das Boot nahm direkt auf uns Kurs. Als sich der Abstand erheblich verringert hatte, bemerkten wir zwei aufgesetzte Maschinengewehre, was uns auch von Polizeischiffen bekannt war.

Noch beunruhigte uns dieser Anblick daher keineswegs.

Als jedoch die Besatzung des fremden Schiffes in deutliche Sichtweite gelangt war, erkannten wir blitzartig, dass es sich hier durchaus nicht um Seepolizisten, sondern im wahrsten Sinne des Wortes um äußerst finstere Gestalten handelte. Obgleich diese Gewässer als nicht übergriffsgefährdet galten, kreuzten sie in Piratenmanier auf und bedrohten unser Schiff sogleich unzweideutig, indem sie die Maschinengewehre in Anschlag brachten und auf unsere Gruppe richteten. Mit unmissverständlichen Zeichen bedeuteten sie uns, ihnen zu folgen.

Natürlich war an Widerstand gar nicht zu denken, wir waren schließlich unbewaffnet und zunächst fast ungläubig überrascht. Die Situation hatte uns so überrumpelt, dass keiner in der Gruppe an eine Gegenreaktion dachte. Nur unsere bleichen Gesichter zeugten von der unvermittelt aufsteigenden Angst und Anspannung.

Unser Schiff folgte daher diesen Leuten etwa eine Stunde lang bis zu einer kleinen, offenbar völlig unbewohnten Insel. Niemand, auch nicht der Schiffsführer, konnte sagen, wo wir uns inzwischen befanden. Natürlich hatten wir weder Funk- noch Telefonmöglichkeiten. Diese hätten uns in dieser bedrohten Situation auch nicht viel genutzt.

Man dirigierte uns in flaches Wasser und bedeutete uns auszusteigen und uns am Strand, nahe dem dichten Unterholz der üppig bewachsenen Insel, in Reih und Glied aufzustellen.

Die harschen Kommandos ihrer fremden Sprache wurden uns durch das wilde Herumfuchteln mit den Waffen durchaus begreifbar. Nachdem sich alle aufgestellt hatten, näherte sich der Führer der Gangster, ein ziemlich dunkelhäutiger, verwegen aussehender Mann, in Begleitung dreier schwerbewaffneter Männer. Ihre Aufmachung schwarz und abgerissen, ihr Minenspiel finster. Der Anführer versuchte nun bei uns Respekt zu erzeugen, indem er begann die Front abzuschreiten. Zugleich, um ihrem bedrohlichen Erscheinungsbild noch mehr Nachdruck zu verleihen, feuerte einer der Gangster aus seiner Maschinenpistole eine Salve über unseren Köpfen in die Luft, die alle entsetzt zusammenzucken ließ.

Ich gebe zu, dass mir zu diesem Zeitpunkt der Ernst der Lage immer noch nicht richtig bewusst war. Ich empfand die Situation eher wie ein »Räuber und Gendarm«-Spiel. Weit gefehlt!

Meine Mitreisenden waren von der Situation wie gelähmt. Keiner sprach ein Wort. Alle warteten angespannt auf das folgende Geschehen. Die kalte Angst ließ sich kaum unterdrücken und zeichnete sich deutlich in den Gesichtern ab.

Die Entführer machten keinerlei Anstalten, sich mit unserem Dolmetscher auf irgendein Gespräch einzulassen, sondern forderten uns eindeutig und unverzüglich auf, unser ganzes verfügbares Geld herauszurücken.

Wir beeilten uns, unsere Taschen zu leeren.

Natürlich wird bei einem solchen Ausflug kaum Geld mitgenommen, sodass die eingesammelte Summe die Nachsicht dieser Piraten stark strapazierte. Ungehalten wiesen sie dem indonesischen Dolmetscher an, uns mitzuteilen, dass keiner die Insel lebend verlassen würde, sollte dieses lächerliche Finanzangebot nicht erheblich aufgebessert werden. Aber bei bestem Willen konnte keiner der Anwesenden mehr herzaubern und beklommen hofften wir, dass man uns dies auch glauben würde.

Als die Räuber die Aussichtslosigkeit ihrer Forderung erkannten, kamen sie auf die Idee, dass ein Abgesandter der Gruppe mit unserem Schiff und unserem Kapitän zurück nach Jakarta fahren sollte, um mit angemessenen Geldbeträgen zur Insel zurückzukehren. Aus den wirren Diskussionen konnten wir nur so viel erkennen, dass sich die Piraten auf unerklärliche Weise offenbar vor Suchaktionen des Polizeiapparates sicher fühlten. Worauf das gründete, blieb ihr Geheimnis.

Es wurde dauernd völlig irrational hin- und herdiskutiert, denn es war nach menschlichem Ermessen völlig ausgeschlossen, dass der Abgesandte in der von den Gangstern geforderten Zeit zurück sein konnte. Abgesehen davon, dass über geeignete Kanäle zunächst das Geld hätte beschafft werden müssen.

Inzwischen war bereits die Dämmerung hereingebrochen, sodass im günstigsten Fall und vorausgesetzt, unser Kapitän kannte sich mit dem Kompass aus, der Abgesandte am nächsten Vormittag in Jakarta sein konnte. Das Geld zu beschaffen, nahm sicherlich auch einige Stunden in Anspruch, und so würde er bestenfalls erst in der Nacht nach Ablauf des folgenden Tages zurück sein.

Mit dem Palaver verging Stunde um Stunde, bis all dies verstanden wurde, und eine wachsende Gereiztheit und Ungeduld nahm bei den finsteren Gestalten allmählich überhand, was an dem immer lauteren und heftigeren Wortwechsel deutlich wurde. Die Nerven der Entführer lagen ebenso blank wie die unseren.

Plötzlich schoss ein nahestehender Gangster erneut in die Luft, offenbar mit der Absicht, unsere Gruppe weiter einzuschüchtern. Ein lauter Schmerzensschrei traf uns bis ins Mark. Eine herausgeschleuderte leere Patronenhülse hatte eine der englischen Sekretärinnen am Kopf getroffen und sie hart am Auge verletzt. So hart, dass ihr Augenlicht auch trotz aller späteren Behandlungsbemühungen nicht mehr gerettet werden konnte.

Unseren Respekt mit Waffengewalt aufrechtzuerhalten, wäre zu diesem Zeitpunkt gar nicht mehr erforderlich gewesen, da uns der Ernst der Lage völlig klar war und ohnehin keiner der Gruppe an irgendeine Art von Widerstand dachte oder dies auch nur andeutete. Allen war klar, dass derart irrational handelnde Leute völlig unberechenbar sind.

Einer der englischen Geschäftsträger hat schließlich dem Dolmetscher aufgetragen, den Gangstern eindringlich klar zu machen, dass ihr Handeln – unbeschadet der Geldforderung – auch für sie höchst gefährlich sei, weil unsere Gruppe aus nahezu allen Mitgliedern der englischen Botschaft bestand. Diese Entführung konnte zu ganz unerwarteten Konsequenzen an höchsten Stellen führen. Es war mit einer unverzüglichen Alarmierung des Militärs und der sehr respektierten indonesischen Marine zu rechnen. Ein internationaler Konflikt konnte die Folge sein, wenn es der indonesischen Regierung nicht gelänge, uns Geiseln in kürzester Zeit zu befreien.

Inzwischen war es dunkel geworden. Nur eine von den Geiselnehmern mitgebrachte und in den Sand gesteckte Fackel spendete an diesem einsamen Strand trübes Licht. Es reichte den Kidnappern jedoch aus, unsere Bewachung zu sichern. Nach unerträglich langem Stehen durften wir uns endlich wenigstens in den Sand setzen.

Die mit unsäglichen Diskussionen verrinnende Zeit erschien uns endlos und eine tiefe Hoffnungslosigkeit machte sich breit. Wir stellten uns innerlich schon auf eine unbequeme Nacht mit ungewissem Ausgang ein.

Da, plötzlich, sprangen alle Gangster wie auf ein geheimes Zeichen unvermittelt auf, rannten zu ihrem Boot und verließen die Insel so schnell, wie sie uns aufgebracht hatten.

Offenbar hat der Dolmetscher es nach und nach verstanden, den schlichten kriminellen Gemütern der Entführer beizubringen, dass sie hier einen Fisch geangelt hatten, der für sie einige Nummern zu groß war und der auch ihr eigenes Leben in kurzer Zeit gefährden würde.

Die Information über unsere Identität hatte sie scheinbar doch sehr beeindruckt und sie die damit für sie selbst verborgene Gefahr erkennen lassen.

Wir konnten das plötzliche Verschwinden im ersten Moment gar nicht fassen. Unendliche Erleichterung macht sich breit, als wir feststellten, dass die Gangster tatsächlich nicht zurückkamen und wir uns wieder frei fühlen konnten.

Der Kapitän empfahl, wegen der Dunkelheit die Rückfahrt erst im Morgengrauen des nächsten Tages anzutreten. Gegen Mittag liefen wir in Jakarta ein und fanden dort die Behörden in hellster Aufruhr. Niemand konnte sich bis dahin vorstellen, wo die Botschaftsmitglieder abgeblieben waren. Eine Nachforschung in dem inselreichen Gebiet wäre der Suche nach einer Nadel im Heuhaufen gleichgekommen.

Bis auf das bedauernswerte verletzte Mädchen, das uns schmerzlich die überstandene Gefahr nachfühlen ließ, hat unser Ausflug, gottlob, noch ein einigermaßen glimpfliches Ende gefunden.

Erst später erfuhren wir, dass Präsident Sukarno auf Grund dieses Vorfalls Anweisung gegeben hat, die Wasserschutzpolizei erheblich zu verstärken und in besonderen Fällen sogar Begleitschutz zu stellen.

Jebsen

Nach vorläufigem Abschluss der Arbeiten in Indonesien wartete in Hongkong das bedeutende Handelshaus Jebsen schon sehnsüchtig auf mein Kommen. Hongkong, die immer wieder faszinierende Stadt, war im Begriff, die Industrialisierung insbesondere auf dem textilen Sektor zu forcieren. Chinesische Geschäftsleute, die während des Bürgerkrieges im damaligen Rotchina vor allem aus Shanghai nach Hongkong geflohen waren, erkannten offenbar die Zeichen der Zeit und errichteten neue Fabrikationsstätten oder erweiterten bereits vorhandene in den sogenannten New Territories, einem Teil der Kronkolonie, der sich nördlich an die Halbinsel Kowloon anschließt.

Jebsen, unsere Vertretung in der Stadt, war ein Unternehmen, das ursprünglich nördlich von Flensburg in einem ehemals deutschen Landstrich beheimatet war. Dieser fiel jedoch nach dem Ersten Weltkrieg an Dänemark und somit hatte Jebsen unversehens auch einen dänischen Status. Durch eine enge Verbindung mit diesem Haus konnte die wirtschaftliche Blockade der Nachkriegszeit umgangen werden, unter der die deutsche Großindustrie, darunter Siemens, BASF, Degussa, Volkswagen, Lufthansa oder MAN, zu leiden hatte. Jebsen hatte in den vielen Jahrzehnten zuvor beste Beziehungen zu ganz China aufgebaut. Besonders zu verdanken war dies den Herren Michael und Jakob Jebsen, die zusammen mit A. Jessen und Herrn von Hansemann dieses doch sehr vielschichtig arbeitende Unternehmen mit großem Erfolg leiteten.

Michael Jebsen war nicht nur ein sehr umsichtiger Geschäftsmann, sondern auch ein angenehmer Zeitgenosse mit viel Sinn für Humor. Ich habe ihn sehr geschätzt. Auch mit Jakob verband mich bald eine Art freundschaftliche Zuneigung, die vor allem bei unseren gemeinsamen Bemühungen in China, Anlagen zu verkaufen, gefestigt wurde. Tatsächlich hat mir dann Jakob Jebsen viel später, im Jahre 1965, nach erfolgreichen Verhandlungen in China während eines Spaziergangs im Garten unseres Hotels in Kanton angeboten, die Leitung der technischen Abteilung des Hauses Jebsen in Hongkong zu übernehmen. Auf Grund des gemeinsam verbrachten Verhandlungsmarathons war die gegenseitige Wertschätzung inzwischen groß. Ich war überrascht und fühlte mich durch die Offerte sehr geehrt. Trotz der in Aussicht gestellten Bedingungen habe ich jedoch höflich abgesagt. Ob dies richtig war, mag in der Rückschau dahingestellt bleiben!

1961 glaubte ich, auf dem Höhepunkt meiner geschäftlichen Bedeutung angelangt zu sein. Zeitgleich mit Projekten in Hongkong wurden damals auch wichtige Verhandlungen mit fernöstlichen Kunden in Deutschland akut. Natürlich konnte ich nicht an mehreren Orten gleichzeitig erscheinen und so bat Michael Jebsen per Telex die Unionmatex-Zentrale in Frankfurt um eine Entscheidung. Die Arbeit wurde in Hongkong fortgesetzt. In den folgenden fünf Wochen entwickelten wir ein breites Programm mit den chinesischen Mitarbeitern seines Hauses. Diese waren sehr kooperativ und für den textilen Maschinensektor eine ausgesprochen gute Stütze. Unser Dauereinsatz – an manchen Tagen wurden bis zu drei Projekte bei den verschiedenen Kunden besprochen – erzielte beachtliche Erfolge.

Auf Anhieb gelangen uns mit Mr. Y.C. Wang, einem der bedeutendsten Tycoone Hongkongs, zwei interessante Projekte: eine komplette Spinnereivorbereitungsanlage sowie ein Vorbereitungsprojekt für die Weberei. Eine Spinnereivorbereitung für Baumwolle besteht aus Maschinen, welche die Rohbaumwolle, die in gepressten Ballen angeliefert wird, aus ihrem festen Verbund trennt (Ballenöffner), von anhängenden Pflanzenresten und Staub reinigt (Stufenreiniger), kämmt (Karde) und die entstehenden Wattebänder so längs verzieht (Strecke), dass die Spinnmaschine die Fasern aufnehmen und verspinnen kann. In der Weberei müssen die zu verwebenden Fäden auch erst von vielen Spulen zusammengeführt (Zettelmaschine) und die Fadenschar auf einen Zettelbaum aufgespult werden. Danach laufen die Fäden durch eine sogenannte Schlichte, eine chemische Flüssigkeit (Schlichtmaschine), die den Fäden die erforderliche Festigkeit

Wiedersehen nach dreißig Jahren mit Freund Y. C. Wang von Nanyang Cotton Mills in Hongkong, 1994

und eine glatte Oberfläche verleiht, damit sie den stark einwirkenden Kräften der Webmaschine standhalten, nicht reißen und eine absolute Gleichmäßigkeit im Endprodukt sichern. Meine Ingenieurleistung bestand darin, alle notwendigen Maschinen und Zubehörapparate, je nach vorhandener Qualität und Sorte des Ausgangsmaterials, unter Beachtung des gewünschten Endproduktes und der Produktionskapazität, zu berechnen, auszuwählen, zu beurteilen und darüber hinaus die Preisverhandlungen zu führen. In der Regel musste ein Spagat zwischen der selbstverständlich gewünschten Hochleistungstechnologie und einem möglichst niedrigen Preisniveau erreicht werden.

Mit Mr. Y.C. Wang war mir dies gut gelungen, war er doch auch ein sehr kultivierter und angenehmer Verhandlungspartner, dessen Referenzanlage uns in den folgenden Jahren auch die Türen zu seinen überseeischen Niederlassungen und nach Taiwan, den Philippinen, Burma und Vietnam öffnete. Seit dieser Zeit war ich ihm für über vierzig Jahre freundschaftlich verbunden. Zur Geburt unserer Tochter Michaela schenkte er uns ein silbernes Kinder-Set mit Haarbürste, Kamm und Spiegel, eine Geste, die seine Verbundenheit mit mir persönlich, aber auch mit dem Unternehmen zum Ausdruck brachte.

Miss Germany

In den Monaten des Sommers 1961 hatte ich mit Rosmarie März, die zu jener Zeit nicht nur eine attraktive, sondern auch eine freundliche, recht gesprächige Frau war, einige kurze Reisen unternommen. Sie war ein gefragtes Mannequin und fühlte sich offenbar in dieser Welt des Flitters und Glamours sehr wohl.

Mir war eigentlich gar nicht bewusst, dass man in einer solchen mir bis dahin unbekannten Umgebung sehr bald die Realitäten des Lebens verwechselt. Das geschieht vor allem dann, wenn man jung ist und in dieser Zeit im Mittelpunkt zu stehen vermeint. Fräulein März hatte in diesem Jahr, während ich mich im Fernen Osten aufhielt, an verschiedenen Schönheitswettbewerben teilgenommen und wurde schließlich, nachdem sie zur Miss Germany aufgerückt war, im gleichen Jahr zum Miss-World-Contest nach London geschickt. Das Aufgebot an Weltpresse – Bild war auch schon damals dabei – ist natürlich bei solchen Anlässen erheblich und lässt naturgemäß jede junge Frau auf Wolke Sieben schweben.

Den Rummel hatte ich nur aus dem fernen Hongkong beobachtet, wo in jeder Zeitung das Ereignis nachzulesen war.

Nach Deutschland zurückgekehrt, habe ich mich kurzfristig entschlossen – vielleicht auch wegen des mich herausfordernden Wettbewerbs – diese Frau zu heiraten. Zuvor hatte ich mit ihren sehr ehrenwerten Eltern gesprochen und war vor allem von ihrer Mutter angetan, die mir mit einfacher, aber sehr beeindruckender Art begegnete. Schon damals riet sie mir im Übrigen von einer Heirat mit ihrer Tochter dringend ab.

Eheliche Belastungen überstiegen jedoch mein Vorstellungsvermögen und ich glaubte, durch berufliche Erfolge ermuntert, allen Lebenslagen gewachsen zu sein. Die Bedenken ihrer Mutter und auch die Vorbehalte in meiner eigenen Familie wischte ich selbstredend vom Tisch. Die Redensart »wie die Mutter so die Tochter« glaubte ich hier im schönen Schein erfüllt zu sehen.

Leidvoll musste ich später erkennen, dass dies durchaus nicht immer zutreffend ist. Tatsächlich haben wir dann am 26. Januar 1962 in Bad Homburg geheiratet, viel zu früh, denn wir kannten uns eigentlich kaum.

Champagner, Kaviar und schöne Frauen

Ende Februar reisten wir in die Flitterwochen nach Österreich. Kitzbühel schien uns ideal, um ungestört und dennoch in anregender Umgebung den neuen Lebensabschnitt zu beginnen. Auch heute noch ist der Ort in starkem Maße ein Treffpunkt der Jungen, Reichen und Schönen und derer, die sich gerne dafür halten. Kitzbühel, so dachte ich, war wunderbar geeignet für Gestresste und Jungvermählte.

Kaum waren einige Tage vergangen, als mich dort ein Anruf von Dr. Römer aus meiner Firma überraschte. Ich erwartete eigentlich nur eine Routinefrage über irgendein Projekt meines Bearbeitungsbereiches. Weit gefehlt! Dr. Römer, mit dem ich mich bestens verstand – er war ein sehr angenehmer und bemerkenswerter Geschäftsführer –, entschuldigte sich für den Anruf, meinte jedoch, dass die Situation keinen Aufschub zuließe. Vorsichtig versuchte er mir klarzumachen, dass Burma an der Realisierung des von uns offerierten und sehr umfangreichen Textilprojektes interessiert sei und mit der Unionmatex unverzüglich weiter zu verhandeln wünsche. Die in Burma maßgebenden Militärs hatten bereits für die kommende Woche ein Treffen vorgeschlagen.

Natürlich war mir blitzartig klar, welche Konsequenz der Anruf für mich hatte. Dem Ansinnen der Unionmatex, mich zu den Verhandlungen zu senden, konnte ich mich schwerlich entziehen, umso weniger, da ich die Abgabe der Angebotsunterlagen selbst veranlasst hatte und die ersten Gespräche von mir bereits in Rangoon geführt worden waren. Ein Wechsel der Personen war unter diesen Umständen keinesfalls zu empfehlen, zu viel stand auf dem Spiel. Die Fortsetzung der Flitterwochen – so die dringende Bitte des Unternehmens – könne zu einem späteren Zeitpunkt wieder aufgenommen werden, wenn ich aus Burma zurück sei.

Die Zeit war also um, wir fuhren zurück nach Frankfurt und ich lieferte meine frisch angetraute Ehefrau in unserer ersten, zunächst angemieteten Wohnung ab.

Zusammen mit einem guten Kollegen aus Ingolstadt machte ich mich sofort auf den Weg zum Flughafen und bestieg mit ihm eine der ersten Jetmaschinen, eine Boeing 707 der KLM. Für uns waren zwei Plätze in der Ersten Klasse gebucht worden. Erstaunt stellten wir nach dem Start fest, dass dieses damals größte existierende Passagierflugzeug außer uns nur zwei weitere Passagiere in der Touristenklasse beförderte. Derartiges war mir bis dahin noch nie widerfahren.

Wir hatten 24 Stunden Zeit bis zur Ankunft in Rangoon und richteten uns daher auf eine gemütliche Reise ein. Der gesamte Flug

mit allen Zwischenlandungen verlief ruhig. Natürlich wurden wir als
»First Class Passengers« von den damals noch handverlesenen und
sehr hübschen Stewardessen bestens versorgt. Die Maschine blieb tatsächlich bis zum Bestimmungsort ziemlich unbesetzt, sodass wir an
einem separaten Tisch im Passagierraum zum Essen gebeten wurden
und die ungeteilte Aufmerksamkeit der schönen Damen genießen
konnten.

Im wahrsten Sinne des Wortes erlebten wir in zehntausend Metern Höhe »Champagner, Kaviar und schöne Frauen«. Wir alle waren
jung und animiert, natürlich auch die Stewardessen, wir haben uns
bestens unterhalten und hatten alle viel Spaß. Interessanterweise begleitete uns dieselbe Crew der Stewardessen auf der gesamten Strecke.
Als es im Verlauf der Reise etwas ruhiger wurde und jeder seinen Gedanken nachhing, nahm eine Stewardess neben mir Platz. Die äußerst
reizvolle Dame übte durchaus großen Eindruck auf mich aus, aber ich
übte mich in höflicher Zurückhaltung, schließlich war ich jetzt – leider – ein verheirateter Mann!

Der Golfer

Die abwechslungsreiche Reise endete erst spät nach Mitternacht in
Rangoon. Im Gegensatz zu den vergangenen Stunden wirkte das Verlassen des Flugzeugs auf uns wie eine kalte Dusche, nein, eigentlich
war es eine unangenehm schwülwarme Dusche. Wenn es schon nachts
so wenig erträglich war, was waren dann tagsüber für Temperaturen zu
erwarten?

Unser ortsansässiger Vertreter von der Firma Fritz Werner, Dr.
Körner, nahm uns nach Verlassen der Zoll- und Passkontrollen in
Empfang und brachte uns zu einem Hotel, welches noch aus der englischen Kolonialzeit stammte. Es lag inmitten eines großen und einigermaßen gut gepflegten Parks. Beim Betreten des Hotels waren wir
zunächst von der enormen Größe der Empfangshalle überrascht. An
ihrer Decke drehte sich träge ein überdimensional großes Rad mit

drei Windflügeln, das eine stetige Verwirbelung der dampfigen Luft erzeugte. Klimaanlagen waren damals in Burma totaler Luxus. Nur der Marmorboden der Halle vermittelte ein wenig Kühle. Im Übrigen waren drei größere Rundtische, eingerahmt von je vier Korbsesseln, gegenüber dem Empfang aufgestellt.

Die Zimmer, einfach eingerichtet, aber geräumig und sauber, ließen durchaus noch den Komfort erahnen, auf welchen die an großzügigen Wohnstil gewöhnten ehemaligen englischen Kolonialherren immer Wert gelegt hatten. Das Bett überspannte ein Moskitonetz, eine unverzichtbare Einrichtung, die jeder schätzen gelernt hat, der sich in diesem Teil der Welt aufhält.

Es war nicht ungewöhnlich, dass wir zu dieser nächtlichen Zeit noch Gelegenheit bekamen, einen etwas älteren Kollegen der MAK aus Kiel zu begrüßen, der schon einige Tage vor uns angekommen war, um hier Lokomotiven zu verkaufen. Dies tat er, wie wir erfuhren, mit großer Aussicht auf Erfolg.

Gegen zwei Uhr nachts zogen wir uns in unsere Zimmer zurück. Das Bedürfnis nach Schlaf war inzwischen sehr groß und wir freuten uns, dass der nächste Termin erst für den späten Vormittag des kommenden Tages geplant war. Nach einer erfrischenden Dusche genoss ich den Augenblick sehr, meine müden Glieder in dem sauberen Bett ausstrecken zu können.

Um 7 Uhr morgens wurde ich durch eine bestimmte Art lauter Geräusche schlagartig in die Wirklichkeit katapultiert. Der von draußen hereindringende Lärm war mir in seiner Art schon aus Kriegs- und Revolutionstagen in Korea und Vietnam vertraut. Trotz meiner Unausgeschlafenheit war mir blitzschnell bewusst, dies war unverkennbar Maschinengewehrfeuer!

Die Erinnerung an erlebte Schrecken durchfuhr mich eisig. Ich sprang aus dem Bett, fuhr in die Kleider und eilte in die Hotelhalle. Meine Kollegen hatten das gefährliche Geschehen ebenfalls erkannt und waren hier sofort zusammengeeilt. Wir bemühten uns, einen Ort zu bestimmen, der uns einigermaßen sicher erschien, um das zu erwartende Chaos unbeschadet zu überstehen.

Eigentlich hatten wir aber gar keine andere Wahl, als uns weiterhin im Hotel aufzuhalten und einen versteckten Raum zu finden, der uns im Notfall vor marodierenden und bewaffneten Zivilisten und Soldaten Schutz bot.

Eine andere Möglichkeit bot sich nicht. Das Hotelpersonal war blitzartig verschwunden. Ausgerechnet in der Parkanlage des Hotels entwickelten sich offenbar die ersten Kämpfe der Aufständischen gegen die regierungstreuen Truppen. In kurzer Zeit wurde das Maschinengewehrfeuer immer lauter, aber niemand konnte ausmachen, aus welcher Richtung die Gefahr wirklich drohte. Dass man sich keinesfalls in einer solchen Lage exponieren oder gar herauswagen durfte, war mir aus Saigon und Seoul bekannt. Es wird rücksichtslos auf alles geschossen, was sich bewegt.

Wir kauerten uns in einer Ecke der Halle nieder. Das Fenster nach außen war durch schwere Vorhänge verhängt, so dass unser Versteck nicht einzusehen war. Wir waren die einzigen Ausländer und offenbar auch die einzigen Gäste des Hotels. Die Schießerei dauerte an. Mal drang sie lauter, stärker, näher an unser Ohr, dann wieder schien sie sich zu entfernen, um nach einer Weile erneut bedrohlich nah zu sein.

Das Gefühl der Ohnmacht, des Sich-nicht-wehren-Könnens ist in so einer Situation besonders bedrückend. Unter uns machte sich dennoch Galgenhumor breit. Wir wollten hier nicht als stille Helden heroisch untergehen.

Die Unruhen dauerten bis zum Nachmittag an. Dann zogen sich die Konfliktparteien auf andere Bezirke der Stadt zurück. Die Gewehrfeuersalven waren nur noch vereinzelt aus der Ferne zu hören. Langsam stellte sich Erleichterung ein.

Die im Hotel nach und nach auftauchenden Personen schöpften wieder Hoffnung. Tatsächlich war der Spuk dieser Revolte am Abend vorüber. Allerdings herrschte in ganz Rangoon für die gesamte Einwohnerschaft strengste Ausgangssperre.

Unser Lokomotiven-Verkäufer aus Kiel war aber offenbar ein hartgesottener Bursche und zugleich leidenschaftlicher Golfspieler.

Er ließ es sich daher nicht nehmen, sich am selben Nachmittag den Hoteljeep zu schnappen, um zu dem nahegelegenen Golfplatz zu fahren. Natürlich wurde er sogleich an der nächsten Straßensperre von aufständischen Soldaten angehalten und harsch zur Rückkehr aufgefordert. Es war ja ohnehin eigenartig, dass sich jemand als Zivilist auf die Straße begab.

Unser Freund, der schon in den Tagen zuvor mit den höchsten Vertretern der Armee zu tun gehabt hatte, forderte jedoch einen der Soldaten auf, ihm eine telefonische Verbindung zu einem gewissen General »X« zu vermitteln. Bis heute erscheint es mir wundersam, dass sich der Soldat zu dieser Kontaktaufnahme breitschlagen ließ. Und in der Tat gab der General nach einigem Hin und Her, so unwahrscheinlich es klingt, Order, den Mann passieren zu lassen. Tatsächlich hat dieser Haudegen dann den Spätnachmittag auf dem Golfplatz zugebracht und ist erst am Abend unversehrt ins Hotel zurückgekehrt.

Am darauffolgenden Tag – die Revolution war ja für die Aufständischen erfolgreich verlaufen – erschien die erste Zeitung, in welcher die neue Regierung unter General Ne Win vorgestellt wurde. Im Bericht über die Lage in der Stadt berichteten die Lokalreporter über den Verlauf der Gefechte und erwähnten unter anderem, dass am vorhergehenden Tag noch andauernd Ausgangssperre bestand.

Die kurioseste Meldung lautete jedoch: Wegen der Ausgangssperre durfte kein Bürger das Haus verlassen, mit einer Ausnahme: »Only golfers were allowed to go out!«.

Burma 1962

Was war an diesem Tag und in der Nacht geschehen?

Im Gegensatz zu anderen jungen Staaten hatte Burma nach dem Zweiten Weltkrieg und der japanischen Besetzung von Anfang an konsequent den Weg des demokratischen Sozialismus beschritten. Die Machtausübung wurde jedoch nicht, wie etwa in Südvietnam, durch eine neo-feudalistische Oberschicht wahrgenommen. Hierzu fehlten die Voraussetzungen. Auch während der britischen Zeit hatte sich keine Spitzengruppe herausgebildet, die durch wirtschaftliche Kraft tonangebend gewesen wäre.

Ökonomische Experimente, persönliche Auseinandersetzungen der Politiker sowie Unsicherheit in vielen Provinzen haben eine schnelle Entwicklung des Landes verhindert, obgleich die natürlichen Grundlagen für eine gesunde Wirtschaft damals durchaus vorhanden waren und es auch noch heute sind. Materielle Misserfolge und persönliche Rivalitäten ließen schließlich die Regierungspartei AFPFL (Anti-Fascist People's Freedom League) auseinanderbrechen. Die radikalen Marxisten der Partei trennten sich vom Präsidenten U Nu, der einen buddhistisch geprägten Sozialstaat im Sinne hatte, doch fehlte diesem eine stabile Mehrheit im Parlament.

Im Laufe der Zeit wurden die Zustände so untragbar, dass ein Bürgerkrieg drohte. Dieser Entwicklung vorbeugend, übertrug U Nu den Militärs unter General Ne Win im Herbst 1958 die Macht im Staate und trat selbst als Premier zurück.

Bis Anfang 1960 herrschte General Ne Win mit seinen Offizieren in Burma, und seine damaligen politischen und wirtschaftlichen Maßnahmen wurden allgemein anerkannt. Bei den Anfang 1960 abgehaltenen freien Wahlen errang aber wiederum die von U Nu umgestaltete, von kommunistischen Elementen befreite AFPFL einen überragenden Sieg. Präsident U Nu erhielt damals im Parlament 250 Stimmen, während seine Gegenspieler lediglich 43 besaßen. Das Militär übertrug ohne Zögern die Regierungsgewalt den Zivilbehörden.

Aber der anschließend gesteuerte Zauderkurs U Nus verhinderte notwendige Maßnahmen. Es entwickelten sich erneut oppositionelle Unwägbarkeiten. Nunmehr war es die Gegenpartei, die eine stärkere Bindung an das Militär suchte. Es gab eigentlich keine ideologischen Gegensätze, und auch in den Grundzügen der Wirtschaftspolitik bestand weitgehend Einigkeit. Irgendwie war es aber doch nicht möglich, das wirtschaftliche Dilemma zu überwinden und die inneren Unruhen zu vermeiden.

So geriet ich im März 1962 in den gewaltsamen Regierungssturz,

Barfuß in der Tempelanlage Burma, 1960

Mönch in der Tempelanlage

in dessen Folge General Ne Win mit allen Regierungsvollmachten ausgestattet wurde. Die Verfassung von 1947 wurde außer Kraft gesetzt und dem aus Militärs bestehenden Revolutionsrat die Kontrolle aller staatlichen Bereiche übertragen. Ne Win führte das Land mit einer Staatspartei nach kommunistischem Vorbild in den »birmanischen Weg zum Sozialismus«.

Die gleichen Militärs der zweiten Generation sind heute nach wie vor am Ruder, und das Land – einst eines der reichsten Länder Südostasiens – wurde in ein Armenhaus verwandelt. Seit damals ununter-

Die blattvergoldete Shwedagon-Pagode   *Buddha-Figur*

brochen an der Macht, hat das Militärregime von General Ne Win für 1990 überraschend Wahlen ausgerufen. Gewinner mit einer überwältigenden Mehrheit mit 392 von 485 Sitzen der Nationalversammlung war die National League for Democracy unter Führung der später mit dem Friedensnobelpreis ausgezeichneten Oppositionspolitikerin Aung San Suu Kyi. Durch die Junta wurde jedoch die Machtübernahme verhindert, sodass sich bis heute (2007) keine Änderung der desolaten Verhältnisse ergab.

Die Menschen leben unter solchen Umständen in ständiger Angst, und wer nur wenig mehr als einen Dollar pro Tag verdient, hat keine andere Wahl, als sich anzupassen. Ratschläge von außen helfen den Leuten wenig.

Burma ist ein schönes Land. Wer dort war, hat die Tempel von Bagan und das Gold der Shwedagon Pagode in Rangoon gesehen, oder den beeindruckenden Inle See, der von einer wunderbaren tropischen Bergkulisse umgeben ist. Die Burmesen sind sehr freundliche und auch friedfertige Menschen. Möge ihnen die Zukunft bessere Zeiten eröffnen und für sie die Voraussetzungen schaffen, um die Segnungen ihres Landes in Freiheit zu nutzen!

Wichtigste Gruppe der burmesischen Wirtschaft war seinerzeit das sogenannte DIS (Defense Service Institute), welches ausschließlich von der Armee gebildet wurde. Dieses Institut war praktisch ein Staat im Staate und beeinflusste die Wirtschaft und den Landeshaushalt in erheblichem Maße.

Die Firma Fritz Werner, welche unsere Interessen dort vertrat, hatte sich seinerzeit rückhaltlos dem DSI angeschlossen. Dr. Körner agierte hierbei äußerst geschickt. Es war dieselbe Militärbehörde, die unseren Besuch ja angefordert hatte und die uns nunmehr, bereits einen Tag nach der Revolution, bat, die geplanten Gespräche sofort zu beginnen.

Unter dem Druck der äußeren Bedingungen und erfüllt vom Zweifel an der Bezahlbarkeit der gewünschten Fabrikationsanlage haben wir – das übliche Spiel mit Änderungen der Produktionszahlen, Abrundungen, Ergänzungen und Wegnahme von Komponenten eingeschlossen – dennoch erfolgreich verhandeln können. Die Anlage wurde einige Zeit später in der Nähe von Prom, nördlich von Rangoon, tatsächlich von der Unionmatex errichtet und galt als beispielhaft für weitere Vorhaben.

Diese Reise nach Burma war in der Fülle ihrer Geschehnisse für mich schon etwas Besonderes: donnerstags erster Klasse Flug ab Frankfurt, schöne Frauen, Champagner, Kaviar, Spaß bis Freitagnacht; Samstag Ankunft in Rangoon, warmer Schauer, todmüde; Sonntag Revolution, Montag und Dienstag entscheidende Verhandlungen mit den neuen/alten Militärs; Mittwochnacht Abflug, Donnerstagabend wieder in Deutschland.

In meinem Kopf schwirrte es noch und die Erlebnisse der letzten Tage ließen mich über dem Alltag schweben, bis ich unsanft auf dem Boden der Tatsachen landete, als mich meine frischgebackene Ehefrau mit den Worten begrüßte: »Ach, du bist es schon, dann kannst du ja gleich einkaufen gehen!«

Unter Headhuntern

Fünf Jahre Erfahrung in Fernost, außergewöhnlich zu dieser Zeit, veränderten meine Position in nicht unbeträchtlicher Weise. Mein Bekanntheitsgrad hatte sich in Deutschland zwangsläufig sehr erweitert und ich stellte unversehens fest, dass man sich für mich in hohem Maße interessierte. Plötzlich nahmen bedeutende Unternehmen Kontakt mit mir auf und bemühten sich um meine Mitarbeit.

Unter anderem arrangierte der Fernost-Experte der Firma Ferrostaal, Rudolf Born, ein Treffen mit seinem Vorstandsvorsitzenden Delvendahl, als dieser sich zeitgleich mit mir in Hongkong aufhielt. Herr Delvendahl begrüßte mich mit den ungewöhnlichen Worten: »Sie sind also der Wunderknabe!«.

Es war mir fast peinlich zu vernehmen, dass Herr Born ihm wohl, auch aus Sympathie zu mir, ein außerordentlich positives Bild gezeichnet hatte. Aber das Gespräch mit Delvendahl entwickelte sich sehr informativ und war zudem mit Humor gewürzt. Er beschrieb die künftigen Programme und die betreffenden Länder. Anschließend bot er mir offiziell an, zur Ferrostaal nach Essen zu wechseln und die Nachfolge von Herrn Born anzutreten, der sich aus Altersgründen zurückzuziehen beabsichtigte. Langfristig sollte ich die Interessen der Firma im Fernen Osten vertreten und in Indonesien die außerordentlich wichtige Niederlassung der Ferrostaal mit Sitz in Jakarta leiten. Und das mit meinen immerhin erst dreiunddreißig Jahren!

Ich war beeindruckt und überrascht zugleich. Eine derartige Position entsprach durchaus meinen Vorstellungen und auch – davon war ich absolut überzeugt – meinen Fähigkeiten. Das Aufgabengebiet war außerordentlich reizvoll. Als »Statthalter« einer Weltfirma wie Ferrostaal genießt man zwangsläufig nicht nur große Selbständigkeit und erhebliche Weisungsbefugnis, man trägt auch ein hohes Maß an Verantwortung.

Wenn ich nach einigen Tagen Bedenkzeit diese Offerte doch abgelehnt habe, so lag dies zum Teil an familiären Zwängen, denen ich mich damals glaubte beugen zu müssen. Andererseits war ich aber auch überzeugt, dass mir im Rahmen des Firmenkonsortiums der Unionmatex, das schließlich das größte weltweit tätige Planungs- und Lieferunternehmen auf dem Sektor Textilmaschinen und -anlagen war, ebenfalls alle Türen und Tore offenstanden, obgleich – und das möchte ich an dieser Stelle unterstreichen – die Größenordnung der Ferrostaal eine ganz andere Dimension besaß.

Wäre ich zu jener Zeit bereits mit meiner zweiten Frau Gabriele verheiratet gewesen, hätte die Diskussion dieses verlockenden Angebotes eine sicherlich angemessenere Bedeutung erfahren und nicht zur Eröffnung einer zweiten Front geführt.

Im Leben spielt oft die Duplizität der Ereignisse eine Rolle. Fast zeitgleich wurde mir von der seinerzeit sehr bedeutenden Firma für Industrieanlagen Coutinho Caro & Co. in Hamburg ein außerordentliches Angebot übermittelt, welches ich aber zunächst auch ablehnte. Coutinho Caro ließ jedoch nicht locker und köderte mich mit einer zweiten, wesentlich erweiterten Variante, welche neben einer Reihe von zusätzlichen Vollmachten auch eine erhebliche Gehaltserhöhung vorsah. Diese lag laut Geschäftsleitung bei einem Jahreseinkommen von mindestens 150 000 und maximal 250 000 DM. Diese Größenordnung, so dachte ich, würde sich sicherlich nicht noch einmal bieten.

Sie überstieg jede seinerzeit normale und auch hochgesteckte Grenze, und ich dachte, ein solches Angebot kann und darf man eigentlich nicht ablehnen*. Ich habe mich daher trotz aller Bindungen zu meiner bisherigen Firma entschlossen, Coutinho Caro eine Zusage zu geben und die Unionmatex zu verlassen.

Meine Argumente für die Kündigung lagen der Unionmatex bereits vor. Schon am nächsten Tag übermittelte mir deren zweiter Geschäftsführer, Dr. Römer, überraschend den Wunsch des Präsidenten, Dr. Walter Reiners, mich noch einmal für ein Gespräch zur Verfügung

---

* Siehe Anhang 8: Angebot Coutinho, Caro & Co. an Hubert Rödlich vom 3. Mai 1962

zu stellen. Diesem Ansinnen habe ich mich selbstverständlich nicht verschlossen. Im Gegenteil. Im Stillen hoffte ich, es könnten vielleicht eine Reihe von Weichen neu gestellt werden, die meinen Entschluss korrigieren und meinen Verbleib bei »meiner« Firma sichern könnten. Genau dies traf zu.

Tatsächlich würdigte Dr. Reiners mit gut gewählten Worten meine bisherige Arbeit und empfahl mir, meine Kündigung doch noch einmal zu überdenken. Ich könnte doch unter veränderten Vorzeichen weiterhin für das Unternehmen arbeiten. So umworben zu werden, war in damaligen Zeiten mehr die Ausnahme als die Regel. Nur zu gern ließ ich mich von Dr. Reiners überzeugen, denn ich fühlte mich in meinem bisherigen Umfeld einfach wohl, und mein Verhältnis zu all den Vorständen und Kollegen auch aller angeschlossenen Werke war besonders gut, vielfach sogar freundschaftlich. Meine Position war durch eine Reihe interessanter Erfolge sehr stabil, die Materie mir sehr vertraut.

Trotzdem beharrte ich auf meinen vorgetragenen Bedingungen: federführende Mitsprache bei Projekten in fernöstlichen Ländern, unter Beachtung der Richtlinien grundsätzlich eigenverantwortliche Preisgestaltung, Auswahl meiner Mitarbeiter, mögliche Neuorientierung unserer Vertretungen, finanzielle Ausstattung, ein angemessenes Domizil in Hongkong und so weiter.

Wenngleich eine Erhöhung meines Salärs nicht uninteressant war, so stand dies nicht an erster Stelle. Vielmehr interessierten mich vor allem die erweiterten Zuständigkeiten, Befugnisse und Arbeitsumstände, die ich für mich zu verbessern bestrebt war.

Um meine Forderungen mit den übrigen Mitgliedern des Verwaltungsrates zu besprechen und deren Zustimmung einzuholen, wurde das Gespräch einige Stunden unterbrochen. Wie ich später erfuhr, haben sich auch Dr. Thoma, der erste Vorstand der Schubert und Salzer AG Ingolstadt, sowie Dr. Franz Reiners, erster Geschäftsführer der Firma Monforts in Mönchengladbach, für meinen Verbleib mit besonderem Nachdruck eingesetzt.

Am selben Nachmittag wurde mir dann eröffnet, dass man auf

Grund meiner bisher erfolgten und für die Zukunft erwarteten Leistungen die bisherigen Grenzen der Zuwendungen für verdiente Mitarbeiter erheblich zu überschreiten bereit sei. Das bedeutete:

– ein großzügig finanziertes Domizil in Hongkong (schon damals waren die dortigen Lebenshaltungskosten horrend)
– ein erheblich aufgestocktes garantiertes Grundgehalt
– eine Erfolgsbeteiligung von 0,75 Prozent des Umsatzes vom Gesamtunternehmen (eine Zahl, die in den Folgejahren auf Grund der allgemein sich steigernden Umsätze dramatische Höhen erreichte)
– Flug- und Schiffsreisen nur Erster Klasse (auch für die Familie)
– federführende Weisungsbefugnis bei der Ausarbeitung von Projekten, alleinige Unterschriftsberechtigung bei Abgabe von Angeboten, selbständige Entscheidung vertretbarer Verhandlungsspielräume und anderes mehr.

Das Gesamtpaket war finanziell zwar nicht ganz vergleichbar mit dem Angebot von Coutinho Caro & Co., es bot mir jedoch einen so außerordentlichen Freiraum, dass ich damit mehr als zufrieden sein konnte. Ich zog meine Kündigung zurück und blieb der Unionmatex zunächst treu.

China

Eine neue Welt

Leichten Herzens organisierte ich die Vermietung meines inzwischen in Langen erworbenen Reihenhauses – es sollte eigentlich unsere permanente Bleibe im Raum Frankfurt werden –, um nur wenig später in das »Paradies für Europäer«, Hongkong, zu übersiedeln. Unsere traumhaft schöne, großzügige Wohnung im zehnten Stockwerk eines am Strand der Deep Water Bay gelegenen Hochhauses mit ihrer ge-

Deep Water Bay

räumigen Veranda und entsprechenden ›Servant Quarters‹ erschloss uns alle Annehmlichkeiten, um uns in der neuen Heimat wohlzufühlen.

Die Servant Quarters waren angegliederte Räume, in denen ein chinesisches Ehepaar lebte, welches uns für Hausarbeiten und alle sonstigen Dienstleistungen jederzeit zur Verfügung stand. Der Mann war gleichzeitig ein ausgezeichneter chinesischer Koch, der es blendend verstand, abwechslungsreiche Köstlichkeiten herzustellen, während seine Ehefrau mehr für die übliche Hausarbeit, die Wäsche etc., zuständig war.

Natürlich haben wir das Ehepaar nicht überstrapaziert. Sie freuten sich immer, wenn ich Gäste – auch unangemeldet – zum Essen mitbrachte. Konnte der Koch damit doch auch seine eigene Familie mit dem sich üblicherweise ergebenden Überschuss zusätzlich versorgen. Alles klappte stets perfekt. Er verwaltete selbständig und mit großer Verantwortung den Etat für den Haushalt. Wir waren also von jeder Pflicht befreit – bis auf das Entlohnen.

Eine Steigerung des uns umgebenden Luxus war aus meiner damaligen Sicht eigentlich kaum möglich. Welch ein Spagat war dies im Verhältnis zu unserem Knochenjob in der Loddenheide in Münster, wo mein Bruder Fritz und ich noch vor zehn Jahren während der Semesterferien im Sommer als Bauarbeiter schufteten! Acht Stunden am Tag mussten wir entweder Zementsäcke abladen oder in Gemeinschaft mit fünf anderen Bauarbeitern im Fünf-Minuten-Takt jeweils eine Schubkarre mit Kies beladen, diese dann in Windeseile zehn Meter auf eine Rampe schieben und den Kies in einen großen Betonmischer kippen. Nur alle zwei Stunden hatten wir zehn Minuten Pause. Ich vergesse nicht den Sonnenbrand, der bis heute auf meinen Schultern Spuren hinterlassen hat. Aber bei Ferienjobs durfte man nicht zu wählerisch sein. Wie froh waren wir daher, als unsere Mutter eine alternative Verdienstmöglichkeit für uns bei Hettlage aufgetan hatte!

Das milde Klima Hongkongs und die atemberaubende Aussicht auf die unter uns liegenden Meeresbuchten genossen wir sehr. Die

Wohnung gehörte zu einem Komplex, den Jebsen von der Lufthansa übernommen hatte. Für meine damalige junge Frau war es ein gewaltiger Sprung von Münchens Stadtrandsiedlung Neuaubing hierher in eine für sie fremde und von Industriellen geprägte Welt.

Anfangs hatte ich das Gefühl, dass es ihr schwerfiel, all das zu verkraften. Ob sie diese Fülle des neuen Lebens richtig einzuordnen verstand, sei nachträglich bezweifelt. Sie gewöhnte sich aber sehr bald an die neuen Umstände, vor allem aber an die fast unbegrenzten Möglichkeiten, modische Kleidung und Schmuck zu kaufen, an ›Coffee-Parties‹ im Kreise anderer Damen und an das Vorhandensein von Bediensteten für den Haushalt.

Nicht zu vergessen eine grundgütige ›Amah‹ zur Betreuung der Kinder. Selbst unser quirliger Sohn Christian konnte deren Engelsgeduld nicht erschüttern. Er wurde am 14. Dezember 1962 im Canossa Hospital von Hongkong geboren. Das große Ereignis verlief reibungslos. Der Neugeborene war gesund und erfüllte unser Leben mit viel Freude. Mit seinem hellblonden Köpfchen und in Begleitung seiner ebenso erblondeten Mutter wurde er natürlich zu jener Zeit von der

Meine erste Frau Rosmarie
in Hongkong

Rosmarie mit Christian auf dem chinesischen Markt in Hongkong

ausnahmslos schwarzhaarigen chinesischen Bevölkerung als ungewöhnliche Ausnahmeerscheinung empfunden. Wenn beide, modisch
nach neuesten Ansprüchen gewandet, über den chinesischen Markt
liefen, waren sie so etwas wie eine Erscheinung von einem anderen
Stern. Neben den in Hongkong lebenden Ausländern beschränkte
sich der Tourismus damals auf wenige amerikanische reiche Witwen,
welche genüsslich die Hinterlassenschaft ihrer Männer verbrauchten.

Nicht nur durch den Einfluss der Amah sprach Christian bereits
als knapp Dreijähriger soviel chinesisch wie sein gleichaltriger chinesischer Spielkamerad. Heutzutage würde man diese Kenntnisse aufgreifen und verfeinern, aber damals war es auch bei den traditionell
handelnden Häusern nicht üblich, sich der chinesischen Sprache zu
bedienen. Alles wurde in englischer Sprache abgewickelt.

Christian entpuppte sich als schelmischer Zeitgenosse, der nicht
nur im vornehmen Restaurant des Hotels Mandarin den Ober im
freien Fall um das vollgeladene Tablett erleichterte, sondern auch nie
um haarsträubende, aber überwiegend lustige Einfälle verlegen war.
Entsprechend garnierte er seine Schulzeit mit viel Unsinn im Kopf,
avancierte dann aber in Deutschland zum Wirtschaftsingenieur, setzte
in Amerika den Master of Science als Textilingenieur obenauf und
schloss seine Ausbildung mit einer Promotion ab (der anglo-ameri-

Sohn Christian auf dem Peak 1963. Das im Hintergrund liegende
Festland war noch weitgehend unbebaut.

Floating Restaurant

kanische Ph.D.), wobei seine Arbeit in einem angesehenen Wissen-
schaftsjournal (Journal of the Textile Institute, Volume 87, 1996) veröffentlicht wurde. Heute lebt er glücklich verheiratet mit seiner Familie in Charlotte, NC als selbstständiger Unternehmer.

Es tat mir weh, dass sich mein Vater nicht mehr am Anblick seines
Enkels freuen konnte. Er starb im März 1963, viel zu früh, mit 71
Jahren. Seine Verwundungen aus der harten Kriegszeit hatten doch

307

ihren Tribut gefordert. Vater war ein ausgezeichneter, charaktervoller Mann, dem ich mich immer, vor allem während der letzten zehn Jahre, sehr verbunden fühlte. Gerne hätte ich ihm noch einige Jahre gegönnt, schon deshalb, weil er auf seine Söhne und Töchter doch sehr stolz war. Er fühlte sich durch uns für vieles entschädigt, was er während der ersten Hälfte seines Lebens erduldet und an Opfern gebracht hatte.

Sein Vorbild war und bleibt auch stets Maß meiner Handlungen. Für mich war er ein Mann, dessen geistige Haltung und Übersicht, Mut, Lebenserfahrung und Bescheidenheit sowie sein Sinn für die Familien und für den Nächsten und sein unerschütterliches Gottvertrauen beispielhaft waren.

Ich fühlte mich vom Leben bevorzugt, einen solchen Mann als Vater zu haben. Sein Tod hat mich sehr tief bewegt und durch die große Entfernung zur Heimat war dies für mich ein sehr schmerzlicher Abschied.

Far East Delegate

Wie auch für andere große deutsche Firmen üblich, hatte ich mein Büro im Hause der Firma Jebsen & Co. Von diesem Stützpunkt aus wurden alle Projekte von Burma über Thailand, Vietnam, die Philippinen, Taiwan, Singapur, Malaysia und das übrige Indonesien bis einschließlich Korea und China bearbeitet. Auf meiner Visitenkarte wies man mich als »Far East Delegate« aus.

Mein Hauptanliegen war zunächst der Aufbau geeigneter Vertretungen in diesen Ländern bzw. die Unterstützung der bereits bestehenden. Natürlich wurde ich überall stark umworben, wusste man doch, dass die Übernahme einer Unionmatex-Vertretung zu jener Zeit gleichbedeutend war mit großem Umsatz, Wohlstand und Firmenstärke. Seinerzeit waren es ja vorwiegend Textilprojekte, welche für den industriellen Aufbau am dringlichsten angefragt wurden.

Der Markt Hongkong beeinflusste dabei als wichtigste Drehscheibe des technischen Fortschritts vor allem auf dem Textilsektor alle umliegenden Länder. Dies war dem Wettbewerb längst bekannt. Daher galt es für mich, vordringlich Hongkong zu erschließen. In unermüdlichem Einsatz brachte ich den einflussreichen ortsansässigen Firmen unsere Technik nahe. Oft dauerten die eingeleiteten Gespräche bis spät in die Nacht und man hatte das Gefühl, dass die Begehrlichkeit der chinesischen Firmen nach technischer Information unerschöpflich sei.

Hongkong Queens Road

Mein Büro im Prince's Building, 21. Stock mit Blick zum Hafen, 1965

Jebsen, etwa seit meinem letzten Besuch 1960 unser offizieller Vertreter für Hongkong und Rotchina, bot zwar selbst in jeder Hinsicht Unterstützung, war jedoch ohne einen entsprechenden Experten auf meinem Spezialgebiet völlig überfordert. Einen Markt vom Stand Null auf den gewünschten Platz zu bringen, verlangt besonders während der Anfangszeit große Anstrengungen.

Aber mit dem guten Namen der Firma Jebsen legten wir 1960, 1962 und 1963 den Grundstein in Hongkong für erste Geschäfte und steigerten in der Folge den Umfang auf beachtliche Werte.

Troubleshooting in Manila

Stellt man sich Watte vor, so verbindet man damit die Attribute weiß, weich, flauschig und zart und kann sich kaum vorstellen, dass die Maschinenzüge zur Herstellung dieses Stoffes außerordentlich schwer sind und die Dimension kleiner Einfamilienhäuser erreichen.

Unter der Federführung der Firma Krupp (Mutterkonzern unseres Mitglieds MAK Kiel) war eine solche Wattefabrikationsanlage in Manila errichtet worden. Unüberwindliche Schwierigkeiten führten jedoch dazu, dass es nicht gelang, die Anlage zum Laufen zu bringen. Briefe und Fernschreiben wurden ausgetauscht, Vorschläge hin und her diskutiert, aber eine Regelung war nicht in Sicht. Offenbar fühlte sich für die Behebung der Probleme keiner zuständig. Weder die Firma MAK noch die Unionmatex, noch die ansässige verantwortliche Vertretung Mesma in Manila haben die Beschwerden des Kunden angemessen und zügig behandelt.

Inzwischen waren seit Lieferung eineinhalb Jahre ins Land gegangen. Solche Zeiträume verstreichen rasch, bis alle Fehlermöglichkeiten diskutiert sind, zumal unabhängig von Planungs- oder Materialmängeln schnell ein Kompetenzgerangel unter den Beteiligten ausbricht und objektive Informationen oft nicht zu erhalten sind. Jeder scheut zudem die Verantwortung, die vor allem finanziell schnell eine schwindelerregende Höhe erreicht.

Die Philippinos hatten nämlich mittlerweile an unser Unternehmen eine Forderung von sage und schreibe zwölf Millionen US-Dollar für Maschinen- und Produktionsausfallschäden in Rechnung gestellt!

Als mich die Hauptzentrale Frankfurt auswählte, das ›Problem Manila‹ zu lösen, war ich zunächst über die immense Menge an Unterlagen erstaunt, die zur Prüfung eintrafen. Sie wurden mir mit der Empfehlung überlassen, sehr sorgfältig die technischen Einzelheiten dieses Projektes zu studieren, im wahrsten Sinne des Wortes *alle* Einzelheiten.

Eine solche Anweisung war ungewöhnlich, dennoch habe ich mir nichts weiter dabei gedacht, sondern tatsächlich die Unterlagen sorgfältig bearbeitet. Auch war ich, da ich bis dato die Philippinen noch nicht kennengelernt hatte, mit den besonderen Verhältnissen des Marktes noch nicht vertraut.

Kurz und gut, ich reiste – zumindest schriftlich gut vorbereitet – nach Manila.

Am Flughafen nahm mich Heinz Künstler in Empfang, und seine ersten Worte machten mir sofort die Brisanz der gestellten Aufgabe klar. »Sie sind ja ganz schön mutig, dass Sie hier so einfach anreisen! Stellen Sie sich mal auf einen längeren Aufenthalt ein. Ich stehe hier unter Arrest und darf das Land nicht mehr verlassen, solange das Problem nicht zufriedenstellend gelöst ist!«

Schlagartig wurde mir klar, dass mir das gleiche Schicksal drohte. Und meine Firma hatte ganz bewusst dieses Risiko verschwiegen! Ich schluckte mit Mühe meine innere Empörung hinunter und ließ mir die Situation erklären. Heinz Künstler von der Firma Mesma war ein sehr fähiger und engagierter Ingenieur, der allerdings mehr mit klassischen Projekten der Krupp AG als mit Textilprojekten befasst war. Hier bestand bei den Vertretern eine absolute Überforderung bezüglich der technischen Details.

Nachdem es sich aber um ein vom philippinischen Staat finanziertes Projekt handelte, wurden kurzerhand die mit dem Projekt befassten greifbaren Europäer der Krupp-Vertretung als Geiseln festgehalten. Sie durften das Land nicht verlassen und wurden sogar mit der Aussicht auf Verhaftung bedroht!

Meine Begeisterung für die Aufgabe hielt sich sehr in Grenzen. Wenn ich dies alles gewusst hätte, wäre ich sicherlich nicht nach Manila geflogen. Aber nun war ich einmal da und es blieb nichts anderes übrig, als mein Glück zu versuchen.

Vor der Inspektion in der Fabrikhalle vertiefte ich mich noch einmal in die außerordentlich vielseitigen technischen Varianten der einzelnen Maschinen. Die Besichtigung führte schließlich zu dem Ergebnis, dass in jeder Weise unzulänglich ausgebildetes Personal die Maschinen montiert hatte und auch bediente und weder ein Produktionsergebnis erreicht werden konnte, noch ein schadensfreier Lauf der einzelnen Maschinensätze gesichert war. Innerhalb der nächsten vier Tage war ich vollauf damit beschäftigt, die Einstellungen der Maschinen mit den Technikern des Betriebes neu zu regeln, Schäden festzustellen, soweit möglich auszubessern und schließlich für jede Komponente einen Probelauf vorzusehen.

Unbeschadet dieser Arbeiten stellte ich fest, dass eine äußerst wichtige Teilmaschine völlig fehlte und erst nach Schließung dieser Lücke ein geregelter Produktionsablauf denkbar war.

Ungeheuerlich! Das fehlende Aggregat war seinerzeit gar nicht mit verladen worden und schlummerte nach wie vor in einer Versandhalle des Werkes in Kiel vor sich hin.

Eiligst forderte ich dieses Teil an. Es traf schließlich zwei Wochen später per Luftfracht ein, begleitet von einem versierten Monteur der MAK, der dann die notwendigen Montagen und Kontrollen durchführte. Ich selbst konnte und wollte nicht bis zur Ankunft der Lieferung in Manila warten.

Gott sei Dank konnte der Betriebsleiter der philippinischen Fabrik davon überzeugt werden, dass die verabredeten Regelungen verlässlich durchgeführt würden. Er war von unseren Aktivitäten so beeindruckt, dass er nach einem langwierigen, aber klärenden Gespräch mit uns die Einzelheiten nach höheren Ortes weitermeldete und es gelang, den Arrest für Heinz Künstler aufzuheben. Und ich durfte ausreisen!

Als die Anlage schließlich einwandfrei produzierte, wurden auch alle juristischen Auseinandersetzungen fallengelassen. Erleichterung auf allen Ebenen machte sich breit, wir konnten mit gutem Gewissen weiterarbeiten.

Später erfuhr ich, dass man mir die Information über die eigentliche Gefahr bewusst vorenthalten hatte, um jede Verzögerung zu vermeiden. Auch deshalb, weil man davon überzeugt war, dass, wenn einer auszuwählen war, ich in meiner Person die größte Aussicht bot, als Troubleshooter erfolgreich zu agieren.

Schwacher Trost? Ich habe mich dennoch massiv beschwert, auf dass bei ähnlichen Ereignissen künftig anders gehandelt werde.

Taiwan

Für alle ausländischen Vorstöße zu wirtschaftlicher Zusammenarbeit war es seinerzeit unabdingbar, zwischen sich und die ortsansässigen Firmen eine kompetente Vertretung zu positionieren. Sie hatte die unverzichtbare Aufgabe, im wahrsten Sinne des Wortes als Mittler zwischen den Welten zu fungieren.

Es galt nicht nur, die Landessprache zu beherrschen und als Teil der fremden Kultur mit ihren Sitten und Gebräuchen vertraut zu sein. Die Erfahrung im Umgang mit den örtlichen Gepflogenheiten war ebenso wesentlich wie die Verfügbarkeit an technisch und kaufmännisch gut ausgebildetem Personal. Die richtige Art der Annäherung und die rücksichtsvolle Begegnung mit den künftigen Geschäftspartnern mussten im Zusammenwirken mit der Vertretung gut vorbereitet sein.

Meine zahlreichen Reisen in die östliche Hemisphäre, aber auch ins europäische Ausland, später in die USA, nach Südamerika und Arabien, haben mein Weltbild in vielerlei Hinsicht diesbezüglich geprägt. Die enorme Vielfalt an Lebensweisen, religiöser Ausrichtung und sozialen Formen des Zusammenlebens sind beeindruckend vielschichtig. Ein Mehr an technischem Fortschritt ist in keiner Weise auch Maßstab für die kulturelle Entwicklung einer Gesellschaft. Die oftmals spürbare Arroganz einiger westlicher Besucher hat mich immer wieder schockiert und veranlasst gegenzusteuern.

Um der Wahrheit die Ehre zu geben, sei aber erwähnt, dass ich auch viele Kollegen und Geschäftsleute traf, die mich ob ihrer Anpassungsfähigkeit, ihrer kulturellen Bildung und oftmals fachlichen und menschlichen Qualitäten überraschten und beeindruckten. Auf Dauer hatten solche Leute in den jeweiligen Weltregionen immer wieder Erfolge aufzuweisen.

Den bedeutendsten Zuwachs aller Fernostländer erlebte im Textilbereich in den Folgejahren die Insel Taiwan. 1963 taten sich die ersten Anzeichen dieser Entwicklung auf. Unsere Vertretung war hier noch nicht offiziell vergeben worden und die bisherige Zusammenarbeit mit einem deutsch geleiteten Büro erwies sich als nicht sonderlich ergiebig. Je angesehener und in ihrer Position gefestigter eine Vertretung vor Ort war, desto einfacher gestaltete sich natürlich auch meine Arbeit.

Bei der Suche nach Partnern versuchte jedes an uns interessierte Unternehmen die eigenen Marktchancen in den Vordergrund zu stellen und in einigen Fällen auch mein Wohlwollen durch abendliche Partys mit eindeutigen Angeboten zu gewinnen. So sehr ich die Reize des weiblichen Geschlechts zu würdigen wusste, war ich doch zu sehr Realist, um nicht die Tragweite solcher von mir erwarteten Entscheidungen zu erkennen. Insbesondere die Berufung der Taiwan-Vertretung habe ich mir – mit Recht – nicht leicht gemacht.

Ein ehemaliger Industrieller aus Shanghai, Inhaber der South Textile Company in Hongkong, stellte mir in diesem Zusammenhang einen gewissen Mr. Lingh vor. Dieser stammte ebenfalls aus Shanghai und hatte sich nach dem chinesischen Umbruch und dem Sieg Mao Zedongs in Taiwan niedergelassen. Der Mann war bereits 72 Jahre alt und als ehemaliger Vertreter der Firma Krupp in China außerordentlich erfahren, aber eben nicht mehr der Jüngste. Außerdem war die von ihm in Taiwan erst vor kurzem gegründete Firma Nanyang Development and Finance Corporation noch völlig unbedeutend.

Es sprach also eine Reihe guter Gründe gegen eine Entscheidung zu Gunsten Nanyangs.

Mr. Lingh und seine drei jüngeren Mitarbeiter machten jedoch nach einigen Kundenbesuchen einen derartig überzeugenden Eindruck auf mich, dass wir uns entschlossen, vor einer endgültigen Vergabe der Vertretung ein Projekt gemeinsam zu bearbeiten. Die daraus gewonnenen Erkenntnisse sollten als Entscheidungshilfe dienen.

Vor all diesen Gesprächen hatte ich zuerst dem Hause Jebsen in Hongkong vorgeschlagen, die Taiwan-Vertretung zu übernehmen. Offenbar war dies aber zu jener Zeit kein Thema und wurde abgelehnt. Die Situation zwischen China und Taiwan war in diesen Jahren so kritisch und konfliktbeladen, dass Jebsen bei einem Engagement in Taiwan um seine guten Beziehungen zu China fürchtete. Später wurde die Entscheidung von der Firma Jebsen zwar sehr bedauert, eine Änderung der grundsätzlichen Haltung war allerdings nicht möglich.

Wieder in Hongkong erreichte mich wenig später die jetzt von Nanyang bearbeitete Anfrage der bedeutenden taiwanesischen Far Eastern Textile Company. Das umfangreiche Ausrüstungs- und Webereiprojekt war mir durch zwei chinesische Techniker, die ich schon aus Vietnam kannte, bereits ein Begriff. Irgendwie gelangte ich zu der Auffassung, dass die Größenordnung dieses Projektes den Rahmen von Nanyang sprengte. Eine sichere Empfehlung für andere Vertretungsmöglichkeiten in Taiwan war jedoch nicht in Sicht und so wurde erneut mit Mr. Lingh diskutiert.

Der Mann hat mich dann allerdings, auf Grund seiner integren Persönlichkeit, seines geschäftlichen Weitblicks und seines Humors, endgültig überzeugt, dass wir gemeinsam doch die besten Chancen im Vergleich zu den übrigen Wettbewerbern, die zum Teil erheblich größer und vor allem bekannter waren, entwickeln könnten. Trotz aller anfänglichen Bedenken, vor allem im Hinblick auf die Größe des Projektes Far Eastern, schlossen wir den Pakt und begannen mit der Arbeit.

Mit dieser Entscheidung verknüpfte ich einen Teil meines eigenen Schicksals.

Grundsätzlich von Optimismus geleitet, hatte ich doch vor dieser Aufgabe höchsten Respekt. Wieder war es ein Pilotprojekt, dessen Stellenwert hoch angesiedelt war und bei dessen erfolgreicher Realisierung alle Lieferanten mit einer gewissen Marktdominanz rechnen konnten. Der Wettbewerb war entsprechend. Unsere Gegner waren diesmal vorrangig deutsche Firmen wie Artos (Babcock), Brückner in Stuttgart, Famatex, Krantz in Aachen sowie je eine französische, eine italienische und eine japanische Firma, die sich ein Stelldichein gaben. Wir selbst stiegen mit den Firmen Monforts in Mönchengladbach, Kleinewefers in Krefeld, Gerber in Krefeld für die Gewebeveredlung sowie mit den Firmen Schlafhorst und Sucker in Mönchengladbach und Picanol aus Belgien für die Weberei in den Ring.

Inzwischen war nach monatelangen Ausarbeitungen aller Werksangebote und der gesamten Korrespondenz das Jahr 1964 angebrochen. Frankfurt drängte, man war sich sehr wohl der Größe und Bedeutung dieser Anlage bewusst, auf alle Fälle sollte nichts versäumt werden. Ich war in ständigem Kontakt mit Mr. Lingh in Taipeh. Sobald es meine parallel dazu in Hongkong zu bearbeitenden Projekte erlaubten, flog ich unverzüglich wieder nach Taiwan. Dort hatten inzwischen alle einschlägigen vorgenannten europäischen Unternehmen ihre Experten platziert, ich traf als letzter Wettbewerber ein und war diesmal für all unsere Kooperationsfirmen alleiniger Verhandlungsführer. Zwar verhalten optimistisch, war ich doch hoch motiviert und gut vorbereitet, um unser eigenes Maschinenangebot zu erläutern.

Jetzt zahlten sich die jahrelange Ausbildung und meine gewonnenen Erfahrungen in diesem Teil der Welt aus.

Der Ausgang des zu erwartenden Frage- und Antwortspiels entschied hier über Erfolg oder Misserfolg. Tagelang mussten mit den chinesischen Experten von Far Eastern unzählige technische Zusammenhänge erörtert werden. Erinnerlich sind mir Fragen zur Nassausrüstung, zu Reaktionszeiten unterschiedlicher Materialien oder Chemikalien und Fragen der Trocknung, die wegen des noch herrschenden Fehlens verlässlicher Energiequellen besondere Beachtung fanden. Mir erschien das Treffen wie eine Prüfung. Da ich mich aber

schon lange mit dem Thema Energiegewinnung und Energiever-
brauch befasst hatte, konnte ich eine zufriedenstellende Vorstellung
geben und es gelang mir, den Fragestellern das Gefühl zu vermitteln,
dass meine Ausführungen ohnehin ihrem eigenen Kenntnisstand entsprachen. Zusammen mit Mr. Lingh war wohl ein guter Auftritt gelungen. Wie immer betraf die Gretchenfrage letztendlich die Preisgestaltung.

Um die Objektivität aller Angebote zu wahren, ließ sich Far Eastern einfallen, um eine Bestpreisabgabe in einem geschlossenen Kuvert
zu ersuchen. Eine solche Vorgehensweise war für uns fatal, waren doch
unsere vergleichsweise hohen Preise gegenüber unserem Wettbewerb
kaum dazu angetan, diese »Ausschreibung« zu gewinnen.

Wir haben nochmals verzweifelt gerechnet und versucht, hie und
da ohne Leistungseinbuße eine Straffung des Maschinenkonzeptes
zu erarbeiten. Die großzügige Haltung von Mr. Lingh und seiner
Firma, auf eine Kommissionszahlung zu verzichten, sowie das unauffällig verkleinerte Konzept waren schließlich Grundlage für eine neue
Preisfindung. Dem Bestreben nach einem »Türöffnerprojekt« in der
Region wurde alles untergeordnet. Trotz aller Winkelzüge und aller

1964 in Taipeh/Taiwan – von links: Mr. Chien (Nanyang), Präsident
Hsu (Far Eastern), Frau Hsu, Hubert Rödlich und Mr. Tuan (Nanyang),
mein Assistent, der meinen Rechenschieber und meine Unterlagen trägt

317

aufgewendeten Mühen rechnete ich nicht mit einem Zuschlag; zu groß war das Interesse besonders der deutschen Konkurrenz.

Zwei Tage später war dann der Termin, an welchem bei Anwesenheit aller Anbieter das Ergebnis dieses Marathons bekanntgegeben werden sollte. Der Konferenzraum füllte sich. Mit gespielter Gelassenheit erwartete man den Augenblick, an dem das Ergebnis aus den versiegelten Umschlägen kundgetan würde. Es war unerhört spannend. Meine Gefühle waren sehr zwiespältig.

Und dann verkündete der Sprecher, dass als günstigster Anbieter mit der höchsten Punktzahl wir, die Unionmatex, den Zuschlag für den Hauptbereich der Ausrüstung erhielten!

Ein Schrei des Entsetzens ging durch die Reihen der Mitbewerber. Seit Wochen hatten sich hochrangige Mitarbeiter vor allem von Artos, Krantz und Famatex in Taipeh aufgehalten und mit allen Mitteln versucht, diesen für alle so wichtigen, mehrere Millionen D-Mark schweren Auftrag zu realisieren, von den Japanern und Italienern ganz zu schweigen.

Dass bei diesem finanziellen Volumen letztlich unser Preis um lächerliche zweitausend Mark günstiger ausfiel, trieb die Verärgerung und die Proteste der Konkurrenz auf die Spitze.

Festakt nach Abschluss des Projektes Far Eastern, vorne rechts Hubert Rödlich und Mr. Lingh von Nanyang Development

Doch wir hatten beim Aufbruch Taiwans ins moderne Zeitalter die Nase vorn! Wie zu erwarten, wählte man uns später auch als Hauptlieferanten für ähnliche Textilveredelungsanlagen. An Far Eastern wurde sogar noch eine komplette Weberei mit immerhin vierhundert Maschinen geliefert.

Einerseits besaßen wir jetzt eine ausgezeichnete Ausgangsposition, um das zukünftige Geschehen auf unserem textilen Sektor im industriell sich entwickelnden Taiwan mitzubestimmen, andererseits war der Weg für die Handelsfirma Nanyang Development in Taipeh nunmehr geebnet, endgültig als Vertreter für die Unionmatex nominiert zu werden. Far Eastern sah in mir so etwas wie einen Vertrauten, der durch den Geschäftsabschluss das Unternehmensschicksal mit gestaltete. Eine nachträgliche Kommission hat Nanyang später trotzdem erhalten.

Badevergnügen in Peto

In der Hauptstadt von Taiwan wohnte ich stets im »Taipeh Grand Hotel«, einem uralten, außerordentlich traditionsreichen, aber sehr modern ausgestatteten chinesischen Hotel. Auch Filmgrößen aus Hollywood pflegten dort zu wohnen. So traf ich dort einige Male William Holden, der vorwiegend in Filmen mit fernöstlichen Schauplätzen mitwirkte. Manchmal waren wir die einzigen beiden Personen, die aus der westlichen Welt hier zusammentrafen. An den anstrengenden Verhandlungstagen bot der Komfort des Hotels für mich abends eine gerne genossene Entspannung und zuweilen auf diese Weise auch interessante Unterhaltungen.

Wie üblich wünschten unsere Geschäftspartner Nanyang und Far Eastern, die geleisteten Anstrengungen unserer mühevoll umkämpften Abschlüsse in geeigneter Form zu würdigen. Ich wurde daher von beiden gemeinsam zu einem Abend eingeladen, der alle Höhepunkte fernöstlicher Gastlichkeit bot. Etwas außerhalb von Taipeh liegt der Ort Peto. Erstklassige Restaurants mit Badeeinrichtungen und sons-

Taipeh Grand Hotel

tigen Verwöhnprogrammen garantierten dort alles, was die wenigen männlichen ausländischen Kenner dieser Region mit Augenzwinkern zu empfehlen wussten.

Wir waren fünf Herren. Als wir gegen sieben Uhr abends an dem ausgewählten Restaurant in Peto eintrafen, wurden wir von einer entzückend aussehenden jungen Chinesin empfangen. Offenbar war diese Dame für die Organisation des ganzen Abends und insbesondere für das Wohlbefinden unserer Gruppe verantwortlich.

Der seltene Besuch eines Deutschen verursachte sogleich aufgeregte Aktivitäten. Nachdem wir unsere Schuhe abgelegt hatten, wurden wir in einem geräumigen Zimmer von eilfertigen jungen Chinesinnen unserer Kleidung entledigt – meinen in den Anfangsjahren noch beträchtlichen Anflug von heimatlicher Prüderie hatte ich längst abgelegt!

Eingehüllt in einen angenehm weichen und duftenden Kimono, waren wir für den Abend perfekt gerüstet. Ein heller, großzügiger marmorgetäfelter Raum war für den Aufenthalt und die Einnahme der Speisen vorgesehen. Durch seine steinernen, in zartgrauen Farben gehaltenen, angewärmten Bodenfliesen flutete ein wohliges Gefühl in unsere Fußsohlen. Eine gemütliche Atmosphäre umfing uns, die durch erotische Wandgemälde eindeutige Inspirationen erzeugte.

In der Mitte des Raumes lud ein geräumiges Bassin zum Bade

Eingang zum Hotel

ein, welches sich laufend mit warmem, sanft durchfließendem Wasser füllte. Natürlich war es vorgesehen, dass sich jeder Mann bereits im Vorraum des Etablissements aus einer größeren Gruppe junger Damen zwei ihm angenehme Chinesinnen aussuchte, die – dem Ruf dieses teuren Hauses entsprechend – auch besondere äußerliche Vorzüge besaßen. Sie waren zurückhaltend in ihrem Verhalten, jedoch sehr reizvoll gekleidet, und sie sprachen zudem englisch. Als besonderem Gast wurde mir die Ehre der ersten Wahl zuteil, was mir schwerfiel, da ich eigentlich alle jungen Damen gleichermaßen Wert befand, den Abend mit ihnen gemeinsam zu verbringen. Trotz meiner vielen Jahre im Fernen Osten war diese für meine Begriffe ungewöhnlich luxuriöse Umgebung doch etwas ganz Besonderes. Genussvoll gab ich mich der Situation hin.

Eine Seite des gedämpft beleuchteten Raumes war mit geschmackvoll farblich getönten Wattedecken ausgelegt. Inmitten einer dieser Decken stand ein großer, sehr flacher, rechteckiger Tisch aus poliertem dunklem Rosenholz. Er war mit einer Anzahl Stützkissen umgeben, die es erlaubten, liegend, etwa wie bei den alten Römern, bacchantisch zu speisen, zu trinken, sich zu unterhalten und verwöhnt zu werden.

Aus dem Hintergrund des Raumes erklang fernöstliche Musik, die von zwei aparten Chinesinnen einem Zupfinstrument entlockt wurde. Delikateste Gerichte, welche der chinesischen Küche alle Ehre machten, rundeten die Stimmung ab. Meine Gastgeber bemühten sich sehr, mir durch aufmunternde Gesten alle möglichen Varianten ihrer Gastfreundschaft anzubieten.

Schon das erste Bade-Erlebnis vor dem Essen war unübertroffen. Unaufdringlich geschickt wurde ich für das Ritual vorbereitet. Mein einziges Kleidungsstück, der Kimono, wurde mir abgenommen und meine beiden nur leicht bekleideten »Gespielinnen« führten mich mit zierlich gesetzten Schritten die Stufen hinab in das wohlig temperierte Wasser. Die Mädchen wussten, was Männer mögen. Ein wenig im Wasser schweben, am Rand des Bassins Halt suchen, sich leicht massieren lassen. Dies war als Einstimmung auf das erwartete Gastmahl vorgesehen. Überflüssig hervorzuheben, dass eine solch devote Behandlung auf angenehmste Art die Wonnen des irdischen Lebens spüren ließ. Auch die übrigen Herren hatten mit etwas zeitlichem Abstand das erste Bade-Ereignis wahrgenommen.

Nach dem Bad legte ich erneut den Kimono an und nahm, halb liegend, auf der großen Wattedecke Platz, mit dem linken Ellbogen auf ein Kissen gestützt. Meine beiden Betreuerinnen waren bestrebt, mir jeweils jene Speisen mit ihren Stäbchen in mein mit Reis gefülltes Schälchen zu legen, welche ich in der von mir gewählten Reihenfolge kulinarisch besonders bevorzugte. Die Unterhaltung war zwanglos. Mal wurden spaßige Ereignisse mit den anwesenden Herren ausgetauscht, mal versuchten die Mädchen in offenherziger Weise das Interesse der Herren an noch reizvolleren Handlungen zu steigern. Selbst kurzfristige behutsame Massage-Einlagen waren während des sich lange hinziehenden Essens angetan, dem Wohlbefinden der Gäste auch bei Tisch Rechnung zu tragen.

Der Abend zog sich hin. Immer stärker fiel das Bemühen der Damen auf, die Herren zu einem Zwischenspiel in die angrenzenden elegant eingerichteten kleinen Séparées zu locken, wo neben Getränken auch anderes brauchbares Material bereitgehalten wurde.

Mir fiel auf, dass zwei Herren dem Zuspruch nach einiger Zeit folgten und mit beiden Damen in diesen Nebenräumen zu weiterem Tun verschwanden. Ein wahrhaft beneidenswertes Ereignis! Natürlich hat mich dieses Angebot ebenfalls sehr gereizt und es bedurfte großer äußerlicher Gelassenheit, diesem Vorhaben zu entsagen. Ich zog ein nochmaliges Bade-Ereignis vor. Allerdings war es für die von mir gewählten Damen unschwer zu erkennen, welchem – nur mühsam unterdrückten – Zustand der Erregung ich ausgesetzt war, von der Wirkung zusätzlicher Streicheleinheiten ganz zu schweigen.

Natürlich war ich nur ein Mann. Ich war jedoch zu jener Zeit erst knapp zwei Jahre verheiratet und empfand es als eine unverletzliche, ehrenwerte Pflichtübung, auch in dieser Situation partnerschaftlich zu handeln und den Verlockungen dieser Welt zu widerstehen. Eine Haltung, welche aus meiner Sicht auf Gegenseitigkeit beruhen sollte.

Damals wusste ich noch nicht, dass mein Edelmut nicht den entsprechenden Gegenpart fand. Trotzdem empfand ich den Abend als äußerst unterhaltsam. Ich fühlte mich wie ein römischer Adliger, dem, von Vestalinnen umgeben, alle Annehmlichkeiten dieses Lebens nach Wahl offenstanden.

Der Abend blieb mir in allerbester Erinnerung und – dies war ja Zweck der »Belohnung« – Firma Far Eastern hat auch in Zukunft von mir jede gewünschte Unterstützung erfahren.

Taiwan, Moon Lake

Der Salon des Herrn von Hansemann

Zu den Aufgaben von Herrn von Hansemann, dem Geschäftsführer des international agierenden Handelshauses Jebsen & Co., gehörte es, die zahlreichen gesellschaftlichen Ereignisse wahrzunehmen, die unabdingbarer Bestandteil in der Führung eines solchen Unternehmens sind. Und er füllte als hervorragender Gastgeber diesen Teil seiner Position auch blendend aus.

Viele meist sehr hochrangige Besucher anderer Länder gaben sich in Hongkong ein Stelldichein. Die Bedeutung der dortigen Zentrale war in der Zeit 1950 bis 1970 besonders für europäische Firmen wesentlich größer als im Vergleich zur heutigen Situation. Hongkong war die Drehscheibe des Fernen Ostens und für westliche Besucher gleichzeitig das einzige Tor nach China, vorausgesetzt man bekam überhaupt ein Einreisevisum. Jebsen besaß in der Tat den Schlüssel zu diesem aufkeimenden riesigen chinesischen Markt. Eine absolute Notwendigkeit war daher ein angemessenes Haus in Hongkong, um für geschäftliche Empfänge und private Zusammenkünfte den geeigneten Rahmen zu bieten.

Von Hansemann wohnte in einer äußerst repräsentativen Villa in einem erstklassigen Viertel mit Blick auf den Victoria-Hafen. Sein Haus war dazu ausersehen, als gesellschaftlicher Treffpunkt für die häufigen von Jebsen ausgesprochenen Einladungen zu dienen. Vorstände der Firmen BASF, Degussa, Volkswagen, Siemens, Unionmatex und vielen anderen mitsamt ihrem Gefolge waren ebenso selbstverständliche Gäste wie namhafte chinesische und andere fernöstliche Kunden und ranghohe Politiker. Verschiedentlich hatte ich den Vorzug, ebenfalls an diesen beeindruckenden abendlichen Ereignissen teilzunehmen.

Schon allein der äußere Rahmen dieser Treffen ist es wert, kurz beschrieben zu werden. Die imposante Zufahrt zur Villa erlaubte zwar einen Blick auf den Eingangsbereich, ließ aber noch nicht die geradlinige und luxuriöse Architektur des dahinter sich erstreckenden, dem

Hafen zugewandten Teils des großzügigen Anwesens erahnen. Sofort nach Eintritt in die geräumige Eingangshalle empfing ein Diener in weißer Livree die Gäste. Er hatte für die Garderobe zu sorgen und war auch für die von eingeladenen Damen gestellten Fragen zuständig. Zur Besorgung angefragter Annehmlichkeiten verschwand er lautlos im Seitentrakt oder im unteren Gebäudebereich, in denen sich die Wirtschaftsräume befanden, die natürlich den Gästen verborgen blieben.

Beim Betreten der mit poliertem Schiffsparkett ausgelegten Wohnhalle, die in die große, für Hongkong unverzichtbare Terrasse überging, war man als Besucher sogleich von der geschmackvollen Großzügigkeit des Raumes beeindruckt. Ein einfarbiger azurblauer chinesischer Tientsin-Teppich mit geschorenen Ornamenten bedeckte einen großen Teil der Fläche und verlieh dem etwa achtzig Quadratmeter großen Raum eine äußerst elegante Note. Die große Anzahl einladender cremefarbener Sitzgruppen unterstrich die besonders gelungene und damals hochmoderne Innenarchitektur. Wertvolle Bilder schmückten die hellen Wände und durch raffiniert angebrachte Lichtquellen korrelierte die angenehme Beleuchtung des Raumes mit der strahlenden Atmosphäre auf der Terrasse. Eine sehr große, mit taifungesichertem Spezialglas ausgestattete Schiebetür erlaubte die Trennung des Innenraums vom Außenraum, falls die Witterung dies erforderlich machte.

Bei den in Hongkong vorherrschenden lauen Temperaturen und vielen regenfreien Tagen hielten sich die Gäste vorzugsweise auf der Terrasse auf, um den atemberaubenden Blick von diesem Standort auf die Skyline und den Hafen zu genießen, der in der Welt – vielleicht neben Rio de Janeiro – ziemlich einmalig sein dürfte.

Die für die Bedienung der Gäste bei solchen Empfängen erforderlichen »Servants« waren natürlich auch hier weiß livriert und bestens geschult. Oft ging mir ein Leitwort der Römer durch den Kopf: »Keine Kultur ohne Sklaven!«. Wer den Vorzug hatte, in diesen Räumlichkeiten Gast zu sein und an der niveauvollen Unterhaltung teilzuhaben, erlag dem angenehmen Empfinden, sich in einem gepflegten Kultursalon des Fernen Ostens zu befinden.

Tai Pyung Textile

Natürlich weiß heute jeder, dass sich die Welt in und um China ab den 1980er Jahren völlig verändert hat. So rasant wie sich der nur durch einen Fluss von Hongkong getrennte Nachbarort Shenzhen während der vergangenen zwanzig Jahre vom unbedeutenden Fischerdorf zu einer Wirtschaftsmetropole ersten Ranges mit jetzt an die sechs Millionen Einwohnern entwickelt hat, so sehr vollzieht sich heute in ganz China in einer Aufbruchstimmung ohnegleichen ein industrieller und geschäftlicher Aufschwung, wie er zu Zeiten Mao Zedongs, also zu meiner Zeit, nicht vorstellbar war*.

Ich pendelte ständig zwischen Hongkong, Taiwan und Korea hin und her. Nicht nur durch Anhäufung vieler kleinerer Aufträge, sondern mit Aufsehen erregenden Großprojekten wollte ich dazu beitragen, dass der gesamte Ferne Osten von uns erobert wurde. Diese Vision trieb mich unaufhaltsam voran. Sie mag abenteuerlich und ein wenig zu hochfliegend erscheinen. Jedoch gepaart mit in jungen Jahren besonders reichlich vorhandener Energie und körperlichen Kräften ist es die ideale Einstellung, um Dinge zu verwirklichen.

Nur mit optimistischer Grundhaltung und dem unbedingten Streben nach persönlichem Erfolg hat man reelle Chancen, wenigstens einen Teil der eigenen Ideen und Vorhaben in die Tat umzusetzen. Häufig wird allerdings der Enthusiasmus gedämpft und es sind herbe Rückschläge zu verkraften, wenn man erkennen muss, dass Trittbrettfahrer des hart erkämpften eigenen Erfolges permanent abzuwehrende Begleiter im Berufsleben sind.

In Korea erschien bald ein neues Programm auf der Bühne meiner Aktivitäten. Schon vor Monaten hatten wir dort an Tai Pyung Textile eine komplette Spinnerei- und Webereianlage offeriert, die unvermittelt auch die Begehrlichkeit des internationalen Wettbewerbs nach-

---

* Der Autor empfiehlt hierzu das Buch: Wolfgang Hirn: Herausforderung China, Frankfurt/Main 2006

haltig aktivierte. Über dreißigtausend Spindeln umfasste alleine der Spinnereibereich. Der Gesamtumfang des Angebotes lag einschließlich Ausrüstungsmaschinen in der damals gewaltigen Höhe von 37 Millionen D-Mark. Dabei war darin noch nicht einmal die komplette Weberei mit vierhundert Maschinen enthalten, die einer separaten Offerte vorbehalten war.

Federführend auf Seiten des Kunden agierte neben einigen Fachleuten und Teilhabern vor allem der Cheftechniker, Mister Kim Shi Bong.

In seinem primitiven Büro, in dem unser erster Kontakt stattfand, wurde meine höfliche Zuwendung zu ihm und seinem Anliegen zunächst erheblich durch zwei katzengroße Ratten abgelenkt. Sie rannten, einen Unterschlupf suchend, hektisch an den Wänden hin und her. Meinen Hinweis auf die für mich sehr ungemütlichen Eindringlinge fand Kim Shi Bong jedoch in keiner Weise sensationell.

Ungerührt setzte er das Gespräch fort. Ratten gehörten nun einmal zum Alltagsgeschehen und waren nicht der Rede wert. Also bemühte ich mich, möglichst gelassen zu reagieren und meine Gedanken dem Projekt zu widmen.

Kim Shi Bong war mir persönlich schon seit Jahren auf Grund mehrfacher Zusammenarbeit bekannt. Er war ein äußerst kompetenter Mann, der unter anderem auch als Gastdozent an der technischen Universität in Seoul arbeitete.

Unser gelungenes Projekt Punghan hatte sich mittlerweile herumgesprochen und begünstigte jetzt unsere Ausgangsposition. Vom Spinnereimaschinenbau Ingolstadt nahmen wiederum Herr Dr. Thoma und Herr Waibel, ein außerordentlich kenntnisreicher und sympathischer Fachmann, teil. Dazu gesellten sich Wolfgang Seidel, Inhaber des Handelshauses Rieckermann aus Hamburg, und sein ausgezeichneter Mitarbeiter Karl Janson.

Es traf sich gut, dass Janson mit einer Koreanerin verheiratet und in Japan aufgewachsen war. Er sprach fließend japanisch. Da auch die Koreaner diese Sprache gut beherrschten, konnte im Zweifelsfall seine Hilfe während der Verhandlungen gut in Anspruch genommen werden.

Die Sitzordnung für die Verhandlungen wurde so geregelt, dass Dr. Thoma mich bat, neben ihm Platz zu nehmen. Mit dem üblichen Austausch von Höflichkeiten wurden die Gespräche eingeleitet, eine viel Geduld fordernde, unverzichtbare asiatische Praxis. In der Regel nimmt dies ein bis zwei Stunden in Anspruch, bevor man überhaupt den eigentlichen Zweck des Treffens berührt. Mir persönlich lag auch viel daran, zunächst ein ausgeglichenes, von gegenseitigem Respekt getragenes Klima zu schaffen.

So vergingen am Konferenztisch tatsächlich Stunden, bevor die Diskussion der Anlage begonnen wurde. Besonders mit der überragenden technischen Qualität wollten wir die zehn Teilnehmer von Tai Pyung überzeugen. Durch akribisch genau bis ins letzte Detail erklärte Wirkungsweisen, Kapazitätsberechnungen und metallurgische Besonderheiten sollte die Haltung des Kunden zu unseren Gunsten so gefestigt werden, dass er schließlich von der Richtigkeit seines Engagements auch dann überzeugt war, wenn das von Ingolstadt angestrebte Preislimit auf den Tisch gelegt wurde.

Dies war meine immer wieder erprobte Strategie.

Auch auf die Gefahr hin, uns zu wiederholen, haben wir die Technik immer wieder zum Hauptthema gemacht und dieses möglichst in die Länge gezogen. Kim Shi Bong wurde von mir immer wieder angeregt, seine vom gesamten Gremium mit großer Aufmerksamkeit verfolgten fachlichen Erklärungen abzugeben. Ich kannte seine Kompetenz und wusste, dass er über sein Sachgebiet gern sprach und bei all dem – wichtig für uns – weitgehend unsere Linie vertrat. Der einen oder anderen gewünschten Korrektur unserer Spezifikation sind wir dann bereitwillig nachgekommen, sodass auch gegnerische Gedanken Berücksichtigung fanden.

So wurde das Bewusstsein zu unseren Gunsten allmählich vertieft. Mir lag sehr daran, auch alle übrigen Teilnehmer der Delegation zu Wort kommen zu lassen. Hier verstand es Dr. Thoma vorzüglich, die Herren in die Diskussion einzubinden, und nach drei Verhandlungstagen hatten wir den Eindruck, dass keine technische Hürde das Projekt in Frage stellen könnte.

Der vierte Tag wurde der Tag der Wahrheit, der Tag der Preisnennung.

Natürlich hatte die Gegenseite schon häufig versteckte Hinweise auf finanzielle Zugeständnisse seitens des Wettbewerbs in die Gespräche einfließen lassen, um unsere Haltung »aufzuweichen«. Die Koreaner waren selbstredend bemüht, eine erhebliche Preisverbesserung durchzusetzen und setzten durchaus geschickt Argumente ein, die uns sehr nachdenklich stimmten. Nach fünf langwierigen Verhandlungsstunden zogen wir uns zurück, um allerletzte Zugeständnisses durch eine »entfeinerte« Spezifikation zu überlegen.

Schließlich war aber ein Punkt erreicht, der keine Änderung mehr zuließ; diese zweite Referenzanlage musste ja bei allem Preisdruck immer noch höchsten Ansprüchen genügen. An ihr sollten sich alle künftigen Projekte in Korea orientieren.

Der anstrengende Tag brachte jedoch kein Ergebnis. Die Situation schien wie in einer Sackgasse festgefahren.

Zur Auflockerung lud uns die Tai Pyung-Gruppe zu einem Abendessen ein. Die nette Geste blieb jedoch ohne entspannenden Genuss. Man musste schließlich auf jedes Wort vorsichtig bedacht sein, solange sich die Ergebnisse noch in der Schwebe hielten.

Unvermindert hart ging es anderntags weiter. Jetzt kamen Garantie- und Gewährleistungsfragen auf den Tisch, ebenso die Regelung der kostenintensiven Montage und Inbetriebnahme. Noch bis weit in die Abendstunden zog man sich immer wieder zur Beratung zurück, bis endlich, Gott sei Dank, das zähe Ringen ein Ende hatte.

Der Durchbruch war gelungen und beide Seiten hatten erreicht, ohne Gesichtsverlust einen Schritt aufeinander zu zu gehen. Eine faire, für alle akzeptable Lösung hatte schlussendlich gesiegt.

Erleichterung und Entspannung mischten sich mit Freude und Stolz über das unter Mühen erreichte Ergebnis! Erneut hatten wir eine Bresche geschlagen. Der Abschluss dieser großen Vorzeigespinnerei erzeugte in uns eine Hochstimmung und wir glaubten, dass uns deutschen Ingenieuren und Maschinenbauern nunmehr die Zukunft auf diesem Sektor in Korea gehören würde!

Tai Pyung Textile, Korea: Kontraktunterzeichnung 1963

Und diese Euphorie war nicht unberechtigt, denn später sind tatsächlich unsere kühnsten Erwartungen weit übertroffen worden.

Die Verhandlungen hatten uns reichlich mitgenommen. Auch der damals 59 Jahre alte Dr. Thoma war ob der fünf Tage konzentrierter Anspannung völlig erschöpft. Die ganze Verantwortung lastete ja auf seinen Schultern. Für meinen – wörtlich – »unentbehrlichen« Einsatz hat er mir anschließend sehr gedankt und seine Anerkennung für meinen Anteil am Gelingen der Verhandlungen zum Ausdruck gebracht. Auch für ihn war dieses zweite Großprojekt nach dem Verhandlungsmarathon mit Punghan in München ein großes Erfolgserlebnis.

Unser schweizerischer Wettbewerber Rieter hatte das Nachsehen, und auch die japanische Konkurrenz Toyoda konnten wir hinter uns lassen. Wir verdrängten ebenso Saco Lowell, den damals sehr bedeutenden amerikanischen Maschinenproduzenten. Saco Lowell konnte gleich zwei gute Trümpfe ausspielen: seine bemerkenswerte Technik und die Tatsache, dass die Finanzierung der Anlage zum großen Teil durch amerikanische Hilfsgelder erfolgte. Aber wir blieben Sieger!

Die Unterzeichnung der Verträge, die noch während der Nacht ausgefertigt wurden, fand in einer feierlichen Zeremonie mit einem Glas Sekt am späten Vormittag des folgenden Tages ihren Abschluss.

Noch am selben Abend wurden wir zur unvermeidlichen Kiseng-

330

Party geladen. Der Höflichkeit entsprechend, wurde jedem Herren eine »Unterhaltungsdame« zugeordnet, wobei die Einteilung der zauberhaften Wesen dem Range der Besucher angeglichen wurde. Wie Sirenen umschwebten sie uns, und in charmant koreanisch eingefärbtem Englisch wussten sie uns bestens zu unterhalten. Dazu beherrschten sie all jene Geheimnisse, die für ausländische Besucher zu einem wahrhaft unvergesslichen Erlebnis werden.

Der harmonische und endlich auch entspannende Abend bekam zuweilen sogar ausgelassene Züge, aber stets bewegte man sich in einer dem Rahmen dieser Gesellschaft angemessenen Weise. Natürlich konnten die koreanischen Geschäftspartner damals noch nicht wissen, dass eine weiterführende »Betreuung« durch die Damen in dieser Runde für uns nicht annehmbar und möglich war. So mancher hätte es sich gerne gewünscht, denn die Fortsetzung der Party in eigener Regie ließ paradiesisches Wohlbefinden erahnen.

Wie auch immer, für den damals noch nicht mit Asien vertrauten Dr. Thoma gehörte dieses Highlight sicherlich zu den besonders erinnernswerten Erlebnissen seiner Laufbahn, denn oftmals brachte er bei späteren Zusammenkünften noch die Rede darauf, nicht ohne versonnenen Blickes seinen Erinnerungen nachzuhängen.

Kiseng-Party mit Tai Pyung, vorne links M. Kim Shi Bong, vorne rechts Mr. Min, hinten links Hubert Rödlich, Mitte rechts Dr. Thoma

Abflug von Seoul nach Hongkong – Dr. Thoma (Schubert & Salzer, Ingolstadt),
Herr Jansen (Rieckermann, Korea), Hubert Rödlich (Unionmatex, Frankfurt/M.) –
1963 nach Verhandlung mit Tai Pyung, Korea 1963

Nach einigen Erholungstagen in Hongkong flog er wieder zurück
nach Ingolstadt, wo er ob seines Erfolges und der außerordentlichen
Bedeutung des Auftrages gebührend gefeiert wurde. In Fernost waren
mit diesem Großprojekt Unionmatex- und Ingolstadt-Anlagen zum
Markenzeichen für Qualität geworden.

Während der folgenden zwanzig Jahre hat sich die Haltung der
asiatischen Partner nicht geändert. Allein Punghan – inzwischen erheblich gewachsen – platzierte beispielsweise bei Schlafhorst einen
Auftrag über 52 automatische Spulmaschinen, sogenannte Auto-
coner®. Allein dieser Auftrag hatte einen Gesamtwert von 25 Millionen D-Mark.

L.C. Fong und C.C. Lee

Vieles lief im Fernen Osten jetzt Schlag auf Schlag. Jedes Projekt war
für mich eine besondere Herausforderung. Ich strebte vor allem danach, Menschen derart für mich und meine Sache zu gewinnen, dass
sie meinen Vorschlägen vor denen der Konkurrenz den Vorzug ga-

ben. Ich merkte schon, dass es mir offenbar immer wieder gelang, persönlich in einer Weise so Einfluss zu nehmen, dass der Weg für den Einstieg in einen fachlichen Diskurs geebnet war und zumindest die Bereitschaft entstand, meine Vorschläge wohlwollend zu prüfen.

Der Umgang mit den Asiaten hatte mich inzwischen auch gelehrt, mein eigenes Verhalten dem ihren anzupassen. Eine der wesentlichen Regeln, die ich bis in mein Privatleben verinnerlicht habe, war, niemals deutlich und kategorisch »Nein« zu sagen. Ein Asiate empfindet dies als sehr unhöflich und windet sich bei seinen Antworten wie ein Aal, um eine mildere oder umschreibende Form der Verneinung zu finden. Eine derartige Ablehnung ist einem Gesichtsverlust gleichzusetzen, es wird daher unter allen Umständen vermieden, das Wort auszusprechen.

Unser nächster Auftrag ging an die Hongkong Tobacco Company. Neben dem Tabakgeschäft war in dem Unternehmen ein zweites Standbein geplant, und es sollte eine mittelgroße, aber mit allen Sekundäranlagen komplett ausgestattete Kammgarnspinnerei und -färberei in Zusammenarbeit mit Jebsen entstehen. Die Gespräche verliefen hierbei absolut reibungslos, der Kunde verließ sich sogar hundertprozentig auf die von uns vorgebrachten technischen Vorschläge. Der überaus gute Ruf des Hauses Jebsen trug dazu bei, dass sich Hongkong Tobacco auch preislich kurzfristig entschloss, mit unseren beiden Firmen das Projekt abzuschließen.

Michael Jebsen war nicht wenig erstaunt, als nach verhältnismäßig kurzer Verhandlungsdauer und ohne viel Aufhebens der Abschluss getätigt war. Das uns entgegengebrachte Vertrauen hat sich nicht nur für den Kunden, sondern auch für sein Handelshaus bestens bezahlt gemacht.

Im Jahre 1963 hatte Michael Jebsen den chinesischen Rechtsanwalt L.C. Fong für seine Firma engagiert. Dieser Mann war ihm bereits aus Shanghai bekannt, wo er als Mitarbeiter der Shanghai Cotton Association und der Handelskammer komplexe Rechtsfragen mit Parteien unterschiedlichster Couleur behandelte. L.C. Fong übernahm bei Jebsen nach eineinhalb Jahren der Zusammenarbeit als

Deputy-Manager die Textilabteilung, was dazu führte, dass ich viele Jahre eng mit ihm zusammenarbeitete. Teilweise saßen wir im selben Büro, zumindest aber Tür an Tür.

L.C. Fong war ein in jeglicher Weise angenehmer, kultivierter und äußerst kenntnisreicher Mann. Er beherrschte in exzellenter Manier »Oxford English« und eine seiner großen Leistungen war es, die Memoiren von Churchill ins Chinesische zu übersetzen.

L.C. Fong hat in seiner Position bei Jebsen sehr segensreich gewirkt. Bei all meinen inzwischen gewonnenen chinesischen Freunden habe ich L.C. Fong einführen können, sofern er sie nicht ohnehin kannte, und wir bildeten ein sehr gut eingespieltes Team. Im Lauf der Zeit hat sich daraus eine enge Freundschaft entwickelt. Besonders ihm verdanke ich die Weiterentwicklung und Optimierung meiner in der Schule erworbenen englischen Sprachkenntnisse und des daraus resultierenden Schreibstils, von welchem ich noch heute zehre. Wenn eine Fremdsprache zur Visitenkarte eines Hauses zählen soll, ist es von unschätzbarem Wert, auf jemanden seiner Art zurückgreifen zu können.

L.C. Fong und Frau Majorie Fong

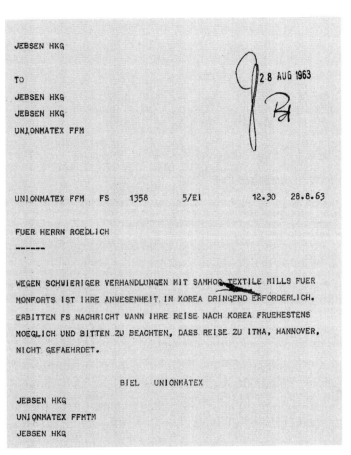

Kein außergewöhnlicher Vorgang ...

Unsere Präsenz in den Ländern des Fernen Ostens wuchs und wuchs. Nach Wahrnehmung des koreanischen Projektes Samho fuhr ich nach Hannover zur internationalen Textilmaschinen-Messe ITMA, die alle vier Jahre stattfindet, um die neuesten Entwicklungen des Textilmaschinenbaus zu zeigen. Mit allen angeschlossenen Unternehmen belegte die Unionmatex eine komplette Messehalle. Die ITMA ist die größte Messe ihrer Art überhaupt. Dies nicht nur wegen des textiltechnischen Umfangs, sondern auch wegen der immensen Ausmaße der Maschinen. Nur die Messegelände in Hannover, Paris und Mailand hatten eine entsprechende Aufnahmekapazität

Mr. C. C. Lee, der »Tai-Pan« vom Noble House Jardines (Jardines Co.
Textile Alliance, Hongkong) mit Mr. Pearson, seinem Managing Director,
an dem Messestand in Hannover 1963

und wechselten sich bei der Schau ab. Erstmals im Jahre 2007 konnte die Neue Messe in München Gleiches bieten.

Während eines solchen Ereignisses trifft man eine Vielzahl wichtiger Kunden aus aller Welt, die natürlich alle in der Erwartung an den Stand treten, dass ihnen sofort Zeit gewidmet wird. Dies ist zum einen selbstverständlich, jedoch ist es nicht ungewöhnlich, dass gleichzeitig mehrere bedeutende Gruppen auftreten. Dann muss Diplomatie ins Spiel kommen.

Eindeutig war jedoch meine Entscheidung, als der Besuch von Firma Jardines aus Hongkong und China gemeldet wurde. Der oberste Leiter, der »Tai-Pan« dieses bis dahin größten und sicher auch ältesten und erfolgreichsten chinesisch-englischen Handelshauses des Fernen Ostens – deshalb auch »Noble House« genannt – war Mister C.C. Lee. Er befand sich in Begleitung seines englischen Managing Directors, Mr. Pearson, und gab uns also die Ehre seines Besuches. Jardines mit seinen zahlreichen Fertigungsstätten in verschiedenen industriellen Sparten war natürlich eine besondere Institution und einer der meist umworbenen Kunden überhaupt.

Jardines betrieb in den New Territories von Hongkong unter anderem eine moderne Textilausrüstungsfabrik und war an einer ebenso zeitgemäßen Hochveredlungsanlage interessiert.

Bei der Diskussion unseres Programms mit diesen Herren stellte sich heraus, dass sie sich stärker technisch aufgeschlossen und kundig zeigten, als man dies gemeinhin von Persönlichkeiten dieses Kalibers erwarten konnte. Behutsam, ohne im Detail aufdringlich zu sein, stellte ich das Konzept, die Produktionszahlen, die Qualitätsmerkmale und auch die finanziellen Vorteile der Veredlungsanlage vor. Der Messebesuch zeigte Wirkung, denn kurz nach meiner Rückkehr nach Hongkong bat Jardines erneut um eine Zusammenkunft. Diesmal wurden auch japanische Berater hinzugezogen und nach mehreren Treffen war Jardines schließlich bereit, das Färbereiprojekt von uns, in Kooperation mit Jebsen, zu kaufen.

Just zu diesem Zeitpunkt der Verhandlungen ergab es sich, dass der Chef der Firma Monforts und Mitglied des Verwaltungsrates der Unionmatex, Dr. Franz Reiners, seinen Besuch in Hongkong anmeldete. Für mich war dies ein willkommener Anlass, um Mister C.C. Lee und die übrige Geschäftsleitung von Jardines vertraulich zu bitten, den eigentlich schon ausgehandelten Auftrag während der Anwesenheit von Dr. Reiners an diesen direkt zu vergeben.

Natürlich wurde Dr. Reiners darauf vorbereitet, dass durch seine Anwesenheit die Möglichkeit gegeben war, hier einen Prestige-Auftrag buchen zu können, der enormes Aufsehen erregen würde.

Wenn man das Haus von Jardines in der Pedderstreet betrat, beeindruckten den Besucher in der in hellem Marmor gehaltenen Eingangshalle sofort die lebensgroßen, aus grün schimmerndem Marmor gemeißelten Statuen, die sich an den Wänden aufreihten und vor dem Hintergrund besonders markant abhoben. Bei den Standbildern handelte es sich nach meiner Erinnerung um die Tai-Pane, die in früheren Jahren das Unternehmen geleitet hatten.

Wir wurden sogleich in das »Allerheiligste« von Mr. C.C. Lee gebeten, wo schon die mir bekannten übrigen Herren versammelt waren. Die Zusammenkunft wurde entsprechend den Regeln chinesischer Höflichkeit und Verhandlungskunst gestaltet. Chinesischer Tee,

Rauchwaren und Teller mit englischem Gebäck waren die unverzicht-baren Merkmale, um Gastfreundschaft und Wertschätzung der Gäste zu bekunden.

Die Verhandlung konnte beginnen. Nochmals wurden alle Ein-zelheiten erörtert und Dr. Reiners wurde um seine fachliche Meinung gebeten. Die bereits festgelegten Preise wurden erneut diskutiert und auch sonst Wissenswertes wiederholt besprochen. Schließlich wurde die Vereinbarung zwischen C.C. Lee und Dr. Reiners feierlich besie-gelt. Alles in allem fand eine beeindruckende Vorstellung statt, die Dr. Reiners, unseren Erwartungen entsprechend, als markantes Erfolgser-lebnis empfand.

Das Wohlwollen meiner Geschäftsleitung für fernöstliche Be-lange, aber auch gegenüber der Firma Jebsen wurde hierdurch erheb-lich gefestigt. Auch mein persönliches Verhältnis zu dem sonst ziem-lich unnahbaren Dr. Reiners erhielt, bei allem Respekt, schon fast eine kameradschaftliche Note. Auch in Zukunft hat sich dieses Verhältnis nicht mehr geändert.

Ich hatte sehr wohl gelernt, dass die Beteiligung anderer am selbst errungenen Erfolg auch den eigenen Interessen bei künftigen Aufga-ben erheblich dienen kann.

Alle beschriebenen Projekte waren erste Anfänge einer sich rasant entwickelnden internationalen Arbeitsteilung. Erst Jahrzehnte später wurde hierfür der Begriff ›Globalisierung‹ geprägt. Erste namhafte Textilunternehmen im Fernen Osten begannen gegen westliche Un-ternehmen mobil zu machen und ihrerseits mit Hilfe unserer Techno-logie konkurrenzfähige Produktionen aufzubauen*.

Die Übernahme unserer Anlagen trug durch die Sicherung von Arbeitsplätzen in Deutschland nicht unwesentlich auch zu unserem eigenen unschätzbaren Nutzen bei.

---

* Siehe Anhang 9: Brief an Direktor Soldan vom 4. Dezember 1962

Die rote Nelke

Mit Dr. Reiners erlebten wir noch eine ganz andere Geschichte.

Sein erstmaliger Aufenthalt in der Kronkolonie weckte sein Interesse für alle Attraktionen, die vor Ort zu sehen und zu erleben waren. Das an Eleganz und Weltläufigkeit nicht zu überbietende Hongkong hat natürlich viele gegensätzliche Facetten. Modernste Wolkenkratzer und traumhafte Landschaften, liebliche Buchten und luxuriöseste Wohn- und Hotelkomplexe sind ebenso selbstverständlich wie der Hafen von Aberdeen, in dem dicht gedrängte Dschunken in stinkendem, brackigem Wasser dümpeln, die einer Unzahl von chinesischen Familien als Heimstatt dienen.

Dem Bedürfnis von Dr. Reiners nach einem umfassenden Eindruck, der nichts aussparen sollte, Rechnung tragend, wurde der Besuch des chinesischen Flüchtlingslagers im nördlichen Bereich der New Territories beschlossen. Dies geriet ungeahnt zu einem besonderen Ereignis.

In Begleitung zweier Herren von Jebsen und einem Ingenieur von Monforts brachen wir zu einem touristischen Erkundungsgang dorthin auf. An diesem Tag war es nicht so regnerisch wie zuvor, doch der wolkenverhangene Himmel verstärkte noch die über dem desolaten Lager liegende düstere Stimmung.

Wir alle waren wegen des hochrangigen Besuches in elegante Geschäftsanzüge gekleidet. Als besonders Kultur beflissener und sehr edel gewandet auftretender Gentleman trug Dr. Reiners grundsätzlich eine frische rote Nelke im linken Knopfloch seines Maßanzugs. Als wir den Autos entstiegen, bildete unser Erscheinungsbild einen krassen Gegensatz zu dem unserer Umgebung.

Der enorme Flüchtlingsstrom aus China hatte die Behörden erheblich damit überfordert, in kurzer Zeit angemessene Unterkünfte zu errichten. So säumten rechts und links armseligste Hütten oder dunkelgraue, völlig verdreckte Zelte unseren morastigen Weg.

Diese Behausungen empfanden wir als höchst menschenunwürdig. So viel Elend hatten wir dann doch nicht erwartet und in unseren Empfindungen mischten sich Abscheu und Betroffenheit in Anbetracht der Lebensumstände dieser bemitleidenswerten Leute.

Ab und zu gelang ein Blick hinter die traurige Kulisse. Unsere offenbar wenig erfolgreich kaschierte Neugierde ließ die Bewohner ihren bedrückenden Zustand als besonders würdelos und deprimierend empfinden.

Dabei waren wir weit entfernt von einem Gefühl der Überlegenheit oder des Erhabenseins. Wir machten uns im Gegenteil darüber Gedanken, wie Ungerechtigkeiten dieser Welt vermieden werden könnten, und vertieften uns im Weitergehen ernsthaft in dieses Thema.

Da, plötzlich und ohne Vorwarnung traf Dr. Reiners eine aus dem Hinterhalt geübt und zielsicher geworfene mit Fäkalien gefüllte Papiertüte und zerplatzte unter Zurücklassung entsprechender Spuren am Revers seines mit roter Nelke geschmückten edlen graublauen Anzugs!

Wir waren geschockt und peinlichst berührt.

Das Geschoss war eine eindeutige Missfallensäußerung eines Bewohners. Hiermit brachte er natürlich zum Ausdruck, worüber wir uns anfangs hätten Gedanken machen müssen: dass unser Auftreten natürlich eine Provokation der armen Menschen darstellte.

Das Erstaunliche war jedoch die absolut ruhige und gelassene Reaktion des Getroffenen, der nicht nur Verständnis für den Akt zeigte, sondern den anrüchigen Zustand seiner Kleidung mit Fassung und nach der Schrecksekunde sogar mit Humor trug.

Trotz dieses Missgeschicks wurde nach notdürftiger Reinigung mit ein wenig Wasser die Besichtigung – ohne weitere Zwischenfälle – fortgesetzt.

Das Erlebnis war eine pikante Episode von Dr. Reiners' Reise-Erzählungen, die er in Deutschland zum Besten gab. Der Schwiegervater seines Vetters, der deutsche Bundeskanzler Konrad Adenauer, hat den Bericht nicht nur mit Belustigung, sondern auch mit ernsthaftem Interesse vernommen.

Aus solchen einfachen Erzählungen entstehen manchmal nicht zu unterschätzende Impulse zum Versuch, auf höherer politischer Ebene eine Einflussnahme zugunsten der Veränderung unakzeptabler Lebensverhältnisse in anderen Teilen der Welt zu erreichen.

Sanfor

Wer Hemden, Jeans, Berufskleidung oder andere Kleidungsstücke aus der Zeit um die Mitte des 20. Jahrhunderts noch gut in Erinnerung hat, der weiß, dass ein leidiges Problem darin bestand, dass die Stoffe beim Waschen eingingen und dabei nicht selten eine Nummer kleiner wurden. Ja sie wurden zuweilen sogar in Anbetracht dieser Tatsache oft eine Nummer größer gekauft.

Nur Teenager waren von dem Ergebnis eines Wannenbades in vollständig bekleidetem Zustand, das jeder neuerworbenen Jeans eine hautenge Passform verlieh, ganz hingerissen.

Die Verbraucher erhoben allmählich den Anspruch, diese misslichen Stoffeigenschaften nicht mehr dulden zu müssen. Ihr kritisches und zurückhaltendes Kaufverhalten stellte die Textiltechnik vor neue Herausforderungen. Es war der Amerikaner Sanford L. Cluett, der ein einmaliges Verfahren zum Erfolg führte, durch welches das Einlaufen von baumwollenen und anderen Geweben mittels eines mechanischen Stauchprozesses nahezu vollständig vermieden wurde.

Das Verfahren wurde nach ihm »Sanforisieren« und die dazu konstruierte Maschine »Sanfor-Anlage« genannt. Auf die Etiketten der Textilien druckte man damals auch das Qualitätsmerkmal »sanforisiert« und dies bedeutete: »Läuft nicht ein!«. Um überhaupt verkäuflich zu sein, mussten viele Textilien von da an grundsätzlich diesem Prozess unterworfen werden. Die Anlagen waren daher weltweit in Betrieb.

Inhaber des Sanfor-Patents, das sowohl die Maschine wie auch das Verfahren beinhaltete, war die amerikanische Firma Cluett Peabody & Co., die auch heute noch auf anderen Gebieten eine bedeutende Rolle spielt. Solange das Patent bestand, wurden weltweit keine Oberhemden oder andere durch Einlaufen gefährdete Textilstücke verkauft, die nicht mit einem Sanfor-Etikett das Verhindern des Einlaufens bestätigten. Gleichzeitig durften nur Maschinenbauunternehmen, die eine Lizenz hierfür besaßen, eine Sanfor-Anlage herstellen. Auch unser Unionmatex-Mitglied Firma Monforts besaß diese heiß begehrte Lizenz.

Mit anderen Worten, es war eines der lukrativsten Patente überhaupt, welches über ein ausgeklügeltes System weltweit für jeden Meter sanforisierten Stoffes Lizenzgebühren erwirtschaftete. Dies kam für Cluett Peabody praktisch einem Gelddruckautomaten gleich. Unschwer zu erahnen, welche Massen an Material weltweit durch die Anlagen liefen. Mehr als viertausend Maschinen produzierten 24 Stunden am Tag circa sechzig Meter sanforisiertes Gewebe pro Minute und Maschine!

Natürlich war auch Cluett Peabody in Hongkong durch einen Fernostrepräsentanten vertreten: Charles D. Clickner. Ich kam mit ihm in Kontakt, weil uns unsere Abnehmer, denen wir eine mit (damals) etwa 500 000 D-Mark doch recht teure Sanformaschine verkaufen wollten, um Unterstützung bei der Erlangung der Verfahrenslizenz baten. Das amerikanische Unternehmen konnte sich für Lizenzvereinbarungen praktisch die renommiertesten Textilfirmen aussuchen.

Aufbau einer Monforts-Sanforisieranlage, zweiter von links: Charles Clickner, 1964

Charles Clickner, Hongkong 1963
(später Executive Vice President von
Cluett, Peabody, New York)

Diese erhielten dann die Erlaubnis, die ebenfalls lizensierte Maschine anzuschaffen. Für viele Betriebe war der Erwerb einer solchen Sanfor-Anlage vielfach eine Überlebensfrage.

Mit Charles Clickner wurden also immer die ersten Gespräche geführt. Er war ein für diesen Posten noch sehr junger, aber äußerst kompetenter und außerordentlich sympathischer Mann, mit dem ich mich auf Anhieb gut verstand. Bis heute verbindet mich mit ihm eine echte Freundschaft. Er ist breit gebildet, sehr humorvoll und einer jener gut artikulierenden Amerikaner, die von Ausländern verbal blendend verstanden werden und praktisch druckreif sprechen können.

In Hongkong wurde durch uns dann die erste Sanfor-Anlage installiert. Es folgten Taiwan, Korea, Malaysia und die Philippinen. Dass wir bald, zur großen Freude von Monforts, auch diesen Markt im Fernen Osten mit zahlreichen Aufträgen beglückten, hatten wir auch dem Wohlwollen von Charles Clickner zu verdanken. Es war nicht verwunderlich, dass er, seinen Fähigkeiten entsprechend, zum Executive Vice President des weltweit engagierten Unternehmens aufstieg und ihm später auch die Präsidentschaft von Cluett Peabody angeboten wurde.

Diese aufreibende Position hat er jedoch aus verschiedenen Gründen nicht mehr angenommen, sondern sich nicht minder erfolgreich verselbständigt. Mit seiner aus Südamerika stammenden Ehefrau Suzy besitzt er eine bemerkenswerte und charmante Lebenspartnerin, die ihm nicht nur drei hervorragende Söhne schenkte, sondern auch sein Leben vorbildlich und beneidenswert mit gestaltet.

Siemens

Auch die Lufthansa in der Pedderstreet in Hongkong ließ sich von Jebsen vertreten und ihr Büro wurde von einem meiner Wohnungskollegen aus meiner dortigen Junggesellenzeit geleitet. So war es für mich immer einfach, meine Flugscheine bei ihm zu ordern. Eines Tages musste ich im Schalterbüro auf die Ausstellung meines Tickets warten und steuerte auf der Suche nach einem Sitzplatz einen der hierfür bereitgestellten Tische an. Ein auf den ersten Blick sehr sympathisches älteres Ehepaar wartete ebenfalls und lud mich freundlich zum Platznehmen ein.

Es entspann sich ein anregendes Gespräch, und der grauhaarige und sehr jovial wirkende Herr fragte mich, als »Hongkong-resident«, in dessen Verlauf nach empfehlenswerten Sehenswürdigkeiten, die er mit seiner Frau besichtigten sollte. Ich nannte ihm eine ganze Reihe solcher Plätze. Wir unterhielten uns über Land und Leute, über die hiesigen Wohnverhältnisse, über Arbeitsbedingungen und vieles andere mehr. Auch über den Zweck meines Hierseins wurde ich befragt. Mir fiel auf, dass die beiden – obgleich für meine Begriffe doch schon älteren Herrschaften – sehr jugendlich wirkten und vor allem Humor besaßen, was mir natürlich besonders gefiel. Die Unterhaltung dauerte etwa eine halbe Stunde. Ich verabschiedete mich anschließend per Handschlag und wünschte den beiden einen schönen Aufenthalt, nicht ohne meine Telefonnummer zu hinterlassen, falls sie noch Fragen hätten.

Kurz darauf hatte ich im gleichen Gebäude in den oberen Stockwerken mit dem Senior Michael Jebsen einen Gesprächstermin. Wir diskutierten ausführlich verschiedene unserer gemeinsamen Programme, als ein Bürodiener den Raum betrat und Michael Jebsen schweigend eine Visitenkarte überreichte. Die Besprechung wurde noch weitere fünf oder zehn Minuten fortgesetzt, bis Michael Jebsen das Ende einleitete und entschuldigend vermerkte, dass kein Geringerer als Ernst von Siemens bereits geraume Zeit draußen warte und eine weitere Verzögerung nicht angemessen sei. Natürlich zog ich mich sofort zurück, die Unterhaltung konnte ja durchaus später fortgesetzt werden.

Wie erstaunt war ich, als der jetzt in das Büro eintretende Herr niemand anderes war als der nette Grauhaarige, mit dem ich mich in der Lufthansa-Lobby so gut unterhalten hatte. Auch Ernst von Siemens quittierte das schnelle Wiedersehen mit amüsiertem Blick, und mir fiel es nicht schwer, meine Überraschung mit einer respektvollen Verbeugung zu unterstreichen.

Mit seinen Worten »Besuchen Sie uns doch, wenn Sie wieder einmal in Deutschland sind!« schieden wir voneinander. Ich hatte dies jedoch, wenn es vielleicht auch ein bisschen ernst gemeint war, nicht als private Aufforderung empfunden.

Besuche bei Siemens in Deutschland selbst fanden wiederholt statt. Die Firma lieferte die gesamte elektrische Ausrüstung unserer Anlagen einschließlich der entsprechenden Generatorstationen, die besonders in Ländern mit unsicherer Energieversorgung wichtig waren; und der Hinweis auf meine Bekanntschaft mit dem Senior des Hauses hat meine diesbezügliche Arbeit immerhin oftmals nicht unwesentlich erleichtert.

Dschibuti

Für den Sommerurlaub im Jahre 1964 war die Wahl auf eine Schiffsreise von Hongkong nach Genua gefallen. Das kombinierte Fracht- und Passagierschiff war damals als besonders annehmlich empfohlen worden. Ein Tourismusverkehr, wie wir ihn heute kennen, war noch keineswegs üblich. Eigentlich waren es vorwiegend Geschäftsleute oder Angehörige des Militärs oder finanziell besonders gut ausgestattete Privatpersonen, die ihre Ferien mit einer solchen Schiffsreise verbanden.

Vorwiegend traf man Passagiere Erster Klasse an. In der Tat hatten sich ausgesprochen interessante Gäste auf diesem Schiff zusammengefunden. Unter den insgesamt etwa hundert Passagieren befanden sich auch der Dirigent des Stuttgarter Symphonie-Orchesters, eine ältere Japanologin, ein mir bekannter Siemens-Manager, englische Kolonialbeamte und viele weitere bemerkenswerte Charaktere.

Die Ausstattung der Kabinen war sehr großzügig gehalten. Wir hatten auf dem Oberdeck ein kleines Wohnzimmer, ein Schlafzimmer und ein separates Bad mit Dusche inklusive aller sonstigen Annehmlichkeiten. Dies war sehr wichtig, denn die Reise nahm etwa fünf Wochen in Anspruch, und da war eine angemessene Bequemlichkeit Voraussetzung für den Erholungswert. Natürlich wurden auf dem Schiff alle erdenklichen Serviceleistungen angeboten, einschließlich einer Kinderbetreuung, die auf Wunsch auch während der Abendstunden vorgesehen werden konnte.

Zum Programm gehörten neben Aufenthalten in Singapur und Penang (an der Westküste der malaiischen Halbinsel) auch die Städte Dschibuti und Alexandria. Täglich wurden zahlreiche Veranstaltungen und elegante »Dinnerparties« geboten. Auf Deck genoss man über Tag das traumhaft schöne Wetter und die See, deren gleichmäßiges Wellenbild den Gedanken erlaubte, sich dem Alltag immer weiter zu entfernen.

Eine interessante Abwechslung bot das Beobachten der Delphine, die uns im indischen Ozean in ganzen Rudeln meilenweit begleiteten, offenbar immer in der Hoffnung, einen Teil des regelmäßig über Bord geworfenen Küchenabfalls zu ergattern.

Es war die Zeit des Monsuns. Nachdem die Südspitze Ceylons passiert war, wurde nicht nur unversehens die See, sondern auch unser Blick durch die Bordfenster merklich unruhig.

Innerhalb weniger Stunden steigerte der Wind plötzlich seine Intensität derart, dass ein Aufenthalt auf freiem Deck völlig unmöglich wurde. Ein ständiges Tosen und Brausen umgab das schlingernde Schiff, und nach zunächst gemeldeter Windstärke elf hatten wir vier Tage lang sogar Windstärke zwölf zu ertragen. Das riesige Schiff stampfte durch das bleierne Meer, meterhohe Wellen donnerten wuchtig gegen die Bordwände. Vom deckhohen Beobachtungsstand aus sah man den Schiffsbug tief in das aufgewühlte Wasser eintauchen. Er schien sich im Auftauchen immer wieder dem Absinken zu widersetzen, sich mit einer Gischtfontäne wehrend, einem Raubtier gleich, welches angestrengt und fauchend ums Überleben kämpft. Das Schauspiel war so grandios wie furchterregend!

Während dieser unruhigen Zeit war der Speisesaal wie leergefegt. Angeblich sollen ja nur Kinder und Greise nicht seekrank werden. Eigentlich fühlte ich mich mit meinen 35 Jahren noch nicht der zweiten Gruppe zugehörig, aber ich blieb von Übelkeit erstaunlicherweise verschont. Mit mir waren es jedoch nur ganze zwei oder drei weitere Gäste, die keine Mahlzeiten ausließen. Für einen echten Rödlich wäre dies auch kaum denkbar gewesen!

Nachdem die stürmischen Tage glücklich überstanden waren, durften wir uns wieder an ruhigere Fahrwasser gewöhnen und gelangten einigermaßen entspannt im Hafen von Dschibuti an. In dieser französischen Kolonie, wo Fremdenlegionäre offenbar für Ruhe und Ordnung sorgten, nahmen wir gerne einen Landausflug wahr, um wieder einmal festen Boden unter den Füßen zu spüren.

Die aus primitiven Hütten und verfallenen Häusern bestehenden Siedlungen waren nicht unbedingt dazu angetan, hier einen längerfristigen Urlaub zu verbringen. Auch die Frauen fanden keinen Anreiz darin, die angebotene Einheirat in die Familie des jeweiligen Dorfältesten zu akzeptieren.

Inwieweit diese Angebote ernst gemeint waren, sei dahingestellt. Dass meine junge Frau, nicht nur wegen ihrer blonden Haare eine auffallende Erscheinung, gewisse Begehrlichkeiten der männlichen Dorfbewohner weckte, fand ich zunächst nicht unbedingt ungewöhn-

Dschibuti: Tausch gegen Kamele?

lich. Als mir jedoch einer der Männer, ein scheinbar wohlhabender Besitzer von Kamelen, im Tausch gegen meine Frau sage und schreibe 26 Kamele anbot, beschlich mich, als ich zum Spaß auf das Feilschen einging, eine gewisse Unsicherheit, ob dies nicht doch mit einem Hauch Ernst gepaart war, so überzeugend wurde palavert.

26 Kamele! Aus der Sicht meiner späteren Trennung war der Deal gar nicht so übel …

Die Reise schritt voran. Das rote Meer und der Suez-Kanal wurden durchlaufen. Hier bot sich ein ungewöhnlicher Anblick, fast schon einer Fata Morgana gleich: Beim Durchfahren der Wasserweichen des Kanals vermittelten die auf der anderen Seite in Gegenrichtung fahrenden Schiffe den Eindruck, als stünden sie im Wüstensand. Schließlich erreichten wir Alexandria und tauchten für einen Tag ab in die orientalischen Straßenszenen. Mit ihren Düften, ungewohnten Geräuschen, dem kunterbunten Gewirr von Verkaufsständen, Händlern und feilgebotenen Waren zwischen antikem Gemäuer umfing uns eine geheimnisvoll andersgeartete Welt.

Nach weiteren drei Tagen im Mittelmeer erreichten wir den Zielhafen Genua. Der unvermeidliche Gala-Abschiedsabend fand einen Tag vor dieser Ankunft statt. Der Festsaal war schön geschmückt worden, alle Bediensteten hatten sich besonders adrett gekleidet, eine

Lesseps-Denkmal am Suez-Kanal

Schiff an Weiche in Wartestellung

kleine Kapelle spielte angenehme Unterhaltungsmusik. Man gedachte in amüsiertem Geplauder der vergangenen Eindrücke.

Plötzlich bat mich eine etwas ältere, aber mit jugendlicher Energie ausgestattete Dame, die wir im Laufe der Wochen kennengelernt hatten, dem Kapitän zu Ehren, dem sie offenbar sehr zugetan war, eine kleine Abschiedsrede zu halten. Offenbar getrauten sich die älteren Herrschaften nicht. Meine Zustimmung wartete sie gar nicht erst ab, sondern kündigte meinen Auftritt mit einem Tusch der Kapelle an.

Im Vertrauen darauf, dass derartig spontane Herausforderungen oft erfolgreich gemeistert werden, fügte ich mich in die Aufgabe. Die englische Sprache war sozusagen meine zweite Muttersprache geworden, so dass es mir nicht schwerfiel, die Rede für alle verständlich mit einer Reihe frisch erlebter Reise-Anekdoten zu garnieren, den Kapitän hochleben zu lassen und den allgemeinen Dank für die sichere Überfahrt auszusprechen.

Alle waren »very happy« und viele bedankten sich »for the very nice speech«, auch der Kapitän, der im Übrigen später Kapitän des Luxusliners »Bremen« wurde.

China 1965

Seit Jahrhunderten ist das Denken der Chinesen geprägt von den Lehren des Konfuzius. Diese Prägung überdauert bis zum heutigen Tage die sehr wechselvolle Geschichte des »Reiches der Mitte«, unabhängig von der Beherrschung des Landes durch die jeweiligen Machthaber. Die von mir vorgefundene Situation war gezeichnet von den Veränderungen, die der überstandene Bürgerkrieg mitsichgebracht hatte.

1947 hatten kommunistische Militäreinheiten die weitgehend konservative Kuomintang-Regierung unter Tschiang Kai-shek überrollt. Dies führte am 1. Oktober 1949 zur Gründung der »Volksrepublik China« durch Mao Zedong und damit zur Amtsübernahme durch die Zentralregierung in Peking. Die theoretische Grundlage des neuen Staates bildete Mao Zedongs Schrift mit dem Titel: »Über die Diktatur der Volksdemokratie«.

Der Grundstein für ein kommunistisches Gesellschaftssystem war hiermit gelegt und damit verbunden ging eine Kollektivierung der Landwirtschaft einher. Über 85 Prozent der Bevölkerung lebten und arbeiteten als Bauern auf dem Lande. Großgrundbesitz wurde während der 50er Jahre abgeschafft. Die landwirtschaftliche Produktion organisierte man in Form der Volkskommunen, die als zentrale Einheiten später auch für das gesamte Verwaltungs-, Wirtschafts- und Kulturleben verantwortlich waren.

China strebte seit jeher einen höchstmöglichen Grad an Unabhängigkeit an. Über verschiedene Fünf-Jahres-Pläne gelang es dem neuen Regime mit enormem Druck auf die Bevölkerung und drakonischen Maßnahmen, auf landwirtschaftlichem Gebiet erhebliche Produktionssteigerungen zu erzielen. Der Ertrag wurde allerdings bevorzugt zum Zweck von Devisen-Einnahmen exportiert und die einheimische Bevölkerung kam kaum in den Genuss der eigenen Ernten. Dessen ungeachtet galt es grausame Hungersnöte weitgehend zu verhindern.

Wo aber ein Minimum an Existenz möglich war, zog es der einfache Bauer auf dem Lande schließlich vor, unter dem Diktat der Kommune mit seiner Familie und einer Schüssel voll Reis zu überleben, als in Freiheit zu verhungern. Die harte Hand, mit der die kommunistische Partei das Land lenkte und bis in den letzten Winkel kontrollierte, wurde von der Bevölkerung in konfuzianischer Haltung, d. h. der Obrigkeit stets gehorchend, geduldet.

Die Anfänge des industriellen Aufbaus erfolgten zunächst mit Hilfe der Sowjetunion während der 50er Jahre. Differenzen zwischen den Bruderstaaten führten dann allerdings zu einem Ende der Zusammenarbeit. Zwangsläufig begann sich China über die britische Kronkolonie Hongkong, die praktisch als Nabelschnur zum Westen fungierte, mit modernen Technologien zu beschäftigen. Diese waren in Form funktionstüchtiger Maschinen auch nur im Westen verfügbar.

Hongkong wurde daher zu einem wichtigen Mittler zwischen Ost und West. Es gab dort etliche dem chinesischen Festland nach wie vor freundschaftlich verbundene Fabrikanten, die gut ausgestattete Produktionen unterhielten und deren »Vorzeigefabriken« bei den Rotchinesen auf großes Interesse stießen.

Erste zaghafte Annäherungen mit Delegierten der Volksrepublik wurden in die Wege geleitet. Die wenigen verfügbaren Devisen des Landes mussten natürlich sehr gezielt und für einwandfreie Technik eingesetzt werden. Chinas Bedarf war immens.

Eine direkte Begegnung mit westlichen Unternehmen und die Aufnahme von Beziehungen erfolgten jedoch mit außerordentlicher Zurückhaltung. Bis unsere ersten Gespräche in China selbst stattfinden konnten, lagen bereits viele Jahre geduldiger Kontaktpflege mit etlichen Beauftragten hinter uns. Die von Jebsen eingefädelten Treffen spielten sich stets im Gebäude der Bank of China in Hongkong ab, führten jedoch für uns sehr lange nicht zu einem aussichtsreichen Austausch in dem Land selbst.

Als im Jahre 1965 eine an mich gerichtete Aufforderung der chinesischen Behörden eintraf, zu Projektverhandlungen nach China einzureisen, war dies eine große Überraschung!

Innerhalb weniger Tage wurde mir ohne den sonst üblichen, in der Regel nicht sehr erfolgreichen Behördenlauf ein Visum erteilt. Das Regime war mit der Erteilung von Einreise-Erlaubnissen extrem restriktiv und so war es keineswegs verwunderlich, dass sich Dr. Franz Reiners, immerhin leitender Geschäftsführer von Monforts, der eigentlich mit mir gemeinsam reisen wollte, mit der Ablehnung seines Antrags notgedrungen abfinden musste.

Es waren doch wohl ideologische Hindernisse, welche damals noch dazu führten, dass er als »Monopolkapitalist« betrachtet und somit zur »persona non grata« erklärt wurde.

Produktionsstätten waren zu jener Zeit Volkseigentum, alle Kosten wurden vom Staat getragen. Sie bildeten eine autarke Wirtschaftseinheit, zu welcher alle möglichen sozialen Einrichtungen gehörten. Verantwortlicher Leiter einer solchen Fabrik war der Direktor, der unter der Führung des Parteikollektivs das Geschehen leitete. In der Praxis sah das so aus, dass alle Entscheidungen vom Komitee der Fabrik unter Vorsitz des Parteisekretärs getroffen wurden.

Ausgerüstet mit diesem Hintergrundwissen begann meine einsame Reise.

Kanton

In jedem Frühjahr fand in Kanton eine Industriemesse statt, auf der sich Delegationen aus Shanghai, Tientsin und Peking ein Stelldichein gaben. Dorthin wollte und sollte ich, um als der erste Vertreter der Unionmatex mein Glück zu versuchen und Wege für einen Auftrag zu ebnen.

Es war keineswegs ohne weiteres möglich, mit einem Flugzeug von Hongkong oder einem anderen Ort außerhalb nach China einzureisen. Einzig bestehende Flugverbindung war diejenige zwischen Moskau und Peking. Entschied man, von Moskau aus anzureisen, so wurde dort jede Person zunächst daraufhin »geprüft«, inwieweit ihre Reise den Vorstellungen der Sowjets entsprach.

Von der englischen Kronkolonie Hongkong aus hingegen bestand als einzige direkte Übergangsmöglichkeit nach China lediglich der Fußweg über die Lo Wu-Brücke. Sie lag in den nördlich der Kronkolonie gelegenen New Territories. Bis zu diesem Punkt der chinesischen Grenze fährt man ab Zentrum Hongkong Kowloon Railwaystation mit dem Lokalzug.

Nur mit einem kleinen Handköfferchen bewaffnet, das die wichtigsten technischen Unterlagen und eine Mindestausstattung an persönlichen Habseligkeiten barg – mehr Gepäck war nicht zugelassen –, begann hier mein Ausflug nach China.

Beim Verlassen des britischen Hoheitsgebietes prüfte zuerst ein englischer Polizist in britischer Khakiuniform und blauer Polizeikappe meinen Pass, mein Visum, meine Aufenthaltsbescheinigung usw. Es lagen keine Beanstandungen vor und ich durfte, zu Fuß versteht sich, den Marsch über die Brücke antreten. Ich hatte das untrügliche Gefühl, dabei unausgesetzt beobachtet zu werden. Am anderen Ende erwartete mich schon der chinesische Grenzposten, um in gleicher Prozedur die Prüfung der Papiere zu wiederholen.

Die Posten der Volksarmee trugen sandgelbe Uniformhemden und -jacken und hielten eine Maschinenpistole sowjetischer Bauart einsatzbereit in der Hand. Die Brücke endete an einem Bahnsteig, auf dem ein Dolmetscher wartete. Jeder ausländische Reisende wurde von einem Dolmetscher empfangen, der über alle Einzelheiten des Ankömmlings schon Bescheid wusste. Beruf, Familienverhältnisse, Wohnort, politische Vergangenheit und gegenwärtige Einstellung etc. etc. Den Funktionären war eigentlich alles bekannt, einschließlich des Inhaltes der persönlichen Unterlagen, die zuvor in der das Visum ausstellenden Behörde außerhalb Chinas abzugeben waren.

Am Ende des Bahnsteigs beeindruckte ein weiträumiges Gebäude, an dessen Wänden riesige Plakate angebracht waren, die fröhlich lachende, begeisterte Bauern, Arbeiter und Soldaten zeigten. Auch eindeutige kommunistische Parolen gegen Kolonialisten, Monopolkapitalisten und Imperialisten, aber auch der Konflikt zwischen Chruschtschows Revisionismus der KPdSU und Chinas reiner kommunistischer Lehre war auf den Bildern erkennbar dargestellt.

Im eigentlichen Grenzgebäude wurde ich dann an einen mit Spitzendeckchen geschmückten Tisch geführt und versank in dem mit einem Schonbezug überzogenen Sessel. Bis zur Fortsetzung der Reise per Zug wurde ich von ausgesuchten, adrett uniformierten jungen Chinesinnen mit Tee und auf Wunsch mit Zeitschriften versorgt, die ich natürlich nicht lesen konnte. Überhaupt waren damals alle Werktätigen Chinas uniformiert, die Bediensteten, Fabrikarbeiter, Hotelangestellten, Sekretäre, die Mitarbeiter in den Büros.

Inzwischen war ein Fragebogen auszufüllen, auf welchem alle irgendwie als wertvoll betrachteten Gegenstände aufzuführen waren, als da sind Geld, Kamera, Filme, Uhr, Füllfederhalter, Schreibmaschine etc. Wie die allerdings noch in mein Köfferchen hätten passen sollen, erschloss sich mir nicht ganz. Bei der Ausreise waren solche Gegenstände dann erneut vorzuzeigen, einschließlich der in China entwickelten Filme. Abgeknipste, aber noch nicht entwickelte Filme durften nicht ausgeführt werden und wurden einbehalten.

Kofferkontrolle gehörte auch hier zur Routine. Nach weiteren zwei Stunden Wartezeit wurde ich zu dem eigens für Ausländer reservierten Waggon und zu meinem Platz geführt. Die Wagen waren hier blitzsauber und in jeder Weise so gut ausgestattet, dass auch eine längere Eisenbahnfahrt auf angenehme Weise erlebt werden konnte. Der Service während der Reise war vorbildlich. Pünktlich wurde das vorbestellte und aus mehreren Möglichkeiten ausgewählte Menü zur angegebenen Zeit serviert.

Neben mir hatte ein großgewachsener, außerordentlich angenehmer und unterhaltsamer Mann, ein Geschäftsführer der Glasfirma Schott, Platz genommen. Leider gestaltete sich die Unterhaltung während der Fahrt sehr mühsam, denn man wurde ständig aus blechernen Lautsprechern mit allen möglichen Ansagen, unterbrochen von Revolutionsliedern und Märschen, berieselt.

Nach dem Inhalt der Ansagen befragt, erklärte das Zugpersonal, dass den Leuten die Landschaft, durchfahrene Städte, Bevölkerung und vieles andere mehr erläutert würde. Ich bedauerte jetzt sehr, der chinesischen Sprache nicht mächtig zu sein.

Nach mehrstündiger Fahrt erreichten wir die Stadt Kanton. Wieder warteten Dolmetscher auf dem Bahnsteig, um die ausländischen Besucher in bereitgestellten Autos zu den reservierten Hotels zu begleiten. Mir fiel auf, dass ich bis jetzt tatsächlich keine einzige Minute allein und ohne, wenn auch diskrete, Beobachtung gewesen war.

Wie gut die Kontrolle der Bevölkerung funktionierte und wie bekannt die Polizei für den rückhaltlosen Einsatz drakonischer Maßnahmen ist, lehrte uns das Missgeschick des befreundeten Herrn Müller von der BASF. Er hatte in Kanton seine Geldbörse mit 3000 Dollar verloren und dies der Polizei gemeldet. Kaum zurück in seinem Hotel angekommen, hat ihm der Manager seinen Geldbeutel samt unversehrtem Inhalt wieder überreichen können. Der Finder hatte es offensichtlich nicht gewagt, von dem Goldschatz Gebrauch zu machen.

In meiner Unterkunft, dem Kanton-Hotel, wurde ich bereits von meinem Freund L.C. Fong erwartet, dessen vertrautes Gesicht mich mit Freude erfüllte. Außerdem wurde Jakob Jebsen ebenfalls für den nächsten Tag erwartet. Mit neugieriger Anspannung erwartete ich die kommenden Gespräche.

Die Verhandlung

Wie üblich nahm es geraume Zeit in Anspruch, bis die versammelte Gruppe der etwa zwanzig Teilnehmer, unter ihnen auch Abgesandte der Kooperationen aus Peking, Shanghai und Tientsin, ausführlich begrüßt worden waren. Die Zeremonie verbietet natürlich auch nur den Hauch einer Ungeduld oder ein zu frühes Aufgreifen des eigentlichen Zweckes der Zusammenkunft.

Interessant war, dass auf chinesischer Seite nur ein einziger englisch sprechender Dolmetscher berechtigt war, auf Fragen und Antworten zu reagieren. Dies war insofern bemerkenswert, als später herauskam, dass etliche Mitglieder der Delegationen außerordentlich gut englisch oder gar deutsch sprachen. Diese Fähigkeiten wurden natürlich zunächst geheimgehalten und man ließ sich alles Gesprochene immer erst ausführlich in das Chinesische übersetzen. Die Diskussion begann wie üblich sehr verhalten. Höflichkeiten wurden ausgetauscht, Visitenkarten gewechselt und noch einmal der ausführliche Dank für die Gesprächseinladung hervorgehoben.

Schließlich begann ein nicht enden wollendes Frage- und Antwortspiel, dem wir uns bereitwillig stellten. Als sich die anfänglich zögerlich geäußerten Fragen in ein ausgeprägtes Informationsbegehren steigerten, war der größte Teil des Tages vergangen, es wurde vertagt. Die von China gewünschte Mehrfarben-Druckerei-Anlage barg ja mit sämtlichen Zusatzeinrichtungen, wie Farbküche, Filmgravur, Waschanlagen und der Sicherstellung einer zuverlässigen und richtig gesteuerten Stromversorgung, genügend Diskussionsstoff, um unzählige Gesprächsstunden anzureichern.

Dass viele Detailfragen mehrfach wiederholt gestellt wurden, obgleich in unseren Augen reichlich erschöpfend erläutert – schon um Widersprüchlichkeiten in unseren Darlegungen zu erkunden – gehörte ebenso wie eine grundsätzliche Verzögerung bei der Äußerung von Zustimmung zur Taktik des »Gegners«. Als bevorzugtem Ansprechpartner waren mir diese Gepflogenheiten aber sehr vertraut.

Hinzu kam, dass wir geduldig warten mussten, bis jede unserer Antworten akribisch genau schriftlich festgehalten wurde.

Die typische Eigenheit solcher staatlich kontrollierter, diktatorischer Wirtschaftssysteme bringt es mit sich, dass keiner der am Entscheidungsprozess Beteiligten bereit ist, auch nur die geringste Verantwortung zu übernehmen. Was dies bedeutet, konnten wir feststellen, als nach dem mühsam errungenen Auftrag in der später übermittelten schriftlichen Bestätigung durch einen marginalen Schreibfehler die Spezifikation des Kupfergehaltes der Druckwalzen mit nur einer Stelle hinter dem Komma abweichend genannt wurde. Im Lieferwerk war dies unbemerkt geblieben, zumal die richtigen Zahlen in allen übrigen werkseitigen Broschüren korrekt waren.

Dennoch hat diese kleine Unachtsamkeit den gesamten Auftrag plötzlich in Frage gestellt und wir bekamen das ganze Ausmaß des chinesischen Bürokratismus zu spüren, als wir merkten, wie viele Abteilungen durchlaufen werden mussten, um die erforderliche Korrektur des Schreibfehlers von allen absegnen, gegenbestätigen und genehmigen zu lassen.

Als nun der Lieferumfang endlich geklärt war, kam es zum Kernstück der Verhandlung, dem Preis der Anlage. Dabei gilt es ja stets, viele Interessen unter einen Hut zu bringen und gegeneinander abzuwägen, d.h. Kompromisse zu finden. Die Aussicht auf künftige Aufträge darf nicht gefährdet werden, die eigenen Kosten und die erforderlichen Gewinnmargen müssen im Blickfeld bleiben, dem Preisdruck von Konkurrenzangeboten müssen gute Argumente entgegengehalten werden. Eigene Monopolstellungen mit marktführenden Maschinen, die in der Begehrlichkeit des Käufers einen hohen Stellenwert haben, können dabei, wo immer möglich, ausgeschöpft werden.

Andererseits ist es besonders entscheidend, dem Käufer einen Verhandlungserfolg in Form eines generösen Nachlasses zu gewähren, der ihn sein Gesicht bewahren hilft. Die Gesichtswahrung hat traditionell in asiatischen Ländern eine viel größere Bedeutung, als man gemeinhin bei uns annimmt. Es steht aber auch außer Frage, dass ebenso wir, durch allzu große Zugeständnisse, unser Gesicht nicht verlieren durften!

Es war die Quadratur des Kreises, die es in Kanton zu lösen galt. Schließlich haben wir nach zehn langen Tagen bei diesem Projekt unter Berücksichtigung einiger Kunstgriffe einen 18-prozentigen Nachlass für die Druckerei als große Geste und als Zugeständnis an China akzeptiert. Für den Verkauf später zu liefernder Spulmaschinen, die damals wegen der großen Nachfrage eine Lieferzeit von über zwei Jahren hatten, schlossen wir zunächst jeden Rabatt aus. Letzteres konnten wir damit begründen, dass bei so langen Lieferzeiten kein Lieferant der Welt den Verkauf seiner Produkte durch Preisnachlässe fördern muss.

Als wir dann als besondere Geste für unsere chinesischen Freunde die Lieferzeit auf weniger als zwölf Monate vorzogen und außerdem ein Zugeständnis von zwei Prozent für diese Autoconer® gewährten, war das Wohlwollen der anderen Seite lebhaft spürbar.

Mit diesem Ergebnis konnten wir leben und auch die Chinesen zeigten uns, dass sie mit dem endgültigen Angebot durchaus zufrieden waren. Bei der unvermeidlichen Dinnerparty zur Abrundung des gemeinsam Erreichten genossen wir mit allen Teilnehmern endlich eine befreite Stimmung. Auch für die chinesischen Mitarbeiter stellte es eine große Ehre dar, an einer solchen Party teilnehmen zu dürfen. Der festliche Akt bekräftigte noch einmal die Ernsthaftigkeit des Projektes. Fand ein solcher nicht statt, dann konnte man in der Regel davon ausgehen, dass die verhandelte Anlage nicht zur Ausführung kam.

Und so taten wir uns in einem riesigen Saal an einer gigantischen Fülle von kalten Speisen, die an langen Tischen auf unzähligen Blechen sehr appetitlich angerichtet waren, gütlich.

Noch heute steht in unserer Wohnung ein mit chinesischen Szenen verziertes Porzellanset, das mir die chinesischen Partner als Dank für meinen Einsatz in Kanton »With the Compliments of the People's Republic of China« übersandt haben.

Unsere Haltung bei der Realisierung dieses ersten Textilprojektes in China nach dem Zweiten Weltkrieg hat sich enorm bezahlt gemacht. Für Jakob Jebsen, der sich außerordentlich geschickt bei diesen Verhandlungen verhalten hatte, war dieser Abschluss ein großer persönlicher Erfolg, bewies er doch damit, dass der Verbund »Unionmatex & Jebsen« für chinesische Geschäfte eine gute Investition in die Zukunft versprach.

Bis zur Rückreise verbrachten wir im Kanton-Hotel drei weitere Tage. Über geschäftliche Angelegenheiten unterhielten wir uns jedoch stets nur beim Spaziergang im Park des Hotels, um eventuellen Abhörgefahren auszuweichen.

An einem der gemeinsamen Abende wurde mir dann von Jakob Jebsen vorgeschlagen, die gesamte technische Abteilung seines Hauses in Hongkong zu übernehmen. Dies kam für mich überraschend und ich fühlte mich durch die Offerte sehr geehrt. Auf Grund des gemeinsam verbrachten Verhandlungsmarathons war unsere gegenseitige Wertschätzung inzwischen groß. Trotz der in Aussicht gestellten Bedingungen habe ich jedoch höflich abgesagt, ich fühlte mich der Unionmatex gegenüber zu sehr persönlich verpflichtet.

Konfuzius

Im Juli 1965 kam unsere Tochter Michaela in Hongkong im Canossa-Hospital zur Welt. Es war erneut ein großes Ereignis und viele, auch chinesische, Freunde gratulierten uns auf das Herzlichste. Unter anderem beschenkte uns unser Freund und Geschäftspartner Y.C. Wang mit einem kostbaren silbernen Kinder-Set, bestehend aus Kamm, Bürste und Trinkbecher.

Noch einmal sind wir daraufhin innerhalb Hongkongs umgezogen. Eine großzügige Wohnung auf dem Peak mit dem Namen Repulse Bay Mansion wurde dann unser letztes, aber sehr schönes Domizil. Ich habe in Hongkong sehr gut und sehr gerne gelebt und gearbeitet. Selbstredend gehört zu einem zufriedenen Leben außerhalb der Heimat ganz wesentlich eine Gestaltung und Bereicherung durch soziale Kontakte und ergänzend dazu auch der persönliche Bekanntheitsgrad.

Den hatte ich offenbar in ausreichendem Maße erreicht. Eines Tages hatte meine Mutter einen Brief an mich geschickt und diesen – sei es aus Versehen oder weil meine genaue Anschrift ihr just nicht greifbar war – nur mit »Mr. Hubert Roedlich, Hongkong« adressiert. Der Brief wurde mir tatsächlich in meinem Büro zugestellt. Und das war in einer Sechs-Millionen-Stadt schon etwas Besonderes.

Auch die konfuzianisch geprägte persönliche und geistige Grundhaltung meiner chinesischen Landsleute entsprach in hohem Maße meinen Wertvorstellungen. Während meines langen Aufenthaltes in diesen Ländern haben mich die Lehren und weisen Worte des Konfuzius immer wieder beeindruckt. Der aus dem fünften vorchristlichen Jahrhundert stammende Philosoph und Lehrer hat eine Lebens-, Kultur- und Gesellschaftsphilosophie entwickelt, die aus meiner Sicht in vielen Bereichen den christlichen Maximen entspricht.

Für Konfuzius ist die höchste aller Tugenden die Menschenliebe, die höchste Form der Weisheit die Menschenkenntnis. Es bestehe für jeden Menschen die Pflicht zur Entwicklung der eigenen Persönlichkeit.

Professor Gottfried-Karl Kindermann beschreibt die Ideen des Philosophen eingehend: »Da Mensch und Gesellschaft durch Bildung perfektionierbar seien, bestehe für alle Menschen ›vom Kaiser bis zum einfachsten Mann‹ die Pflicht zur ›Selbstkultivierung der Persönlichkeit‹. Der Zustand des Einzelnen, der Familie, des Staates und der Welt hänge von deren Erfolg ab. Die Familie stehe rangmäßig über dem Staat und verkörpere dessen Grundmodell. Menschen würden nicht primär von Gesetzen regiert, sondern durch das prägende Vorbild führender Persönlichkeiten. Der Erlass zahlreicher strenger Gesetze sei ein Symptom schlechter Herrschaft. Als hochrangige Alltagstugenden galten Fleiß, Bildung, Sparsamkeit, Loyalität gegenüber sozialen Gruppen und die Einfügung in hierarchische Gesellschaftsgefüge ...«[*]

---

[*] Zitat aus: G. K. Kindermann: Der Aufstieg Ostasiens in die Weltpolitik, München 2001.

Einige Jahre hatte ich bei Jebsen den ungewöhnlichen Vorzug, mit dem weisen, philosophisch und auch sonst sehr gebildeten chinesischen Ingenieur Mr. Kwok zusammenzuarbeiten. Mr. T. K. Kwok war damals 72 Jahre alt. Immer wieder verstand er es mit trefflichen Worten Vorgänge in China zu erläutern, politisches und wirtschaftliches Denken seiner Landsleute zu erklären und mich über ihr Verhalten und vieles mehr aufzuklären. Dieser joviale und sehr in sich ruhende Chinese war ein Mensch, den man nicht vergisst.

Chinesen sind generell kluge, geschickte und, nicht im negativen Sinn, fundamentalistisch orientierte Menschen. Ihr langfristiges und im Allgemeinen auch sehr behutsam angelegtes Denken hat durchaus Vorteile, soll aber nicht darüber hinwegtäuschen, dass höchste Wachsamkeit geboten ist, wenn es um die Regelung geschäftlicher Angelegenheiten geht. Die wiederholt mit chinesischen Kunden oder Einkaufszentralen ausgehandelten Verträge haben von uns große Konzentration, Überblick und Ehrlichkeit verlangt. Einmal getroffene Abmachungen, und dies betrifft auch mündliche Vereinbarungen, haben im Allgemeinen bei Chinesen einen hohen Stellenwert und werden ernsthaft wahrgenommen. In anderen Ländern des Orients gilt hierzu häufig eine erheblich weniger verbindliche Einstellung.

China hat, dem Wandel der Zeit folgend, unter Deng Xiaoping während der 80er Jahre eine völlig neue Wendung erfahren und damit das heutige Wirtschaftsgeschehen eingeleitet. Als persönlich von der »Proletarischen Kulturrevolution« Maos betroffenes Opfer hat Deng schon Ende der 60er Jahre die Erfordernisse erkannt, um den Aufbruch Chinas in ein modernes wirtschaftliches Zeitalter einzuleiten.

»Werdet Millionäre«, hat Deng seinen Landsleuten empfohlen. Ein für unsere Begriffe provokanter Satz und natürlich war Deng Xiaoping dies bewusst. Aber ohne dass Wohlstand und ein Zuwachs an persönlichen Vermögenswerten, also »Reichtum«, erlaubt würde, konnte kein volkswirtschaftlicher Aufschwung stattfinden. Mithilfe der wachsenden Zahl an Millionären sollte sich das Wachstum auf breiter Basis ständig vergrößern. Andernfalls würde China in der Bedeutungslosigkeit versinken.

So hat sich das Reich dank seines Einflusses schon in den 80er Jahren des 20. Jahrhunderts von den strengen Regeln kommunistischer Planwirtschaft und seinen Verteilungsideen entfernt. Deng Xiaoping wusste aber auch sehr gut, dass sich die sich zwangsläufig entwickelnde Kluft zwischen Arm und Reich zu einem Problem auswachsen würde. Hier glaubte er jedoch mit Hilfe der nach wie vor kommunistischen Partei regelnd eingreifen zu können.

Getreu der chinesischen Tradition, in langen Zeiträumen zu denken, zu planen und demgemäß zu handeln, hat sich China langsam aber stetig in einen Staat gewandelt, der zwar nach wie vor unter einer kommunistischen Parteiführung steht, jedoch den Wirtschaftsliberalismus für seine Zwecke geschickt nutzt.

Dem Land kommt nun einmal aufgrund der Globalisierung ein Teil der wirtschaftlichen Zukunft zu. Es ist ganz verständlich, dass die Menschen dieses auch heute noch ungeheuer armen Landes einen vergleichsweise bescheidenen Wohlstand anstreben. Nur mit Fortschritt und Wirtschaftserfolgen der Industrie lässt sich die Situation der vielen Millionen bitterarmen Menschen auf dem Land verbessern.

Außerdem sind wirtschaftspotente Staaten auch gute Käufer, also für die Industrieländer, die ihre Produkte absetzen müssen, von höchstem Interesse.

Es ist eine bekannte Tatsache, dass wirtschaftliches Wachstum nie von alleine allen Gesellschaftsschichten gleichermaßen zugutekommt. Die staatliche Fürsorgepflicht gebietet es deshalb, soziale Konflikte damit einhergehend von vorne herein zu mildern. Den Ungleichgewichten im Zeitalter der Globalisierung müssen übergeordnete Kontrollmechanismen gegenübergestellt werden, um unbillige Härten auszugleichen. Es wird eine der großen Aufgaben künftiger Generationen sein, daran zu arbeiten, dass eine vernetzte Welt auch gemeinsame soziale Werte und Ziele verfolgt.

»Vor Gott sind alle Menschen gleich« ist ein bedeutungsvoller Satz. Gleichmacherei hingegen gilt es jedoch ebenso zu verhindern wie die Entwicklung eines grenzenlosen Egoismus. Die Steuerung zum Erreichen solcher gesellschaftlicher Ziele setzt nach meiner

Ansicht tiefgreifende politische, psychologische, wirtschaftliche und historische Kenntnisse der jeweiligen Volkswirtschaften voraus und nur Behutsamkeit und unendliche Geduld können den notwendigen globalen Fortschritt ermöglichen.

Aber wer von den in Deutschland in der Politik Verantwortlichen besitzt schon diese erforderlichen Kenntnisse? Gegenwärtige Wirtschafts- oder Entwicklungshilfen sind hilfreich und notwendig, aber führen hinsichtlich ihres Einsatzes und ihrer Zielführung oft nicht zu den gewünschten Ergebnissen. Sowohl im Empfängerland, aber gleichermaßen auch im Geberland sind hier Lernprozesse und eine vernunftorientierte Aufklärung unumgänglich.

Gerade die reichen Industriestaaten, die sich ihre eigene Entwicklung auch über Jahrhunderte erst erarbeiten mussten, sollten sich vor Bevormundung hüten und nicht ohne genaues Studium der Geschichte, der Traditionen, der religiösen Kultur eines Landes diesem Ratschläge erteilen. China wird getragen von einem ausgeprägten Sicherheitsdenken, das sich seit Jahrhunderten auf die Stabilisierung seiner Grenzen und auf seine gesellschaftliche Struktur bezieht.

Nur wenn man bei dem Miteinander mit diesem Volk nicht aus den Augen verliert, welch vielseitigen Wandlungen und Auseinandersetzungen das Land unterworfen war und welch ungeheuren Einfluss die über zweitausendjährige Philosophie- und Sittenlehre des Konfuzius auf das Leben der Chinesen bis heute hat, kann hieraus eine für alle Beteiligten nutzbringende Gemeinsamkeit erwachsen.

Taifun Wanda

Wer einmal einen Taifun erlebt hat, vergisst die Eindrücke nie und der Respekt vor den Tücken der Natur prägt sich tief ins Gedächtnis.

Nun kannte ich derartige Stürme aus Korea und Japan und war mir der Naturgewalt eines solchen Geschehens sehr bewusst. Als in den Nachrichten vom 1. September 1962 Taifun »Wanda« für Hongkong angekündigt wurde, haben wir unverzüglich begonnen, die üblichen Vorkehrungen zu treffen, um möglichst schadlos davonzukommen.

Meine damalige Frau Rosmarie war gerade schwanger, und so lag es an unserer chinesischen Bediensteten »Ahma« und dem Hausmeister, mit mir zusammen die Wohnung zu sichern. Alle Außenfenster wurden fest verriegelt und die Türen gesichert. So weit es möglich war, wurden die Möbel mit Keilen vor dem Verrutschen geschützt. Gläser, Geschirr und zerbrechlicher Zierrat wurde in geeigneten Kästen verwahrt. Der Aufwand entsprach fast einer Vorbereitung zum Umzug, musste aber in drängender Zeitnot erledigt werden. Viel mehr konnte man eigentlich in einer Wohnung nicht vorsorgen. Wir hofften, dass an alles gedacht war und sich nichts Dramatisches ereignen würde.

Das Radio ließen wir ununterbrochen laufen, um die aktuellen Meldungen zum Wetterbericht nicht zu versäumen, und verharrten angespannt in unserer Wohnung. Der 1. September war ein Samstag. Die letzten Taifunwarnungen besagten, dass sich der Sturm nunmehr zielgerade auf die Stadt Hongkong zubewegte. Es wurden Windgeschwindigkeiten von beängstigender Höhe gemeldet. Schon kündigten sich die ersten Böen geräuschvoll an. Sie wurden im Laufe des Vormittags zunehmend heftiger und steigerten sich rasch zu Orkanstärke.

Ein ungeheures Gebraus rauschte um das Gebäude. Wir bewohnten damals den dritten Stock des Hauses in der Pokfulam Road. Der freistehende Bau war den Windböen von allen Seiten direkt und völlig frei ausgesetzt.

Dies war jedoch erst der Anfang.

Jetzt brach sich der über uns hinwegziehende Sturm an den Hochhauswänden und erzeugte einen durchdringenden und unerhört starken Pfeifton. Bevor das windstille Zentrum, das »Auge« des Taifuns, die Stadt erreichte, war die Windgeschwindigkeit an seinen Rändern schon auf 140 Knoten angewachsen. Dies entsprach etwa 260 Stundenkilometer! Bis dato hatte man noch nie eine derart immense Windgeschwindigkeit gemessen. Dabei entlud er hemmungslos seine zerstörenden Kräfte.

Eigentlich galten die Hochhäuser als taifunsicher. Wir hatten uns in den Flur im Inneren unserer Wohnung zurückgezogen. Der Aufenthalt in Fensternähe oder den Außenräumen galt trotz der Schutzmaßnahmen als lebensgefährlich. Die zunehmende Geräuschkulisse strapazierte langsam unsere Nerven und die Frauen drückten sich haltsuchend an die Wand. Immer noch hofften wir, ungeschoren zu bleiben.

Plötzlich hörten wir einen lauten Krach von zersplitterndem Glas.

Ein Fensterglas im Schlafzimmerfenster hielt dem Winddruck nicht mehr stand und zerbarst. Im selben Augenblick zerbrachen weitere Scheiben und der Sturm erfasste mit seiner vollen zerstörerischen Kraft alle im Raum befindlichen Gegenstände. Ein unvorstellbares Maß an Zerstörung folgte. Im wahrsten Sinne des Wortes wurde innerhalb von Minuten die gesamte Inneneinrichtung zertrümmert. Obgleich der Schlafzimmerzugang gesichert war, haben wir uns sofort vom Flur weiter in den Wohnungseingang zurückgezogen, der durch eine weitere Tür abgetrennt und durch Betonwände begrenzt war. Es schien uns nämlich keineswegs mehr sicher, dass die Scheiben der großen Sprossenfenster im Wohnzimmer dem Sturm standhalten würden.

Unvermittelt trat eine unheimliche Stille ein. Es fühlte sich in

unseren Ohren an wie ein wattedichtes Vakuum. Das Taifunauge lag jetzt direkt über der Stadt. Man hatte minutenlang den Eindruck einer totalen Windstille.

Nach kurzer Zeit jedoch begann der zweite Teile des Desasters. Erneut steigerte sich die Windgeschwindigkeit rapide und »Wanda« zog weiter durch die Stadt, eine unglaubliche Schneise der Verwüstung hinterlassend.

In der Hauptstraße der Insel Victoria, der Queens-Road, riss der Sturm angeblich taifungesicherte Leuchtreklamen und Baugerüste herunter. Die vielen Kleinhändler konnten später ihre Verkaufsstände nur noch in Form von Brennholz zusammensuchen. Autos wurden durch die Luft gewirbelt. In Shau Kei Wan wurden über zweihundert kleinere Schiffe zerstört, die auch vielen Chinesen als Wohnstätten dienten. Frachtschiffe wurden sogar durch die Wucht der aufgewühlten Wassermassen auf den Strand gesetzt oder sanken nach völliger Zerstörung auf den Meeresgrund.

Der Taifun hatte einen gigantischen Flugzeugträger der US-Marine aus der Verankerung gerissen und gegen den Pier gedrückt. Eines

der großen Motorboote landete gar auf dem Dach des an den Hafen angrenzenden Bahnhofes im Stadtteil Kowloon.

Nachdem der Sturm landeinwärts abgezogen war, konnte man sich wieder herauswagen und das ganze Ausmaß der Zerstörung erkennen. Der Eindruck war niederschmetternd. Die traurige und erschreckende Bilanz des Taifuns ergab 130 Tote, 600 Verletzte und 75 000 obdachlos gewordene Menschen.

Unverzüglich begannen die Aufräumarbeiten. Es war außerordentlich bemerkenswert, in welch kurzer Zeit die damals englisch geführten Behörden die Organisation für die Betreuung der Obdachlosen regelten und die Beseitigung der entstandenen Schäden durchführten.

Wir sind vergleichsweise gut davongekommen und haben dies unserem Schöpfer aufrichtig gedankt.

Von allen selbst erlebten Wirbelstürmen in Amerika oder Asien, und sie waren ebenfalls schlimm, hatte der Taifun Wanda am schrecklichsten und zerstörerischsten von allen gewütet.

Nach etwa zehn Jahren endete mein erstes Fernost-Engagement und ich verlegte meinen Wohnsitz wieder nach Deutschland. Es warteten neue Aufgaben, die sowohl fachliche aber auch geographische Herausforderungen bereithielten. Sie führten mich neben vielen europäischen Ländern unter anderem nach USA, Kolumbien, Venezuela, Taschkent, Türkei, Syrien, Ägypten, Saudi Arabien, Indien, Thailand und Pakistan. Die Zusammenarbeit mit islamisch geprägten Partnern eröffnete mir interessante Einblicke in eine Welt, fremd und doch voller Respekt für einander. Dem fernen Osten, besonders aber China, blieb ich jedoch weiterhin stark verbunden.

Der Aufenthalt in Fernost hat mich sehr geprägt. Die Vielfalt der Lebensformen hat meinen Blick auf die Menschen verändert. Es gibt unendlich viele, die trotz widriger Lebensumstände guten Willens sind und ein wenig Glück verdienen. Wenn möglich und erforderlich sollte man ihnen dabei helfen.

Mit meinen 37 Jahren war ich noch ein verhältnismäßig junger Mann und weiterhin neugierig auf alles, was das Leben bereithielt. Dass die künftigen Ereignisse nicht nur amüsant und erfolgreich waren, sondern auch Gefahren bargen und nicht ohne Dramatik abliefen, konnte ich damals noch nicht ahnen. Sie werden den zweiten Teil meiner Erinnerungen füllen.

Anhang

Telefon:	(0331) 9714 420
Telefax:	(0331) 9714 419
BwKennz.:	8529
E-mail:	mgfaanfragen@
	bundeswehr.org
Datum:	23.11.2004
	fin
TgbNr.:	04-1794

MGFA · Abteilung AIF · Postfach 60 11 22 · D-14411 Potsdam

Herrn
Hubertus Rödlich
Destouchesstraße 73-75
80796 München

Betr.: Hieronymus Roedlich
Bezug: Ihre schriftliche Anfrage vom 05.11.2004
Anlg.: 1

Sehr geehrter Herr Rödlich,

vielen Dank für Ihre Anfrage an das Militärgeschichtliche Forschungsamt (MGFA) in Potsdam.

Die in unserer Bibliothek vorhandene Kurzbiographie von Generalmajor Hieronymus Franz Seraph Roedlich habe ich Ihnen als Anlage an mein Antwortschreiben beigefügt. Daraus geht hervor, daß General Roedlich tatsächlich Brigadekommandeur der schlesischen Landwehrverbände in der Division von Generalmajor Horn gewesen ist. Einzelheiten können Sie der Anlage entnehmen.

Darüber hinaus könnten folgende Publikationen für Sie von Interesse sein:

- Roedlich, E.F. (Hrsg.): Das Leben des Generals Hieronymus Roedlich (1767-1833). Mit Bild nebst Unterschrift, Berlin 1882.

- Lehmann, Max: Scharnhorst, 2 Bände, Leipzig 1886/87.

- Friederich, Rudolf: Geschichte des Herbstfeldzuges 1813, 3 Bände, Berlin 1903/6.

Ich hoffe, daß ich Ihnen behilflich sein konnte und verbleibe mit freundlichen Grüßen.

Im Auftrag

Julian-André Finke, M.A.
Leutnant

*Anhang 1: Bestätigungsschreiben des Militärgeschichtlichen Forschungsamtes
vom 23. November 2004*

Stuart M. Crease
15 Queen Anne's Gardens
Ealing
London W 5

Monday, February 18th 1952

Dear Mutti,

– Forgive my using such an affectionate term, but it sounds so much better than a formal "Mrs Rodlich", and, after all, you were "Mutti" to me during my stay in Bad Oeynhausen.

Firstly let me say how wonderfully pleased I was to receive your very welcome letter towards the end of last year. It was so good to hear from you and recall all those happy times which we had together. Do you remember when I was confined to barracks and used to sneak out secretly and hide in your home and put my rifle in your wardrobe! Such were the times in which we were living then. I shall always remember with gratitude and appreciation the great kindness which you showed on me at that time. I do hope that you and your husband are in good health and that you are comfortably settled in Münster.

The burden of looking after your two sons while they are studying must be very great in these difficult days, but later on you will have all the pleasure of reward in seeing them settled into a good career with good prospects in the future and I am sure that you will think that the effort was well worth while. – I was an awful burden on my parents and I owe everything to them although I've never been able to repay them for their sacrifices.

I am glad that Hubert has developed into such a pleasing young man. He was just a boy when I knew him – and what a boy!! Now he must be twenty two or three I suppose. But when I saw him in his younger days I was able to observe those fine qualities of a good son – pleasant disposition, integrating of character and upright personality, possessing initiative and a keen sense of responsibility.- But do not for heaven's sake tell him all that! – Just say that I thought he was a little horror!

Of course, I do not know Fritz, but I am sure that he too is a worthy son and I hope I shall be able to meet him one day.

And Liesel is teaching. One of the noblest professions and I am sure she must be making a great success of it and hope she likes it.

It is sad to learn that things are not going so well with Hilda. But

Anhang 2: Brief vom 18. Februar 1952 von Stuart Crease an unsere Mutter

are you sure that their troubles may not be just a passing period and that soon all the happiness they knew may return? Would it really help their marriage if they were able to return to live near Münster? Surely if there are differences of temperament and background, they alone can find the answer. Don't worry too much.- I know it is difficult not to – for we all have to go through these hard times at some moments in our life and perhaps we are able to profit from the experiences and emerge from the dark passages better and worthier people.

Although I have mentioned your suggestions to my friends here informally I am afraid that I am powerless to be able to do anything myself and I do not know anyone who could. Please have patience a little longer and I am sure things will improve.

I am afraid that my letter to Hubert was not very clear because I did not mean to say that I was certainly going to visit Germany soon, but only that I was hoping that I might be able to. Up to the present there has not been any chance I am afraid, but this coming summer I really intend to see you all, but at the moment I do not know exactly when.

For myself, I keep in fairly good health. After some years working in the north of England I have now transferred back to London where I am very happily settled. My work is interesting and responsible, and for my age (I will not tell you what it is now – say twenty two!!) I receive quite a good salary, but I never have any money.

The past ten days have been very sad once for us owing to the sudden death of our king. He was very much a part of all our lives and loved by all of us, whatever our differing opinions may be on other matters. But he was a very sick man and perhaps it was a blessing in disguise that he was allowed to die so peacefully without the pain and torture which a few more months would certainly have brought.

John is well and I hope to go and see him and his wife next month. We correspond but do not often meet for he is about two hundred and fifty miles from London.

Tell Hubert that I will be writing to him soon because I know that I owe him a letter.

My very best and sincerest wishes to you all.

May god keep and bless you all

"Gute Nacht"

Yours very sincerely
Stuart Crease

RIECKERMANN (KOREA) CO.   SEOUL,

                                              den 13. Maerz 1959

Herrn
Direktor Heinrich Soldan
Vorstand der Weber + Ott AG.
Forchheim / Obfr.
Bayreutherstr.
W. - Germany

Sehr geehrter Herr Direktor Soldan,

Inzwischen sind schon wieder Monate vergangen, ohne Ihnen gelegentlich
ein Lebenszeichen zu schicken. Durch die Anhaeufung von Arbeit ist es
jedoch einfach nicht moeglich, auch nur die notwendigste Korrespondenz
zu erledigen. Zwischenzeitlich hat sich wieder so Vieles ereignet, dass
es mir schwer faellt, den geeigneten Anfang zu finden.

Zunaechst hoffe ich, dass Sie mit Ihrer verehrten Familie wohlauf sind.
Die Bedeutung der Gesundheit hab' ich hier draussen erst in vollem
Umfang erfahren, sodass dies sein wertvollster Wunsch fuer Sie ist.
Daneben wuerde es mich freuen, wenn es der Firma W+O trotz des vers-
chaerften Wettbewerbs weiterhin gelingt, eine fuehrende Rolle zu spielen.
Aus den hier vorhandenen Wirtschaftsberichten kann entnommen werden,
dass der europaeischen und damit auch deutschen Textilindustrie waehrend
der vergangenen Monate ein erheblicher Druck von aussen gegeben wurde.
Es ist nur zu hoffen, dass durch geeignete Regierungsmassnahmen diese
Zwangsjacke etwas gelockert wird. Meine Aussichten in naechster Zukunft
nach Deutschland zu kommen, sind gering. Die hiesige Marktsituation
laesst es einfach nicht zu, auch nur voruebergehend abwesend zu sein.
Vor kurzem war ich bereits auf dem Wege nach Saigon, um dort ein groe-
sseres Projekt zu bearbeiten, musste jedoch von Japan aus direkt wieder
nach Korea zurueckkehren.

Es ist bemerkenswert wie sehr auch der Textilmaschinenwettbewerb hier
zunimmt. Etwa in gleichem Masse, wie die Absatzmoeglichkeiten in
Europa abnehmen. Selbst die kleinsten Fabrikanten wagen sich auf die
entferntesten Maerkte. Das Geschaeft selbst ist ausgerechnet in Korea
aeusserst kompliziert. Allein 6 verschieden Dollarkurse, welche fuer
die Abwicklung unserer Geschaefte zu beruecksichtigen sind, bergen
einerseits ein grosses Risiko in sich und tragen andererseits nicht
dazu bei, das vorhandene Misstrauen gegenueber der einheimischen Waehrung
zu zerstruen Beim kueralichen Besuch von Prof. Erhard wurde gerade dieser
Punkt scharf kritisiert. Seitens der hiesigen verantwortlichen Stellen
ist man jedoch anscheinend mehr an politischen und sonstigen Spekulationen
interessiert, als aus den hereinfliessenden Hilfsgeldern eine solide
Wirtschaftsgrundlage zu schaffen. Es ist bezeichnend, dass ein Geschaeft
ohne Winkelzuege hier geradezu eine Seltenheit darstellt. Es wird zwar
vorausgestat, dass die zu liefernden Anlagen in ihrer Bemessung und

Anhang 3: Brief an Direktor Heinrich Soldan mit Bericht aus Korea

Auslegung den technischen Erfordernissen entsprechen, eine Bearbeitung
ohne Kenntnis der hiesigen Mentalitaet wurde jedoch zu keinem Ergebnis
fuehren. Inzwischen hatte ich mit Japanern und Vietnamesen zu tun,
ich muss mich aber der allgemeinen Ansicht anschliessen, dass das Korea-
geschaeft ein Geduldsspiel eigentuemlich in seiner Art ist. Wahrscheinlich liegt dies an den rassischen Unterschieden. Z.B. haben Japaner und
Koreaner rassisch nichts miteinander zu tun, Zwar wurde Korea etwa 40
Jahre von Japanern beherrscht, heute ist man hier jedoch "frei" und hasst
die Inselbewohner. Parallel hierzu demonstriert man gegen die Gesetzgebung
der Regierung und wird dafuer auf der Strasse verpraegelt und anschliessend
eingesperrt. Im Einzelnen all die Dinge zu schildern wurde zu weit
fuehren. U.a. muss man auch vorsichtig sein, weil gelegentliche Postzen-
suren doch recht unangenehm sein koennen. Mir persoenlich geht es gut.
Zwischenzeitlich gelang es doch schon immerhin fuer mehrere Mill. DM.
Auftraege hereinzuholen. Von der Naehmaschine bis zur kompletten
Spinnerei oder Ausruestung wird der hiesige Bearbeitungsbereich gespannt.
Bietet man nicht superautomatisch an, hat man gegenueber der uebrigen
Konkurrenz einfach keine Chance. So unverstaendlich dieser Zustand auch
ist, man muss diesen Regeln folgen.

Es gaebe noch so Vieles ueber dieses Thema zu erzaehlen, dessen Ursachen
aus einem uebersteigerten Minderwertigkeitskomplex resultieren, in 5
Zeilen kann man jedoch den Umfang des Geschehens nicht erlaeutern.

Fuer heute sehr geehrter Herr Direktor verbleibe ich mit den besten Gruessen
an Sie und Ihre Familie als auch an die uebrigen mir bekannten Damen und
Herren der Firma

                    Ihr sehr ergebener

                    X. Röll

UNIONMATEX
TEXTILMASCHINEN-UNION G.M.B.H.
FRANKFURT AM MAIN

A k t e n n o t i z

über die Besprechung zwischen

Herrn Shoul N. Eisenberg, Präsident und
M. Landau, Vice- President der Fa. Eisenberg
& Co., Inc.
UNIONMATEX: Herr Dr. Röner - Herr Rödlich
<u>am 14. Januar 1960 im Hotel Frankfurter Hof</u>

Die Firma Eisenberg ist eine amerikanische Gesellschaft, die Ihren
Hauptsitz in New York und Niederlassungen in England, Deutschland,
Japan, Korea und Hongkong hat.
Das Büro in Korea arbeitet in den letzten Jahren mit wachsendem Er-
folg und vertritt dort die Interessen der

> DEMAG,
>
> sämtlicher Siemenswerke,
>
> Lurgi,
>
> Goodyear,
>
> ~~Willics (Jeep),~~
>
> Remington Rand,
>
> Singer usw.

Außerdem arbeitet Eisenberg für gewisse Großprojekte mit Linde und
MAN zusammen.
Für die DEMAG verkaufte er zwei Stahlwerke und für Lurgi Siemens
eine Düngemittelerzeugungsanlage im Werte von über 100 Mio. DM.

Bisher hat sich Eisenberg für das Textilmaschinengeschäft noch nicht
interessiert. Dies gewinnt aber mehr und mehr Interesse für ihn, da
er von der größten koreanischen Textilfabrik Shamho die gesamte
Produktion des Jahres 1960 zum Absatz in USA gekauft hat. Ähnliche
Beziehungen bestehen zwischen ihm und den Firmen Taihan und Kumsung.

Herr Eisenberg steht auf dem Standpunkt, dass Korea, ebenso wie
Hongkong und Japan, im großen Ausmaß Textilien exportieren kann
und ist dabei, den maßgebenden Persönlichkeiten in Korea diese
Idee zu suggerieren. Er scheint hierzu befähigt, denn er hat auch
die anderen Großprojekte, wie Stahlwerke und Düngemittelerzeugungsanlage, propagiert und letzten Endes zur Bestellung gebracht.
Für den Exportgedanken Eisenbergs spricht der Zwang für Korea, sich
bei den langsam, aber stetig abbauenden amerikanischen Hilfsgeldern,
Einnahmequellen für Devisen aus Exporten zu beschaffen.

Anhang 4: Aktennotiz »Eisenberg«

-2-

Bisher hat die koreanische Textilindustrie für die 23 Mio. Südkore-
aner gearbeitet, jetzt beginnen die ersten Textilexporte.
Nehmen diese Exporte größeren Umfang an, was Eisenberg intensiv be-
treibt, reichen die 480 000 Baumwollspindeln bei weitem nicht und es
kommen große Investitionen in Textilmaschinen in Betracht.
Damit beginnt Eisenberg's Interesse am Textilmaschinengeschäft, er
hat jedoch bereits erkannt, dass es in diesem Geschäft in Korea unbedingt erforderlich ist, nicht nur große Projekte zu verfolgen,
sondern auch Einzelgeschäften intensiv nachzugehen.
Der Einfluß Eisenberg's, wie auch Siemens bestätigt, beim Handels-,
Wirtschafts-,Wiederaufbau- und Finanzminister und bei Sheegman Rhee
selbst scheint ausserordentlich zu sein. Er kann anscheinend Unterstützung und Entscheidung auf höchster Ebene erreichen.
Wesentlich ist, dass Eisenberg koreanische Erzeugnisse exportiert
und in Zukunft vornehmlich auch Textilien dabei sind, wodurch ihm
eine erhebliche Einflußnahme auf den Maschineneinkauf der Textil-
betriebe zuwächst.
Herr Eisenberg wird sich in das koreanische Textilmaschinengeschäft
einschalten und bietet uns vorerst an, bei den Firmen Shamho, Taihan
und eventuell auch Kumsung, bei denen Rieckermann nachgewiesener-
massen nur sehr schwer zu Aufträgen kommt, den Nachweis zu erbringen,
dass er in der Lage ist, unseren Häusern die Aufträge an Textilmaschinen dieser Firmen zu verschaffen.
Sollten die UM-Firmen sich für diesen Vorschlag interessieren und
es gelingen, die Fa. Rieckermann mit einer Teilprovision für Geschäfte mit den genannten Firmen abzufinden, wofür sie sich ver-
pflichten müsste, die Bemühungen Eisenberg's nicht zu stören, würde
Eisenberg mit seinem Einsatz sofort beginnen.
Sollte er erfolgreich sein, beabsichtigt er, die UM-Firmen später
zu ersuchen, ihm die gesamte Vertretung für Korea zu übertragen,
Er glaubt, dass die Firma Rieckermann sich aus dem Korea-Geschäft
mehr und mehr wird zurückziehen müssen, da sie kaum Möglichkeiten

-3-

besitzt, den Export Koreas zu unterstützen, der für künftige Impor-
te entscheidende Bedeutung erlangen wird.
Herrn Eisenberg wurde eine Überprüfung seines Vorschlages durch
unsere Firmen zugesichert und eine Stellungnahme in frühestens 3
Wochen als möglich erklärt.
Nach der Darstellung von Herrn Eisenberg besitzt er in Korea bereits eine umfangreiche Organisation, die auch Herrn Rödlich bekannt ist. Eine Zusammenarbeit möchte Herr Eisenberg auf Provisi-
onsbasis betreiben, wobei über die Höhe der Provision nach den
ersten abgeschlossenen Geschäften gesprochen werden soll.
Es wurde Herrn Eisenberg gegenüber bei der Besprechung kein Zweifel darüber gelassen, dass es sich bei unseren Fabrikaten um beste
Qualität handelt, die selbstverständlich auch mit einem entsprechenden Preis verbunden ist.
Am Ende der Unterredung bemerkte Herr Eisenberg, dass er in Korea
jetzt in der Lage sei, durch eine entsprechende Beratung der höchsten koreanischen Stellen selbst Projekte zu schaffen.

Ffm, den 15.1.60
Dr.Rö/ks

Auskunft über die Fa.
Eisenberg ist angefordert.

o/o **RIECKERMANN (KOREA) CO.**

Hubert Roedlish

CABLES :RIKAMAN SEOUL
CODES : ACME , MOSSE, PRIVATE

BANDO - BUILD, 638
SEOUL/KCREA

DEPT.

SEOUL, April 28, 1960

Firma Unionmatex
    Frankfurt/M.
    Neue Mainzer-Str. 22
    W.-GERMANY

Die politische Situation in Korea hat sich voellig underwartet
veraendert. Zwar waren starke Stroemungen vorhanden, welche
das korrupte System der Regierung Sygman Rhee missbilligten,
eine derartig radikale Durchsetzung der Forderung des Volkes
liess sich jedoch bei kuehnster Betrachtung nicht vermuten.
Am 18.4. wurde in Seoul wie schon so oft demonstriert; am 19.
wurden diese Demonstrationen gegen die Regierung verstaerkt
fortgesetzt. Bereits mittags artet es zu einem offenen
Volksaufstand aus, deren Kern die Studenten bildeten. Dieser
Durch Verkuendung des Ausnahmezustandes erhielt die Armee
uneingeschrankte Machtbefugnisse. Bis zum Abend war sie Herr
der Lage. Es ist bemerkenswert, dass alle Blutopfer durch
Zusammenstoesse mit der Polizei verursacht wurden. Die Soldaten
hatten strenge Anweisung nicht zu schiessen.

Die Lage schien sich nach einigen Tagen zu normalisieren. Die
Regierung hatte gewisse Konzessionen gemacht, jedoch dem strittigen
Punkt-Neuwahlen-nicht stattgegeben.

Am 25.4. vollbrachte man eine ebenso ueberraschende wie mutige
Tat. Die Professoren aller Universitaeten -etwa 150 - versammelten
sich abends trotz Ausnahmezustand und marschierten an der Spitze
einiger tausend Studenten und sonstiger Anhaenger zum Parlament.
(etwa 200 mtr. vom Bando entfernt). Erneute Zusammenstoesse mit
Polizei und Militaer kosteten weitere Opfer, die Demonstration
wurde zerschlagen. Inzwischen stand jedoch fest, dass sich das
Militaer neutral verhielt, bzw. mit dem Volk sympathisierte.
Der 26.4. brachte die entscheidende Wendung. Eine ungeheure
Volksmenge-Meldungen sprechen von 500000- versammelte sich im
Stadtzentrum. Militaerketten wurden durchbrochen, Polizeistationen
angezuendet, Haeuser verschiedener Minister gepluendert. Die Menge
war zu allem bereit, um den Praesidenten zum Ruecktritt zu zwingen.
Inzwischen hatte man sich einiger Panzer bemaechtigt. Bis zum
Nachmittag wurden die Forderungen mit amerikanischer Hilfe erfuellt.
Die Regierung Sygman Rhee dankt ab.

Die Amerikaner verhielten sich geschickt und haben letztlich ihre
Position gestaerkt. Wenn auch die Gegenseite die Vorfaelle
propaganidistisch ausschlachtet, wurde den Voelkern Asiens gezeigt,
dass man die freie Volksmeinung respektiert. Ein Prestige, welches

JOHS. RIECKERMANN (EST. 1892) HAMBURG 1, MOENCKEBERGSTR, 10, CABLES RIKAMAN HAMBURG
OFFICES IN: FRANKFURT/M · TOKYO · OSAKA · HONG-KONG · BANGKOK, ISTANBUL

Anhang 5: Mein Bericht an Unionmatex über die Ereignisse in Seoul im April 1960

379

man jetzt in Korea stark zum Ausdruck bringt.

Durch die politische Umwaelzung muessen unsere Plaene hinsichtlich
E. abwartend ueberprueft werden. Nachdem E. eine amerikanische
Gesellschaft darstellt und auch von dieser Seite Unterstuetzung
moeglich ist, bleibt abzuwarten, wie die neue koreanische Regierung
handelt. Die bereits fuer E. entschiedenen Projekte Taihan und
besonders Samho waren sehr regierungsfreundlich. Nachdem seitens
E. ebenfalls der korean. Export unterstuetzt wird, besteht die
Moeglichkeit, dass die vorhandenen Verbindungen zu diesen und anderen
Kunden auch weiterhin Gueltigkeit behalten. Hierueber werde ich
erneut berichten, sobald sich die Situation in etwa beurteilen
laesst.

In geschaeftlicher Hinsicht scheint das Einzelmaschinengeschaeft
nicht sehr umfangreich, waehrend die Projekte bemerkenswert sind
(Kammzuganlagen und sonstige Spinnereimaschinen). Es faellt jedoch
auf, dass seitens Alsacienne 3-4 Monate Lieferzeit und allg. billigere
Preise angeboten werden. Bei den hiesigen Waehrungs-und Zinsverhaeltnissen
ein ausserordentlicher Vorteil.

Mir persoenlich geht es gut und ist nichts passiert.

Ueber die weiteren Entwicklungen werde ich Sie auf dem Laufenden
halten.

                              mit freundlichen Gruessen

Anlage: Bilder

UNIONMATEX

TEXTILMASCHINEN-UNION G.M.B.H.
FRANKFURT AM MAIN

Herrn
Ing. Hubert Rödlich
c/o INTESA
Teromol Pos.No. 862 dak
Djakarta / Indonesien

⊕ FRANKFURT A.M.
Friedrich-Ebert-Straße 29

Ihre Zeichen	Ihre Nachricht vom	Unsere Zeichen

Dr.Rö/Ks   21. November 60
-08-

Sehr geehrter Herr Rödlich,

wir bestätigen Ihnen dankend den Erhalt Ihres Schreibens vom
9.11. aus Saigon, in dem Sie uns über die Schwierigkeiten im
Great Sun Textile Co.-Geschäft, verursacht durch die Lieferzei-
ten Ingolstadts, berichten. Ausserdem geben Sie uns eine kurze
Charakteristik der Arbeitsmöglichkeiten der Fa. Jebsen & Co.,
Hongkong, auf dem textilen Sektor, über die wir uns nach Ihrer
Rückkehr eingehend zu besprechen haben.

Ihrem Kabel aus Bangkok entnehmen wir, dass Ihr Südvietnam-Aufent-
halt anscheinend verhältnismässig kurz war und Sie beabsichtigen,
noch vor Monatsende nach Djakarta zu fliegen, um sich über die
Bearbeitung des indonesischen Marktes auch mit Herrn Born, dem
Fernostdelegierten der Fa. Ferrostaal, austauschen zu können.

Was das Geschäft in Indonesien für die UM-Firmen anbetrifft, so
ist Ihnen bekannt, dass zwischen der UM und der Ferrostaal eine
Vereinbarung über eine gemeinsame Bearbeitung dieses Marktes für
zwei Jahre, beginnend mit dem 1. Januar 1960, besteht. Von Ingolstadt und auch von uns sind seit dem Besuch des Rechtsunterzeichnenden im November des vergangenen Jahres in Djakarta verschied ent-
lich Ausarbeitungen bzw. Offerten für indonesische Interessenten
ausgearbeitet worden.

Über die Auffassung von Herrn Born der Intesa in Bezug auf die Auf
machung indonesischer Offerten hatten wir Ihnen bereits geschriebe
Wir wiederholen, dass er auf dem Standpunkt steht, nur ein Angebot
über eine schlüsselfertige Anlage, in der sämtliche Nebenmaschiner
Zubehör und Ersatzteile enthalten sind, habe Aussicht auf Beachtur
seitens der Indonesier.

Wir haben Sie ja auch bereits gebeten, sich mit Herrn Born über
diesen Punkt ausgiebig zu besprechen und aufgrund Ihrer Erfahrunge
gelegentlich Ihres Besuch bei Regierungsstellen und der privaten
Kundschaft festzustellen, inwieweit die Vorstellungen von Herrn
Born in diesem speziellen Punkt den Tatsachen entsprechen.

Den Berichten des Rechtsunterzeichnenden über Burma aus Dezember
vergangenen Jahres, wo er in Rangoon mit Herrn Dr. Körner der
Fritz Werner AG., Berlin, Besprechungen führte, könnten Sie Verschiedenes über die Arbeitsweise des Berliner Hauses

-2-

Fernsprecher: 9 35 22, 7 51 51 - Telegrammanschrift: Unionmatex Frankfurtmain - Fernschreiber Nr. ▮▮▮▮ 841 2487
Bankverbindung: Frankfurter Bank, Frankfurt/Main Konto 789 - Postscheckkonto Frankfurt/Main 752 90
Neue Anschrift: Neue Mainzer Straße 22

*Anhang 6: Brief von Unionmatex (gez. Dipl.-Ing. H. Biel und Dr. Römer)
an Hubert Rödlich bezüglich Indonesien vom 21. November 1960.*

entnehmen.

Die beiden in Burma anstehenden Textilprojekte sollten seinerzeit
mit Hilfe von Fritz Werner bearbeitet werden und die Aussichten
waren durchaus positiv. Eine gewisse Ausschaltung der Militärpar-
tei nach Wiedereintritt U Nu's in die Regierung brachte in die
Bearbeitung der Textilprojekte jedoch eine Verzögerung. Immerhin
hat Fritz Werner vor diesem Zeitpunkt sehr grosse Geschäfte in
Gestalt von Lieferungen von Zuckerfabriken, Zementfabriken, kompl.
Ziegeleien, abgesehen von Arsenaleinrichtungen usw., durchgeführt.

Fritz Werner scheint auch in anderen Ländern des Fernen Ostens mit
Regierungs- und insbesondere militärischen Kreisen enge Kontakte zu
pflegen.

In diesem Zusammenhang ist Ende des vergangenen Monats eine indonesische Regierungsdelegation in Berlin bei Fritz Werner gewesen und
hat bei dieser Gelegenheit auch über Projekte der Leichtindustrie,
insbesondere der Textilindustrie, gesprochen. Bei dieser Kommission
handelte es sich auch hauptsächlich um Militärs, die an einer Ver-
grösserung und Modernisierung der bestehenden Textilindustrie Indonesiens offenbar starkes Interesse haben.

Es ist beabsichtigt, die Gesamtspindelzahl Indonesiens auf ca.
2 Millionen zu bringen und auch Weberei und Ausrüstung dieser Kapa-
zität anzupassen.

Fritz Werner hat uns über diese Absichten in Indonesien informiert
und den Wunsch auf eine gemeinsame Bearbeitung ausgesprochen.

Aufgrund der seinerzeitigen Situation und insbesondere der Zusage
der Ferrostaal, sich intensiv um das Textilmaschinengeschäft in
Indonesien zu bemühen, kam die erwähnte Vereinbarung zustande, die
noch zu keinem Geschäft führte. Dies möchten wir jedoch der Situation in Indonesien und nicht der Fähigkeit und Aktivität der Ferro-
staal-Vertretung zur Last legen.

Sollte sich jetzt durch grössere Einflussnahme der Militärkreise
in Indonesien tatsächlich eine Ausweitung der Textilindustrie an-
bahnen, so möchten wir unbedingt daran partizipieren.

Selbstverständlich sollen Sie sich während Ihres Aufenthaltes in
Indonesien ein unbefangenes und neutrales Bild über die Möglichkeiten des UM-Geschäftes über Ferrostaal/Intesa bilden, auf der anderen
Seite wäre es natürlich interessant, etwas über die Planungen auf
höchster Ebene zu erfahren.

Abgesehen von dem indonesischen Minister für Leichtindustrie, Dr.
Suharto, käme für eine Kontaktaufnahme noch Oberst Sujatmo in Betracht, der als Leiter einer Experten-Kommission des"Ministers of
People's Industry" die Fa. Fritz Werner in Berlin besuchte. Inwieweit Sie in dieser Richtung über die Verbindung zur Ferrostaal-Intesa
hinaus Informationen einziehen können, müssen wir Ihrer Geschicklichkeit überlassen.

Ihnen weiterhin gute Reise wünschend, verbleiben wir

P.S. Soeben geht
    Ihr Kabel hier ein, dem
    wir entnehmen, dass Sie
    bereits am 23. in Djakarta

mit freundlichen Grüssen
U N I O N M A T E X
Textilmaschinen-Union G.m.b.H.

F_e_r_n_o_s_t_b_e_r_i_c_h_t

über die Reise von Herrn Hubert Rödlich.
Reisedauer: vom 28. 8. 1960 bis 15. 1. 1961

Die Länder des Fernen Ostens werden mehr und mehr durch den Umstand gekennzeichnet, daß die allgemeine Armut aus eigener Kraft
nicht überwunden werden kann. Das geringe Realeinkommen der Menschen dieser Gebiete läßt auch nur eine geringe Investitionsmög-
lichkeit zu, Bei der sich steigernden Bevölkerungszahl und der
sich nicht gleichermaßen steigernden Investition muß das Gefälle
zu den sich stetig verbessernden Lebensverhältnissen der westlichen bzw. der Fortschrittsländer immer größer werden. Während
also das Leben in unseren Bereichen sich angenehmer entwickelte
und der Lebensstandard eine stetige Aufwärtsbewegung aufwies, werden in den sogenannten unterentwickelten Gebieten die Menschen
immer ärmer. Die Politik der amerikanisch gelenkten ICA-Hilfsgelder, welche auf dem Prinzip der freien Marktwirtschaft aufbauend
vergeben wurden, erreichten nur mit Ausnahmen die Massen der Bevölkerung. Projekte wurden technisch zwar einwandfrei erstellt,
konnten vielfach jedoch nicht ihren Sinn rechtfertigen. Revolu-
tionen und Rebellentum lassen gewisse Rückschlüsse auf die zu erwartende Entwicklung zu, welche zwangsläufig zu einem internationalen Klassenkampf führen muß, wenn keine neue Maßrichtung gefunden wird. Entscheidend ist daher, ob die westlichen Länder in der
Lage sind, diesen Gebieten Bedingungen zu offerieren, welche im
Zusammenhang mit der Entwicklungshilfe das geforderte Ziel in verhältnismäßig kurzer Zeit erreichen. Gespräche mit offiziellen Stellen - ich denke hier vor allem an das Beispiel Indonesien mit
seinen jetzt 93 Mill. Menschen - vermittelten den unzweideutigen
Eindruck, daß nur eine absolute Konzentration Aussicht auf Realisierung der geplanten Projekte ermöglicht, eine Konzentration,
welche genügend Vertrauen beinhaltet, daß die zu erstellende An-

- 2 -

Anhang 7: Fernostbericht über die Reise von Hubert Rödlich vom 16. März 1961

lage auch später ihren Zweck erfüllt, d.h. den Gegebenheiten des
Landes angepaßt ist, und vor allem in ausreichendem Maße Fachleute
berücksichtigt.

In diesem Zusammenhang erlaube ich mir, ebenfalls darauf hinzuweisen, daß bei der sensitiven Mentalität der Asiaten, verbunden mit
einem übertriebenen Nationalstolz, die Art der Bearbeitung ein
wesentliches Moment darstellt. Geduld, Kontaktvermögen und uner-
hörtes Fingerspitzengefühl sind Grundvoraussetzungen eines fundier-
ten Geschäftes. Jede Mühe bleibt vergeblich, solange die dort·
arbeitende Gruppe sich zu stark von europäischen Maßstäben leiten
läßt. Dies sind zunächst bekannte Grundprobleme, welche unsere Absichten beeinflussen. Weiter unten erlaube ich mir, die Geschäfts-
aussichten der einzelnen Länder und hiermit verbunden deren politische und wirtschaftliche Struktur unter besonderer Berücksichtigung der Textilienbelange zu erörtern.

1. Korea
Im Laufe der vergangenen Jahre wurde eine Reihe von Geschäften nach
Korea vermittelt. Bedingt durch das kontinentale Klima, wurde zunächst der Erstellung von Kammgarn- und Streichgarnanlagen besen-
dere Aufmerksamkeit geschenkt. Die Freigabe der amerikanischen
ICA-Hilfsgelder rief nach kurzer Zeit eine massive Konkurrenz auf
den Plan, welche mit größter Rücksichtslosigkeit ███████████
███████████████████████████████████ ausgenutzt wurde. Von
einer Befriedigung der Textilienbedürfnisse kann in Korea -wie
in anderen Ländern des Fernen Ostens- noch keine Rede sein. Das
Prokopfeinkommen der Bevölkerung ist bekanntlich zu gering, um der
Masse größere Kaufmöglichkeiten zu gestatten.

Die von der Syghman-Rhee-Regierung angelegten ICA-Hilfsgelder

- 3 -

liefen vielfach planlos. Interne Korruption und verschachtelte
Querverbindungen bis hinauf zu den Ministern und dem Präsidenten
verhinderten schließlich die Möglichkeit, größere Projekte ohne
diese Verbindung zu realisieren. Die im Frühjahr 1960 angebotene
Möglichkeit der Firma Eisenberg,   die nachweislich diese Verbindung besaß, wurde wenig später durch die damalige Revolution
zunächst in Frage gestellt. Neuesten Informationen zufolge soll
sich der Eisenbergeinfluß in Korea wieder festigen, so daß eine
erneute Fühlungnahme interessant werden könnte.

Nach Beruhigung der politischen Situation beschäftigte sich der
Staat vorwiegend mit der Aufdeckung von Wirtschaftsvergehen. Da
sich nur wenige Firmen nicht der staatlichen Hilfestellung bedienten, trieb der Druck der Massen die neue Regierung zu Maßnahmen,
welche zwar Übelstände verschiedener Firmen öffentlich kritisierte
und Schuldverschreibungen eintraten, der Wirtschaft aber die Plattform der Produktionsmöglichkeit entzieht. So erklärt es sich, daß
die Kapitalausstattung vieler Firmen zu schwach ist, um produktiv
zu sein. Eine im August 1960 veröffentliche Zahl besagte, daß von
48 Fabriken nur 8 in der Lage waren, weiter zu arbeiten. Um weitere
Unruhen zu vermeiden, wird nunmehr -durch die Amerikaner unter-
stützt- von der Regierung mit zweifelhaftem Erfolg ein Kurs verfolgt
welche die Wiederaufnahme und die Verbesserung der industriellen
Produktion forcieren soll.

Die Textilindustrie Koreas, welche durch frühere Berichte und die
bisherige Zusammenarbeit hinreichend bekannt ist, bildet einen
Hauptzweig der dortigen Wirtschaft. Die Anstrengungen gerade dieser
Industrie werden daher auch regierungsseitig unterstützt. Ansätze
einer weiteren Expansion -besonders auf dem Gebiet der Baumwoll-
spinnerei- sind wieder spürbar.

- 4 -

Nachdem Sturz Syghman Rhees wird eine japanisch-koreanische Annäherung bemerkbar, welche den Konkurrenzkampf weiter verschärft,
abgesehen davon, daß keine weiteren ICA-Gelder für außeramerikani-
sche Einkäufe verwendet werden sollen. Bei einer zu erwartenden Verbesserung der wirtschaftlichen Lage Koreas werden sehr wahrscheinlich Streichgarnanlgen erneut angefragt. Da MAK-Referenzen in ausreichendem Maße vorhanden sind, die Spindelzahl von 12.000 lt.
Programm auf 20.000 gesteigert werden soll, wird sich hier eventuell
nochmals ein Geschäft entwickeln.

2. Indonesien

Umfangsmäßig verdienen die indonesischen Vorhaben auf dem Gebiet
der Textilindustrie besondere Aufmerksamkeit. Ich erlaube mir daher,
die Situation etwas ausführlicher zu erläutern.

Das Land Indonesien nimmt im Fernostbereich in der Gruppe der Ent-
wicklungsländer eine Sonderstellung ein. Obgleich reich an Boden-
schätzen und Agrarprodukten herrscht einechronische Devisenknappheit,
welche den Aufbau des Landes nur zögern zuläßt. Bei stetig zunehmen-
der Bevölkerung -bis 1966 werden es 100 Mill. Menschen sein- werden
die Regierungsausgaben größer. Die Staatseinnahmen dagegen steigern
sich nicht im gleichen Verhältnis. Sowohl der landwirtschaftliche
als auch der industrielle Aufbau des Landes hat bisher keine Methode in unserem Sinne gezeigt. Die Kompliziertheit des Staatsapparates,
welcher von Civilbehörden und Militärs gebildet wird, macht die Wahrnehmung der Geschäfte auf beiden Seiten, der des Käufers und der des
Verkäufers, schwierig. Erhebliche Korruption bei den Regierungsstellen ist vielfach Basis der Gespräche. Durch die staatliche Beein-
flussung aller Vorhaben, müssen selbst kleinste Devisenausgaben ein
Wirrwarr von Genehmigungen und Gegengenehmigungen überwinden. Selten
erreichen die eingekauften und vielfach notwendigen Bedarfsartikel
den Endverbraucher; selbst Dinge wie Zucker und Reis einst ein großes
Exportgeschäft können von der Bevölkerung vielfach nicht erstanden

- 5 -

erstanden werden.

Die Grenzen demokratischer Bedingungen werden heute in Indonesien
ignoriert. Mehr und mehr formt sich eine gemäßigte Diktatur, welche bei den ausführenden Organen nicht immer das ausreichende Maß
an Verantwortungsgefühl erkennen läßt, und daher bittere Kritik
hervorruft.

Aufgrund der eingenen schwachen Devisenlage sollen großzügige Kredite verschiedener Fach-Fortschritts-Länder die Situation verbessern,
wenn nicht retten. Präsident Sukarno versprach seinen Landsleuten
ausreichende Nahrung und für jeden etwas anzuziehen.

Zur Deckung der Textilbedürfnisse wird vom Industrie ministerium
der Aufbau von 2 Mio Spindeln bis zum Jahre 1966 geplant. Es wurde bereits früher erwähnt (siehe Indonesien Bericht Nr 2 vom
10. 12. 1960), daß man intern ca 1 Mio Spindeln erwartet. Gegenwärtig laufen ca 150 - 200 000 Spindeln, welche bereits zum Teil
veraltet sind, insgesamt ergeben sich also geschäftliche Aussichten,
welche auf dem Sektor Textilmaschinen markant sind.

Japaner und Engländer konnten bisher ca 120 000 Spindeln abschließen, während der Gespräche mit dem Industrieministerium in Djakarta
im Dezember 1960 wurde die den Engländern zugedachte und auch kürzlich zum Abschluß gekommene Zahl von 90 000 bereits erwähnt. (Siehe
vorerwähnten Bericht) Offensichtlich gignen dieser Entwicklung
lange Vorbereitungen voraus, welche auch durch die Presse propagandistisch unterstützt wurden. Neben der Kritik des Industriemi-
nisteriums, welche einem deutschen Holzfaserplattenprojekt entgegengebracht wurde, waren es auch kürzlich durch die Engländer in die
indonesische Nationalzeitung lancierte Hetzartikel über Krupp-Loko-
motiven, welche die deutsche Konkurrenz zumindest zeitweise etwas
in den Hintergrund schieben sollte.

- 6 -

Die Firma Ferrostaal nimmt gegenwärtig die UNIONMATEX-Interessen
in Indonesien wahr. Langjährige Kenntnis der indonesischen Situation sowie große Geschäfte in Indonesien mit der Möglichkeit lang-
fristiger Finanzierung bilden konkrete Voraussetzungen über dieses
Haus Projekte zu realisieren. Einigung über die Form der Angebots-
ausarbeitung wurde gelegentlich eines Treffens mit Ferrostaal in
Ingolstadt erzielt. Diese Ausarbeitungen sollen schnellstens kom-
plettiert werden. Da Weberei-Vorbereitungs-, Weberei- und Ausrüstungs-
Maschinen in absehbarer Zeit nachgezogen werden müssen, sind für
die Ausarbeitung dieser Unterlagen die Kenntnisse der indonesischen
Verhältnisse vorhanden. Für die weiteren Planungen der indonesischen
Regierung wird unsererseits eine intensive und konzentrierte Bearbeitung notwendig; auch indonesischerseits werden dann unsere Bemühungen, welche schlüsselfertige Angebots- und allgemeine Vorschlagsun-
terlagen sowie die Bereitstellung einer ausreichenden Anzahl von
Fachkräften beinhalten, entsprechend anerkannt.

3. Burma

Im Gegensatz zu anderen jungen Staaten hat Burma von Anfang an konsequent den Weg des demokratischen Sozialismus beschritten. Die
Handhabung der Macht wird auch nicht, wie etwa in Süd-Vietnam, durch
eine neo-feudalistische Oberschicht wahrgenommen. Hierzu fehlt eben-
falls die Voraussetzung. Auch während der britischen Zeit hat sich
keine Spitzengruppe herausgebildet, welche durch wirtschaftliche
Kraft tonangebend wäre. Wirtschaftliche Experimente persönlicher
Auseinandersetzungen der Politiker sowie Unsicherheit in vielen
Provinzen hat eine schnelle Entwicklung des Landes -die natürlichen
Grundlagen einer gesunden Wirtschaft sind vorhanden- verhindert.
Materielle Mißerfolge und persönliche Rivalitäten ließen schließlich die Regierungspartei (AFPFL) auseinander-brechen. Die Führer
der Partei U Ba Swe und U Kyaw Nyein trennten sich vom Präsidenten
U Nu, welcher seinerseits nur die Unterstützung kleiner linksradi-
kaler Gruppen besaß. (Die kommunistische Partei ist in Burma verboten,
obgleich eine außenpolitische Freundschaft mit dem Nachbarstaat

- 7 -

388

Rot-China vorhanden ist.) Im Laufe der Zeit wurden die Zustände untragbar und ein Bürgerkrieg drohte. Dieser Entwicklung vorbeugend
übertrug Präsident U Nu den Militärs im Herbst 1958 die Macht im
Staate. Bis Anfang 1960 herrschte General Ne Win mit seinen Offizieren in Burma und selbst heute werden sowohl von ausländischer
als von inländischer Seite die politischen und zum Teil auch wirtschaftlichen Maßnahmen des Generals anerkannt. Nachdem Anfang 1960
freie Wahlen abgehalten wurden, übertrug das Militär ohne Zögern
die Regierungsgewalt den Civilbehörden.

Präsident U Nu erhielt im Parlament 250 Stimmen, während seine Gegenspieler lediglich 43 besitzen. Da gegenwärtig ein Kurs gesteuert
wird, welcher vielfach unbequeme aber notwendige Maßnahmen verhindert, wird angenommen, daß nunmehr die oppositionelle Gegenpartei
stärkere Bindung zum Militär hat. Ideologische Gegensätze sind
nicht vorhanden, und auch in den Grundzügen der Wirtschaftspolitik besteht Einigkeit. So ist man geneigt, der Privatwirtschaft größeren Spielraum einzuräumen, und auch ausländischen Firmen Möglichkeiten der Investition zu bieten.

Wichtigste Gruppe der burmesischen Wirtschaft ist das sog. DSI (De-
fence Service Instutute), welche ausschließlich von der Armee gebildet wird. Diese Institution ist praktisch ein Staat im Staate
der Wirtschaft und beeinflußt den Landeshaushalt in erheblichem Maße.

Die Firma Fritz Werner, welche sich rückhaltlos dem DSI angeschlossen
hat und durch Herrn Dr.Körner repräsentiert wird, nimmt ebenfalls
die Interessen der UNIONMATEX wahr. Auf der anderen Seite, mehr auf
dem privaten Sektor, wird die UNIONMATEX durch die Firma Let Yat Co.
unterstützt, welche unter Berücksichtigung der burmesischen Situation
dem DSI keine Konkurrenz bietet. Kapitalbildung ist auch der Firma
Let Yat bisher noch nicht im ausreichenden Maße gelungen.

Bei einer Zusammenkunft mit Staatssekretär U Aye Thung wurde das Re-
gierungsprogramm für Burma mit Bezug auf die Textilindustrie wie

- 8 -

folgt skizziert:

Gegenwärtig laufen zwei Projekte mit je 20 000 Spindeln.

Eine Anlage wurde aus Amerika geliefert, während die andere von
Rot-China installiert wurde. Die amerikanische Anlage wird kritisiert, weil sie für zu große Stapellängen ausgelegt wurde, und daher
nicht Erfordernissen des Landes entspricht. Die rot-chinesische Anlage
dagegen hat einen außerordentlich guten Ruf.

Insgesamt werden für Burma 240 000 neue Spindeln geplant. Hiervon
sollen die Japaner mit 400000 Spindeln im Zuge der noch zu liefernden
Reparationen bedacht werden. Zwei weitere Projekte, welche seinerzeit von Herrn Dr. Körner im Zusammenhang mit der DSI aussichtsreich behandelt wurden, von ebenfalls jeweils 20 000 Spindeln sollen
mit dem von Mao.Tse Tung gewährten Kredit aus Rot-China besorgt werden (bekanntlich wurde Burma im Januar 1961 von Rot-China ein zins-
loses Darlehn über 30 Mio £-stlg gewährt) Über den Einkauf der restlichen 160 000 Spindeln besitzt man gegenwärtig noch keine Meinung.
Entscheident werden hier die Finanzierungsbedingungen sein (es werden immer wieder 7 - 10 Jahre bei 3 - 4 % Zinsen verlangt), welche
vom Staat oder den Privatfirmen angeboten werden. Da Burma einen
neutralen Kurs verfolgt und Kredite von beiden Seiten genommen werden, sind bekanntlich totalitäre Staaten aufgrund der politisch
reduzierten Zinssätze oder Preise im Vorteil.

Bankgarantien können in Burma sehr wahrscheinlich nicht gestellt
werden. Dieses war ebenfalls die Ansicht des Staatssekretärs. Garan-
tien sind lediglich auf staatlicher Basis möglich.

Vom Wirtschaftsminist-erium wurde ebenfalls die Ansicht nochmals bestätigt, daß das Privatkapital Unterstützung finden wird. Man ist
geneigt, das Währungsgefälle zwischen offizieller und inoffizieller
Rate auszunutzen, indem Privatfirmen die offizielle Rate als Grundlage für Devisenausgaben bewilligt bekommen.

- 9 -

Die innerpolitischen Spannungen Burmas sowie die Bemühungen des
Ostblocks lassen Tendenzen erkennen, welche unsere Bemühungen
etwas erschweren. Es ist ratsam von der Firma Let Yat, deren Fir-
meninhaber früher General war und gute Verbindungen besitzt, weitere Informationen von Staatssekretär U Aye Thung zu erhalten.

4. Hongkong, Vietnam, Taiwan

Zum besseren Verständnis der Marktlage dieser drei Länder, erlaube
ich mir, die Gebiete zusammenzufassen.

Es erübrigt sich die Wichtigkeit des Hongkongmarktes nochmals in
seinen Einzelheiten zu erörtern.Es möge genügen darauf hinzuweisen,
daß Hongkong als technisch wichtigstes Zentrum des Fernen Ostens
besondere Bedeutung besitzt. Innerhalb der Gesamtindustrie ist
die Textilindustrie dieser rein englisch verwaltehe Kolonie
dominierend und fortschrittlich. Bedingt durch die günstige wirtschaftliche Situation (Hongkong besitzt die wirtschaftlichen Vorteile des United Kingdom,Arbeitskräfte sind relativ billig, Tex-
tilerfahrung brachten die ehemaligen Shanghai-Chinesen und Engländer mit),werden Hongkongartikel heute in viele Länder exportiert.
Der Boom der vergangenen Jahre überstieg häufig die Kapazitäten
der Hongkongtextilindustrie. Aus diesem Grunde wurden vielfach
neue Anlagen hektisch aus dem Boden gestampft. Bis zum Ende des
Jahres sollen ca. 600 000 Spindeln in Hongkong in Betrieb sein.
Gegenwärtig ist in Hongkong eine geringe Unruhe bei den Textilfa-
briken spürbar, da vor allem Fertiggewebe nicht mehr in jenem Ausmaß angefragt werden, wie es früher der Fall war. Nach Rücksprache
mit dem Vertreter des bedeutensten Hongkongbetriebes, Herrn Direktor Woo, handelt es sich hier mehr um eine Normalisierung des Geschäftes. Erweiterungen werden nunmehr in Hongkong etwas zurückhaltender bzw. mehr in Richtung einer Qualitätsverbesserung vorgenommen. Gleichzeitig ist man bemüht,die Betriebe weitgehend zu ratio-
nalisieren.

- 10 -

Nach wie vor bedeutet der Eingang in den Hongkongmarkt die Voraussetzung für eine erfolgreiche Bearbeitung der Länder Taiwan und
Vietnam zum Teil auch Thailand. Der Informationsdienst innerhalb
dieser Ländergruppen ist so ausgeprägt, daß Hongkongempfehlungen.
Einkäufe in Formosa oder Vietnam stark beeinflussen. Formosa und
Taiwan sind engmiteinander verknüpft und werden durch wenige chinesische Fachleute, welche früher der Shanghaitextilindustrie angehörten, beherrscht. Diese Leute wiederum haben ihre Freunde in Hongkong und informieren sich dort über den Stand der letzten Technik.

Planungen in Taiwan - Voraussetzung ist die finanzielle Möglichkeit -
sprechen von Erweiterungen ca. um 150 000 Spindeln, während Vietnam
ebenfalls weitere 100 000 bis 120 000 Spindeln beabsichtigt,so daß
sich die Gesamtspindelzahl dieser Länder auf ca. 500 000 bzw 180 000
erhöht.

Obgleich Spinnereimaschinen in den genannten Ländergruppen weiterhin
dominierend sind, kann angenommen werden,daß auch auf dem Ausrüstungs-
sektor mehr als bisher Projekte realisiert werden. Die von der Firma
Monforts in Hongkong aufzustellende Kontunuefärbe- bzw. Spannrahmenan-
lage bei der Firma Jardines dürfte unsere dortige Situation verbessern.

Webstühle können als Domäne der Japaner betrachtet werden, deren
Webereivorbereitungsmaschinen vorwiegend aus den westlichen Ländern
eingekauft werden.Gegenwärtig steht besonders das Spulereiautomati-
sierungsproblem in Hongkong zur Diskussion und führende Hongkong-
betriebe haben die ernsthafte Absicht, diesen Zweig der Fertigung
moderneren technischen Gesichtspunkten anzupassen.

Besonders die Firma Barber Collman versucht unsere langen Lieferzeiten für Spulautomaten auszunutzen. Gelegentlich des Vortrages von
Herrn Dr. Kühn am 7. 1.1961 in der Geschäftsstelle der UNIONMATEX
wurde der Gedanke aufgegriffen,die technisch reifen Schwerpunkte

- 11 -

des Fernen Ostens zusammenzufassen (Hongkong, Japan und evt. auch
Australien), um den neuen Schlafhorstspulautomaten im Fernen Osten
durchzusetzten. Da die fernöstlichen Betriebsverhälnisse mhr europäischen Bedingungen als amerikanischen ähneln, dürften die Prinzi-
pien und Vorteile des Schlafhorstautomaten eher geeignet sein Freunde zu gewinnen, als z.B. der Barber Collmanautomat.

Es ist hinreichend bekannt, daß insgesamt die Japaner den größten
Marktanteil für sich beanspruchen (im allgemeinen sind es mehr als
50 %) innerhalb bestimmter Maschinengruppen wie z.B. Spinnereivor-
bereitungsmaschinen teilweise Webereivorbereitungs- und Ausrüstungsmaschinen behalten westliche Lieferanten die stärkere Position.

16. März 1961
RD/My

393

MICHAEL A. THOMAS
GENERALBEVOLLMACHTIGTER
DER
COUTINHO, CARO & CO

HAMBURG: 3. Mai 1962
RABOISEN 6
TEL. 32-44-26 Th/SL
(041) 30191

Herrn
Hubert Rödlich
Frankfurt/Main
Höllbergstr. 17

Sehr geehrter Herr Rödlich,

Vorige Woche wurde mir ausgerichtet, dass Ihre Entscheidung sich um einige
Tage verzögern würde. Inzwischen ist mir eine über den Rahmen unseres
Gesprächs hinausgehende Idee gekommen, und zwar fragte ich mich, ob Sie
nicht vielleicht dafür qualifiziert seien, über Ihr eigentliches Fachgebiet,
Textilmaschinen, hinaus in einem Auslandsmarkt unser gesamtes technisches
Verkaufsprogramm zu bearbeiten. Wenn dies der Fall wäre, dann könnten wir
Ihnen etwas andere Bedingungen als für das reine Textilmaschinengeschäft
einräumen, ganz abgesehen davon, dass natürlich durch eine breitere Basis
Ihre Verdienstmöglichkeiten erheblich gesteigert würden.

Herr Baumann, den ich bat, mit Ihnen deshalb persönlich Kontakt zu nehmen,
hat Sie leider nicht erreicht.

Inzwischen traf Ihr Brief vom 29.4.62 ein. Eigentlich machte Ihre Ablehnung
es mir schwer, den erweiterten Vorschlag an Sie heranzutragen, aber andererseits war Ihr Brief so nett, dass ich mich über erste Bedenken hinweggesetzt
habe. Ich fasse den neuen Vorschlag kurz zusammen:

Es ist geplant, Sie nach einer Einarbeitungsperiode in unserem Hamburger
Stammhaus auf einen noch festzulegenden Markt oder Marktgebiet für eine
bestimmte Zeit permanent zu delegieren. Ihr Arbeitsgebiet würde dabei nicht
nur den Textilmaschinenbereich, sondern den gesamten Bereich unserer
technischen Gruppe umfassen.

Für einen solchen Auslandseinsatz würden Sie eine Mindesttantieme von
DM 15.000,- garantiert bekommen. Für Textilmaschinenabschlüsse würden
Sie eine Provision von 3 - 7 % auf den korrigierten Bruttonutzen erhalten
sowie für das sonstige Maschinen- und Anlagenprogramm ausserhalb der
Textilmaschinenabteilung eine Provision von 5 - 10 %. (Die Definition des
korrigierten Bruttonutzens ist in allen unseren Verträgen die gleiche.)

Die garantierte Mindesttantieme wird bei der Provisionsabrechnung angerechnet,
natürlich nur im Abrechnungsjahr, d.h. wenn z.B. im ersten Jahr Ihr Anteil
am tatsächlich erzielten Nutzen die Höhe der Mindesttantieme nicht erreichen
sollte, so findet kein Vortrag auf das nächste Jahr statt.

- 2 -

Anhang 8: Angebot Coutinho, Caro & Co. an Hubert Rödlich vom 3. Mai 1962

Selbstverständlich erhalten Sie sämtliche Lebenshaltungskosten für Sie und
Ihre Familie sowie Spesen während eines Auslandsaufenthaltes von der Firma
vergütet. Die Höhe dieses Satzes richtet sich nach den Gegebenheiten des
Landes, in das Sie delegiert werden.

Wir denken an eine Vertragsdauer für die Auslandsdelegation von zwei Jahren,
anschliessend einen Monat Europa-Urlaub pro im Ausland verbrachtem Jahr
sowie vierzehn Tage örtlichen Urlaub pro Jahr in dem betreffenden Land.

Für die Dauer einer Tätigkeit in Hamburg würde Ihr Gehalt DM 1750. -- brutto
pro Monat betragen plus Trennungszulage von DM 350. -- netto pro Monaté bis
zu dem Zeitpunkt, zu dem eine Wohnung gefunden ist. Sollte sich Ihre Delegation ins Ausland verzögern und sollten Sie, auf Hamburg basierend,
Akquisitionsreisen unternehmen, so habe ich Ihnen für den Fall aussergewöhn-
lichen Erfolgs ja bereits die Möglichkeit eines angemessenen Bonus' in Aussicht
gestellt.

Für eine Wohnung würden wir einen Baukostenzuschuss bis zu DM 8. 000, --
übernehmen, wobei die Wohnung Firmenwohnung bliebe.

Es könnte jdeoch möglich sein, dass wir bereits während der dreimonatigen
Probezeit hinsichtlich einer kurzfristigen Auslandsdelegation mit Ihnen über-
einkommen, in welchem Falle es wohl unpraktisch wäre, noch vor der Ausreise
eine Wohnung in Hamburg zu nehmen. Unsere Bereitschaft, den Baukostenzuschuss für eine Wohnung zu übernehmen, bleibt auch nach Ihrer Rückkehr
aus dem Ausland gültig, wenn Sie weiterhin bei unserer Firma verbleiben.

In der Tat halte ich es für sehr wahrscheinlich, dass wir uns sehr bald, und
zwar schon während der Probezeit, gemeinsam zum mehrjährigen Auslandseinsatz entschliessen werden.

Ich würde mich sehr freuen, Sie als Mitarbeiter zu gewinnen, denn ich glaube,
dass Sie, ganz abgesehen von Ihren fachlichen Qualifikationen, in unseren
Rahmen passen, auf den Sie selbst in Ihrem Brief angespielt haben.

Mit freundlichen Grüssen

[Unterschrift]

4. Dezember 1962

'' - Rd/Ge.

Herrn
Direktor Soldan
i.Fa, Weber & Ott AG.

Forchheim/Oberfr.

Sehr geehrter Herr Direktor Soldan!

Vor wenigen Wochen beendete Ihr Sohn seinen Hongkong-Besuch
und ich hoffe, dass er wohlbehalten nach Deutschland zurueck-
kehrte. Meine Frau und ich haben uns ueber seinen Besuch sehr
gefreut und wir vermuten, dass er viele neue Eindruecke mit
nach Hause nahm.

In Hongkong wird in der Textil Industrie der Trend zur Qualitaet
immer staerker spuerbar. Neben den modern eingerichteten Spinn-
Webereien (fast ausschliesslich Rohweiss) geht man daran, die
vorhandenen Ausruestungsbetriebe neu auszurichten und neue
Projekte auf diesem Sektor aufzugreifen. Es faellt auf, dass
auslaendische Interessenten mit hiesigen Unternehmern Verhandlungen fuehren, um Gemeinschafts-Projekte aufzuziehen.
Auf verschiedenen Industriegebieten bestehen schon Gemeinschafts-
unternehmen: Konfektion, Bauunternehmen, Stahlwalzwerke, Plastik-
fabrikation, Radiofabrikation etc. Offensichtlich rechnet man
sich Chancen aus, welche sich ergeben, wenn in modernen Anlagen
Hongkong-ausgeruestete Waren exportiert werden.

Gegenwaertig versucht der Ihrem Sohn bekannte Unternehmer
Mr. Y.C. Wang mit einer englischen Interesseugruppe ein auch
von der Unionmatex angebotenes Ausruestungsprojekt als "joint
venture" Unternehmen aufzuziehen. Da diese Anlage dafuer vorgesehen ist, Gewebe auf Polyester Basis und Mischungen mit Baumwolle auszuruesten, ist Y.C. Wang der Ueberzeugung, dass fuer
derartige Waren gute Verkaufschancen bestehen, umsomehr, da
Gewebe mit ueber 50% Kunstfaseranteil keinen Exportbeschraenkungen
unterliegen, ausserdem hier noch nicht verarbeitet werden.

Es ist mir erinnerlich, dass wir waehrend meines seinerzeitigen
Forchheim-Besuches auch das Thema Investition im Ausland streiften.
Aufgrund der waehrend der vergangenen Jahre gemachten Erfahrungen

- 2 -

Anhang 9: Brief an Direktor Soldan vom 4. Dezember 1962

laesst sich unschwer erkennen, dass die textile Entwicklung
in Deutschland immer staerker durch ausserdeutschen Konkurrenz-
druck behindert wird. Selbst bedeutende Rationalisierungsmass-
nahmen bringen bei den gegenwaertigen Arbeitsmethoden keine
entscheidende Entlastung. Zu stark wird der Verkauf modisch
belastet, so dass die Dispositionen fuer die Fabrikation zu
kurz werden und der muehsam erarbeitete Gewinn zum Teil durch
zu geringe Auslastung aufgefressen wird. Bei realistischer
Beurteilung der Gesamtaussichten, ist eher mit einer Verschaerfung
als mit einer Entspannung der textilen Zukunft zu rechnen. Mit
Ihrem Brief vom 3.9.62 skizzieren Sie deutlich die Situation.
Hierduch veranlasst haben Ihr Sohn und ich uns ueber Wege und
Moeglichkeiten unterhalten, welche dem zeitgemaessen Streben
nach Sicherheit entgegenkommen koennten. M.E. wird es in Zukunft
– wenn auch dieser Gedanke heute noch ungewohnt – zwingende
Notwendigkeit ueber den Rahmen der bisher ueblichen, auf kleinem
Raum beschraenkten Produktion hinaus ebenfalls die Vorteile der
ausserdeutschen und ueberseeischen Fertigung wahrzunehmen. Unterstuetzt durch Bestrebungen im Gemeinsamen Markt sowie durch Aufbau der Klein-Industrien (vielfach Textil) in entwicklungsfaehigen
Laendern zeichnet sich eine weltweite Arbeitsteilung ab, welche
sich spaeter zu einer erdrueckenden Konkurrenz auswachsen kann.
Bei solcher Betrachtung scheint es zweckmaessig, die Chancen zu
suchen, welche dieser Entwicklung entgegenwirken.

Mit vorerwaehntem Mr. Wang treffe ich haeufig zusammen. Er waere
ggf. daran interessiert, mit einem deutschen Unternehmen in
Hongkong ein Gemeinschaftsprojekt aufzuziehen. Meiner Ansicht
nach ist eine Firma wie Nanyang – Ihr Sohn hat Sie besichtigt –
schon deshalb interessant, weil sie

1) auf dem Textil-Sektor Erfahrungen besitzt

2) einen grossen Kundenstamm mitbringt

3) finanziell gut fundiert ist

4) westlich eingestellt, modern eingerichtet und
   absolut verlaesslich erscheint.

Sollten Sie, sehr geehrter Herr Direktor Goldan, zu der Auffassung
gelangen, dass eine Fuehlungnahme im Interesse der Firma Weber &
Ott AG. liegen koennte, dann bin ich gern bereit, das Gespraech
mit Mr. Wang anzubahnen.

Sein Interesse fuer eine gemeinsame Ausruestungsanlage basiert
auf der Erkenntnis, dass durch geeignete fachliche Steuerung
der Fertigung durch die ueberseeische Teilhaberorganisation der
Erfolg gewaehrleistet wird.

Unbeschadet dieser Moeglichkeit liegt auch ein reiches Betaetigungs-
auf anderen Gebieten der textilen Fertigung (z.B. Canvas, Baumwoll-
Abfall).

– 3 –

Es bleibt einer Untersuchung vorbehalten, wann und inwieweit
private Investitionen im Rahmen des deutschen Entwicklungs-
programms unterstuetzt werden. Neben den zwangslaeufig sich
ergebenden Steuervorteilen sind es guenstige Finanzierungsbedingungen verbunden mit entsprechender Risikodeckung - nach
Laendern abgestuft - welche einen derartigen Entschluss er-
leichtern koennen.

Fuer heute, sehr geehrter Herr Direktor Soldan, verbleibe ich
mit den besten Empfehlungen und herzlichen Gruessen auch von
meiner Frau

Ihr sehr ergebener

PS. Soeben erhielt ich von Ihrem Sohn das Schreiben vom 26.11.62.
Hierfuer meinen besten Dank. Ich werde mit Y.C. Wang wegen
des Garn Angebotes noch einmal sprechen.